数字中国出版工程 · 数据发展
丛书主编　上海数据研究院

Data Rights Protection Practice and Theory
数据权利保护实践与理论

许春明　杨欢欢　张厚灿　著

上海科学技术出版社

图书在版编目（CIP）数据

数据权利保护实践与理论 / 许春明，杨欢欢，张厚灿著. -- 上海：上海科学技术出版社，2025.9.（数字中国出版工程）. -- ISBN 978-7-5478-7333-5

Ⅰ. D922.174

中国国家版本馆CIP数据核字第2025F9X782号

数据权利保护实践与理论
许春明　杨欢欢　张厚灿　著

上海世纪出版(集团)有限公司
上海科学技术出版社 出版、发行
(上海市闵行区号景路159弄A座9F-10F)
邮政编码201101　www.sstp.cn
上海光扬印务有限公司印刷
开本787×1092　1/16　印张19.25
字数 330千字
2025年9月第1版　2025年9月第1次印刷
ISBN 978-7-5478-7333-5/TP·104
定价：95.00元

本书如有缺页、错装或坏损等严重质量问题，请向印刷厂联系调换

内容简介

本书以构建覆盖全面、体系完整、现实可行的数据权利保护制度为研究目标，展开理论研究和应用对策研究。主要内容包括：针对数据赋权争议问题，论述数据赋权的背景、争议、理论及现实必要性；针对数据权利保护的立法零散、缺位和司法不统一、不协调的问题，全面梳理国内外立法、司法实践，总结分析数据权利保护立法、司法现状，厘清数据权利保护的司法政策和司法规则；针对数据权立法缺乏共识、数据确权缺乏规则、数据用权缺乏规范、数据侵权缺乏救济等问题，综述国内外研究中数据保护模式的多元化观点；基于成本收益分析法探明当前我国数据保护路径的选择。重点从数据法律概念、数据权本体、数据权客体、数据权主体及权利归属、数据权取得及保护期限、数据权内容与限制、数据权侵权与救济等方面探索构建体系完整的数据权利保护制度。

本书立足实践与理论的双重维度，系统探讨数据权利保护的实践现状及学术理论前沿，可为数据行业管理者、研究者以及高校师生、法律实务工作者提供实践和理论参考。

前 言

数据正在成为重组全球要素资源、重塑全球经济结构、改变全球竞争格局的关键生产要素。数据权利保护制度作为数据经济发展的基础性法律制度受到高度关注。我国在数据权利保护方面呈现出"实践先于理论、司法先于立法"的特点,这一方面有利于通过实践探索和司法裁判为数据保护理论和立法提供经验和支撑,但另一方面,由于体系化理论的缺乏和专门性立法的缺位,导致学术界关于数据赋权必要性、数据权利属性、数据权利客体、数据权利主体、数据权利内容等基本问题的争议不断,也导致实务界对数据登记、数据保护缺乏明确依据和司法不统一。因此,本书在比较分析国外数据保护相关立法、司法实践和总结我国数据保护的立法探索实践和司法保护实践的基础上,力图构建覆盖全面、体系完整、现实可行的数据权利保护制度。

2022年,同济大学上海国际知识产权学院团队承担了国家知识产权局软科学研究项目"数据知识产权保护制度研究"(项目编号 SS22－A－01),以构建数据知识产权保护制度为研究目标,展开理论研究和应用对策研究,该项目荣获第十三届全国知识产权优秀软课题研究成果三等奖。2022年起,团队还连续承担了国家知识产权局"数据知识产权地方试点工作支撑项目",为上海市数据知识产权地方试点工作提供支撑。上述项目研究和试点支撑工作为本书的完成奠定了理论和实践基础,在此,特别感谢国家知识产权局和上海市知识产权局的指导和支持。

近几年,为应对数据产业发展的迫切需要,我国中央和地方各级政府出台了大量关于保护数据安全、促进数据市场发展和数据确权的政策、规章和地方立法,对数据保护进行了积极的探索实践,本书全面收集汇总了已出台的政策、规章和地方立法(作为附录),以供读者了解。

在本书完稿后,2025年6月27日,第十四届全国人民代表大会常务委员会第十六次会议第二次修订《中华人民共和国反不正当竞争法》(以下简称《反不正当竞争法》)(2025年10月15日起施行),新增了第13条第3款"数据专款"规定,以行为规制模式对数据进行竞争法保护,这是我国数据保护在立法上的进步。《反不正当竞争法》第二次修订后,条款序号发生了变化,例如:修订前的第9条商业秘密条款变化为第10条,修订前的第12条互联网专条变化为第13条。为保持与已有司法实践中的一致性,本书中《反不正当竞争法》条款序号均采用修订前条款序号,特此说明。

本书由同济大学上海国际知识产权学院许春明教授、杨欢欢博士生、张厚灿博士生共同完成,同济大学上海国际知识产权学院博士研究生陈雪妮参与了第二章、第十三章、第十四章的初稿撰写,硕士研究生刘桐瑞参与了第十四章、第十五章的初稿撰写,硕士研究生张耀宇、樊子源、魏槟泽、段明赫、周奕铭、葛芸廷、罗文佳参与了文献资料的收集更新和校对。

感谢上海数据研究院的支持,本书得以入选"数字中国出版工程·数据发展"丛书;感谢责任编辑楼玲玲老师的辛勤付出,本书得以顺利出版。

本书力图立足实践和理论,系统探讨数据权利保护的实践现状和理论前沿,试图为数据权利保护立法和司法提供参考。由于数据权利保护研究尚处于初期阶段,学术界并未形成共识,本书实为一家之言,希望能抛砖引玉,在此,恳请各界批评指正。期待随着实务界实践的探索和学术界研究的深入,覆盖全面、体系完整、现实可行的数据权利保护制度最终能落地生花,为数据经济发展提供制度性保障。

许春明

2025年7月

目 录

第1章　数据赋权的必要性

1.1　数据赋权的研究背景 /2
1.2　数据赋权问题的争议现状 /3
1.3　数据赋权的现实必要性 /4
　　1.3.1　数据权利保护的现实需求 /4
　　1.3.2　数据利益主体的呼声 /6
　　1.3.3　数据经济发展的需要 /7
　　1.3.4　政府政策及立法导向 /9
1.4　数据赋权的理论必要性 /11
　　1.4.1　财产权与伦理基础理论 /11
　　1.4.2　经济效率与市场激励理论 /13
　　1.4.3　马克思主义批判与重构理论 /15

第2章　数据保护的国外立法实践

2.1　欧盟的数据保护立法实践 /19
　　2.1.1　欧盟个人数据保护立法实践 /20
　　2.1.2　欧盟非个人数据保护立法实践 /22
2.2　美国的数据保护立法实践 /25
　　2.2.1　美国个人数据保护立法实践 /25
　　2.2.2　美国非个人数据保护立法实践 /27
2.3　日本的数据保护立法实践 /29
　　2.3.1　日本个人数据保护立法实践 /30
　　2.3.2　日本非个人数据保护立法实践 /31
2.4　韩国的数据保护立法实践 /32
　　2.4.1　韩国个人数据保护立法实践 /34
　　2.4.2　韩国非个人数据保护立法实践 /35

2.5 国外数据保护立法实践的总结 /36

第 3 章 数据保护的国外司法实践

3.1 欧盟的数据保护司法实践 /37
 3.1.1 欧盟个人数据保护司法实践 /37
 3.1.2 欧盟非个人数据保护司法实践 /40
3.2 美国的数据保护司法实践 /44
 3.2.1 美国个人数据保护司法实践 /44
 3.2.2 美国非个人数据保护司法实践 /46
3.3 日本的数据保护司法实践 /49
 3.3.1 日本个人数据保护司法实践 /49
 3.3.2 日本非个人数据保护司法实践 /50
3.4 韩国的数据保护司法实践 /51
 3.4.1 韩国个人数据保护司法实践 /51
 3.4.2 韩国非个人数据保护司法实践 /52

第 4 章 数据保护的中国立法实践

4.1 中国数据保护的中央政策规章及现有立法 /53
 4.1.1 中国数据保护的中央政策规章 /53
 4.1.2 中国数据保护的现有立法 /56
4.2 中国数据保护的地方立法和登记实践 /57
 4.2.1 中国数据保护的地方立法 /58
 4.2.2 中国各地方数据知识产权登记试点实践 /59

第 5 章 数据保护的中国司法实践

5.1 中国的数据信息知识产权专门法保护司法实践 /62
 5.1.1 数据信息的著作权法保护司法实践 /63
 5.1.2 数据信息的其他知识产权专门法保护司法实践 /65
5.2 中国的数据信息民法保护司法实践 /66
 5.2.1 涉数据信息的个人信息保护司法实践 /66
 5.2.2 涉数据信息的隐私权保护司法实践 /70
 5.2.3 涉数据信息的合同保护司法实践 /72
5.3 中国的数据信息刑法保护司法实践 /75

  5.3.1 侵犯公民个人信息罪 /75
  5.3.2 侵犯知识产权罪 /77
  5.3.3 非法获取计算机信息系统数据罪 /80
  5.3.4 破坏计算机信息系统罪 /82
  5.3.5 其他罪名 /83
 5.4 中国的数据信息反垄断法规制的司法执法实践 /84
  5.4.1 数据反垄断司法案件 /84
  5.4.2 数据反垄断行政执法案件 /85
 5.5 中国的数据信息反不正当竞争法保护司法实践 /86
  5.5.1 数据信息的商业秘密保护司法实践 /86
  5.5.2 数据信息的其他不正当竞争规制司法实践 /89

第 6 章 数据反不正当竞争法保护的司法规则及适用

 6.1 数据反不正当竞争法规制的司法审判规则 /91
  6.1.1 原告是否享有数据权益 /92
  6.1.2 双方是否存在竞争关系 /109
  6.1.3 对原告是否有实质性损害 /111
  6.1.4 行为是否具有不正当性 /112
 6.2 数据保护的反不正当竞争法条款适用 /123
  6.2.1 《反不正当竞争法》第 12 条的适用 /124
  6.2.2 《反不正当竞争法》第 2 条的适用 /125

第 7 章 数据保护模式的选择

 7.1 数据保护模式的现有研究 /128
  7.1.1 物权保护模式 /128
  7.1.2 债权保护模式 /129
  7.1.3 新型权利保护模式 /131
  7.1.4 权利束保护模式 /135
  7.1.5 行为规制模式 /136
  7.1.6 知识产权保护模式 /136
  7.1.7 多元化保护模式 /147
 7.2 数据保护模式的国际不同观点 /148
  7.2.1 以现有法律制度提供数据保护 /148
  7.2.2 新设数据权利提供数据保护 /150

        7.2.3 反对数据权利保护的观点 ／152
        7.2.4 数据保护模式不同观点的差异背景分析 ／153
    7.3 中国数据保护模式的选择 ／154
        7.3.1 数据权利制度缺位的影响 ／154
        7.3.2 建立数据权利制度的紧迫需要 ／155
        7.3.3 建立数据权利制度融入国际话语体系 ／156

第 8 章 数据保护路径的选择

    8.1 基于成本收益分析的数据法律制度转换方式比较 ／159
        8.1.1 数据法律制度转换的收益 ／159
        8.1.2 数据法律制度转换的成本 ／161
        8.1.3 两种数据法律制度转换方式的净收益分析 ／163
    8.2 基于成本收益分析的数据立法路径比较 ／164
        8.2.1 数据立法的多元路径 ／165
        8.2.2 数据立法路径的收益 ／165
        8.2.3 数据立法路径的成本 ／168
        8.2.4 数据立法路径的净收益分析 ／169
    8.3 数据保护立法的路径 ／170

第 9 章 数据概念的法律界定

    9.1 数据相似概念对比 ／172
    9.2 数据相近概念的辨析及释义统一 ／174
        9.2.1 数据概念的现有释义 ／175
        9.2.2 数据相近概念的辨析 ／177
    9.3 "数据"语义统一是数据确权的重要前提 ／184
    9.4 数据的相近、相似概念 ／187
        9.4.1 横向区分：数据相近、相似概念的类型化 ／187
        9.4.2 纵向区分：以信息产生、记录、传播、接收过程为标准 ／187
        9.4.3 信息与数据关系的进一步阐明 ／190
    9.5 数据的自然属性、经济属性和法律属性 ／193
        9.5.1 数据的自然属性 ／193
        9.5.2 数据的经济属性 ／194
        9.5.3 数据的法律属性 ／194
    9.6 数据的定义及内涵 ／196

第 10 章　数据权的本体

10.1　数据权利保护的发展阶段 ／198
10.2　数据权的概念 ／201
10.3　数据权与财产权体系的关系 ／202
　　10.3.1　与"财产""物"相关的概念 ／202
　　10.3.2　财产权制度的发展 ／205
　　10.3.3　知识产权与无形财产权的关系 ／206
　　10.3.4　数据权的知识产权属性 ／207
10.4　数据权的特征及其制度的法律原则 ／208
　　10.4.1　数据权的特征 ／208
　　10.4.2　数据权制度的法律原则 ／210
10.5　数据权与其他知识产权的关系 ／211
　　10.5.1　数据权与著作权 ／211
　　10.5.2　数据权与专利权 ／212
　　10.5.3　数据权与商标权 ／212
　　10.5.4　数据权与商业秘密权 ／213

第 11 章　数据权的客体

11.1　数据法律概念的理解 ／214
11.2　数据权客体的特征 ／216
11.3　数据权客体的构成要件 ／218
　　11.3.1　质量要件：数据元素之间具有相关性 ／219
　　11.3.2　数量要件：数据元素集合具有规模性 ／219
　　11.3.3　形式要件：数据具有现实的可利用性 ／220
　　11.3.4　实质要件：数据具有用以优化目标决策的目的性 ／221
11.4　数据权的除外客体 ／222
11.5　数据权客体的分类 ／223
　　11.5.1　数据权客体的分类标准 ／223
　　11.5.2　以数据行为环节确定数据权客体类型 ／224
　　11.5.3　不同类型数据权客体的定义 ／226
11.6　非电子数据、模拟数据的数字化 ／227

第 12 章 数据权主体和权利归属

12.1 数据权主体认定的起点 /229
12.2 数据权主体的定义与认定 /231
12.3 数据权主体的分类 /233
    12.3.1 数据权原始主体 /233
    12.3.2 数据权继受主体 /234
    12.3.3 外国主体的特殊情形 /235
12.4 数据权的归属 /236
    12.4.1 数据权归属的实质性投入标准 /236
    12.4.2 合作数据的数据权归属 /236
    12.4.3 不存在"职务数据" /237

第 13 章 数据权的取得和保护期限

13.1 数据权的自动取得 /238
13.2 数据自愿登记 /239
13.3 数据权的保护期限与终止 /243

第 14 章 数据权的内容与限制

14.1 数据权的权利属性 /245
    14.1.1 数据权不具有人格属性 /245
    14.1.2 数据权是有限制的财产性权利 /246
    14.1.3 数据权是专有权利 /246
14.2 数据权的权利内容 /247
    14.2.1 控制权 /247
    14.2.2 复制权 /248
    14.2.3 开发应用权 /250
14.3 数据权权项与《数据二十条》"三权分置"的关系 /252
14.4 数据权的转让和使用许可 /253
14.5 数据权的权利限制概述 /253
    14.5.1 数据权权利限制的理论基础 /253
    14.5.2 数据权权利限制的方式 /255
14.6 数据的合理使用 /256

　　　　14.6.1　数据合理使用的含义 /256
　　　　14.6.2　判断数据合理使用的考量因素 /257
　　　　14.6.3　数据合理使用的情形 /258
　　14.7　数据的法定许可 /258
　　14.8　数据权人特殊的强制公开义务 /259

第15章　数据权侵权及法律责任

　　15.1　数据权的直接侵权 /261
　　　　15.1.1　数据权直接侵权的概念 /261
　　　　15.1.2　数据权直接侵权的构成要件 /262
　　　　15.1.3　数据权直接侵权行为的类型 /263
　　15.2　数据权的间接侵权 /265
　　　　15.2.1　数据权间接侵权的概念 /265
　　　　15.2.2　数据权间接侵权的构成要件 /265
　　　　15.2.3　数据权间接侵权行为的类型 /266
　　15.3　数据技术措施及其特殊保护 /266
　　　　15.3.1　数据技术措施的概念 /266
　　　　15.3.2　数据技术措施的法律保护 /267
　　15.4　侵犯数据权的法律责任 /268
　　　　15.4.1　民事责任 /268
　　　　15.4.2　行政责任 /270
　　　　15.4.3　刑事责任 /270

附录

　　附表1　中国涉数据的中央政策及部门规章、文件 /272
　　附表2　中国的数据地方性法规 /277
　　附表3　中国地方各级政府的数据地方法规、政策、文件 /279
　　附表4　中国17个地方数据知识产权登记办法 /294

第 1 章　数据赋权的必要性

在国内外大数据技术以及数据经济蓬勃发展的现实背景下,数据权利保护制度研究具有紧迫性和现实性。而数据赋权问题是数据权利保护制度研究的第一大问题。通过对现有数据赋权研究的梳理发现,学界关于"数据是否赋权"的问题莫衷一是,存在"肯定说"和"否定说"。

从数据赋权的现实必要性来看,首先,个体层面具有数据权益获得成文法律保障的利益需求;其次,社会层面具有匹配数据经济发展的制度需求;再次,国家层面具有在数据国际话语权竞争中占领制高点的竞争需求。

从数据赋权的理论必要性来看,在洛克财产权理论及激励理论下,基于资源私人产权化时为要素投入提供激励的逻辑,明确权属和成果有利于激励数据生产。数据赋权使数据生产者的劳动投入得到保障,有利于激励数据生产者源源不断地生产数据。在黑格尔人格权理论下,数据赋权不仅是对个人权利的保护,也是对社会伦理的维护。在交易成本理论下,数据赋权有利于界定产权,减少交易成本,促进数据资源的优化配置。在马克思主义所有制理论下,数据生产者的劳动投入创造了数据价值,数据符合马克思主义所有制理论的分析框架,应对符合一定条件的数据赋权。在生产要素理论下,数据生产要素化对生产关系调整提出新挑战,明晰权属和自主有序流动是生产要素的前提条件和本质要求。结合洛克财产权理论及激励理论、黑格尔人格权理论、交易成本理论、马克思主义所有制理论、生产要素理论六大理论分析,数据赋权具有理论必要性。

1.1 数据赋权的研究背景

依托计算技术、通信技术、大数据技术的进步,数据经济兴起并蓬勃发展。目前,数据经济已成为许多国家经济增长的主要动力。同传统生产要素一样,数据是财富形成的基础,数据经济的发展推动生产要素结构、产业结构、市场结构乃至世界经济结构的变革。数据要素不仅带来生产力的革命性变化,同时也带来一个全新的经济时代。数据在一定程度上已超过资本和劳动力,成为数据经济时代的第一生产要素。

从全球数据经济发展的环境看,数据正在成为重组全球要素资源、重塑全球经济结构、改变全球竞争格局的关键力量。当前全球数据规模呈现爆发式增长,国际数据公司(IDC)预计,2025年全球数据量将是2016年的9倍,达到163 ZB。据IDC最新统计结果显示:中国数据生产量约占全球的23%,美国占比约21%,欧洲、中东、非洲占比约30%。中国成为国际上名列前茅的数据资源大国和全球数据中心。

从中国数据经济的现实发展看,中国信息通信研究院发布的《中国数字经济发展研究报告(2024年)》显示,2023年,中国数字经济规模达到53.9万亿元,占国内生产总值(GDP)的比重达到42.8%,较上年提升1.3个百分点。数据作为生产要素在中国经济战略中的重要性日益凸显。2012—2021年,我国数字经济规模从11万亿元增长到45.5万亿元,数字经济占GDP比重由21.6%提升至39.8%;电子商务交易额、移动支付交易规模位居全球第一;一批网络信息企业跻身世界前列。自2015年党的十八届五中全会首次提出"国家大数据战略"以来,我国大数据战略布局不断推进。2020年4月,国务院首次明确将"数据"作为第五大生产要素,推动我国经济增长的质量变革、效率变革、动力变革。

从生产要素的理论基础看,明晰权属和自主有序流动是生产要素的前提条件和本质要求。与传统生产要素不同,数据具有高度的复杂性和特殊性,特别是在数据的权属和流动方面。目前,数据确权缺乏统一的标准和规则,数据权属问题悬而未决,数据保护的问题更无从谈起。在这一背景下,如何明确数据的权属、规范数据的使用与流动,成为推动数据经济发展的必要条件。

因此,从国内外数据经济发展的新态势、中国大数据战略的政策导向以及生产要素的理论分析出发,明确数据权属、规范数据用权是进一步推动数据要素经济价值发挥的首要保障,探究数据保护制度具有现实必要性和理论必要性。

1.2 数据赋权问题的争议现状

目前关于数据是否赋权的问题,学者们莫衷一是,存在"肯定说"和"否定说"两大阵营,且均给出了各自的论证理由。针对"肯定说"学者给出的支持论点,"否定说"学者一一进行了反驳;针对"否定说"学者给出的反对论点,"肯定说"学者也一一回应了否定之否定的辩驳理由。由此可见,作为数据保护的基础问题"数据赋权"在学界存在着较大的争议。

持"肯定说"的学者认为数据有赋权的必要性,其论证理由主要包括现有制度保护不足、洛克激励理论、数据经济发展需要、数据利益主体呼声高、符合政府政策及立法导向五个主要方面。

持"否定说"的学者认为,从"权利乌龙"效应来看,在法律层面创设社会现实生活中并非必要的新兴权利,会导致制度的运行实效与立法意图背道而驰,引发权利冲突,甚至加重相关产业的运行负担。① 从欧盟委员会设立数据生产者权征求意见看,与建立一套新的财产权体系相比,其更倾向于确立一个有针对性的、不可放弃的"数据访问权",这种方法一方面避免了数据财产权过度保护的可能,另一方面通过灵活的合同条款,促进数据的商业化利用。② 从权益上升到权利的法理上看,互联网平台公开数据内容变动不居、处在不断动态变化中,难以满足内容确定、性质相同、边界清晰的权利内在要求,难以适用"普遍性、固定不变、统一性"本质主义进路将其"权利类型化"。③ 也有学者指出,盲目创设新型权利可能带来"数据孤岛""数据鸿沟"等反公地悲剧,产生"揠苗助长"的负面后果并引发"权利乌龙"效应。④ 部分国内外学者从数据流通和利用的角度,也同样否定数据赋权的促进作用,主要批判理由有三点:一是现有制度足以满足数据保护需求,二是洛克的激励理论失效,三是不合理地损害公共利益并阻碍经济发展。

---

① 陈林林:《反思中国法治进程中的权利泛化》,《法学研究》2014年第1期,第10—13页。
② Josef Drexl, Reto M. Hilty, Globocnik Jure, et al.:《马克斯·普朗克创新与竞争研究所就欧盟委员会"关于构建欧洲数据经济征求意见书"的立场声明》,《电子知识产权》2017年第7期,第92—100页。
③ 李晓宇:《大数据时代互联网平台公开数据赋权保护的反思与法律救济进路》,《知识产权》2021年第2期,第33—48页。
④ 刘琳:《大数据时代商业数据财产权理论的勃兴与批判》,《华中科技大学学报(社会科学版)》2022年第2期,第99—107页。

1.3 数据赋权的现实必要性

数据赋权的现实必要性，具体表现为三个方面：

首先，在市场主体层面上，实践中已存在不少与数据相关的纠纷案件，但由于缺乏明确的法律制度对数据行为实施者进行限制，数据利益主体从保护自身数据利益的角度出发，不得不对自有数据加大保密技术强度，导致市场主体付出过高的保护成本。因此，市场发展的现实状况亟需对数据进行立法保护。

其次，社会层面上，对于数据进行保护已成为客观需要，现有法律制度与数字经济发展迅猛的制度需求不相匹配，经济的发展需要数据的支撑和激励，拥有数据的控制权和使用权意味着具备更加有利的竞争地位。

最后，国家层面上，国内外均采取了相关措施对数据进行保护，中国是数据生产大国，欧美国家是数据利用大国，对数据进行立法保护符合我国国家利益，有助于在数据经济国际竞争中拥有更大的话语权。

1.3.1 数据权利保护的现实需求

支持数据赋权的学者，其首要的论证理由为当前的法律制度不足以满足数据保护的现实需求，创设新的权利势在必行。

龙卫球认为，当前企业数据保护面临严重的法律瓶颈，现有制度有自己特定的立法语境和功能，而数据保护客体与现有制度保护客体之间是交叉关系、互斥关系而非包含关系，因此现有制度无法消除与企业数据之间的间距性，为数据提供有效的法律保护。[1] 申卫星认为，数据权属及其分配规则不清，已成为数字经济发展的最大制度障碍。在数据要素市场，企业之间存在数据竞争、数据爬取、数据劫持、数据壁垒等问题，需要确立数据权属来调和不同企业之间的利益冲突。[2][3] 为了积极主动地促进数据要素的市场发展，满足数据流转的需求，确认数据的财产权属性以及权属迫在眉睫。[2]

---

[1] 龙卫球：《再论企业数据保护的财产权化路径》，《东方法学》2018 年第 3 期，第 50—63 页。
[2] 申卫星：《论数据用益权》，《中国社会科学》2020 年第 11 期，第 110—131，207 页。
[3] 申卫星：《数据确权之辩》，《比较法研究》2023 年第 3 期，第 1—13 页。

在市场经济运行下,数据确权是市场机制发挥作用、优化资源配置的基础性条件,同时,数据确权也是数据合作与交易有序进行的前提条件,能够有效保障数据生产要素自由流转。① 数据确权通过保证数据流通的确定性及可预见性、减少流通障碍、降低流通成本,有效地促进数据合规、高效地流通。②-③科斯定理也表明,产权明晰有助于提高市场均衡效率,数字财产权的确定也将会推动数字经济的健康发展。④

对此,梅夏英则持相反的观点,其认为现有的法律制度并结合技术条件下形成数据控制足以支持利用和交易程序,额外确认私权不利于数据分享。⑤ 有学者认为,虽然数据未确权,但现实是企业一直通过其他规制力量对数据资源及数据流动实现有效管控,比如借助封闭管理的数据中心、对数据进行技术加密、用数据换服务商业模式、员工保密条款以及 robots 协议⑥等机制来控制数据获取。⑦ 也有学者从必要性角度出发,认为数据是"公共产品",数据确权将带来交易成本增加,引发"数据壁垒",阻碍数字经济发展。⑧

但是,相较于数据确权,数据不确权带来的数据垄断可能性和垄断范围可能会更大。在数据权属不清晰的情况下,企业获取数据的渠道受限,企业因担心数据被公开爬取、秘密窃取,会采取一系列手段对数据进行保护;同时,企业还面临着后续收益不确定的风险,这将进一步促使企业不愿意共享数据,导致数据流通受阻。此外,企业数据保护成本增加,不利于激励数字化的创新。①

纵观现实情况,现有制度和法律对于新兴数据发展的适应性滞后,不仅不能为数据提供有效的法律保护,也不能对数据生产主体起到有效的生产激励作用。司法实践中,目前对于数据的保护主要是通过《中华人民共和国刑法》(以下简称《刑法》)、《反不正当竞争法》等相关规定以行为规制模式来实现,对数据进行享有安全的静态保护。但是,没有数据财产权作为后盾,大量数据交易行为的法律

---

① 闫境华、石先梅:《数据生产要素化与数据确权的政治经济学分析》,《内蒙古社会科学》2021 年第 5 期,第 117—118 页。
② 王利明:《数据何以确权》,《法学研究》2023 年第 4 期,第 56—73 页。
③ 申卫星:《数据确权之辩》,《比较法研究》2023 年第 3 期,第 4 页。
④ 科斯:《财产权利与制度变迁》,刘守英译,上海人民出版社,1994。
⑤ 梅夏英:《在分享和控制之间数据保护的私法局限和公共秩序构建》,《中外法学》2019 年第 4 期,第 845—870 页。
⑥ robots 协议又称 robots.txt,爬虫协议或者机器人协议,其由网站所有者进行设置用来告知搜索引擎哪些页面能被抓取,哪些页面不能被抓取,借此屏蔽网站中图片、音乐、视频等比较大的文件以节省服务器带宽;另外,网站也能利用该协议防止搜索引擎爬取内含著作权、个人隐私等敏感信息的数据。
⑦ 戴昕:《数据界用的关系进路》,《中外法学》2021 年第 6 期,第 1561—1580 页。
⑧ 王镭:《"拷问"数据财产权——以信息与数据的层面划分为视角》,《华中科技大学学报(社会科学版)》2019 年第 4 期,第 104—116 页。

风险较大。目前,《中华人民共和国民法典》(以下简称《民法典》)、《中华人民共和国数据安全法》(以下简称《数据安全法》)已经将数据明确为一类值得保护的新型权益,如何将其上升为一项权利并进行合理的权属分配,成为数据财产权理论研究和司法实践的新方向。①

1.3.2 数据利益主体的呼声

首先,数据作为生产要素与企业的数据处理活动息息相关。企业处理数据的过程也是不断积累数据资源的过程,因此互联网平台企业不断呼吁对企业持有数据确认财产权。② 现代社会,数据资源的重要性日益显著,数据资源被比喻为 21 世纪的"石油",其可以帮助企业获取更多利益。因为数据的客观性特点,数据资源可以帮助企业做出更加科学、更加理性的判断。③ 在信息被数据化的过程中,数据资源不断增值,每经过一次加工环节,其附加值便会有所增加,即对数据价值再生产,这也使得数据资源的价值越来越高。数据生产的各个环节所涉及的利益主体众多,数据权利的归属是利益主体最真实的诉求。④ 数据加工需要投入大量成本,激励企业投入的动力是获得利润。龙卫球认为,企业支持发展数据的意愿取决于数据是否能够得到充分合理的法律保护,企业生产数据需要投入大量人力、资金成本,企业数据纠纷的频繁发生会挫伤企业数据生产的积极性,损害数据市场秩序。⑤

其次,数据确权是企业开展合作与交易的基础。邢会强认为,若企业对数据资源缺乏控制权,其进行数据合作和数据交易的基础就不复存在,从而阻碍数字经济的发展。⑥ 申卫星认为,界定数据产权有助于确定合作与交易的基础,进而降低构建有效市场的制度性成本。⑦ 自由交易市场的前提是,交易者拥有对于交易物品的所有权。对于数据来说,目前的权属不清会抑制企业进行数据交易。数据价值不仅仅是企业的经营资源,还可以通过数据流通、数据交易来进一步实现数据价值。数据交易市场的基础制度不完备,数据交易流通环节的法律保护薄弱,致使许多企业想要进行数据交易但不敢交易,如此反而抑制了数据流通。

---

① 申卫星:《论数据用益权》,《中国社会科学》2020 年第 11 期,第 110—131、207 页。
② 丁道勤:《基础数据与增值数据的二元划分》,《财经法学》2017 年第 2 期,第 5—10、30 页。
③ 陈涛:《数据资源确权的必要性和可能性》,《市场周刊》2020 年第 7 期,第 156—157 页。
④ 谢忱:《大数据背景下的数据确权问题研究》,硕士学位论文,北京邮电大学,2021。
⑤ 龙卫球:《再论企业数据保护的财产权化路径》,《东方法学》2018 年第 3 期,第 50—63 页。
⑥ 邢会强:《大数据交易背景下个人信息财产权的分配与实现机制》,《法学评论》2019 年第 6 期,第 98—99 页。
⑦ 申卫星:《数据确权之辩》,《比较法研究》2023 年第 3 期,第 1—13 页。

经济市场上的行业类型众多,需要利用数据资源的行业也不在少数。行业之间的数据交换是企业获取市场信息的重要渠道,有利于企业根据市场分析合理配置企业的生产资源。因此,即使是有一定数据规模的企业也不可避免地需要利用其他企业或机构的数据,各机构或企业间共享数据是现实需要,明确数据权属是激励数据公开、数据共享的前提,也是各机构或企业实现财富最大化的途径。与传统物品不同,数据的价值在于流通和利用,数据共享可以提升数据的价值。① 我国作为社会主义市场经济国家,通过数据市场化配置推动数字社会发展,自然应考虑构建促进数据流通的市场规则,通过数据利他共享实现数字社会整体发展水平的上升,数据确权是促进数据流通的重要制度基础。②

再次,数据确权有利于企业优化资源配置。崔国斌指出,法律保护不足,企业会把更多的资源投入技术保护中,影响企业资源的合理配置,造成资源浪费。③ 申卫星认为,遵循"财产规则"能鼓励最初的权利持有人决定权益的价值,鼓励自愿交易和市场交换,从而实现资源配置和经济效率的提升。④ 数据经济时代,数据资源是企业在市场竞争中的重要资源之一,数据资源的实际控制者和使用者会为企业带来巨大的收益,但如果企业数据资源的归属不明晰,企业大量劳动投入获得的数据可能被他人"坐享其成"。企业为了防止其他企业"搭便车",倾向于加强对于数据的保密措施,通过技术手段对数据进行加密,阻止其他企业不合理地利用。但这样的保护方式使企业资源配置低效,将本该用于生产经营的资源不合理地配置在技术措施的不断升级上,影响企业的经济效益。同时,技术措施保护路径存在不稳定性,技术被破解的风险一直隐存,可能使数据采集者和数据获取者陷入技术对抗的恶性循环。③ 企业为数据生产投入大量成本,在法律保护缺位的背景下,只能采取不断升级技术来提高数据管理能力的方法,如此一来,不仅加大了企业成本,且不可避免地会存在某些技术漏洞。⑤

1.3.3 数据经济发展的需要

数据作为数字经济发展的核心要素,获取和利用数据能够为企业创业和技

---

① 王天恩:《重新理解"发展"的信息文明"钥匙"》,《中国社会科学》2018 年第 6 期,第 26—44 页。
② 张永忠、张宝山:《构建数据要素市场背景下数据确权与制度回应》,《上海政法学院学报(法治论丛)》2022 年第 4 期,第 105—124 页。
③ 崔国斌:《大数据有限排他权的基础理论》,《法学研究》2019 年第 5 期,第 3—24 页。
④ 申卫星:《数据确权之辩》,《比较法研究》2023 年第 3 期,第 1—13 页。
⑤ 徐实:《企业数据保护的知识产权路径及其突破》,《东方法学》2018 年第 5 期,第 55—62 页。

术发展提供重要动力,为数字经济的运行提供有益资源。数据产业和数据资源市场交易蓬勃发展,数据资源的财产性权利和商业交易关系亟需法律规范和制度保护。① 数据权的不明确将对数字经济发展产生严重负面影响。② 没有数据权制度,数据权的分配规则也就无从谈起,数据权的确定不仅在于保护特定主体的利益,更在于为数据共享和交易创造安全有序的商业环境。③ 数据被赋权后的专有性和排他性决定了权利人在利益支配上必须得到极高的稳定性,因此权利归属规则必须精准。数据权面临的权利分配难题将带来高度不确定的法律风险,并阻碍数字经济进一步发展。④

对数据相关权益的清晰界定与分配,是在多元的数据权益主体之间展开公平自由交易与竞争的制度前提。⑤ 如果不对数据的产权予以界定,其价值将不能达到预期效果。⑥ 数据作为数字经济的第一生产要素,其权属问题不仅影响开发利用和流通,也会影响数字经济创新发展,数据产权问题已成为数据要素市场培育的首只"拦路虎"。⑦ 数据赋权是数据流通的基础,没有数据权利,对于数据的获取就会受阻,数据流通利用以及再利用就难以实现。对数据进行赋权,有利于激励数据主体参与市场活动的积极性,加速数据流通释放数据活力,推动数字经济的发展。⑧

目前,国内外否定数据赋权的主要理由是,数据赋权后可能会形成对于数据的垄断,阻碍数据的流通和交易,不利于数字经济的繁荣与发展。也即,数据权在加强权利人现有的数据力量的同时,可能会阻碍他人从数据中发现或利用新的市场潜能。数据权人通过限制数据的获取,阻碍信息自由流通,⑨也将进一步提高市场准入壁垒。⑩ 例如,大型互联网企业为了保持竞争优势不愿与其他企业共享

---

① 秦元明:《数据产权知识产权司法保护相关法律问题研究》,人民法院报,2021-04-29(007)。
② Wauters P, Siede A, Cocoru D, et al., "Study on emerging issues of data ownership, interoperability, (re-)usability and access to data, and liability," (2018), p.6.
③ 申卫星:《论数据用益权》,《中国社会科学》2020 年第 11 期,第 110—131、207 页。
④ 付新华:《企业数据财产权保护论批判——从数据财产权到数据使用权》,《东方法学》2022 年第 2 期,第 132—143 页。
⑤ 陈兵:《新发展格局下数据要素有序流通的市场经济法治建构》,《社会科学战线》2022 年第 1 期,第 191—203 页。
⑥ Corien Prins, "When Personal Data, Behavior and Virtual Identities Become a Community: Would a Property Rights Approach Matter?," *SCRIPT-ed* 3, no.4(Dec. 2006): 296.
⑦ 童楠楠、窦悦、刘钊因:《中国特色数据要素产权制度体系构建研究》,《电子政务》2022 年第 2 期,第 12—20 页。
⑧ 杨琴:《数字经济时代数据流通利用的数权激励》,《政治与法律》2021 年第 12 期,第 12—25 页。
⑨ 金耀:《数据治理法律路径的反思与转进》,《法律科学(西北政法大学学报)》2020 年第 2 期,第 79—89 页。
⑩ Josef Drexl, Reto M. Hilty, Luc Desaunettes, et al., "Data Ownership and Access to Data - Position Statement of the Max Planck Institute for Innovation and Competition of 16 August 2016 on the Current European Debate," *Max Planck Institute for Innovation & Competition Research Paper* (2016): 1-11.

数据,在一定程度上形成了"数据垄断",成为数字经济发展的现实阻力。①

然而现实情况是,《反不正当竞争法》《刑法》等法律为数据保护的事后救济提供了强有力的保障。如果不对数据进行赋权,数据的归属只会落入弱肉强食的"丛林法则",由强势的实际控制者主张对于数据的所有权利,不利于激励创新主体。并且,在没有权利保障的情况下,数据权人的数据分享意愿微弱,遑论数据交易,对数据赋权也是为了保护特定主体的权利,创造安全有序的交易环境,有利于激励数据权利人积极地共享或者转让其合法占有的数据权利。②再者,数据权的缺失使得数据成为公共物,因任何人对其不享有排他性权利,导致数据资源"公地悲哀",即人们对公共资源过度使用,且不承担必要的成本,最终导致公共资源耗尽。②-③

数据已经成为数字经济发展的核心,其经济属性和价值属性在不断提升。但由于规制不足,数据市场难以发挥其真正的活力与价值。数据的权利不明晰,数据资源配置难以有序,数据侵权纠纷频发,因数据侵权而引起的利益受损等不良后果危害着数据市场的良性发展。目前数据市场混乱,很大程度上是因为供需不匹配造成的,因欠缺相关法律的规制,人们不敢交易、不愿交易,进而加剧了供需不匹配。④保障数据有序流通、繁荣发展的核心是数据赋权,只有数据的权属明晰,才能促进数据交易和数据共享。

因此,对数据赋权有利于激励数据生产,促进数据流通,为数据交易提供法律依据,最终达到促进数字经济发展的目的。

1.3.4 政府政策及立法导向

当前,中国正处于高质量发展阶段,数据的战略地位已经明确,数据权的保护具有显著的现实必要性。为了推动数字经济的发展,政府也逐渐重视数据权的基础性制度建设。⑤界定数据权利是可能且必要的,但鉴于数据界权是一个

---

① Wolfgang Kerber, "A New (Intellectual) Property Right for Non-Personal Data? An Economic Analysis," *Economics of Networks eJournal* (2016).
② 申卫星:《论数据用益权》,《中国社会科学》2020 年第 11 期,第 110—131、207 页。
③ 彭辉:《数据权属的逻辑结构与赋权边界——基于"公地悲剧"和"反公地悲剧"的视角》,《比较法研究》2022 年第 1 期,第 101—103 页。
④ 姬瑶瑶:《数据确权规则研究——基于原始数据与衍生数据的分类》,《经营与管理》2024 年第 10 期,第 105—111 页。
⑤ 中华人民共和国工业和信息化部:《关于工业大数据发展的指导意见》(2020 年 4 月 28 日),https://www.gov.cn/gongbao/content/2020/content_5530364.htm,访问日期:2025 年 3 月 24 日。

开放动态的过程,当前人们对数据制度的设计和安排仍需要继续观察和验证。随着信息增加会出现新的阶段性判断,我们要对规则变化保持开放心态,坚持开放利用的逻辑价值,在解释主体间利益互动关系的层面上进行数据界权。①

整体上,近些年出台了多项数字战略规划,相关政策旨在激励数字经济发展、激发数字经济市场活力,数据赋权符合国家的政策导向。2017 年 12 月 8 日,中共中央政治局就实施国家大数据战略进行第二次集体学习,习近平总书记在会议上指出,"要制定数据资源确权、开放、流通、交易相关制度,完善数据产权保护制度"。② 2020 年 3 月 30 日,中共中央、国务院发布《关于构建更加完善的要素市场化配置体制机制的意见》(以下简称《要素市场化配置意见》),指出"研究根据数据性质完善产权性质"。2022 年 6 月 22 日,中央全面深化改革委员会第二十六次会议审议通过了《关于构建数据基础制度更好发挥数据要素作用的意见》(以下简称《数据二十条》),强调数据基础制度建设事关国家发展和安全大局,要维护国家数据安全,保护个人信息和商业秘密,促进数据高效流通使用、赋能实体经济,统筹推进数据产权、流通交易、收益分配、安全治理,加快构建数据基础制度体系。由此可见,我国对数据确权激励数据流通利用、推动经济创新发展的重视程度。

国内立法方面,《中华人民共和国个人信息保护法》(以下简称《个人信息保护法》)、《中华人民共和国消费者权益保护法》(以下简称《消费者权益保护法》)、《中华人民共和国网络安全法》(以下简称《网络安全法》)以及相关司法解释等均仅对个人信息保护进行了规定,这是关于数据资源法律保护的初步发展。对个人信息的采集和处理是大多数数据的来源,因此数据保护首先开端于对个人信息的保护,但数据保护不应仅限于此,对数据的进一步处理、分析等其他数据增值环节还包括了个人信息指向对象以外的多个权利主体,迫切需要更细化、更系统的全方位规制。目前,全国许多地区已经就数据资源的保护出台了相关地方性法规或者政府规章。③

国际立法方面,欧盟公布的《数据法案》(Data Act)从保护个人数据转向数据利用。欧盟在个人数据领域以及非个人数据领域均出台了指导性文件,包括以《通用数据保护条例》(General Data Protection Regulation,GDPR)为代表的个人数据保护

---

① 戴昕:《数据界权的关系进路》,《中外法学》2021 年第 6 期,第 1561—1580 页。
② 新华社:《习近平:实施国家大数据战略加快建设数字中国》(2017 年 12 月 9 日),http://www.cac.gov.cn/2017-12/09/c_1122084745.htm,访问日期:2025 年 3 月 24 日。
③ 陈涛:《数据资源确权的必要性和可能性》,《市场周刊》2020 年第 7 期,第 156—157 页。

条例,及以《非个人数据自由流动条例》《数据法案》为代表的非个人数据保护条例。美国结合自身国情特点,分行业进行数据保护立法,在金融、通信、教育等领域进行了立法。日韩、印度等对个人数据以及公共数据以《个人信息保护法》(Personal Information Protection Act, PIPA)和《数据产业振兴和利用促进基本法》(以下简称《数据基本法》)等形式进行保护,都在立法层面体现了对于数据保护的重视。

1.4 数据赋权的理论必要性

数据经济的爆发式增长正面临一个结构性矛盾:企业投入巨额成本收集和清洗数据,却难以阻止他人无偿复制使用;公共机构为应对疫情急需医疗数据共享,却因权属争议步履维艰;用户每天产生大量行为数据,却对自己的数字足迹缺乏控制权。这些现象揭示了一个根本问题:当数据被称为"新石油"时,为何其价值释放反而处处受阻?

问题的症结或许在于,现有制度对数据特性的双重误读:一方面低估了数据加工所需的劳动投入(如算法标注、合规处理),另一方面忽视了数据无限复制带来的权益纠纷风险。因此,有必要从理论层面论证分析,为何需要通过数据赋权构建新的规则体系——既要补偿数据生产者的劳动价值,又要建立流通秩序防止资源浪费。这种制度重构不仅是技术性调整,更是数字经济走向成熟的关键一步。

1.4.1 财产权与伦理基础理论

数据赋权的理论根基需回应两大核心命题:为何保护数据生产者的劳动成果,以及如何划定数据权利的伦理边界。从财产权与伦理基础的双重视角切入,可以系统论证数据赋权的正当性与约束逻辑。前者以洛克财产权理论为核心,阐释数据加工者通过劳动投入获得财产权的自然法正当性;后者基于黑格尔人格权理论及数据正义观,强调用户对原始数据的控制权及社会公平的伦理约束。二者共同构建"权利生成-权利限制"的闭环框架,既避免数据公地悲剧,又防范资本垄断与人格物化。下文将分述具体理论及其学术应用。

1.4.1.1 洛克财产权理论

洛克关于财产权的论述集中于《政府论(下篇)》第 5 章"论财产",其理论源自自然法哲学,核心观点为:劳动是财产权的正当性来源。洛克的正面论证以劳动增益为原则,主张当个体通过劳动将自然共有物(如土地、果实)转化为个人财产时,该物脱离原始共有状态,劳动者对其享有排他性权利。反面来看,洛克为这种排他性权利也增设了自然法限制条件:足够且同样好原则、非浪费原则。① 也即,劳动者需为他人留下足够多且同样好的自然资源,同时财产不可超出合理使用范围而被浪费。

洛克财产权理论作为数据赋权正当性的核心依据,已被多位学者结合数据特性进行适应性阐释与拓展。王利明认为,企业对数据的收集、清洗、标注等实质性劳动投入形成的数据产品(如用户画像、商业数据集),符合洛克"劳动增益归劳动者所有"的自然法原则,司法实践中亦有所印证——例如"淘宝诉美景案"中,法院认可企业对衍生数据的有限排他权,强调其劳动投入应受保护。② 陈星提出,数据具有劳动对象属性,洛克的理论可论证数据赋权的内在正当性,企业通过算法生成衍生数据(如用户画像)应享有排他性权益。③ 李安从理论证成的角度出发,深入剖析了洛克理论中关于物的积极要件以及对人的反面限制,当企业在数据处理过程中表现出克制行为时,可以基于洛克学说的理论基础,赋予企业数据财产权。④ 李晓珊认为,洛克的劳动赋权理论为数据产品财产权的合理性提供了理论基础,企业通过算法和技术投入对原始数据进行加工处理,形成具有市场价值的数据产品,这一过程符合洛克所强调的"劳动赋予财产"的理念。⑤

然而,传统洛克理论中的"自然法限制条件"(如"足够且同样好"原则)在数据场景下面临失效风险:数据的非排他性(可无限复制)与非竞争性(多人同时使用不影响价值)导致传统限制条件难以适用,需通过制度创新重构权利边界。例如,欧盟《数据法案》既承认企业对数据的"实质性投资"权利,又强制开放公共数据访问权,中国《数据二十条》提出的"三权分置"则通过使用权分置平衡私权激励与流通需求。争议焦点集中于劳动主体的单一性假设——洛克理论默认劳动主体为企业,忽视了用户作为数据原发者的贡献。学者 Eric A. Posner 指出,企业未对原始数据(如用户行为记录)支付对价,可能通过劳动理论剥削

---

① 洛克:《政府论》,叶启芳、瞿菊农译,商务印书馆,1996,第17—28页。
② 王利明:《数据何以确权》,《法学研究》2023年第4期,第58页。
③ 陈星:《数字时代数据产权的理论证成与权利构造》,《法商研究》2023年第6期,第75—88页。
④ 李安:《论企业数据财产权的正当性——以洛克财产权学说为视角》,《科技与法律(中英文)》2022年第1期,第99—100页。
⑤ 李晓珊:《数据产品的界定和法律保护》,《法学论坛》2022年第3期,第126页。

用户权益,需引入"数据地租"等机制平衡利益分配。①

1.4.1.2 黑格尔人格权理论

黑格尔的人格权理论强调人格的自由和自主性,认为人格权是个人自由和理性的体现,是人的基本权利之一。人格权不仅包括对身体和精神的控制,还扩展到对个人的财产和劳动成果的控制。黑格尔认为,个体通过劳动将自己的意志和理性融入对象中,从而赋予对象以人格权。② 其核心逻辑包括:① 人格的客体化,个体通过占有和支配财产实现自由意志的客观化,财产是人格的延伸。② 排他性控制,人格权赋予个体对自身意志客体化对象的排他性控制权,防止他人干涉或剥夺。③ 社会伦理属性,财产权不仅是经济工具,更是维系人格尊严与社会伦理关系的纽带。

张路基于黑格尔的人格权理论,论证了数据赋权的伦理基础。数据作为个人活动和劳动的产物,应当被视为个人人格权的延伸。赋予个人对数据的控制权,可以确保其对个人数据的控制权,避免数据被滥用或未经授权的使用,从而保护个人隐私和自主性。③ 张卫指出,数据赋权不仅是对个人权利的保护,也是对社会伦理的维护,通过赋予个人对数据的控制权,可以确保其在数字经济中的自由和权利。④ 包晓丽认为,若企业未经用户同意滥用数据(如算法歧视、过度画像等),将导致人格被物化或异化。黑格尔理论支持用户对数据的控制权,以维护人格完整性。⑤ 潘斌认为,数字化社会中的"抽象统治"已从传统经济领域的价值、工资等转向技术、数据与算法的控制,导致用户失去对自身数据的控制权,人格尊严被资本逻辑异化。这一分析基于马克思的"抽象劳动"理论,但同时结合了黑格尔对"市民社会"中人格外化与支配关系的批判,强调数据垄断实质是对人格自由意志的压制。⑥

1.4.2 经济效率与市场激励理论

经济效率与市场激励理论互为因果、相辅相成。市场激励通过产权界定与

---

① Eric A. Posner and E. Glen Weyl, *Radical Markets: Uprooting Capitalism and Democracy for a Just Society* (Princeton: Princeton University Press, 2018), pp.209 - 233.
② 黑格尔:《法哲学原理》,范扬、张企泰译,商务印书馆,1961,第48页。
③ 张路:《信用数据权利配置基础理论与规范构造研究》,《首都师范大学学报(社会科学版)》2024年第2期,第200—201页。
④ 张卫:《数据的赋权与法权:基于微观权力的数据伦理分析》,《伦理学研究》2019年第2期,第108—113页。
⑤ 包晓丽:《数据产权保护的法律路径》,《中国政法大学学报》2021年第3期,第117—127页。
⑥ 潘斌:《数字社会的抽象统治及其超越路径:基于马克思政治经济学批判的视域》,《南京师大学报(社会科学版)》2023年第5期,第69—78页。

收益预期激发数据生产与流通活力,而经济效率则体现为资源的最优配置与交易成本的降低。例如,中国《数据二十条》提出的"三权分置"框架,既赋予企业对数据加工的有限排他权以激励投入(如数据标注成本回收),又通过使用权开放促进跨场景流通(如医疗数据赋能药物研发),在降低市场摩擦的同时释放数据要素价值。技术赋能强化了这一逻辑闭环:区块链技术实现权属透明化,隐私计算确保"数据可用不可见",二者协同降低交易成本,使激励政策精准转化为效率增益。简言之,市场激励是驱动经济效率的引擎,而效率提升反哺激励有效性,二者共同构成数据要素市场化的核心动力。

1.4.2.1 激励理论

激励理论源于边沁的功利主义哲学,主张通过法律赋予排他性财产权,激励资源生产与投资,实现社会总福利最大化。其核心逻辑在于,产权保护通过稳定的收益预期,激发数据生产者(如企业)的投入意愿,避免因"公地悲剧"导致供给不足。

劳伦斯·雷席格认为,数据具有财产属性,赋予数据权利可以提高数据的经济驱动力,以扭转传统法律思维下单纯依赖隐私保护或者信息绝对化的过度保护而妨碍、限制数据流通的僵化局面。[①] 史蒂芬·列维特(Steven Levitt)、史蒂芬·都伯纳(Stephen Dubner)也认为,数据的价值,只有在其数量、场景、维度等达到一定需求时才能充分释放出来,需要机构或企业去采集数据、开发数据、制作数据集向社会开放或提供等,所以有必要在法律中设置激励机制来激励数据主体对其开发的数据传播。[②] 王利明从保护预期、"逐数兴业"、定分止争三个角度主张认为,数据确权有利于激励数据生产。[③]

有的学者认为,相关数据控制者或利用者在其从事与数据相关业务时,已经能够从中获得超额利润和回报并获得市场的优势竞争地位,因此,无须给予其特定权利来激励。李晓宇则认为,过度依赖赋权可能抑制数据流通,其以欧盟《数据库保护指令》失败为例,指出特殊权利保护未激励产业投资,反而削弱竞争力,主张通过反不正当竞争法平衡激励与开放。[④] 这些观点只着眼于开发数据过程中数据价值的激发和实现,却忽略了数据会被其他企业不正当利用从而损害数据持有者利益的情况。

---

① 雷席格:《网路自由与法律》,刘静怡译,商周出版社,2002,第396页。
② 列维特、都伯纳:《魔鬼经济学》,刘祥亚译,广东经济出版社,2006,第43页。
③ 王利明:《数据何以确权》,《法学研究》2023年第4期,第58页。
④ 李晓宇:《大数据时代互联网平台公开数据赋权保护的反思与法律救济进路》,《知识产权》2021年第2期,第33—48页。

1.4.2.2 交易成本理论

交易成本理论由罗纳德·科斯提出,核心观点为产权明晰可降低交易成本,促进资源有效配置。[①] 其核心逻辑是,当产权界定清晰时,市场参与者可通过协商达成最优交易,减少因权属争议、信息不对称等产生的摩擦成本。

王佳佳认为,在数据交易场景中,高额的交易成本主要体现为"信息悖论"和"双重信任困境",数据信息的出售者可能因此缺乏信息交易的动力,而数据受让者同样担心其投资会付之东流。数据赋权通过为权利人创设一套事前明确的权利边界和内容,卖方可披露受合法产权保护的数据或信息,而买方和第三方也无权在未经许可的情形下获取数据,这种制度安排可以有效降低交易成本,促进数据市场的健康发展。[②] 王利明认为,科斯定理在数据领域具有重要的适用性。通过明确数据财产权,可以降低交易成本,促进数据的合理利用和流通,从而提升市场效率。这种制度安排不仅符合经济学原理,也符合数据作为新型生产要素的特性,有助于推动数字经济的发展。[③]

1.4.3 马克思主义批判与重构理论

马克思主义所有制理论与数据生产要素理论的辩证统一,构成了数字经济时代生产关系变革的双重维度。所有制理论聚焦生产资料的归属问题,生产要素理论则揭示数据作为新型生产要素的独特属性:非竞争性、可共享性与价值衍生性。二者的内在关联在于:所有制形式决定生产要素的分配方式,而数据要素的技术特性倒逼所有制结构重构。

1.4.3.1 马克思主义所有制理论

马克思与恩格斯在《共产党宣言》中强调:"所有制问题是运动的基本问题。"[④]结合马克思主义所有制理论,本书试图透过数据的劳动现象,探究数据的劳动和所有的关系,跳出数据法律关系层面确权的困境,从新的视角讨论数据的所有权归属以及利益分配问题。

马克思认为,产权的本质是生产关系,生产关系的总和构成社会的经济基础,经济基础决定上层建筑,而上层建筑又反过来作用于经济基础。因此,在数

[①] Ronald H. Coase, "The Problem of Social Cost," *The Journal of Law & Economics*, no.3(1960): 44.
[②] 王佳佳:《论数据财产权的收益、成本与去产权化规则构造》,《河北法学》2024年第10期,第122—148页。
[③] 王利明:《数据何以确权》,《法学研究》2023年第4期,第58—60页。
[④] 中共中央马克思恩格斯列宁斯大林著作编译局:《马克思恩格斯文集(第2卷)》,人民出版社,2009,第66页。

据经济时代,数据治理就是上层建筑的真实反映,只有明晰数据的权利归属问题,才能反过来促进数字经济的蓬勃发展。马克思基于唯物史观,科学揭示了人类社会从"以个人劳动为基础的分散私有制"到"资本主义私有制",再到"消灭私有制"的历史发展规律,主张在协作和对土地及靠劳动本身生产的生产资料的共同占有的基础上,重新建立个人所有制。① 马克思强调生产资料所有制,其在生产和生产关系中起根本作用,他指出:"只有一个人一开始就以所有者的身份来对待自然界这个一切劳动资料和劳动对象的第一源泉,把自然界当作属于他的东西来处置,他的劳动才成为使用价值的源泉,因而也成为财富的源泉。"② 马克思基于对劳动过程三要素的历时性考察,围绕"生产资料归谁所有"和"劳动者与生产资料如何结合"两大核心问题,从生产过程的主客体角度创造性地建立了"生产资料—所有者—劳动者"这一所有制分析框架。

数据权与人的劳动有着根本联系。首先,劳动赋予了数据稀缺性和价值性。行为主体凭借着强大的算法,在各种流程、平台、界面中捕获、抓取、积累并开发、应用数据,数据脱敏后成为不涉及个人隐私和国家安全的客观存在,同时具备了价值性和稀缺性。劳动在这个过程中则起到了不可或缺的作用,用马克思的理论来说,数据生产者的劳动投入创造了数据价值,应赋予数据以财产属性。马克思指出:"使用价值或财物具有价值,只是因为有抽象人类劳动对象化或物化在里面。"③ 所有的劳动对象,只有加入了人类的"有用劳动",才具有价值,劳动对象只是"价值的承担者"。正是因为对劳动对象加入了社会必要劳动时间,才使其脱离了"自然状态",产生了使用价值、交换价值以及价值。在商品经济背景下,"商品生产过程必定是劳动过程和价值形成过程的统一"。④

尽管任何对碎片化的信息进行加工处理行为只要形成数据成果,符合数据保护要求的,都可以被赋予权利,但是在不同处理环节会产生不同的权利归属,而在马克思所有制理论下讨论劳动对象与劳动价值,有助于确定数据权的边界。对价值属性较低的数据元素付出劳动,是数据生产的劳动过程和数据价值形成的起点,所产生的生成物即是被赋予财产属性,属于相关的数据生产者;但是基于数据的特性,数据生产需要考虑在体力或脑力劳动之外,还可能存在大

---

① 包炜杰:《数字经济视域下的马克思主义所有制理论分析范式再审视:新变化与新议题》,《马克思主义与现实》2022年第5期,第71—79页。
② 中共中央马克思恩格斯列宁斯大林著作编译局:《马克思恩格斯文集(第3卷)》,人民出版社,2009,第428页。
③ 马克思:《资本论》,中共中央马克思恩格斯列宁斯大林著作编译局译,人民出版社,2008,第51页。
④ 何柯、陈悦之、陈家泽:《数据确权的理论逻辑与路径设计》,《财经科学》2021年第3期,第43—55页。

量财力、物力投入,此时的数据归属就不能单纯理解为劳动的直接付出者所有,而需要综合考量各方的成本投入以平衡利益获取。

数据确权,从法权关系上看是所有权问题,从经济关系上看是生产资料所有制问题,法权关系在本质上是对经济关系的法律表述。[①] 在数字经济时代,马克思主义所有制理论仍然适用,只是生产资料的表现形式发生了变化。马克思指出:"各种经济时代的区别,不在于生产什么,而在于怎样生产,用什么劳动资料生产。"[②]劳动资料的命题是永恒的,在数字经济时代,劳动对象、劳动资料以及劳动力都呈现出新的表现特征。劳动资料以虚拟无形的数据形式呈现,对于数据的采集、加工和分析的过程则一般被定义为"数字劳动"过程,但目前理论界对于"数字劳动"的相关概念还存在较大分歧。马克思主义理论阐释,劳动创造价值,使用生产资料进行劳动,可以创造价值,其揭示了劳动对于所有权的重要性。数字劳动不是作为一个基本劳动概念与具体劳动、简单劳动、脑力劳动等并列,但是数字劳动仍具有其一般性,必须是投入到社会生产与再生产过程中的劳动,数字劳动要么创造了价值,要么创造了"价值的实现",即在实现商品价值的过程中起作用。在数字经济时代,数字劳动的劳动形式发生了变化,出现了平台经济特征、零工经济特征和共享经济特征。同时,数字经济时代的劳动资料表现形式发生变化,成为无形的数据和有形的数字设备的集合,劳动对象也演变为数据本身。[③]综上所述,数据符合马克思主义所有制理论的分析框架,理应对符合一定条件的数据赋权。

1.4.3.2 生产要素理论

数据的生产要素化过程,一方面体现了数字技术推动生产社会化程度的快速提高,另一方面对生产关系的调整提出了新的挑战。[①]数据要素主体多元,从数据资源到数据要素的形成是一个复杂的价值增值过程,数据要素的形成过程涉及政府、企业、个人开发者等多元主体的参与。[④] 在主体多元的情况下,数据的确权需要和数据要素的形成相匹配。数据生产要素的形成过程是使用价值形态不断变换与价值不断增值的过程,作为生产要素的数据不是自然状态的、零散的、游离的数据元素,而是经过采集、整理、加工、管理、传递等一系列过程

---

① 闫境华、石先梅:《数据生产要素化与数据确权的政治经济学分析》,《内蒙古社会科学》2021 年第 5 期,第 113—120 页。
② 中共中央马克思恩格斯列宁斯大林著作编译局:《马克思恩格斯文集(第 5 卷)》,人民出版社,2009,第 210 页。
③ 石先梅:《数字劳动的一般性与特殊性——基于马克思主义经济学视角分析》,《经济学家》2021 年第 3 期,第 15—23 页。
④ 张昕蔚、蒋长流:《数据的要素化过程及其与传统产业数字化的融合机制研究》,《上海经济研究》2021 年第 3 期,第 60—69 页。

形成的海量数据元素的集合。数据作为全新的生产要素,只有在流通中才能发挥更大的价值,而流通的本质前提是产权明晰。数据要素既参与价值创造的过程,也参与收入分配的过程。生产要素参与分配源于要素本身私人所有的现实性,其本质是按产权分配,即要素所有权在经济上的实现。①

---

① 王凯军:《数据要素的产权分析与治理机制》,博士学位论文,西南财经大学,2022,第58页。

第 2 章 数据保护的国外立法实践

随着数字技术和数字经济的发展蓬勃,全球主要经济体均已积极关注和探索数据保护立法,欧盟、美国、日本和韩国具有代表性,其在个人数据和非个人数据保护方面的立法实践,为深入理解全球数据保护立法的现状提供了重要参考。

2.1 欧盟的数据保护立法实践

欧盟的数据保护实践可以追溯到 20 世纪,1996 年的《数据库保护指令》就是其在计算机和版权领域针对非原创数据集合和数据库创建者的投资进行的保护实践。欧盟有 27 个成员国以及 4 亿人市场,如果适用同一套法律框架和规则,使得数字经济基本要素——人才、技术、资金、物资、数据等能够自由地流动、配置,则市场的活力和潜力将得以完全释放,因此,数据(包括个人数据和非个人数据)在欧盟境内的自由流动,一直是欧盟建立单一数字市场战略最核心的内容之一。并且,欧盟在数据和人工智能时代也提出了新的发展愿景——"成为数字经济及应用创新的全球领导者",[1]以及"到 2030 年,欧盟在全球数据经济中的市场份额(在欧洲存储、处理和有效利用数据)至少与其经济实力相对应"。[2]

---

[1] "White Paper on Artificial Intelligence: a European approach to excellence and trust," February 19, 2020, accessed March 26, 2025, https://commission.europa.eu/publications/white-paper-artificial-intelligence-european-approach-excellence-and-trust_en.

[2] 洪延青、朱玲凤、张朝等:《欧盟提出"技术主权"概念引领欧盟数字化转型战略》,《中国信息安全》2020 年第 3 期,第 70—74 页。

欧盟数据要素市场的发展注重"数据权利保护"与"数据自由流通"间的平衡，确立了"个人数据"和"非个人数据"的二元架构，强化个人数据保护，重视数据隐私保护，赋予用户权利；同时促进非个人数据自由流动，按行业差异化发展非个人数据。

"非个人数据"与"个人数据"相对应，《通用数据保护条例》定义"个人数据"为与已识别或可识别的自然人（"数据主体"）有关的任何信息；"可识别的自然人"是指可以直接或间接识别的人，尤其是通过姓名、身份证号码、位置数据、在线标识等识别符号，或者通过该自然人的身体、生理、基因、心理、经济、文化或社会特征的特定的一个或多个因素而识别的个体。相应地，"非个人数据"所承载的是无法直接或间接指向特定自然人的信息。非个人数据可按来源分为最初与已识别的或可识别的自然人无关的数据，以及被匿名化后的数据。[①-②]

2.1.1 欧盟个人数据保护立法实践

在个人数据保护方面，《通用数据保护条例》开篇即强调了其宗旨在于保障欧盟境内个人数据应在高保护水平下自由流动，并设立了个人数据保护的基准线，欧盟各成员国、各组织不得以保护个人数据为由，阻碍个人数据在欧盟境内的自由流动。[③] 2022 年 11 月 1 日生效的《数字市场法》（*Digital Markets Act*, DMA）建立了对市场守门者的认定标准以及对在其平台上运营厂家的义务，对符合标准的大型互联网平台进行反垄断规制，包括必须容许数据兼容（容许其平台上的运营厂家在第三方平台上操作）、数据确认和数据携带等规定。2024 年 2 月 17 日生效的《数字服务法》（*Digital Services Act*, DSA）旨在保护用户免受在线平台非法商品和内容的侵害，对于被认定为超大型在线平台（VLOP）和超大型在线搜索引擎（VLOSE），需要遵循数据法案的一般义务。此外，数

---

① 匿名化的个人数据与假名化不同，因为适当匿名化的数据不能被归因于特定的个人，即使附加数据也是如此，因此其是非个人数据。

② 胡苗苗、胡代芳、崔若雨等：《欧盟非个人数据自由流动框架条例指南》，《北外法学》2020 年第 1 期，第 147—169 页。

③ "GDPR Paragraph（1）The protection of natural persons in relation to the processing of personal data is a fundamental right. Paragraph（3）Directive 95/46/EC of the European Parliament and of the Council seeks to harmonise the protection of fundamental rights and freedoms of natural persons in respect of processing activities and to ensure the free flow of personal data between Member States." in REGULATION（EU）2016/679 OF THE EUROPEAN PARLIAMENT AND OF THE COUNCIL of 27 April 2016 on the protection of natural persons with regard to the processing of personal data and on the free movement of such data, and repealing Directive 95/46/EC（General Data Protection Regulation），May 4, 2016, accessed March 26, 2025, https://eur-lex.europa.eu/legal-content/EN/TXT/PDF/?uri=CELEX:32016R0679&from=EN.

据法案还规定了托管服务(如云服务或域名系统服务)以及在线中介机构(如网络服务提供商)的部分义务。二者将对个人数据保护的模式和实践延伸适用到法人实体的层面,明确了平台服务提供者与在其平台上从事运营的厂家的权利义务关系。[1]

《通用数据保护条例》是欧盟对个人数据保护的主要依据。它通过规定数据处理原则、数据主体的权利、数据控制者与处理者的义务等方式,进行个人数据保护。《通用数据保护条例》的总则部分限定了其保护客体为"个人数据"。其中,第1条规定了条例保护的主题——"条例规定与个人数据处理相关的自然人保护规则",以及条例的目的——"保护自然人的基本权利和自由,特别是他们保护个人数据的权利。"

《通用数据保护条例》对数据保护的相关定义进行了明确。它通过对数据处理行为做出规范以保护个人数据,"处理"指的是任何针对个人数据或者个人数据集的单独操作或者操作集合。数据控制者和处理者是《通用数据保护条例》主要的义务主体,"控制者"是指独自或者联合决定数据处理的目的或者手段的自然人、法人、公权力机关、代理人或者其他主体,"处理者"是代表数据控制者处理数据的自然人、法人、公权力机关、代理人或者其他主体。

《通用数据保护条例》规定了个人数据处理的原则:①"合法、公平、透明原则",即数据处理必须是以合法、公平、透明的方式进行。《通用数据保护条例》规定,只有在数据主体同意处理,履行数据主体签署的合同,履行法律义务,保护数据主体或者法律利益等情况下,数据处理才是符合法律规定的。②"目的限制原则",即要求必须为特定的、明确的和合法的目的收集信息,并且不得以与这些目的不符的方式进一步处理信息。③"数据最小化原则",要求数据处理充足且相关,不能超过处理目的的范围。④"准确原则",对数据处理的准确性与及时性提出要求,毫不拖延地删除或更正不准确的个人数据。⑤"存储限制原则",对数据存储的时间提出限制。数据存储的最大时间是完成处理目的所需要的时间,只有在为公共利益、科学或历史学研究目的或保护数据主体的权利和自由的情况下才可以超过该时间存储。⑥"诚实与保密原则",要求数据处理应当采用适当的技术措施,确保个人数据以适当安全的方式进行处理。

《通用数据保护条例》规定了数据主体的权利,主要包括有:① 数据访问权,数据主体有权利从数据控制者处获悉数据处理情况,获取相关个人数据以

---

[1] 孙远钊:《论数据相关的权利保护和问题——美国与欧盟相关规制的梳理与比较》,《知识产权研究》2021年第1期,第85页。

及有关个人数据的信息。② 数据修正权,对应"准确原则",数据主体有权要求控制者及时更正与其有关的不准确个人数据,不得无故拖延。③ 数据抹除权,数据主体在满足一定条件下,有权要求控制者及时删除与其有关的个人数据,不得无故拖延。④ 数据可携带权,数据主体有权获取其提供给数据控制者的个人数据,也有权要求数据控制者无阻拦地向其他数据控制者转移数据。⑤ 拒绝权,数据主体有权在任何时候以与其特殊情况有关的理由,反对处理与其有关的个人数据,包括根据这些规定进行的特征分析。

最后,《通用数据保护条例》还规定了作为数据控制者和数据处理者的责任和义务。控制者数据处理过程中应当遵守数据处理的原则,考虑处理的性质、范围、背景和目的,以及对自然人的权利和自由造成的不同可能性和严重程度的风险,实施适当的技术措施(包括数据保护措施),以确保并能够证明处理是按照《通用数据保护条例》进行的。数据处理者应当按照数据控制者指示处理数据,处理数据的范围不能超过数据控制者的指示,除非欧盟或者成员国法律存在例外的规定。

2.1.2 欧盟非个人数据保护立法实践

在非个人数据保护方面,从 2017 年开始,欧盟陆续发布《建立欧盟数字经济》《数字单一市场战略中期审查报告》等文件,均强调了欧盟将在非个人数据跨境流动方面制定相应的专门规则,实现对非个人数据的有力保护并且最大程度促进其跨境流动。① 2019 年 5 月 28 日,《非个人数据自由流动条例》正式实施。作为首次就非个人数据流动监管问题作出统一规定的条例,其基本形成了欧盟内部非个人数据自由流动的制度框架,而该制度形成的根本原因在于欧盟数字单一市场战略的内在需求和已具备数据自由流动的制度基础。② 2019 年欧盟颁布的《开放数据指令》即包含了欧洲公共数据共享的一般规定,公共数据概念包括三大内容:公共部门机构、公共服务运营商所控制的机构和受公共财政资助的研究数据,并设计了"高价值数据集"(High-Value Datasets)概念,指代具有明显的社会经济或环境效益,以及能够使大量用户受益的价值密集的数据。③

---

① Dominic Broy, "The European Commission's proposal for a framework for the free flow of non-personal data in the EU," in 黄钰:《欧盟非个人数据跨境流动监管模式研究》,《情报杂志》2022 年第 12 期,第 111—118 页。

② 郑令晗、肖冬梅:《欧盟非个人数据自由流动制度及其中国本土化》,《图书情报工作》2019 年第 13 期,第 122—128 页。

③ 司马航:《欧盟公共数据共享的制度构造和经验借鉴——以欧盟〈数据治理法〉为视角》,《德国研究》2023 年第 4 期,第 68 页。

在此之后,2020 年 2 月 19 日颁布的《欧洲数据战略》[①]展望了欧盟未来五年实现数据经济所需的政策措施和投资策略,其中在制度完善层面提出要建立面向数据访问和使用的跨部门治理框架。作为该战略的首个成果,《数据治理法》(Data Governance Act,DGA)[②]于 2023 年 9 月开始适用,增加了对数据自愿共享机制(voluntary data-sharing mechanisms)的信任,该法构建了包含知识产权、商业秘密和个人信息的公共数据开放法律框架,标志着欧洲治理底层逻辑自"产权私有"向"权益共享"的转化。[③]该法共分为八章,核心内容可以概括为促进公共数据再利用、便利企业间数据共享、强化个人对其数据的控制三个方面,其中第 2 章规范的是公共数据共享,即公共数据不应受到数据库制作者权等任意形式的数据排他权的保护,也不得被授予专有权或以合同等方式限制其向经济实体提供公共数据,明确了公共数据的安全保障义务和数据再利用的访问义务。[④]

作为《数据治理法》的补充,2023 年 12 月 22 日欧盟在官方公报上公布《数据法案》并将于 2025 年 9 月 12 日开始适用。[⑤]在《数据法案》公布后,欧盟发布了一份针对《数据法案》的解释说明材料[⑥],法案共 7 章,主要有以下内容:其一,在赋予联网产品用户(拥有、租赁或租用此类产品的企业或个人)更大的控制权来管理他们产生的数据,同时保持对投资数据技术的人的激励之外,为企业负有与另一企业共享数据的情形制定了一般条件;其二,建立公共部门机构可以在特殊需求的情况下(例如公共紧急情况)向企业请求数据的特别机制,并为如何提出此类请求提供了明确的规则;其三,引入了保障措施,以避免第三国政府机构在违反欧盟或国家法律的情况下访问非个人数据;其四,定义了关于互兼容性的基本要求,以确保数据可以在部门和成员国之间无缝流动,这由通用欧洲数据空间(Common European Data Spaces)[⑦]保障,以及在数据处理服务提

[①] "A European strategy for data," February 19, 2020, accessed March 26, 2025, https://europa.eu/!7jbCBV.

[②] "Data Governance Act explained," October 11, 2024, accessed March 26, 2025, https://digital-strategy.ec.europa.eu/en/policies/data-governance-act-explained.

[③] 司马航:《欧盟公共数据共享的制度构造和经验借鉴——以欧盟〈数据治理法〉为视角》,《德国研究》2023 年第 4 期,第 67—87、126—127 页。

[④] 同上书,第 67—72 页。

[⑤] "Regulation (EU) 2023/2854 of the European Parliament and of the Council of 13 December 2023 on harmonised rules on fair access to and use of data and amending Regulation (EU) 2017/2394 and Directive (EU) 2020/1828 (Data Act)," December 22, 2023, accessed March 26, 2025, https://eur-lex.europa.eu/eli/reg/2023/2854/oj.

[⑥] "Data Act explained," January 29, 2025, accessed March 26, 2025, https://digital-strategy.ec.europa.eu/en/factpages/data-act-explained.

[⑦] "Common European Data Spaces," March 20, 2025, accessed March 26, 2025, https://digital-strategy.ec.europa.eu/en/policies/data-spaces.

供商之间流动①。

不同于《通用数据保护条例》基于个人数据权利保护的立法目的,《数据法案》更加侧重减少数据流通障碍。《数据法案》在序言部分指出,"为了应对数字经济以及克服建立良好运行的数据内部市场的阻碍,有必要制定关于产品数据或者相关服务数据的协调框架",明确了促进数据资源利用的主基调。

在这一背景下,《数据法案》囊括了宽泛的保护客体。法案第一条规定了《数据法案》覆盖了个人数据与非个人数据,具体包括:① 有关连接产品和相关服务的性能、使用和环境的数据;② 受法定数据共享义务约束的私营部门数据;③ 企业间基于合同获取和使用的私营部门数据;④ 私营部门数据中的非个人数据;⑤ 任何数据处理服务提供者处理的数据;⑥ 任何由数据处理服务的提供商持有的欧盟非个人数据。

《数据法案》的适用范围也比较广,包含了数据产生、处理、利用各个环节涉及的主体:① 在欧盟市场上投放连接产品的制造商或者提供相关服务的提供者;② 适用欧盟市场中连接产品或者相关服务的用户;③ 数据持有者;④ 欧盟境内的数据接收者;⑤ 要求数据持有者提供数据的公共主体;⑥ 数据处理服务提供者;⑦ 数据空间的参与者和使用智能合约的应用程序供应商,以及在贸易、业务或职业中涉及在执行协议中为他人部署智能合约的个人。

类似于《通用数据保护条例》,《数据法案》中也提及了一些需要明确的创新概念。比如,《通用数据保护条例》中仅对个人数据作出定义,而《数据法案》则对数据的概念进行进一步确认,"数据"是任何行为、实施、信息以及前者的组合的数字表示。对于个人数据以及非个人数据概念的区分,《数据法案》中只采取了简单的二分法,其中对于个人数据的定义延续了《通用数据保护条例》中对个人数据的定义,而对于非个人数据的定义,明确了任何个人数据以外的数据就是非个人数据。

在具体权利义务的设置方面,可以明显看出《数据法案》与《通用数据保护条例》立法目的的区别。《数据法案》更关注动态的数据利用过程中的权利义务设置。比如,《数据法案》第3章规定了商业主体对消费者以及商业主体之间数据共享中的权利义务,其中第3条、第4条规定用户、数据持有者对产品数据以及相关服务数据享有访问、使用、获取的权利以及相关主体的义务;第5条、第6条规定用户享有向第三方分享数据的权利以及接收方接收数据的义务等。欧

---

① 清华大学智能法治研究院:《〈欧洲数据法案解读〉译文》,刘欣然译,2024年9月19日,https://mp.weixin.qq.com/s/gr90tyKriwviroCQnFBViA,访问日期:2025年3月26日。

盟对数据动态利用过程的关注突显其促进数据资源利用的首要目的,这种目的在章节条款中也有具体体现。比如,《数据法案》第 3 章关注数据提供过程中的权利义务,其中第 8 条明确了数据持有者向接收者提供数据的条件,第 9 条规定了相应的补偿,以及第 12 条规定了提供数据的义务范围。《数据法案》第 8 章是对互兼容性的要求。其中,第 33 条是数据、数据共享服务以及数据共享机制之间互兼容性的规定;第 34、35 条是对数据处理服务中的互兼容性的规定。

2.2 美国的数据保护立法实践

由于美国是传统的普通法国家,其法律规则很大部分在判例中得到体现,在此主要介绍美国成文法律中对数据保护的规定,以及个别重要判例确定的数据保护原则。

美国的数据保护讨论起源于联邦最高法院在 1991 年对全球著作权领域产生了极大引领作用的"费斯特白页电话号码簿"案判决。[①]尽管法院表示,后续的汇编者仍然可以自由使用其中所收录的事实来帮助准备一个竞争性的作品,只要该竞争作品没有呈现相同的选择和编排,可该案令数据库的著作权保护标准降低,事实上形成了对数据的排他性保护效果。后续电子商务运营者开始谋求立法特殊赋权(sui generis right)的方式对数据库给予保护,只是始终未能获得足够支持,转而采取了与使用者签订合同的"业者"自律方式在本国开展数据库保护。[②]

美国现行数据立法模式是以"数据自由与行业自律为基础"的分散立法模式。在联邦层面,美国没有形成一套全面、统一的数据保护基本法来调整公共和私人两大领域所有行业的数据保护。因此,美国对个人数据和非个人数据保护的立法也分散在行业以及部门立法中。

2.2.1 美国个人数据保护立法实践

美国对个人数据的保护是由对隐私权的保护发展而来的,比如在 Whalen v.

[①] Feist Publications, Inc. v. Rural Telephone Service Co., Inc., 499 U.S.340(1991), https://supreme.justia.com/cases/federal/us/499/340/.

[②] 孙远钊:《论数据相关的权利保护和问题——美国与欧盟相关规制的梳理与比较》,《知识产权研究》2021 年第 1 期,第 14—16 页。

Roe 一案中,美国联邦最高法院将隐私权解读为"患者对自己的信息享有的独立做出重要决定的利益",暗含了隐私权保护支配个人信息的权能。美国对个人数据的保护主要在隐私相关法案中得到体现。

数据上荷载的个人信息在法律上往往会表现为对隐私权的保护,美国对于平衡好个人隐私和企业依赖消费者或使用者的信息进而提供更符合需求的产品或服务间两者关系,采取了具有特色的解决方案。美国对于隐私权的保护在联邦的层级至少由 12 个不同的法律分别规制,且由于历来的司法实践无法对信息或数据的隐私保护提供一个完整的框架,导致美国区别于大多数国家对个人信息与隐私保护制订综合性、完整的法律,而是政出多门,由政府不同部门在不同领域进行立法规制。[①-②]

美国《隐私法案》(Privacy Act,PA)是美国保护个人信息的联邦层面法案,也是美国最重要的个人信息保护法律。《隐私法案》主要规定政府机构应当如何收集个人信息,什么内容的个人信息能够储存,收集到的个人信息如何向公众开放等内容[③]。

《隐私法案》认为,隐私的保护应被视作大型私营部门、国家以及公民之间的衡平机制,追求主体之间的平等待遇。在这个理念的影响下,确立了法案的五项基本原则,包括:禁止秘密的个人数据档案保存系统;为个人提供保存个人信息的类型以及使用信息的方式;提供方法防止为某一目的而获得的他人信息,防止在未经个人同意的情况下被使用或用于其他目的;提供个人更正或修改关于本人的可识别信息记录的方法;任何创建、维护、使用或传播可识别个人数据记录的组织都必须确保数据在其预期用途中的可靠性,并且必须采取合理的预防措施以防止滥用数据。这些原则在法案的具体规定中都能得到体现。[④]

---

① 12 个联邦立法分别是《金融服务现代化法案》(Financial Services Modernization Act,又称为 Gramm-Leach-Bliley Act,GLBA)、《健康保险可携性和责任法案》(Health Insurance Portability and Accountability Act,又称为 Kennedy-Kassebaum Act,HIPAA)、《公平信用报告法》(Fair Credit Reporting Act)、《电信法》(The Telecommunications Act)、《视频隐私保护法》(Video Privacy Protection Act,VPPA)、《家庭教育权和隐私权法案》(Family Educational Rights and Privacy Act,又称为 Buckley Amendment,FERPA)、《联邦证券法》(Federal Securities Laws)、《儿童在线上隐私保护法》(Children's Online Privacy Protection Act,COPPA)、《电子通讯隐私法》(Electronic Communications Privacy Act)、《计算机欺诈与滥用法案》(Computer Fraud and Abuse Act,CFAA)、《联邦贸易委员会法》(Federal Trade Commission Act)、《消费者财务保护法》(Consumer Financial Protection Act);各州具有代表性的立法分别是:《加利福尼亚州消费者隐私法案》(California Consumer Privacy Act,CCPA)、弗吉尼亚州《消费者数据保护法》《科罗拉多州隐私法》(Colorado Privacy Act)。
② 孙远钊:《论数据相关的权利保护和问题——美国与欧盟相关规制的梳理与比较》,《知识产权研究》2021 年第 1 期,第 37—60 页。
③ 单飞:《美国的〈隐私法案〉》,2008 年 7 月 16 日,https://bjgy.bjcourt.gov.cn/article/detail/2008/07/id/863845.shtml#:,访问日期:2025 年 3 月 30 日。
④ 焦雪雨:《美国〈隐私权法〉中的个人信息保护研究》,硕士学位论文,中国人民公安大学,2024。

《隐私法案》规定了其规制的内容为"记录","记录"具体指的是"任何由机构掌握的关于个人信息的条目、集合或者组合,包括但不限于个人的教育、财务交易、雇佣历史、识别号码或者其他具有个人可识别特征细节,比如指纹、声纹或者照片"。从保护的客体可以看出,虽然是《隐私法案》,但更聚焦于对个人信息的保护。

《隐私法案》规定了信息主体对个人信息享有权利,主要的权利包括:[①]

(1) 个人信息知情权。"机构在收集个人信息时,应当告知个人足够的信息,包括:① 机构要求个人提供个人信息的依据,是否是必须提供或是自愿提供;② 信息收集的主要目的;③ 信息的后续使用方式;④ 如果拒绝提供信息,对个人之后的可能影响"。管理和预算办公室(Office of Management and Budget,OMB)发布的指引对《隐私法案》规定的个人信息知情权做进一步解读:"第(e)(3)款的通知要求旨在向个人提供足够的资料,使他们能够决定是否提供资料。"

(2) 个人信息获取权。包含具体三项内容:① 个人信息的查阅。"机构应当允许个人提出的获取记录(其他相关的个人信息)的申请,并根据申请允许其对记录的查阅和复制。"② 个人信息的修改。"机构应当允许个人提出的对相关记录的修改申请。"③ 拒绝对个人信息的修改。"机构应当允许个人提出的对记录修改的异议,机构应当在30日内予以回复。"

(3) 保护个人信息免受无端侵犯权。这项权利在《隐私法案》的(e)项"对机构的要求"中体现。比如(e)项第一小款,要求机构仅在必要情况下保存个人信息,以及保存个人信息的数量最小化,"机构仅可以在法律规定或者是总统指令要求的情况下保存有关个人的记录";(e)项第二小款,要求机构尽量直接从个人处收集信息,即"当收集信息可能导致对个人权利、福利和特权不利时,在可行范围内尽量直接从个人处收集信息"。

2.2.2 美国非个人数据保护立法实践

美国对非个人数据保护的立法并没有采取"规范式"(明确规定数据保护规

---

① U.S. Office of Special Counsel, "The Privacy Act of 1974," accessed March 30, 2025, https://osc.gov/Pages/Privacy-Act.aspx.

则和相关主体权利义务)的保护模式,而是更加偏向结果导向,[1]通过不同的法案为数据遭受侵害的主体提供救济。

比如,美国通过规制数据爬取行为实现对商业数据的保护。《计算机欺诈与滥用法案》(*Computer Fraud and Abuse Act*, CFAA)禁止"在明知未经授权或超出授权范围的情况下进入计算机获取信息"的行为。这些受保护信息包括但不限于"金融机构财务记录中包含的信息,或消费者报告机构关于消费者的档案中包含的信息","美国政府部门管理的信息"以及"任何受保护的计算机中的信息"。这种保护计算机中的信息不受侵犯的权利被规定为一种民事权利,对于"任何因违反该规定遭受损失者,可以对违法者提起民事诉讼要求损害赔偿、禁令救济以及其他衡平救济"。

《计算机欺诈与滥用法案》虽然对未经许可或者超出许可的数据获取行为进行了规定,但是却并未就"未经授权"以及"超出授权"进行界定,导致了司法实践以及数据爬取应用中的争议。美国司法实践对"未经授权"以及"超出授权"的边界进一步明确。"hiQ 诉领英案"确立了美国对于数据爬取行为的限缩认定标准。该案中,hiQ 通过对于领英网站中数据的获取以用来预测自身员工的行为。领英公司认为 hiQ 的数据爬取行为属于未经许可的数据获取行为,构成对于《计算机欺诈与滥用法案》的违反。hiQ 公司提出领英数据访问权限的默认状态是允许自由访问的,数据爬取的行为不构成"未经授权"。美国第九巡回上诉法院综合考量《计算机欺诈与滥用法案》防止对计算机非法入侵的立法目的"网络开放理论"[2],认为领英数据访问权限的默认状态是允许自由访问的,即使领英后续禁止 hiQ 获取领英用户的公开信息,hiQ 的行为也不构成"未经授权"。该案表明,法院在认定是否授权以及授权边界时,应当综合考量主体受保护的商业数据利益,同时平衡反不正当竞争法、宪法第一修正案以及开放互联网中的公共利益。[3]

数据库中体现的竞争利益则是由竞争法原则来保护。美国国会在 20 世纪 90 年代就开始对数据库的保护提出立法建议并进行讨论。最早在 1996 年,向国会提交的《数据库投资及反知识产权侵权法》(H.R.3531 法案)提出采取特殊权利的保护模式,但是被认为没有在数据库生产者和社会公众之间形成良好的

---

[1] CAICT 互联网法律研究中心:《一文读懂美国数据保护立法情况》(2019 年 7 月 2 日),https://www.secrss.com/articles/11839,访问日期:2025 年 3 月 30 日。
[2] Orin S. Kerr, "Norms of Computer Trespass," *Columbia Law Review* 116(2016):1143–1183.
[3] 许可:《数据爬取的正当性及其边界》,《中国法学》2021 年第 2 期,第 170 页。

利益平衡而未通过。1997 年的《制止盗版信息集合体法》(H.R.2652 法案),采用"信息集合体"的概念取代"数据库",保护"集合体"中的竞争利益。虽然并没有通过,但是相关的内容最后被整合到《千禧年数字版权法》之中。之后 1999 年的《制止盗版信息集合体法案》(H.R.354 法案)是对 1997 年法的补充,规定了权利以及责任的限制;2003 年《数据库与信息集合体反盗用法》(H.R.3261 法案),规定未经授权向他人披露数据库内容的民事责任;2004 年《消费者信息获取法》(H.R.3872 法案)禁止通过不正当竞争方法和不公平或欺骗性商业行为盗用数据库。① 这些法案都因不能达成政治共识而没有通过,最终美国放弃了采用单独赋权对数据库进行立法的保护模式,而是将对数据库的保护分散到其他法律之中。虽然美国未能形成统一的数据库保护立法,但从提交国会的议案可见,美国对数据库的保护以反不正当竞争法的禁止侵占行为原则为基础,反对未经许可,以极少的行为成本侵占他人投入大量的时间、技术或者金钱开发的财产。②

2.3 日本的数据保护立法实践

2018 年,日本根据《不正当竞争防止法》(*Unfair Competition Prevention Act*, UCPA),推出了与商业秘密保护不同的"有限访问的共享数据"立法,根据该法规,未经授权使用不受商业秘密保护但满足某些要求的数据可能导致损害索赔和(或)禁令。日本曾考虑设置一项新的数据权作为现有知识产权制度的一种可能替代品,但发现专有权限制性过大,③如若赋予数据持有者排他权,可能造成数据市场失灵,④并限制创新。因此,日本最终选择了一种防御战略,通过《不正当竞争防止法》为数据提供了除商业秘密保护以外的手段选择,即技术保护措施,用于对数据进行封锁从而禁止他人使用的情形。⑤ 这种日本保护数据方案可概括为"弱保护模式",其要求受保护的数据具备限定提供性、相当积累性、

---

① 刘昕凯:《非独创性数据库法律保护模式的国际比较及我国应对》,载上海对外经贸大学编《上海法学研究》集刊 2023 年第 3 卷——上海对外经贸大学"国际法学"学术论坛文集,上海对外经贸大学法学院,2023,第 167—175 页。
② 孔祥俊:《反不正当竞争法框架内的数据权利构建——"数据保护专条"的具体设计方案》,《比较法研究》2025 年第 1 期,第 50—74 页。
③ "WIPO Conversation on Intellectual Property (IP) and Frontier Technologies: Fourth Session," September 22, 2021, accessed March 26, 2025, https://www.wipo.int/meetings/zh/details.jsp?meeting_id=63588.
④ 田村善之:《日本现代知识产权法理论》,李扬译,法律出版社,2010,第 18 页。
⑤ 姜一宁:《日本数据保护的路径选择》,硕士学位论文,上海外国语大学,2022,第 17 页。

电磁管理性、技术或经营信息性、排除秘密性、非公知性六大要件。①

事实上,在日本数据专条制定前,对于数据是否能被纳入彼时日本现行的知识产权法客体范畴,抑或是《日本民法典》第七百零九条的争议不断,最终才决定寻求立法论引入新的数据保护条款。首先,受专利法保护是否定的,日本特许厅认定数据仅是信息的提示,而"具有结构的数据"或者"数据结构"可作为具有可专利性的计算机软件受到保护,但前提是要软硬件相结合并成功构建一套具有某种使用目的的信息处理装置或运行方法;其次,受著作权保护也被否定,原因是人工智能训练所需要的数据不具备独创性;再次,反不正当竞争法下的商业秘密保护模式也因为其非公知性和数据共享所需的流动性和可公开性矛盾而被否决;最后,采取侵权责任法保护数据会产生只存在损害赔偿救济而无法寻求禁令救济的不足。② 在比较客体保护和行为规制两大方案后,2017 年期间,日本知识产权战略本部下设的新型信息财产检讨委员会与日本经济产业省设置的不正当竞争防止小委员会开始正式起草讨论——平衡好数据提供者与利用者之间利益的行为规制路径的制度设计。

2.3.1 日本个人数据保护立法实践

《个人信息保护法》(*Act on the Protection of Personal Information*,APPI)是日本个人数据保护的主要立法。日本通过个人信息保护相关立法以及判例中的隐私权保护制度相结合的方式实现个人信息保护。日本《个人信息保护法》对个人数据的保护与中国《个人信息保护法》、欧盟《通用数据保护条例》有所区别。

日本《个人信息保护法》对个人信息采取了更细分化的定义。除了基础的个人信息概念以外,日本规定了"敏感个人信息",涉及能够识别出"种族、社会信用、社会地位、医疗历史、犯罪记录、受害记录"等事实的信息。通过给予这些敏感信息特殊保护,《个人信息保护法》阻止可能为这些敏感信息主体带来的歧视、偏见以及不公平待遇。《个人信息保护法》还规定了"个人相关信息",是指与在世个人相关,但不属于个人信息、假名化加工信息或匿名化加工信息的信息。假名信息是被加工处理过的个人信息,除非与其他信息相结合,否则不能识别出信息主体。与之相对应的,"匿名信息"是被加工处理过的个人信息,无

---

① 李扬:《日本保护数据的不正当竞争法模式及其检视》,《政法论丛》2021 年第 4 期,第 69—80 页。
② 刘影、眭纪刚:《日本大数据立法增设"限定提供数据"条款及其对我国的启示》,《知识产权》2019 年第 4 期,第 88—96 页。

论采取任何措施都不可能再识别出信息主体。《个人信息保护法》也对个人数据和个人信息的关系予以明确,"个人数据即被汇编在个人信息数据库中的个人信息"。个人信息数据库是个人信息数据构成的集合主体,即被系统性组织以实现个人信息搜索功能的数据库。

在原则与目的方面,日本的个人数据保护围绕着个人权利保护的主旨。《个人信息保护法》的原则简明扼要,由第三条规定。"处理个人信息应以正确的方式,保证尊重个人自主权,谨慎处理",奠定了《个人信息保护法》"维护个人自主权"的中心。这里的个人自主权应当被理解为"个人对个人信息的自决权利",即"自决性隐私"。[①]《个人信息保护法》的立法原则体现日本对隐私保护注重的传统。其立法目的可以从两方面去解读:首先是对个人权利保护的主旨,即第一条规定的"本法的目的是保护个人的权利和利益";其次是关于个人信息的利用。《个人信息保护法》希望通过明确"管理行政实体的流程和服务",来促进个人信息的产业化利用,以此实现"一个充满活力的社会以及丰富日本公众的生活"。

在内容方面,《个人信息保护法》分别规定了"个人信息"与"个人数据"的处理规范。它规定个人信息处理者处理个人信息时,将适用以下各项规范:① 正当取得个人信息;② 明确特定使用目的;③ 取得个人信息时通知、公布使用目的;④ 禁止在特定使用目的以外使用个人信息;⑤ 投诉的应对。而对个人数据处理行为的规范与个人信息处理有所区别,除了应当遵守个人信息处理行为的规范以外,《个人信息保护法》对个人数据处理者提出了额外的要求:① 使用个人数据的特定目的的公布;② 确保数据内容的准确性;③ 安全管理措施;④ 个人信息处理者对其员工的监督;⑤ 个人信息处理者对受托方的监督;⑥ 向第三方提供个人数据的限制;⑦ 向境外第三方提供个人数据的限制;⑧ 向本人披露持有个人数据等。《个人信息保护法》对数据处理者的规范比信息处理者的规范内容更宽泛和严格,特别在安全管理措施及向第三方提供方面有严格的要求。[②]

2.3.2 日本非个人数据保护立法实践

日本采取行为规制的方式,对侵害数据权益的行为进行制裁。日本《不正

[①] 张新宝:《从隐私到个人信息:利益再衡量的理论与制度安排》,《中国法学》2015 年第 3 期,第 38—59 页。
[②] 陈天华、弦卷充树、崔文英:《日本个人信息处理的法律要点——日本个人信息保护法的详细解读》(2022 年 5 月 20 日),https://www.kwm.com/cn/zh/insights/latest-thinking/detailed-interpretation-of-japan-s-personal-information-protection-law.html,访问日期:2025 年 3 月 30 日。

当竞争防止法》第 2 条第 1 款通过列举的方式规定了不正当竞争行为,其中第 11 项至第 16 项是与提供大数据有关的不正当竞争行为。比如,第 11 项规定:通过盗窃、欺诈、胁迫等不正当手段获取限定提供的数据,或者使用、披露以上述不当手段获取的限定提供的数据,属于不正当竞争行为。

《不正当竞争防止法》对保护的对象进行限定。根据第 2 条第 7 款规定,受保护的数据是以营利为目的向特定人提供的采用电磁方法(电子方法、磁气方法以及人的知觉所不能感知的其他方法)积累了相当数量以及进行了电磁管理的技术信息或者经营信息(作为商业秘密管理的除外)。据此,受《不正当竞争防止法》保护的数据需要具备限定提供性、相当积累性、电磁管理性、属于技术信息或经营信息、作为秘密管理的数据除外和公众可以无偿利用的信息相同的数据除外等六个要件。①

进一步地,《不正当竞争防止法》规定的数据相关的不正当竞争行为可以根据是否有访问权限分为两类。第一类指无访问权限的人通过不正当手段获取限定提供数据的行为,以及对获取的限定提供数据在随后的市场流通过程中实施的行为,对应《不正当竞争防止法》中的第 2 条第 1 款第 11~13 项;第二类指有访问权限的人在未经授权的情况下使用或披露限定提供数据所有者出示的限定提供数据的行为,以及对未经授权被披露的限定提供数据在随后的市场流通过程中实施的行为,对应第 2 条第 1 款中的第 14~16 项。

《不正当竞争防止法》还规定了免除停止侵害、损害赔偿责任的例外情形。首先是善意获取,规定在第 19 条第 1 款 9a 项。如果获取时不知道该数据存在不正当获取或者披露的事实,构成善意获取该数据;事后知道该数据存在不正当获取或者披露的事实,由善意获得转变为恶意。其次是针对公众可以无偿利用的信息,规定在第 19 条第 1 款 9b 项。如果获取、使用或者披露的数据与公众可以无偿利用的信息相同,同样可以免除停止侵害与损害赔偿责任。

2.4 韩国的数据保护立法实践

韩国政府更加注重数据经济的产业属性。② 2020 年 6 月,韩国政府宣布实

---

① 李扬:《日本保护数据的不正当竞争法模式及其检视》,《政法论丛》2021 年第 4 期,第 69—80 页。
② 数据信任与治理,全球主要数据治理政策对比分析——基于日本、韩国、印度和欧盟的进展(2022 年 10 月 29 日),https://mp.weixin.qq.com/s/blJ2YXPtnPdksQNyxg_kTQ,访问日期:2025 年 3 月 26 日。

施"数字新政"(Digital New Deal),设想通过国家基础设施的广泛数字化,同时培育数据、网络和人工智能(AI)的"DNA"生态系统和非面对面行业,加速向数字经济转型。① 为减少数据流动障碍,韩国于 2017 年 6 月加入了亚太经合组织(Asia-Pacific Economic Cooperation,APEC)的跨境隐私规则(CBPR)体系。

韩国于 2021 年 10 月 12 日颁布全球首部数据产业基本法——《数据产业振兴和利用促进基本法》,通过专门立法系统规定了数据产业振兴和利用,进一步完善立法框架。② 2022 年 4 月在《数据产业振兴和利用促进基本法》全面实施后,韩国发布了"数据产业振兴综合计划",并成立了"国家数据政策委员会";同年 9 月发布了对 8 个数据领域、5 个新产业领域共计 13 个领域的改善计划;同时,韩国政府推出"韩国数字战略"。③ 然而在基本法中,仍缺少对"数据所有权"的明确法律定义。韩国学者也提出,虽然建立新型知识产权类型以承认数据所有权的做法应当保持谨慎,但仍有其纳入考量的必要性。④

事实上,韩国的数据治理实践起源于规范数据跨境流动,形成了以 2011 年 3 月开始施行的《个人信息保护法》为主干的体系,⑤ 对其本国的数据权利保护提供了法律框架基础与边界限制。

2021 年 8 月,《韩国数据治理方式:如何打造第三条道路》(Korean Way With Data: How the World's Most Wired Country Is Forging a Third Way)报告⑥ 总结了区别于美国、中国的韩国数据治理模式。其第三章探讨了韩国的数据保护和数据本地化方法,尤其是韩国政策制定者、立法者、官员和谈判人员在过去 20 年中精心制定的法律和条约框架,追溯了韩国如何于 2011 年颁布《个人信息保护法》⑦,该法适用于私营和公共部门的个人信息处理。随后,又颁布了

---

① Cheong Wa Dae, "Opening Remarks by President Moon Jae-in at 6th Emergency Economic Council Meeting," June 1, 2020, accessed March 26, 2025, https://www.korea.net/Government/Briefing-Room/Presidential-Speeches/view?articleId=186051.

② 韩国制定出台《数据产业振兴和利用促进基本法》(2022 年 2 月 18 日),https://www.samr.gov.cn/cms_files/filemanager/samr/www/samrnew/wljys/ptjjyj/202203/t20220308_340252.html,访问日期:2025 年 3 月 26 日。

③ "제 1 차 국가데이터정책위원회," (2022 年 9 月 14 日),https://www.korea.kr/briefing/pressReleaseView.do?newsId=156525652,访问日期:2025 年 1 月 17 日。

④ "WIPO Conversation on Intellectual Property (IP) and Frontier Technologies: Fourth Session," September 22, 2021, accessed March 26, 2025, https://www.wipo.int/meetings/zh/details.jsp?meeting_id=63588.

⑤ 姚旭:《跨境数据流动治理中的韩国路径与欧盟路径》,《韩国研究论丛》2017 年第 2 期,第 237—249 页。

⑥ Feigenbaum E A and Nelson M R, "The Korean Way With Data: How the World's Most Wired Country Is Forging a Third Way," August 17, 2021, accessed March 26, 2025, https://carnegieendowment.org/research/2021/08/the-korean-way-with-data-how-the-worlds-most-wired-country-is-forging-a-third-way?lang=en.

⑦ PIPA 实际上是从《公共机构个人信息保护法》(the Act on the Protection of Personal Information)发展而来的,该法由内政部(the Interior Ministry)负责实施。因此,尽管 PIPA 涵盖了私营部门对个人信息的处理,但在 2020 年所谓的三项数据法修正案之前,负责 PIPA 的是内政部,而不是个人信息保护委员会(the Personal Information Protection Commission)。

《信息和通信网络利用促进和信息保护法》(Act on Promotion of Information and Communications Network Utilization and Information Protection),该法适用于保护信息和通信服务提供商处理的个人信息。事实上,《个人信息保护法》是参考经济合作与发展组织(Organization for Economic Cooperation and Development, OECD)的《隐私保护和个人数据跨境流动指南》(Guidelines on the Protection of Privacy and Transborder Flows of Personal Data)制定,其中提供的数据保护方法和水平仍因阻碍依赖大数据分析和人工智能的第四次工业革命的推进而受到批评。[①]

2.4.1 韩国个人数据保护立法实践

韩国利用《个人信息保护法》对个人数据进行保护,是个人信息领域的一般性法律规定。该法对个人信息的定义、个人信息使用的法律基础、个人信息的第三方提供、个人信息的跨境提供以及个人信息主体的权利和义务等内容作出明确规定。由属于国务总理的个人信息保护委员会,独立开展个人信息保护相关事务,对个人信息的保护进行监管。[②]

《个人信息保护法》的目的是维护个体的权利和自由,进一步实现个人生命的尊严和价值。在《个人信息保护法》的框架下,个人信息包含三项内容:① 通过姓名、公民身份号码及图像等可以对个人进行识别的信息。② 虽然仅凭该信息无法识别特定个人,但很容易将该信息与其他信息结合起来识别个人。在这种情况下,判断是否容易结合,应合理考虑获取其他信息的可能性,如所需的时间、费用、技术等。③ 将本款第一项、第二项通过本条1、2之规定进行化名处理,若没有为恢复原有状态的其他信息之使用与结合,无法识别特定个人的信息。

《个人信息保护法》规定了个人信息保护的八项原则:① 合法收集原则。个人信息控制者在收集信息时应当明确表明目的,并合法且公平地在最小范围内收集信息。② 恰当处理原则。个人信息控制者应当以恰当的方式处理数据,不能超过处理目的的限度。③ 准确、完整、及时原则。个人信息控制者应当保

---

① Feigenbaum E A and Nelson M R, "The Korean Way With Data: How the World's Most Wired Country Is Forging a Third Way," August 17, 2021, accessed March 26, 2025, https://carnegieendowment.org/research/2021/08/the-korean-way-with-data-how-the-worlds-most-wired-country-is-forging-a-third-way?lang=en.
② 王红燕、孙梦玥、邱腾岳等:《日韩个人信息保护法律法规解读》(2024年1月16日),https://mp.weixin.qq.com/s/pxhXro5aq7Yt7RhRLCTBlA,访问日期:2025年3月30日。

证数据的准确、完整、及时。④ 安全原则。个人信息控制者应根据个人信息的处理方法、类型等,考虑到侵犯数据主体权利的可能性和相关风险的严重性,对个人信息进行安全管理。⑤ 保障数据主体的权利和隐私。个人信息控制者应当公布其隐私政策及其他与个人信息处理相关的事项,并应保障信息主体的权利,如要求获取其个人信息的权利。⑥ 最小侵犯原则。个人信息控制者在处理个人信息时,应尽量减少侵犯数据主体隐私的可能性。⑦ 匿名化以及假名化原则。如果可能通过处理匿名化或假名化的个人信息来实现收集个人信息的目的,个人信息控制者应当实施匿名化或者假名化措施。⑧ 信任原则。个人信息控制者应通过遵守和履行本法及其他相关法规或条例规定的义务和责任,努力获得信息主体的信任。

《个人信息保护法》规定了数据主体主要享有六项权利:① 被告知权。数据主体享有个人信息被处理时被告知的权利。② 同意权。数据主体享有同意是否进行个人信息处理,以及个人信息处理的范围的权利。③ 确认权。数据主体有权确认个人信息是否正在被处理,并有权要求查阅和传输此类个人信息。④ 暂停权。数据主体享有暂停处理,要求更正、删除和销毁个人信息的权利。⑤ 补救权。数据主体享有通过快速和公平的程序,对因处理个人信息而造成的任何损害进行适当补救的权利。⑥ 拒绝权。数据主体有权拒绝接受通过全自动处理个人信息做出的决定,并有权要求对此做出解释。

2.4.2 韩国非个人数据保护立法实践

韩国同日本类似,采用行为规制路径,在反不正当竞争法等行为规制法的框架下保护商业数据。

韩国在《反不正当竞争和商业秘密保护法》(*Unfair Competition Prevention and Trade Secret Protection Act*)第 2 条第 1 款第 K 项引入与日本类似的数据保护条款,即"不公平使用数据的行为构成不正当竞争"。目前,《反不正当竞争和商业秘密保护法》仅列举了一项行为,即"未经许可,以违反公平商业惯例或竞争秩序的方式,为自己的业务使用他人的可区分个人身份的标志,如姓名、肖像、声音或签名,从而侵犯他人经济利益的行为"。

在保护客体上,"限定提供数据"条款设置了较高的门槛,包括限定提供性、相当数量储蓄性、电磁管理性等要件,即受保护的"限定提供数据"的范围只能是向特定营业对象提供,并且累积到一定规模,通过电磁方法存储并且加以管理的与技术或经营相关的信息。[①]

韩国另一项比较重要的数据立法是《促进数据产业和数据利用框架法》(Framework Act on Promotion of Data Industry and Data Utilization),其中第十二条确立了韩国对数据财产的保护。《促进数据产业和数据利用框架法》规定:① 数据生成者投入大量人力或物力创造的具有经济价值的数据(简称"数据资产")应受到保护。② 任何人不得通过非法使用第①项所述数据资产,包括未经授权以违反公平商业惯例或竞争秩序的方式获取、使用、披露或向他人提供数据资产,或未经合法授权规避、删除或更改适用于数据资产的技术保护措施,侵犯数据生成者的经济利益。③ 第②项规定的数据资产的非法使用等事项,适用《反不正当竞争和商业秘密保护法》。

2.5 国外数据保护立法实践的总结

通过上述对欧美日韩主要代表性国家数据保护立法实践的梳理可知,各国在个人数据保护和非个人数据保护上均做出了一定的反应和实践努力。具体来说,欧盟通过《通用数据保护条例》和《数据法案》等立法,确立了个人数据与非个人数据的二元架构,强调个人数据权利保护与数据自由流通的平衡。美国采用分散立法模式,其中个人数据保护由隐私权的保护路径实现,主要依据是联邦以及各州的隐私法案;非个人数据保护分散在各行业各部门立法之中,比如通过《计算机欺诈与滥用法案》规制商业数据爬取行为,通过反垄断法原则保护数据库。日本《个人信息保护法》是个人数据保护的主要依据,核心聚焦于个人权利保护;《不正当竞争防止法》是非个人数据的保护依据,通过行为规制的方式制止不正当的数据利用行为。韩国整体上的数据保护模式与日本类似,即通过《个人信息保护法》对个人数据进行保护,明确个人信息处理的原则与数据主体的权利体系;非个人数据保护方面,《促进数据产业和数据利用框架法》明确数据财产应当受到保护,并通过《反不正当竞争和商业秘密保护法》禁止特定的侵犯数据财产的行为。

---

① 卢纯昕:《数据保护的类商业秘密路径建构》,《知识产权》2024 年第 3 期,第 88—106 页。

第3章 数据保护的国外司法实践

数据中凝结的信息内容决定了数据的保护主要可分为个人信息数据以及非个人信息数据。个人信息是指与已识别或可识别的自然人有关的任何信息;相应地,"非个人数据"所承载的是无法直接或间接指向特定自然人的信息。各国对于数据的保护方式也主要以个人数据保护以及非个人数据保护的方式进行区分体现。本章将从个人数据和非个人数据两个方面,对欧、美、日、韩有代表性的数据保护司法实践进行梳理。

3.1 欧盟的数据保护司法实践

3.1.1 欧盟个人数据保护司法实践

欧盟的《通用数据保护条例》是对个人数据保护的主要依据。与欧盟用户数据相关的企业在追逐商业利益的过程中,若忽视了用户数据隐私的重要性,未能严格遵守数据隐私法规,就可能面临严厉的处罚。违反《通用数据保护条例》的法律后果既包括高额罚款的行政处罚,也可能面临数据主体索赔的民事责任。根据《通用数据保护条例》第83条,监管机构(如欧盟各成员国的数据保护机构)可针对一般性违规、严重违规分别处以1 000万欧元或全球年营业额的2%、2 000万欧元或全球年营业额的4%的罚款。[①] 此外,监管机构还可采取其

---

① 一般性违规主要包括未履行数据保护职责、未进行影响评估,严重违规指违反数据主体权利、未遵守跨境数据传输规定。

他行政措施,如责令停止数据处理、限制数据转移等。同时,根据《通用数据保护条例》第82条,若因企业违规导致数据主体遭受物质或非物质损害(如财产损失、心理损害),受害者可向企业提起民事诉讼要求赔偿。

3.1.1.1　侵犯个人数据的行政处罚

对于平台侵犯个人数据的问题,欧盟内已经存在大量的行政处罚案例,即对大型平台侵犯个人数据的行为进行严格的行政处罚。2019年1月,法国国家信息与自由委员会因谷歌违反数据隐私保护相关规定,对其处以5 000万欧元罚款。这是依据2018年生效的《通用数据保护条例》开出的首张罚单。当时谷歌没有向Android用户提供足够清晰透明的信息,在未经用户同意的情况下搜集用户上网痕迹等行为违反了相关规定。爱尔兰也有极为出名的Meta数据泄露罚款事件和处理儿童数据违规罚款事件,2022年11月,爱尔兰数据保护委员会对社交软件脸书的母公司Meta处以2.65亿欧元的罚款。原因是该软件中约5.33亿用户的个人数据被黑客窃取,这些数据涉及106个国家,包括脸书ID、用户全名、位置、生日、个人简介以及电子邮件地址等。截至当时,脸书母公司Meta已因隐私泄露被该监管机构罚款近10亿欧元。同年,Meta因在Instagram上处理儿童数据而违反了欧盟的数据隐私法,被罚款约4亿美元。就本案而言,Instagram在允许青少年开设商业账号时,没有尽到隐私保护的义务。根据《通用数据保护条例》第4条第11项对于"同意"的定义——"数据主体通过一个声明,或者通过某项清晰的确信行动而自由做出的、充分知悉的、不含混的、表明同意对其相关个人数据进行处理的意愿"[①],欧盟一直非常重视儿童数据保护,Instagram显然并未做到这一点。其在允许青少年开设商业账号时,公开显示电话号码和电子邮箱地址的行为,并未取得监护主体的同意及授权。此外,默认将儿童账户设置为公开而非私人账号的做法同样也违背了《通用数据保护条例》的立法精神。[②]

《通用数据保护条例》的第5条、第17条、第21条和第24条规定了存储个人信息的原则(principles relating to processing of personal data)、被遗忘权(也称删除权)(right to be forgotten)、拒绝权(right to object)、控制者的责任(responsibility of the controller)。企业在进行广告投放、商业营销时,如果未能保障用户的被遗忘

---

① 一般认为知情同意是个人信息收集的前提,且在各国实践中信息主体同意广泛作为个人信息收集、处理的合法性基础。对于儿童,GDPR第8条规定,只有取得监护主体同意或授权的数据处理才是合法的,即在GDPR规则下,监护人不仅有权代为行使儿童享有的同意权,还被赋予以自己的名义对于针对儿童个人信息的收集处理行为做出最终授权的权利。同时对于向儿童提供的信息服务(包括所有在线服务,无论是免费的还是付费的),GDPR规定都应当适用特殊的同意规则。

② 法国对谷歌开出5 000万欧元罚单(2019年1月22日),http://www.xinhuanet.com/world/2019-01/22/c_1124025321.htm,访问日期:2025年3月30日。

权和拒绝权,也会被处以行政罚款。比利时数据保护局(Belgian DPA)于2024年6月3日发布了第87/2024号决定,对一家违反《通用数据保护条例》的公司处以罚款。比利时数据保护局概述说它收到了个人关于未经请求便直接营销的投诉。投诉人首先行使了删除权和拒绝权,即删除在该平台的账户并拒绝广告推送。然而,尽管投诉人行使了拒绝权和删除权,但营销信息仍被发送。比利时数据保护局在调查后发现,该公司未能满足投诉人提出的拒绝和删除请求。比利时数据保护局指出,拒绝直接营销的权利是一项无条件的权利,数据控制者不得拒绝,而该公司未能采取具体措施回应拒绝和删除请求。因此,该公司违反了《通用数据保护条例》第5(1)(a)、5(2)、17、21和24条。基于上述违法行为,比利时数据保护局对该公司处以172 431欧元的罚款,并责令该公司履行申诉人提出的拒绝和删除请求。①

此外,并非只有企业才会受《通用数据保护条例》的约束,政府机构在公开的网站上侵犯个人数据也会受到行政机关的处罚。2024年6月6日,意大利数据保护局公布了2024年4月11日发布的关于第235号案件的决定。意大利数据保护局决定在一名申请国家社会保障研究所职位的候选人提出投诉后,对国家社会保障研究所罚款20 000欧元。该候选人投诉内容为:在国家社会保障研究所网站上公布的文件当中包括了候选人名单、笔试和口试录取和未录取人员名单以及每个候选人的分数。因此,未知第三方有可能在社交网络上获取和传播这些文件。意大利数据保护局在调查后发现,国家社会保障研究所违反了《通用数据保护条例》第5条和第6条,尤其是国家社会保障研究所在没有适当法律依据的情况下传播了5 000多名候选人的个人信息。

3.1.1.2 侵犯个人数据的民事责任

针对企业侵犯个人数据,欧盟也存在诉讼的案例。2025年1月8日,欧洲普通法院作出一项裁决,开创了新先例,命令欧洲委员会向一名个人支付损害赔偿金,因为该个人的数据在没有充分保护的情况下被非法转移到了美国。根据裁决,普通法院认定,在欧洲-美国隐私盾协议和欧洲-美国数据保护框架之间的过渡期内,欧洲委员会在将当事人宾德尔的数据转移到美国时"严重违反了旨在赋予个人权利的法律规则"。数据转移发生在宾德尔使用脸书登录功能访问欧洲委员会管理的网站时,该网站收集了他的IP地址以及浏览器和终端信息。法院裁决指出,申请人的IP地址构成个人数据。欧洲委员会"既未证明也

---

① 京师深圳律所数字经济合规资讯月刊(2024年6月刊)(2024年7月1日),https://mp.weixin.qq.com/s/gFuRtGv_1q517-cABIx_5Q,访问日期:2025年3月30日。

未声称存在适当的保障措施,特别是标准数据保护条款或合同条款"来合法地促进数据转移。法院还解释了非物质损害赔偿的适用性,指出鉴于所称的转移保障措施不足,宾德尔"在发现自己的个人数据处理方面处于某种不确定的状态"。①

根据《通用数据保护条例》第9(1)条,禁止处理特殊类别的个人数据(又称敏感信息,如种族、健康、基因、宗教、政治观点等),然而第9(2)条中指出,在遵循第9(3)条规定的条件和保障措施(如职业保密义务)的前提下,有十种例外情形。② 2024年6月20日,联邦劳工法院(Bundesarbeitsgericht)发布了关于根据《通用数据保护条例》处理雇佣关系中健康数据的第8号案件 AZR 253/20 的判决摘要。联邦劳工法院指出,被告 Medical Service North Rhine 代表法定健康保险基金进行医疗评估,确定具备法定保险的人是否确实丧失了工作能力。在本案中,原告是 Medical Service North Rhine 的管理人员和前台工作人员。自2017年11月起,原告患病,并于2018年6月进行了医学鉴定以对工作能力进行评定。据原告称,相应信息是 Medical Service North Rhine 以未经授权的方式从原告的医生处获得的。该种信息属于《通用数据保护条例》第9(1)条所称的敏感信息。然而,联邦劳工法院在判决时认为,被告的行为属于《通用数据保护条例》第9(2)(h)条的例外情形,即评估雇员工作能力。这一程序是必要的,因此被告的专家和原告的主治医生之间的电话交谈也是必要的。被告的数据处理活动也符合《通用数据保护条例》第9(3)条的规定,被告所有能够接触原告健康数据的雇员都有职业保密义务。因此德国联邦劳工法院认为被告处理数据的行为是合法的。③

3.1.2 欧盟非个人数据保护司法实践

欧盟对非个人数据的保护在司法审判中主要集中在侵犯《数据库保护指令》第7条保护的数据库特殊权利(sui generis right)。在符合数据库特殊权利的要求:"数据库"(database)+"实质性投资"(qualitatively and/or quantitatively a

---

① 欧洲法院判决欧盟违法将个人数据转移到美国,赔偿个人400欧元(2025年1月9日),https://mp.weixin.qq.com/s/5XZsie666mNUb1fMTkgw_A,访问日期:2025年3月30日。
② GDPR 第9(2)条的十种例外情形包括:明示同意(Explicit Consent)、履行劳动法、社会保障和社会保护法律义务(Employment, Social Security, and Social Protection Law)、保护数据主体或他人重大利益(Vital Interests of the Data Subject or Another Person)、合法非营利组织的合法活动(Legitimate Activities of Non-Profit Bodies)、数据主体主动公开(Data Made Public by the Data Subject)、法律主张或司法程序(Establishment, Exercise, or Defense of Legal Claims)、基于重大公共利益(Substantial Public Interest)、医疗保健和职业健康(Preventive or Occupational Medicine, Health or Social Care)、公共卫生(Public Health),以及科学、历史研究或统计目的(Archiving, Research, and Statistics)。
③ See Case CJEU - C - 667/21 - ZQ v Medical Service of Health Insurance North Rhine.

substantial investment)的前提下,判断被告的行为是否构成了"获取"(extract)和"再利用"(re-utilizes)数据库的实质部分(substantial part)。

3.1.2.1 数据库的保护要件:数据库的定义和实质性投资

按照《数据库保护指令》第7(1)条的规定,当数据库的制作者表明,在获得、订正和展示数据内容时,存在质量上和数量上的实质性投资,就可以获得特别权利的保护。《数据库保护指令》第1条规定了数据库的定义。根据规定,数据库是指任何形式的数据库,包括电子的和非电子的。与此相应,对于数据库应当作出最为宽泛的理解和解释。根据《数据库保护指令》的立法资料,欧盟委员会最初提出的草案,仅仅涉及了电子数据库。而后来的立法资料则表明,该指令的规定还涉及了非电子数据库。在这方面,该指令的"重述"第(17)项指出,数据库包括文学、艺术、音乐作品的汇编,以及其他资料例如文本、声音、形象、数字、事实、数据等的汇编。

欧盟法院在 Fixtures OPAP 一案中明确了构成数据库的要件。[1] 构成数据库的数据,可以是汇编者利用了其他来源的数据,也可以是汇编者利用了自己创造的数据。关键的问题在于,数据汇编使用了大量的作品、材料和数据,而无论这些作品、材料和数据来自哪里。欧盟法院还指出,在制定指令的过程中,欧盟委员会曾经建议,数据库应当包括"大量的"作品、材料或者数据。然而在最终通过的《数据库保护指令》第1条,关于数据库的定义中,已经不见了这样的表述。这表明,数据库的构成,并不在于作品、材料或者数据的"大量",只要有相当数量的作品、材料或者数据纳入其中,就可以形成指令所保护的数据库。从这个意义上说,该指令所说的数据库,更多的是从"功能"的角度加以界定,而非从数量的角度加以界定。

欧盟法院在判决中还陈述了制定《数据库保护指令》的宗旨。《数据库保护指令》的"重述"指出,对于数据库给予必要的保护,就是鼓励数据库的制作者,将工商业领域和其他领域中的大量数据,以系统的方式储存、汇编和展示出来,进而方便利用和促进产业的发展。从这一个角度来看,理解数据库应当考虑以下两个因素。第一,数据库是汇编独立的材料而生成的。这表明,构成数据库的材料应相互独立,各自具有信息的、文学的、艺术的、音乐的或者其他的价值,并且能够相互分离。正是从这个意义上说,《数据库保护指令》的"重述"第(17)项表明,视听作品、电影作品、文学作品或者音乐作品的汇编,不属于指令

---

[1] Judgment of the Court (Grand Chamber) of 9 November 2004, Case C. 444/02, Fixtures Marketing ltd v Organismos prognostikon agonon podosfairou AE (OPAP).

所说的数据库。因为,这类汇编中的作品是相互关联的,并且因为汇编而提升了价值。第二,数据库是以系统的方式,或者按照一定的规则,将相互独立的材料汇集在一起,并且可以以这种或者那种方式,单独获得其中的任何一条材料。按照《数据库保护指令》"重述"第(21)项的内容,以系统的或者规则的方式汇集资料,意味着相关的资料应当汇集于一个"特定的库"之中,并且采取了某种技术手段予以加工。例如,以电子的、电磁的、光学的方式,或者引得、目录、图表、分类的方式,加工了相互独立的数据,并且可以单独获取包含于其中的任何一条资料。事实上,正是这样的一种汇集和获取的方式,将数据库与资料汇编区别开来。这是因为在资料汇编的情况下,既不存在以电子、电磁等方式加工数据的问题,也不存在以电子、电磁等方式获取任何一条数据的问题。

基于以上关于数据库定义和特征的讨论,欧盟法院继续指出,就本案而言,每支球队比赛的时间和地点,以及客场和主场比赛的时间和地点,都属于单独的数据,具有单独的价值。虽然足球联盟因为各个场次的最终结果而获得经济利益,但每一场比赛的时间地点和参赛队的名称,具有独立的、提供信息的价值。与此相应,将所有比赛的时间、地点、球队名称汇编成体育赛事表,以及按照系统的方式和一定的规则将相关的信息汇集在一起,并且可以让他人获取其中的任何一条单独的信息,就构成了应当获得保护的数据库。欧盟法院最后得出结论:本案所涉及的体育赛事表,属于《数据库保护指令》第1条所定义的数据库。[①]

关于"实质性投资"的具体概念。欧盟法院在赛马日程信息案中指出,[②]对于"实质性投资"的具体概念,可从"数据库"的角度和"制作者"的角度加以理解;前者即为指令第1条第2款规定的数据库内容,即何种数据构成数据库;对于后者,欧盟法院则进行了具体的概念阐述。欧盟法院从对"创造数据投资"和"制作数据库投资"的区分入手,以明确何种数据库的主体才能享有数据库特殊权利。依据《数据库保护指令》的"重述"第(9)(10)(12)项的规定,特别权利是保护投资的权利。特别权利所保护的投资是"存储"和"处理"(也可以理解为"制作"和"订正")数据的投资,而不是"创造"数据的投资。与此相应,该指令第7条所说的获得、订正和展示数据的投资,都是关于"制作"数据库的投资,而非"创造"数据的投资。具体说来,"获得数据"的投资,是指用来获取已经独立存在的数据,并且将这些数据汇编在一起的投资。同样,"订正数据"的投资,也是用来确保

---

① 李明德、闫文军、黄晖:《欧盟知识产权法(第二版)》,法律出版社,2023,第202—203页。
② Judgment of the Court (Grand Chamber) of 9 November 2004, case 203/02—The British Horseracing Board v. William Hill Organization.

已经包含在数据库中的数据是可靠信息的投资,或者是用来订正已经纳入数据库的材料是准确信息的投资。因此,对数据库的实质性投资无须具有创造性。

欧盟法院还指出,在某些情况下,创造数据的人同时也会制作数据库,也是数据库的制作者。在这种情况下,数据的创造者当然可以主张数据库的权利。不过,即使在这种情况下,仍然应当把创造数据的投资与制作数据库的投资区分开来。如果数据库的制作者证明,自己在获取、订正和展示数据内容时,无论是在数量上还是在质量上付出了实质性的投资,就可以获得特别权利的保护。如果他所付出的实质性投资是创造数据的投资,则不能获得特别权利的保护。由于他所使用的数据就是他所创造的数据,因而更要将两方面的投资区别开来。无论在何种情况下,特别权利所保护的,仅限于制作数据库的实质性投资,而非创造数据的投资。

3.1.2.2 数据库的侵权判定:获取和再利用数据库的实质部分

对于数据库的侵权判定,欧盟法院通常会以获取和再利用数据库的实质性部分为标准对被控行为进行检验。在 CV-Online 诉 Melons 案中,①欧盟法院指出,回答"获取"和"再利用"这两个问题必须从数据库特殊权利的保护范围和目的出发。特殊权利旨在保护在数据库内容的"获取、校正及展示"上的实质性投资。即特殊权利通过禁止未经许可利用数据库内容的行为,以确保承担风险的数据库制作人得以收回其在人力、技术或者资金方面的实质性投资,进而促进数据的存储和处理,信息市场的发展。为了实现这个目标,法院在以往的判例中都对"再利用"和"获取"采用非常宽泛的解释。任何未经同意利用和向公众提供数据库内容的行为,都会被认为剥夺了权利人的收入,影响了权利人收回投资的可能性,由此构成"再利用"和"获取"。随后,法院将此案中所涉的专业搜索引擎与 Innoweb 案②中的元搜索引擎的运行方式进行了比较,以认定该案中的数据库使用行为是否达到"再利用"和"获取"的标准。法院认为,元搜索引擎的运行机理在于,用户不再需要通过初始数据库的主页和检索形式来利用数据库,而是可以通过元数据引擎提供的服务(通过实时转化用户的检索请求)直接利用初始数据库。这样的行为构成了"再利用",损害了数据库制作者的特殊权利。本案中的专业搜索引擎运行方式与之并不相同,而是通过不断地索引相关网站并将其复制存储在自己的服务器中,用户根据其提供的检索参数、检索形式进行搜索,整个检索过程是发生在其提前索引好的数据中的。即使如此,本

---

① Judgement of 3 June 2021, C-762/19, ECLI: EU: C: 2021: 434.
② See Case C-202/12, Innoweb BV v. Wegener ICT Media BV, 2013 EUR-Lex CELEX LEXIS (Dec. 19,2013).

案的专业搜索引擎同样是以不同于数据库制作者的方式,提供了对数据库内容的访问。此外,检索和复制网站信息在自己的服务器上的行为,是将网站上的数据库内容转移到了另一个媒介之中,这比超链接和展示元标签信息都更为严重。因此法院认为,专业搜索引擎的这些行为足以构成数据库指令意义上的"获取"和"再利用"。

同样地,2013年12月,在因诺网公司(Innoweb) C-202/12号裁决中,①提交案件的荷兰法院询问欧盟法院,一个拥有由用户上传的二手车广告的网站所有者,是否能够阻止第三方"抓取"其广告数据库,从而有效地禁止元搜索引擎的运营。② 在对所谓技术上专门的实时元搜索引擎与谷歌或必应等通用搜索引擎在技术上有何不同发表了一些看法之后,欧盟法院主要依据文本语境方面以及目的论方面的论据得出结论,认为依据指令第7条第2款(b)项,③加斯佩达尔公司通过重复利用自动追踪公司数据库的大量内容,侵犯了该公司的数据库权利。虽然加斯佩达尔公司为自动追踪公司带来了一些额外的流量,并将新客户引荐给了它,通过追求盈利目的,加斯佩达尔公司提高了市场的透明度,降低了消费者的交易成本,增加了二手车市场的竞争,但是加斯佩达尔公司造成了"数据库制作者可能会损失收入的风险",而"不能以通常仍有必要点击超链接进入显示搜索结果的原始页面这一论据来排除这种风险"。本案中,加斯佩达尔公司自动追踪因诺网公司的二手车广告,构成了获取和再利用数据库的实质部分的内容,损害了因诺网公司的数据库权利。

3.2 美国的数据保护司法实践

3.2.1 美国个人数据保护司法实践

美国的个人数据保护以行业、州为单位分散立法,缺乏全面统一的联邦隐私法,相比欧洲的《通用数据保护条例》显得碎片化和复杂。联邦层面主要有适

---

① Martin Husovec, "The end of (Meta) Search Engines in Europe?," *Chicago-Kent Journal of Intellectual Property* 14, no.1(2014): 145.
② 在欧盟,各国法院被允许,在某些情况下甚至被要求,向欧盟法院(CJEU)寻求关于法律解释的指导意见。随后,欧盟法院的裁决作为欧盟法律的权威性依据,对所有成员国都具有约束力。
③ 该项指出:"再次利用"系指通过分发复制件、出租、在线传输或其他传输形式,向公众提供数据库的全部或实质部分内容的任何形式。数据库的权利人或经其同意,在共同体范围内首次销售数据库的一份复制件的,将用尽其控制该复制件在共同体范围内转售的权利;公共借阅不属于提取或再次利用行为。

用于金融机构、要求保护消费者的非公开个人信息的《格雷姆-里奇-比利雷法案》、保护患者健康信息的《健康保险可携性和责任法》、保护13岁以下儿童的在线隐私的《儿童在线隐私保护法》、保护电子通信和存储数据免受非法拦截和访问的《电子通信隐私法》、禁止未经授权访问计算机系统或超越授权范围获取数据的《计算机欺诈与滥用法案》、保护机动车登记记录中的个人信息不被滥用的《驾驶员隐私保护法》。因此,在司法实践中,美国对个人信息的保护的依据大都是各个州的法案。

2020年1月1日,美国《加利福尼亚州消费者隐私法案》(*California Consumer Privacy Act*,CCPA)生效,相应推出了全球隐私控制(Global Privacy Control,GPC)的实践要求。在《加利福尼亚州消费者隐私法案》的规定下,全球隐私控制要求企业将用户启用的全球隐私控制视为合法有效的消费者请求,以选择不出售其数据。换句话说,消费者通过浏览器即可实现向任一网站发出隐私偏好设置,企业在收到请求后必须进行响应。另外,根据《加利福尼亚州消费者隐私法案》的规定,如果企业使用了第三方网络追踪,①则需在隐私政策里披露出售个人信息的具体内容,以及向用户提供一个"不要出售我的个人信息"的链接。2021年,在调查丝芙兰的网站时,发现用户启用全球隐私控制后没有任何效果,该网站存在多项违规问题。首先,未以显著的方式提供"不要出售我的个人信息"的选项。即使加利福尼亚州消费者使用全球隐私控制表示选择退出,丝芙兰的网站也没有采取任何行动阻止个人信息的传输。其次,丝芙兰未能在隐私政策中向消费者披露其向第三方出售个人信息的事实,即其允许不具备"服务提供商"资格的第三方广告和分析提供商通过cookies和其他追踪技术追踪丝芙兰官网和应用程序上的消费者行为的事实。最终,经达成和解协议,丝芙兰承诺整改,并支付120万美元罚金。②

得克萨斯州也有类似的案件。2022年2月,得克萨斯州总检察长肯·帕克斯顿于提起诉讼,指控Meta在未获得得克萨斯人知情同意的情况下非法采集了他们的生物特征数据,违反了得克萨斯州的《捕获或使用生物特征标识符法》和《欺诈性贸易行为法》,涉嫌非法采集和处理数百万得克萨斯州人的生物特征数据。脸书是Meta旗下的社交应用程序,Meta于2011年推出了脸书的标签建议

---

① 第三方追踪(Third-Party Tracking)是指通过数字技术(如cookies、像素标签、设备指纹等)收集消费者的个人信息,以便对其在线活动进行监控和分析的行为。这种追踪行为通常由非直接提供服务的网站或应用程序的第三方执行,常见于广告、分析、社交媒体和营销公司。

② 丝芙兰因未告知消费者出售其个人信息被罚120万美元(2022年12月7日),https://www.tahota.com/CN/article.aspx?mdid=abb36a804d806eea&KeyID=db0b0b7096565aad,访问日期:2025年3月30日。

功能,然而,脸书在上传到社交媒体平台的照片中几乎每张脸上都运行了面部识别软件,捕捉了所描绘人物的面部几何形状记录,这一过程是在没有通知或获得脸书用户同意的情况下进行的。最终,得克萨斯州与 Meta 达成了 14 亿美元的和解协议,也是美国迄今为止最大的隐私和解协议。可见,虽然美国对个人信息的保护主要依赖州层面的法案,但也有一般共识的要素比如"告知同意"。

3.2.2　美国非个人数据保护司法实践

美国并没有专门立法或者设立数据财产权的强烈诉求,对于数据保护法律规定仍然集中于传统的知识产权法以及普通法规定之中。在知识产权法保护框架中,美国法律规定主要有版权法保护以及商业秘密保护。就版权保护而言,美国版权法保护对事实信息进行获取后并加入独创性表达的数据库,[①]并不保护单纯对于事实信息进行收集后的汇编数据。此种保护方式仅保护到数据库中的具体的编排和呈现方式,并不及于数据本身。[②]就商业秘密保护制度而言,美国的商业秘密制度保护具有秘密性、价值性以及保密性的信息,[③]这点并无争议。但是商业秘密制度无法较好地涵盖公开数据或者半公开数据的保护问题,因此并未成为数据保护以及数据爬取行为规制的主要法规。

在普通法保护框架中,美国各法院一方面尝试通过普通法中的财产权保护制度对侵害数据财产利益的行为进行规制,也即采用的是对于动产侵害以及侵占的规定。[④]另一方面,美国国会参考了普通法上对于土地侵入的场景,制定了对于网络虚拟空间中数据信息保护的《计算机欺诈与滥用法案》,用以规制对于联邦政府计算机以及网络系统内的数据爬取行为。[⑤]

3.2.2.1　数据在普通法中动产侵犯理论中的司法适用

美国数据在普通法中动产侵犯理论的司法适用已有一些经典的案例,在判

---

① See e.g., CCC Info. Servs. v. MacLean Hunter Mkt. Reports, Inc., 44 F. 3d 61 (2d Cir. 1994).
② See 17 U.S. Code § 102.
③ 李明德:《美国知识产权法(第二版)》,法律出版社,2014,第 175—226 页。
④ 其中侵害行为规定在了《侵权法重述(第二次)》第 217 和 218 节中指代他人故意以直接或者间接的方式产生与原告动产的实际接触,破坏或剥夺了原告对于动产的接触、使用和价值;对于侵占规定在了《侵权法重述(第二次)》第 222a 节中指代他人对该动产施加了控制,严重损害了原告就该动产享有权利的行为。
⑤ 其中具体规定了七种行为:(1) 计算机间谍活动;(2) 侵入计算机,并获取政府、金融或商业信息;(3) 侵入政府计算机;(4) 使用计算机进行欺诈;(5) 损害受保护的计算机;(6) 贩卖政府或商业计算机密码;(7) 威胁损害受保护的计算机。

断动产侵犯理论是否能够适用于数据时,法院将侵害行为和损害后果二者结合予以判定。

在"易趣网案"[①]中,原告 eBay 是一家互联网个人对个人的交易网站,为人们提供在其网站上向出价最高者出售各种物品的平台。被告 Bidder's Edge 是一家在线"拍卖聚合"网站,通过"机器人/蜘蛛"搜索功能,让买家能够一次性搜索多个拍卖网站。被告使用"爬虫"程序从原告网站收集数据,以在自己的网站上为用户提供来自多个拍卖网站的综合搜索结果,使原告网站面临潜在的崩溃风险。在原告与被告的谈判破裂后,原告试图通过软件中断"机器人/蜘蛛"搜索来阻止被告访问,但被告仍继续其数据收集行为。原告认为被告的行为构成了对其网站的侵权和不正当竞争,干扰了其正常运营,损害了其商业利益,因此向美国北加利福尼亚地区法院提起诉讼,寻求初步禁令,以禁止被告继续对其网站进行数据抓取。美国北加利福尼亚地区法院法官 Ronald Whyte 支持了原告的请求,发布了初步禁令,禁止被告继续从原告网站抓取数据,理由是被告的行为构成了对原告动产的侵害,干扰了被告网站的正常运营,给被告造成了损害。

然而,并不是每一个案件都能将普通法中的侵占索赔扩展到计算机领域。在"英特尔诉哈米迪案"[②]中,哈米迪曾是英特尔公司的工程师,1990 年 9 月,他在代表英特尔出差返回途中遭遇车祸受伤。之后他向英特尔的现任员工发送电子邮件批评英特尔。英特尔要求他停止发送邮件,但他未停止。初审法院认为哈米迪的行为构成对英特尔电子邮件系统的侵占,下达禁令禁止哈米迪继续发送邮件。哈米迪上诉后,上诉法院维持了初审法院的判决。然而,案件到了加利福尼亚州最高法院后,法院以 4∶3 的投票结果推翻了之前的判决。法院认为,对于既没有损害接收计算机系统也没有损害其功能的电子通信,不构成动产侵占侵权。法院拒绝将普通法中的侵占索赔扩展到计算机领域,除非存在实际损害。

这两个案件的判决具有重要意义,它明确了在电子通信领域,判断是否构成侵权需要考虑是否对计算机系统造成实际损害等因素,为类似案件的处理提供了重要的法律参考和判例依据,界定了电子通信行为在何种情况下可能构成侵权的界限。

3.2.2.2 数据在计算机欺诈与滥用法案的司法适用

《计算机欺诈与滥用法案》在 1030(a)(5)条中规定了禁止任何数据爬取者

---

① See eBay v. Bidder's Edge, 100 F. Supp. 2d 1058(N.D. Cal. 2000).
② See Intel Corp. v. Hamidi-30 Cal. 4th 1342, 1 Cal. Rptr. 3d 32, 71 p. 3d 296(2003).

未经授权或者超出授权故意访问计算机并获取受保护计算机信息的行为。[①] 该条款赋予了数据拥有者排除他人对于自身数据的获取的权利，成为数据拥有者保护自身数据的主要方式。

虽然《计算机欺诈与滥用法案》1030(a)(5)条中虽然对未经许可或者超出许可的数据获取行为进行了规定，但是却并未就"未经许可"以及"超出许可"进行界定，因此便导致了司法实践中的争议。针对该争议，美国司法实践在不同时期存在不同的认定标准，对于该种认定标准的演变也能体现美国对于数据爬取行为态度的转变。在《计算机欺诈与滥用法案》修改后的一段时间内，法院采纳了广义的"未经许可"以及"未经授权"的概念，也即爬取行为无论是对于何种情况下的违反均满足对于该条的违反，进而构成违法行为。如在西南航空诉 Farechase 案中，[②]法院认为在西南航空公司已提前在其网页中设定禁止爬取的警告后，Farechase 公司仍旧爬取其网页内容的行为属于对《计算机欺诈与滥用法案》的违反，进而支持了西南航空公司的主张。该种对于数据拥有者数据权利保护范围极大的观点逐步受到质疑并被修改。因此，在之后的案件中诸多法院均对"未经许可"以及"超出许可"采用了限缩的解释，即一般的"黑客行为"或者绕过基于代码对于计算机的控制才能达到未经许可的标准，这在 LVRC 控股集团诉布瑞卡[③]等案中均有体现。

而后随着 2013 年世界最大的信息分类网站 Craigslist 诉 3Taps 案中，[④]对于"未经授权"的标准再次迎来扩大化解释。在该案中，被告 3Taps 公司爬取原告 Craigslist 公司网站的数据后在自己网站中进行展示，原告认为被告违反了用户协议中不得爬取数据的规定，应当对该违法行为进行制止。法院虽然没有认可原告用户协议的声明达到了《计算机欺诈与滥用法案》所规定的技术措施的标准，但是却转而认为 Craigslist 公司已明确告知被告对于原告明确告知的不得爬取行为，而且还另外设置了技术壁垒以防止被告的访问，因此 3Taps 公司的爬取行为应当构成了"未经访问"的标准。自此，法院广泛地采取扩大的"未经许可"的标准，对数据爬取行为进行规制，而不再基于事实代码层的隔离行为认定爬取行为的违法性。[⑤]

---

① See 18 U.S. Code § 1030(a)(5)(A) knowingly causes the transmission of a program, information, code, or command, and as a result of such conduct, intentionally causes damage without authorization, to a protected computer; (B) intentionally accesses a protected computer without authorization, and as a result of such conduct, recklessly causes damage; or (C) intentionally accesses a protected computer without authorization, and as a result of such conduct, causes damage and loss.
② See Southwest Airlines Co. v. Farechase, Inc., 318 F. Supp. 2d 435, 439–440(N.D. Tex. Mar. 19, 2004).
③ See Analyses of LVRC Holdings LLC v. Brekka, 581 F.3d 1127 (9th Cir. 2009).
④ See Craigslist Inc. v. 3Taps Inc., 942 F. Supp. 2d 962 (N.D. Cal. 2013).
⑤ Andrew Sellars, "Twenty Years of Web Scraping and the Computer Fraud and Abuse Act," *Journal of Science & Technology Law*, 24(2018): 413–416.

再次,随着 hiQ 诉领英案的尘埃落定,①美国终于确立了对于数据爬取行为的最终限缩认定标准。该案中,hiQ 通过对于领英网站中数据的获取以用来预测自身员工的行为,但是领英公司认为 hiQ 的数据爬取行为属于未经许可的数据获取行为,构成对于《计算机欺诈与滥用法案》的违反,进而向法院提起诉讼。美国第九巡回上诉法院在综合考量了《计算机欺诈与滥用法案》作为防止对计算机的黑客攻击和非法入侵的立法目的以及学者所主张的"网络开放理论"②后,得出了结论:鉴于领英数据访问权限的默认状态是允许自由访问的,即使领英后续禁止 hiQ 获取领英用户的公开信息,hiQ 的行为也不构成"未经授权"。因为《计算机欺诈与滥用法案》中所规定的"授权"是对于访问主体的限制,而非访问方式的限制,hiQ 虽绕开了 robots 协议以及 IP 地址限制措施,但是其仍然属于对公开数据的爬取,并不构成对于《计算机欺诈与滥用法案》的违反。该案彰显出被爬取方对于公开数据爬取行为的单方意思表示和技术措施不再能发生法律上禁止他方数据爬取的效果,其对数据的封闭将面临反不正当竞争法、宪法第一修正案、开放互联网之公共利益的挑战。③

3.3 日本的数据保护司法实践

3.3.1 日本个人数据保护司法实践

日本《个人信息保护法》是日本数据立法的基本法,保护的数据客体是个人信息,指生存着的人的相关信息,包括姓名、出生日期以及其他可以识别一个特定个体的记录信息。权利主体为特定个人,享有请求公开、要求修订删除以及停止销毁个人数据的权益。《个人信息保护法》关于数据主体的权利规定主要在第 25 条、第 26 条和第 27 条。第 25 条规定,数据主体有权请求数据处理者公开可识别该本人的所持有的个人数据,数据处理者有权就公开措施收取适当的手续费。第 26 条规定,如果数据主体认为该本人的数据不真实,可以请求数据处理者对该所持有的个人数据进行订正、追加或者删除。数据处理者必须在实现利用目的的范围内,毫不迟疑地进行调查,并根据调查结

---

① See hiQ Labs, Inc. v. LinkedIn Corp., 273 F. Supp.3d 1099 (N.D. Cal. 2017).
② Orin S. Kerr, "Norms of Computer Trespass," *Columbia Law Review* 116(2016): 1143.
③ 许可:《数据爬取的正当性及其边界》,《中国法学》2021 年第 2 期,第 170 页。

果,对该请求作出订正等。数据处理者作出订正等行为后,应及时告知数据主体。第 27 条规定,如果数据处理者违法收集数据,数据主体有权请求数据处理者停止利用或者销毁本人的相关数据。数据处理者在接到请求后,应及时调查,发现数据主体理由合法时,应主动停止利用或者销毁数据,并及时告知数据主体。

此外,该法规定个人信息处理者,即国家机关、地方公共团体、个人信息获得者、独立行政法人以及地方独立行政法人,规定数据处理者除了履行以上义务外,数据处理者收集数据的目的应当特定、需经数据主体的同意,要履行告知义务,要确保数据内容的正确、完整和及时。同时数据处理者还需采取安全管理措施保障数据的安全,在向第三人提供数据时,要经过数据主体同意,并要妥善处理数据主体的投诉,接受主管大臣的监督等。

3.3.2 日本非个人数据保护司法实践

对于非个人数据,日本通过《不正当竞争防止法》采取行为规制的方式,对侵害数据安全的行为进行制裁。

2018 年修订的《不正当竞争防止法》将有价值的数据中满足一定要件的数据定义为"限定提供数据",并将情节严重的未经授权获取和使用数据的行为规定为"不正当竞争行为",从而建立了请求停止侵权和损害赔偿的救济制度。根据该法的第 2 条第 7 款,保护限定提供数据是指限定提供性、电磁方法管理性、相当数量积累性的数据。该法的第 2 条规定的六种不正当竞争行为可以大致分为两类:第一,无访问权限的人通过不正当手段获取限定提供数据的行为,以及对获取的限定提供数据在随后的市场流通过程中实施的行为。第二,有访问权限的人在未经授权的情况下使用或披露限定提供数据所有者出示的限定提供数据的行为,以及对未经授权被披露的限定提供数据在随后的市场流通过程中实施的行为。同时,第 19 条规定了两种例外情形:第一,如果获取时不知道该数据存在不正当获取或者披露的事实,即善意获取该数据,而事后知道该数据存在不正当获取或者披露的事实,即使善意获得后变为恶意的,依旧可以"在通过交易取得的权限范围内"披露该数据。第二,获取、使用或者披露与公众可以无偿利用的信息相同的限定提供数据。与韩国同样的,日本的商业秘密因存在单独的保护规定,所以在"数据"中予以排除。

3.4 韩国的数据保护司法实践

3.4.1 韩国个人数据保护司法实践

2023年9月15日,韩国《个人信息保护法》的修正案和随后的执行法令正式生效。这次修订包括了对个人数据处理的全面变化,反映了多年来不同领域和行业利益相关者之间的深入讨论结果。修正案特别强调了数据主体权利的实际保障,同时对在线和离线业务的数据保护标准进行了统一,以更好地适应整个行业的数字化转型。①

在《个人信息保护法》的具体实施上,韩国个人信息保护委员会(Personal Information Protection Commission,PIPC)已根据《个人信息保护法》的规定对数据保护不力的公司采取了一系列处罚措施。

2024年7月,PIPC对阿里巴巴旗下电商平台全球速卖通调查发现,当用户在速卖通平台购物时,卖家会将消费者的个人信息传输给位于中国的发货方。截至调查时,已超过18万名韩国用户的个人信息被传输到中国。韩国《个人信息保护法》明确了个人信息跨境传输的条件和保护要求,即企业在跨境传输个人信息时,必须获得用户的明确同意,并在合同中明确相关的安全保障措施。根据法律规定,企业必须在用户知情并同意的前提下,才能合法地跨境传输个人信息,并需采取适当的保护措施,以防止信息被滥用或泄露。然而,该平台在未通知韩国用户的情况下向约18万海外卖家泄露了他们的个人信息,并且未能按照法律规定将此类行为通知用户,也未在卖家的用户条款中采取和展示保护个人信息的必要措施。因此,PIPC对阿里巴巴旗下电商平台全球速卖通处以近19.8亿韩元(约合人民币1 030万元)罚款。②

2023年11月,黑客用勒索软件盗取GOLFZON的服务器管理者账户并通过虚拟网进入文件服务器盗取用户个人信息,并公布于暗网。此次事件中,GOLFZON在没有加密身份证号码等情况下将信息保存在文件服务器上,而且没有销毁

---

① 根据韩国《个人信息保护法》第23条第1款,"敏感个人信息"包括有关思想、信念、工会或政党的加入或退出、政治观点、健康、性行为等可能严重侵犯信息主体隐私的信息。除非(1)单独征得信息主体的同意或(2)法律规定或允许处理敏感数据,数据处理者不得处理敏感个人信息。韩国《个人信息保护法》第23条第2款进一步要求信息处理者在处理敏感个人信息时采取必要的安全措施,以确保信息安全。

② 阿里数据违规被罚19.8亿韩元,企业跨境数据安全警钟敲响(2024年8月2日),https://www.sohu.com/a/798049629_549624,访问日期:2025年3月30日。

超过期限或达到处理标准的38万多名个人信息,导致221万名用户及员工的个人信息泄露,包括姓名、居民登记号码、电话号码、邮箱地址和生日,个人信息泄露占GOLFZON会员的44%。GOLFZON因未能妥善管理含有个人信息的文件服务器导致数据泄露,被处以75亿韩元的罚款,约合人民币4 050万元。

2024年5月,Kakao因KakaoTalk应用程序的漏洞导致约6.5万用户个人信息泄露,PIPC认为Kakao没有采取必要的保护措施来加密用户的临时ID,从而使得黑客能够识别分配给每个用户的序列号。[①] PIPC对Kakao处以151亿韩元的罚款,约合人民币8 020万元。

2024年11月5日,PIPC因Meta在没有法律依据的情况下收集并处理敏感个人信息、无正当理由拒绝用户查阅个人信息的申请以及用户个人信息泄漏,[②] 对其处以216.232亿韩元的罚款,并要求其进行整改。[③]

3.4.2 韩国非个人数据保护司法实践

韩国的《数据产业振兴和利用促进基本法》只规定了数据保护的一般原则,而关于数据欺诈性使用和补救措施的具体内容则交由《防止不正当竞争和商业秘密保护法》予以规定。修订后的《防止不正当竞争和商业秘密保护法》将数据滥用新增为不正当竞争的一种类型。受特定保护的数据需要符合以下条件:它仅针对具有特定目标的数据交换;须以电子方式进行管理;一定要大量积累并具有经济价值;仅限于那些符合要求(例如披露的先决条件)的数据。2024年1月25日,韩国国会全体会议通过了《防止不正当竞争和商业秘密保护法》的部分修订案,对其中"数据"的部分要件进行了修改(第2条第1项第11目)。作为《防止不正当竞争和商业秘密保护法》保护对象的"数据"在原有法律中不作为秘密进行管理,但在此次修订案中变更为"第2项下的商业秘密除外"(第2条第1项第11目)。通过此次修订,改善了原有法律中不构成商业秘密但作为秘密进行管理的数据难以受到保护的问题。商业秘密因存在单独的保护规定,所以在"数据"中予以排除。目前,司法判决中暂未有诉讼案例。

---

① 韩国《个人信息保护法》第29条规定,数据处理者应采取必要的技术、管理和物理措施来确保数据安全。
② 《个人信息保护法实施令》第41条进一步明确信息主体有权查阅的信息项目,包括:(1)个人信息的项目和内容;(2)收集和使用个人信息的目的;(3)个人信息的保存和使用期限;(4)向第三方提供个人信息的情况;(5)同意处理个人信息的事实和细节。而根据《保护法》第35条第4款,数据处理者仅在以下三种情况下,可以告知消费者理由并限制或拒绝查阅:(1)根据法律禁止或限制查阅的情况;(2)可能对他人生命、身体造成危害,或不正当地侵害他人财产或其他利益的情况;(3)公共机构在进行相关工作时可能导致严重障碍的情况。
③ 赵振:《韩媒:非法收集用户敏感信息,Meta被韩国处以超216亿韩元罚款》(2024年11月6日),https://world.huanqiu.com/article/4K8d7yflDSn,访问日期:2025年3月30日。

第 4 章　数据保护的中国立法实践

作为数字产业发展的核心要素,数据的价值早在十年前便受到中央的高度重视并出台多项政策以加快数据市场的发展。中国的数据保护立法尚处于探索尝试阶段,目前尚无数据保护的专门立法。在立法内容上,相关的立法以《个人信息保护法》《数据安全法》《网络安全法》为主;在立法方式上,以中央政策为导向、部门规章为重点、地方探索为试点,逐步形成数据保护立法体系。

4.1　中国数据保护的中央政策规章及现有立法

数据产业的发展需确保数据安全,而明确的数据权利制度是促进数据流通利用的必要制度保障。中国有关数据保护的政策规章可以概括为:以保护数据安全为基础、以促进数据市场发展为目的、以数据确权为制度保障。

4.1.1　中国数据保护的中央政策规章

4.1.1.1　数据安全保护的政策规章
在数据安全保护方面,中国早在 2003 年 9 月便由国家信息化领导小组发布了《关于加强信息安全保障工作的意见》,对国家的信息安全建设提出了规范性的要求。此后,在 2004 年至 2007 年的 4 年间,中国相关部门又相继颁布了《关于信息安全等级保护工作的实施意见》《国家信息安全战略报告》《关于开展信息安全风险评估工作的意见》《信息产业科技发展"十一五"规划和2020中长期规划(纲要)》等战略性文件以确保数据安全。2011年,中国成立了国家互联网信息办公室负责针对企业的数据保护监管工作。2013年,工业和信息化部颁布《信息安全技术个人信息保护指南(征求意见稿)》,在其第3条中明确了个人信息保护的八大基本原则。2014年2月27日,又成立了中央网络安全和信息化领导小组,加强互联网上信息内容的管理以及对违法违规网站进行处罚。2018年,中央网络安全和信息化领导小组改制为中央网络安全和信息化委员会,进一步强化了党中央对数据保护监管工作的领导,提高了网络安全保障的职能。2021年9月1日,《关键信息基础设施安全保护条例》开始施行,用以实现国家对关键信息基础设施的重点保护。2022年2月15日,《网络安全审查办法》正式施行,该办法将网络平台运营者开展数据处理活动影响或者可能影响国家安全等情形纳入网络安全审查范围,旨在进一步保障网络安全和数据安全,维护国家安全。2022年9月1日,《数据出境安全评估办法》施行,为数据处理者开展数据出境安全评估提供了确切可操作的法律依据。此外,相关部门还纷纷出台了一些规范和标准,对数据安全和数据处理进行规定。如公安部2019年发布《互联网个人信息安全保护指南》全国信息安全标准化技术委员会2020年发布《网络安全标准实践指南——移动互联网应用程序(App)收集使用个人信息自评估指南》以及《网络安全标准实践指南——移动互联网应用程序(App)个人信息保护常见问题及处置指南》,市场监督管理总局和国家标准化管理委员会2019年联合发布《信息安全技术 个人信息安全规范》,等等。

4.1.1.2 促进数据产业发展以及数据确权的政策规章

在促进数据产业发展以及数据确权方面,国务院于2015年8月31日印发《促进大数据发展行动纲要》,该文件是中国第一个国务院制定的大数据发展产业政策。国务院各部委随后也纷纷制定了相应的政策以促进大数据产业的发展,如国家发展和改革委员会、工业和信息化部等多部委制定了《大数据产业发展规划》等。2015年10月,党的十八届五中全会将"实施国家大数据战略"正式写入公报。2017年12月,习近平总书记在主持中央政治局第二次集体学习会议时强调,要构建以数据为关键要素的数字经济,要制定数据资源确权、开放、流通、交易相关制度,完善数据产权保护制度。2019年10月,党的十九届四中全会公报中明确指出了要"健全劳动、资本、土地、知识、技术、管理、数据等生产要素由市场评价贡献、按贡献决定报酬的机制"。2020年4月,中共中央、国务院发布《要素市场化配置意见》,其中第一次将"数据"与土地、劳动力等传统要素并列写入中央政策文件中,并提出"加快培育数据要素市场""根据数据性质完善产权性质,完善数据产权界定"。2020年5月,中共中央、国务院发布的《关于新时代加快完善社会主义市场经济体制的意见》中也强调了要"加快培育发展数据要素市场,建立数据资源清单管理机制,完善数据权属界定"。2020年10月,中共中央出台的《关于制定国民经济和社会发展第十四个五年规划和二〇三五年远景目标的建议》中提出"建立数据资源产权、交易流通、跨境传输和安全保护等基础制度和标准规范,推动数据资源开发利用"。

2022年数个重磅文件连续发布,明确了数据确权制度的建立以及数据要素市场的培育。2022年1月,国务院办公厅及国务院分别在《关于印发数据要素市场化配置综合改革试点方案的通知》以及《"十四五"数字经济发展规划》中指出"有序开展数据确权、定价、交易"和"建立数据资源产权基础制度以及数据要素市场体系"。同年3月,在第十三届全国人民代表大会第五次会议的政府工作报告中也强调要"培育数据要素市场,释放数据要素潜力"。同年4月,中共中央、国务院印发的《关于加快建设全国统一大市场的意见》再一次对"建立健全数据安全、权利保护等基础制度"以及"加快培育统一的技术和数据市场"进行强调。6月,习近平总书记主持召开了中央全面深化改革委员会第二十六次会议,审议通过了《数据二十条》,强调了加快构建数据基础制度对于国家安全以及经济发展的时代意义。12月19日,中共中央、国务院印发《数据二十条》,系统性布局了数据产权制度、流通和交易制度、收益分配制度及安全治理制度等数据基础制度体系,历史性绘制了数据要素发展的长远蓝图。

当前,中国已经形成以《数据二十条》为基础,细分领域政策为支撑的"1+N"制度体系。[①]《数据二十条》明确了数据要素市场制度建设的基本框架后,各部委结合工作职责加快推进细分领域的政策落地。如财政部出台了《企业数据资源相关会计处理暂行规定》、网信办出台了《促进和规范数据跨境流动规定》、数据局联合多部门出台了《"数据要素×"三年行动计划(2024—2026年)》等文件,初步形成了我国目前的数据治理体系。更多有关数据要素、数据市场、数据安全等方面的行政法规、国务院规范性文件、部门规章、部门规范性文件、党内法规制度以及团体和行业规定等见附表1。

---

① 李兴腾、任红:《数据要素政策现状及发展趋势》,《通信企业管理》2024年第12期,第13—15页。

4.1.2 中国数据保护的现有立法

目前,中国的数据法律保护以数据信息安全以及数据财产利益为主要保护内容。在数据信息安全的法律保护方面,中国立法上以《民法典》以及《中华人民共和国国家安全法》(以下简称《国家安全法》)作为数据信息安全保护的基础性制度,以《网络安全法》《数据安全法》《个人信息保护法》等法律作为具体制度,确保数据信息安全的稳固性以及数据合规治理的有效性。在数据财产利益的法律保护方面,中国立法上以《民法典》宣示数据财产权利为基础,以《著作权法》《反不正当竞争法》以及其他相关法律提供数据财产利益的保护,以保护数据权益人就其拥有数据享有的正当财产性利益。

4.1.2.1 中国数据信息安全保护的现有立法

数据信息安全立法主要包括个人信息保护和国家信息安全立法。2015年7月1日,《国家安全法》正式出台并生效,这部法律对包括"科技安全"在内的11个领域进行了规定,明确了数据保护对国家安全的重要意义。2017年6月1日,《网络安全法》正式施行,旨在维护国家网络空间主权和国家安全、社会公共利益,保护公民、法人和其他组织的权益。2021年1月1日实施的《民法典》再次从国家基本法律层面明确了个人信息受到法律保护。2021年9月1日,《数据安全法》开始施行,作为中国数据领域第一部专门立法,其系统构建了中国数据安全制度,如建立了数据分类分级管理制度,确定了重要数据保护目录,对列入目录的数据进行重点保护等。2021年11月1日,《个人信息保护法》作为中国第一部明确以个人信息安全为保护目的的专门立法开始正式实施。该法在《民法典》等有关法律的基础上进一步细化、完善个人信息保护应遵循的原则和个人信息处理规则,明确个人信息处理活动中的权利义务边界,健全了个人信息保护工作体制机制。《国家安全法》《网络安全法》《数据安全法》《个人信息保护法》四部法律共同作用、形成合力,保障个人信息安全以及国家信息安全。另外,严重破坏数据安全的行为还有可能构成"侵犯公民个人信息罪""非法侵入计算机信息系统罪""诽谤罪""非法获取国家秘密罪""非法获取军事秘密罪"等罪名进而受到刑法的规制。

4.1.2.2 中国数据财产利益保护的现有立法

数据财产利益保护是指合法的数据拥有者能够从其拥有的数据中获得财产性利益,该种利益应受到法律的保护。目前,中国并无数据财产利益保护的专门立法,但可适用现有其他相关立法为数据财产利益提供一定的保护。

在数据记录的具体内容的保护上方面,《著作权法》可对数据记录的作品进行著作权保护,其第15条关于汇编作品保护的规定也可为具有独创性的数据库提供法律保护;新修订的《反不正当竞争法》第10条(原第9条)关于商业秘密保护的规定可适用于保护构成商业秘密的数据信息。上述两部法律虽可实现对数据的一定保护功能,但是其仅能就数据记录的信息和部分数据类型进行保护,且保护的主要为数据记录层面的信息内容而无法涵盖到符号层面的数据本身,因此无法实现对数据整体财产价值的保护。

在数据整体权益的保护上,我国《民法典》第127条规定:"法律对数据、网络虚拟财产的保护有规定的,依照其规定",该条规定明确将数据纳入民事权利客体的范畴之中,虽然其仅为宣誓性、原则性的条文,却明确了数据之上的财产利益及其受法律保护的地位,从而为在现行法上建构数据财产权的规范体系和将来的数据立法提供重要指引。但由于《民法典》第127条中仅承认了数据可成为财产权客体,但却并未就其具体内容进行规定,从而无法成为数据财产利益保护司法审判中的适用条款。2025年6月27日,第十四届全国人民代表大会常务委员会第十六次会议第二次修订《反不正当竞争法》新增第13条第3款规定,"经营者不得以欺诈、胁迫、避开或者破坏技术管理措施等不正当方式,获取、使用其他经营者合法持有的数据,损害其他经营者的合法权益,扰乱市场竞争秩序。"因此,新修订《反不正当竞争法》以专门条款对不正当的数据获取、使用,进而损害数据权益人合法权益的行为进行规制,以维护数据市场的竞争秩序,保障数据权益人的正当财产性权益。

另外,数据可以成为合同约定的对象,违反合同约定进行数据的使用、交易、转让等行为可能构成违约,受《民法典》合同相关规定的规制。在刑事规制上,侵犯著作权或者商业秘密情节严重的行为还有可能构成"侵犯著作权罪"或"侵犯商业秘密罪",进而受到刑法规制。

4.2 中国数据保护的地方立法和登记实践

中国的数据立法路径是以政策为引导,从制定地方性法规逐步转向制定行政法规,待时机成熟后再制定全国性法律。为推动数据要素市场的发展,各地方在制定地方性法规的同时,也同步出台与数据紧密相关的政策文件,其中数据知识产权登记制度作为地方数据政策的典型产物,其对于数据权利制度的设立具有较大的参考价值。

4.2.1 中国数据保护的地方立法

2016年1月15日,中国首部大数据地方性法规《贵州省大数据发展应用促进条例》正式实施。2019年、2020年贵州省人大常委会又分别制定了《贵州省大数据安全保障条例》和《贵州省政府数据共享开放条例》。上述三部地方法规构建了贵州省的大数据地方立法体系,分别明确了贵州省大数据产业的发展方向,明确了大数据安全保护的责任,明确以促进政府数据汇聚、融通、应用来培育发展数据要素市场。天津市于2018年发布了《天津市促进大数据发展应用条例》,海南省在2019年发布了《海南省大数据开发应用条例》,山西省和吉林省于2020年分别公布了《山西省大数据发展应用促进条例》和《吉林省促进大数据发展应用条例》。在2021年《数据安全法》出台后,山东省、福建省大数据发展条例也相继发布。不过,受制于缺少上位法依据,地方的数据立法中缺乏对于数据基础权利的立法权限,因此在2020—2022年的数据地方立法热潮之后,近年的数据地方立法呈现下降的趋势。

当前,数据地方立法的类型主要分为三种,第一种是以浙江省、广东省、河南省为代表的"数字经济促进条例",其以促进数字经济发展为核心,以基础设施、数据资源、产业化和数字化发展为主要内容;第二种是以上海和深圳为代表出台的"数据条例",其以保护数据权益、规范数据处理活动为目的,以个人数据、公共数据、数据要素市场、数据安全为主要内容;第三种则是以广东和福建为代表发布的"公共数据管理办法",其以公共数据和网络信息安全为保护内容,作为前两部法规的重要制度补充,用以保障网络安全、促进信息化发展、提高数字化水平。[①] 截至2025年4月28日,各省、自治区、直辖市出台的数据相关的人大立法法规,如数据条例、数据流通交易促进条例、大数据发展促进条例、数据应用条例、大数据发展应用条例、数据安全管理条例、政务数据资源共享开放条例、数字经济促进条例等,共计53部,具体见附表2。近年来,中国地方各级政府出台了大量关于数据的地方性法规、地方政府规章、地方规范性文件、地方工作文件,具体见附表3。

---

① 王娟:《地方数据立法的路径和特点》,载《上海法学研究》集刊2022年第23卷——社会治理法治化研究文集,上海市人大常委会法工委立法二处,2023,第23页。

在数据地方性法规的立法目的方面,各地结合中央政策以及自身发展情况,因地制宜制定不同的数据法规内容,但整体上均是从促进数据高效利用和数字产业健康发展出发,最大程度提升数据流通与开发利用效率,激发市场主体活力,具有以制度创新引领改革发展的鲜明时代特色。[①] 如《江苏省数据条例》中明确指出其立法目标是"为了加强数据资源管理,保护数据权益,保障数据安全,促进数据依法有序流通和应用,推动数据要素赋能新质生产力发展,加快建设数实融合强省"。《广州市数据条例》指出其立法目标是"为了规范和促进本市数据流通交易、产业发展、安全保障等活动,加快形成新质生产力,推动经济社会高质量发展"。

但在具体内容规定上,中国的数据地方立法面临着若干问题。第一,中国目前地方立法比较常见的立法重复、立法"抄袭"等现象,导致立法资源重复浪费。[②] 第二,各地有关数据来源主体的规范差异,导致政务数据范围缺乏一致性,将成为数据跨区域归集、流动的障碍。如天津市将政务数据的来源主体规定为政府部门和行政执法机构,而福建省则将政务数据的来源规定为国家机关,授权、委托管理公共事务职能的组织,事业单位,公共服务企业以及社会团体。第三,目前中国并未在法律层面明确数据的权属,但是地方层面如福建、重庆、山西等地明确规定政务数据属于国家所有,其中福建、山西将政务数据纳入国有资产管理,这与数据的立法现状相冲突。第四,部分数据地方立法中存在规定不合理之处,如在数据交易方面,《天津市数据交易管理暂行办法(征求意见稿)》将数据交易平台限定于数据交易服务机构,该种限制交易平台的方式很可能造成抑制数据流通的效果。可见,目前中国在数据地方立法层面仍然面临着法律标准不统一、政策规定相冲突、权属划分不明确等问题。因此,在中央层面进行统筹式立法,系统性的明确各项数据治理制度,为数据权利人、权利性、数据来源、取得时间、使用期限、数据用途、数据量、数据格式、数据粒度、数据行业性质和数据交易方式等方面给出的权属确认指引。[③]

4.2.2 中国各地方数据知识产权登记试点实践

国家知识产权局于 2022 年 11 月 17 日和 2023 年 12 月 21 日分别发布了

---

① 许娟:《地方数据立法中的个人信息产权保护——基于23个省(区、市)现行地方性数据条例的考察》,《求索》2024年第3期,第152页。
② 刘权:《政府数据开放的立法路径》,《暨南学报(哲学社会科学版)》2021年第1期,第93页。
③ 杜振华、茶洪旺:《数据产权制度的现实考量》,《重庆社会科学》2016年第8期,第20页。

《关于确定数据知识产权工作试点地方的通知》和《国家知识产权局办公室关于深化数据知识产权地方试点工作的通知》，分两批共设立了17个数据知识产权试点地方，并将"建立健全数据知识产权登记管理体系，提高登记质量，加强数据知识产权保护和运用"作为地方试点工作的重要目标。2025年1月7日，国家知识产权局局长申长雨在2025年全国知识产权局局长会议上的工作报告中指出，上海、浙江等17个地方出台数据知识产权登记办法（附表4），累计颁发证书超过2.2万份，并在司法裁判、资产入表等场景中得到成功应用。①

目前，中国各地方政府的数据知识产权登记规范性文件一般均就登记对象、登记主体、登记程序等内容进行了规定。以《上海市数据产品知识产权登记存证暂行办法》为例，其规定了数据知识产权的概念、登记主体、负责部门、登记原则、申请材料、不予登记情形、审查过程、变更手续、权利有效期等内容。如在数据知识产权的概念方面，办法规定了数据产品知识产权是指自然人、法人或者非法人组织对其合法获取的数据资源，经过实质性加工和创新性劳动后形成的具有智力成果属性和商业价值的数据加工集合、数据加工产品、数据技术算法等数据产品享有的权益。在登记主体方面，该办法适用于自然人、法人或者非法人组织向上海市知识产权局申请数据产品知识产权登记以及相关管理服务活动。在申请材料方面，需分别提交数据产品知识产权登记申请表、数据产品概述、对数据进行实质性加工和创新性劳动的说明、应用场景说明、数据产品知识产权权益归属声明、数据产品不涉及国家秘密以及不侵害他人个人信息和知识产权承诺书、数据产品信息。上海数据知识产权登记办法中并未同著作权和专利权一样赋予权利人独占性的权利，而是通过登记程序为数据确权提供基础支持，同时避免因绝对排他权设立而阻碍数据的合理流通与创新利用。

虽然数据知识产权登记制度仍存在较大的争议，但是不得不承认的是数据知识产权登记规范构造的目的在于证明、保护数据知识产权，并促进数据知识产权的交易与流通。基于数据要素与知识产权制度的高度契合性，纳入知识产权框架并展开数据产权登记是相对合理的；而基于数据市场运营中产权明晰化的强烈诉求，立足确权效果而进行数据知识产权登记也是非常必要的。② 不过，由于各省市登记管理办法的法律效力等级低、执行机构职能不明晰、形式审查

---

① 参见 https://www.cnipa.gov.cn/art/2025/1/8/art_53_197077.html，访问日期：2025年4月29日。
② 刘鑫：《数据知识产权确权登记的规范理路与制度架构》，《华中科技大学学报（社会科学版）》2025年第2期，第90页。

易造成纠纷、登记效力不统一,目前数据知识产权登记制度尚未实现预期的权益确认、信任建立、价值确认和争议解决功能。因此,还需在制度设计和实施层面进一步优化,提升登记办法的法律效力、明确机构职能、改进审查机制、在全国范围内建立统一的登记效力标准。[①]

[①] 郑诗仪:《数据知识产权登记制度的形成逻辑、实践问题与改进路径研究》,《大数据》2025 年第 4 期,第 1—22 页。

第 5 章　数据保护的中国司法实践

在我国司法实践中,并未严格区分数据与数据记录的信息,因此,司法实践中与数据相关的案件既包括对狭义数据本身的保护,更多的是对数据记录的信息的保护(本章统称为"数据信息")。数据与数据记录的信息的复合性导致了与数据相关的行为可受到多种法律的规制。如数据作为固定知识产品、个人信息的载体,侵犯该种数据信息内容的行为可由相应的法律进行规制;又如数据在以电子形态存在的情形下,不正当的数据获取行为可能侵犯刑法所保护的社会关系;再如数据拥有者对于数据排他性的占有行为以及对他人数据的不正当获取或使用行为可能落入反垄断法或反不正当竞争法规制的范畴。

5.1　中国的数据信息知识产权专门法保护司法实践

数据的财产权益可以分为广义的数字化"特定财产权"和狭义的"数据"本身财产权益。[①] 根据我国现行民事法律规范的规定,后者指代《民法典》第127条所规定的"数据"类型,即可以涵盖任何能够作为生产要素、具备财产价值的数据信息;前者则指代法律特别规定的财产权客体,包括网络虚拟财产和作品、专利、商标等一般知识产权的数字化形态。

---

① 顾全:《涉数据形态财产权益纠纷裁判方法论》,《东方法学》2024 年第 2 期,第 89 页。

5.1.1 数据信息的著作权法保护司法实践

可纳入《著作权法》中保护的数据信息主要分为两类,一类是以数据形式存在的作品,另一类为具有独创性的数据库。

5.1.1.1 数据信息构成作品受著作权保护

《著作权法》第 3 条对可保护的客体进行了规定,如文字作品、美术作品、摄影作品、视听作品、工程设计图、产品设计图、地图、示意图等图形作品和模型作品以及计算机软件等。司法实践中,以电子数据形式承载的相关信息,符合作品要件,理应受到《著作权法》的保护。如在"四维某某公司诉立得某某公司案"中,[①]法院就数据内容可否作为著作权保护的客体进行了认定,进而决定是否适用《著作权法》。在一审中,法院认为四维某某涉案的数据电子地图"包含的客观地理要素、事实等,不受著作权保护",并且认为四维某某公司属于数据供应商,提供地图数据主要以准确为主,故而不支持四维某某公司对涉案的数据电子地图享有著作权。而该案进入二审后,二审法院却认为,电子地图的独创性主要体现在"对客观地理信息的取舍表达",地图作品中有必须表达的要素如"公园的边界",而其余要素则可以由制图者自行选择和取舍,如"水体、绿地、道路、山地、建筑物等",《著作权法》保护的就是这种独创性表达。最终,北京知识产权法院通过分析以及论证,认可了四维某某公司主张的电子地图具有独创性并属于能以有形形式复制的智力成果,判定被告侵犯了四维某某公司的著作权。这一认定在再审裁定中同样获得了北京市高级人民法院的支持,北京高院认为:"对于导航电子地图,每个图形都有其图形化表达,在满足独创性要求的情况下都可以成为著作权所保护的图形作品。四维某某公司的导航电子地图具有独创性且能以有形形式复制,是反映客观地理现象的地图作品,二审法院对此认定正确。"

5.1.1.2 数据汇编构成汇编作品受著作权保护

单纯事实性的数据信息无法成为著作权法保护的客体,但若对该种事实数据信息的选择编排能够体现出整理者独创性的智力劳动,则可成为《著作权法》保护的客体。《著作权法》第 15 条规定:汇编若干作品、作品的片段或者不构成作品的数据或者其他材料,对其内容的选择或者编排体现独创性的作品,为汇

---

① 参见北京市海淀区人民法院(2016)京 0108 民初 27234 号民事判决书;北京知识产权法院(2019)京 73 民终 1270 号民事判决书;北京市高级人民法院(2021)京民申 3990 号民事判决书。

编作品,其著作权由汇编人享有,但行使著作权时,不得侵犯原作品的著作权。即倘若数据收集者对于数据的选择、整理或者编排具有独创性的贡献,则成果可以作为汇编作品受到著作权法的保护。① 如在"佛山鼎某软件科技有限公司、济南白某信息有限公司著作权权属、侵权纠纷案"中,②法院认为白某公司对商标总局每一期《商标公告》里面的每条公告信息,进行拆分和人工识别,按照商标公告期号、变动公告期号、商标注册号、商标中文、商标英文、商标拼音、商标字头、商标数字、申请日期、注册日期、申请人、申请人地址、代理机构等48个项目顺序,人工编排、录入。使用者通过软件可以按照"注册号、注册人、注册地址、使用商品、代理组织、公告期号、备注信息、驰名商标、证明集体特殊"的分类方式,或者"待审中、已初审、已注册、已驳回、已销户、在结果中搜索"这种分类进行查询,故认定白某公司开发的数据库具有独创性。被告未经原告许可,擅自复制原告享有著作权的数据库,并进行营利性使用,其行为侵害了原告的著作权,应承担相应的民事责任。

然而,司法实践中并非所有对数据进行汇编后得到的成果均可作为作品受到《著作权法》保护,具体仍需由法院进行个案认定。在"广州爱某信息科技有限公司、北京学某思教育科技有限公司著作权纠纷案"中,③原告爱某信息科技有限公司认为,其通过采集数据后进行原创汇编的数据图表为"科学领域内具有独创性并能以有形形式复制的智力创作成果",进而认为被告侵犯了其享有著作权利的图形作品的信息网络传播权。对于该主张,一审法院认为爱某公司编辑的图表所表达的内容和使用功能,包含爱某公司作为作者对数据的选择与分析,有针对不同使用者的不同时间和类别区分和独特的编排方式,其独创性表现在如何选取、编排和表现客观数据上,形成能使读者更科学、准确和合理使用的专用图表。但是最终在作品类型认定中,法院并未将该种作品认定为汇编作品,而认为受保护的应是最终形成的图表而非图表中的数据,进而将涉案作品认定为图形作品。该案进入二审后,二审法院却认为"涉案图表反映的是上诉人爱某公司设定好的数据,是没有独创性的智力成果,亦未创造新的图表表现方式,因此,涉案图表不具有独创性,不属于作品,不能适用著作权法进行保护。"该案的两次判决结果虽未将涉案的数据图表认定为汇编作品,但却反映出

---

① 许春明:《论数据库的版权保护》,《法学杂志》2002年第4期,第27页。
② 参见广东省佛山市禅城区人民法院(2016)粤0604民初1541号民事判决书;广东省佛山市中级人民法院(2016)粤06民终9055号民事判决书。
③ 参见深圳市南山区人民法院(2015)深南法知民初字第2220号民事判决书;广东省深圳市中级人民法院(2018)粤03民终10874号民事判决书。

了对于汇编作品的独创性认定,需要对涉案的数据汇编进行严格的独创性认定,并非所有对于数据集合进行收集、选择或分析等行为后的数据集合均可成为汇编作品,进而受到《著作权法》的保护。

在"上海万某信息技术股份有限公司、南京万某资讯科技有限公司诉浙江核新同某顺网络信息股份有限公司、浙江同某顺网络科技有限公司侵害著作权及不正当竞争纠纷案"中,①上海万某公司在二审中明确其在本案中主张保护的客体是:指标体系为主干的对金融信息选取、定义、组织呈现的方式以及设计的函数体系,并进一步解释称,其所主张的呈现方式是指标、函数及相关内容在软件界面中的排列,其中有选择、组织金融信息的过程,包含了智力劳动,构成著作权法意义上的作品。法院认为,上海万某公司所主张保护的客体难以归入《著作权法》第3条规定的任何一类作品形式。根据著作权法的基本原理,思想和表达应予区分,表达受著作权法保护而思想并不受保护,上海万某公司所主张的客体,更接近于思想而非表达,应认为尚未达到著作权法意义上作品的高度,因此不应认定为作品。

不过,对于此种无法获得《著作权法》保护的数据汇编可以在其他法律路径下寻求保护。在前文"广州爱某信息科技有限公司、北京学某思教育科技有限公司著作权纠纷案"中,败诉的爱某信息科技有限公司便再次向法院控告被告使用和售卖涉案数据的行为属于不正当竞争行为,主张其享有竞争法上保护的合法权益。②目前,支持短视频经营主体对此种"短视频集合"享有竞争性利益的案例较多,法院也多会支持原告的诉求。如在"北京创某文化传媒有限公司与北京微某视界科技有限公司不正当竞争纠纷案"中,③法院认为微某公司在收集、存储、加工、传输等整体短视频的运营维护上付出了巨大的成本,对短视频整体应享有经营利益,该数据集合具有独立的商业价值,能够使微某公司在市场竞争中形成竞争优势,故而认为微某公司基于涉案非独创性数据集合形成的竞争性利益应当受到保护。

5.1.2 数据信息的其他知识产权专门法保护司法实践

电子数据形式的作品和数据汇编能够受到著作权法保护,但是数据本身难

---

① 参见上海市第一中级人民法院(2012)沪一中民五(知)初字第247号民事判决书;上海市高级人民法院(2017)沪民终39号民事判决书。
② 参见北京市海淀区人民法院(2017)京0108民初51904号民事判决;北京知识产权法院(2020)京73民终3422号民事判决书。
③ 参见北京市海淀区人民法院(2019)京0108民初35902号民事判决书;北京知识产权法院(2021)京73民终1011号民事判决书。

以成为专利法和商标法所保护的客体。专利法保护的客体是发明创造,包括发明、实用新型和外观设计,而数据作为信息的记录载体,难以归入发明创造,因而无法成为专利法保护的客体。但是,与数据相关的收集、存储、传输、处理等技术方案以及计算机程序可成为专利法保护的客体,如数据处理算法、数据分析方法和数据处理系统等。商标法保护的客体是能区分商品或服务来源的商业标志,商标权重在保护能够将经营者的商品或者服务与他人的商品或者服务区别开来的标志,数据中的信息内容不具备这种识别性的特征,因而无法成为商标法保护的客体。当然,数据产品可以申请注册商标而受商标法保护。

5.2 中国的数据信息民法保护司法实践

数据所包含的信息可能涉及与自然人相关的个人信息或者敏感信息,可受到《民法典》及个人信息相关法律法规的个人信息和隐私权保护;因数据或其承载的信息具有价值,数据也可以作为交易双方的标的而设立关于获取、使用等方面的合同,可受到《民法典》合同编保护。

5.2.1 涉数据信息的个人信息保护司法实践

《民法典》第 1034 条第 2 款规定:个人信息是指以电子或其他方式记录的,能够单独或与其他信息结合识别特定自然人的各种信息。同时,该条款明确将姓名、出生日期、身份证件号码、生物识别信息、住址、电话号码、电子邮箱、健康信息、行踪信息等列为个人信息的具体内容。《网络安全法》第 76 条规定:个人信息,是指以电子或者其他方式记录的能够单独或者与其他信息结合识别自然人个人身份的各种信息,包括但不限于自然人的姓名、出生日期、身份证件号码、个人生物识别信息、住址、电话号码等。《个人信息保护法》第 4 条规定:个人信息是以电子或者其他方式记录的与已识别或者可识别的自然人有关的各种信息,不包括匿名化处理后的信息。上述条款目前已构成我国司法机关对个人信息的认定依据,其中《个人信息保护法》在《民法典》"识别说"的基础上增加了"关联说",将与已识别或可识别自然人有关的信息也纳入了个人信息保护的范围之中。由于互联网时代对个人信息的侵犯通常以数据的转移、复制等形式进行,因而也容易引发和数据相关的法律纠纷。

自然人依法享有对其本人的个人资料信息进行支配并排除他人侵害的权利，[①]在商业数据的收集和利用中应避免侵犯个人信息权益。《民法典》第1035条规定：处理个人信息的，应当遵循合法、正当、必要原则，不得过度处理。《网络安全法》第41条规定：网络运营者收集、使用个人信息，应当遵循合法、正当、必要的原则，公开收集、使用规则，明示收集、使用信息的目的、方式和范围，并经被收集者同意。网络运营者不得收集与其提供的服务无关的个人信息，不得违反法律、行政法规的规定和双方的约定收集、使用个人信息，并应当依照法律、行政法规的规定和与用户的约定，处理其保存的个人信息。《个人信息保护法》第5条规定：处理个人信息应当遵循合法、正当、必要和诚信原则，不得通过误导、欺诈、胁迫等方式处理个人信息。

根据对个人信息进行保护的法律规定，在收集、利用具有可识别性的用户信息服务于商业活动时，应当依据应用场景，遵循"合法、正当、必要"的原则，否则便可能构成对信息主体个人信息权益的侵犯。如在王某、深圳市腾某计算机系统有限公司个人信息保护纠纷中，[②]一审法院认为，腾某公司获取的用户数据中包含了个人信息，可以在获得用户同意之后合法收集。个人信息的核心特点在于"识别性"，即可以还原、识别信息主体的具体身份。本案中，涉案用户数据能够与用户本人关联，具备识别具体用户的能力，即可以被认定为个人信息。对承载个人信息的数据的收集、使用行为应当获取用户同意，受到《个人信息保护法》的限制。本案中，腾某公司通过用户协议获取用户的同意后，有权收集、利用承载个人信息的用户数据。二审法院则认为，腾某公司获取的信息具有可识别性，构成个人信息，收集数据的行为不得违背"必要、合法、正当"的原则。涉案用户信息包括用户的微信昵称、性别、头像、地区、微信好友关系等，在特定的应用场景下结合其他数据可以还原用户身份，具有间接可识别性。由于互联网平台不可能同时掌握他人的全部信息，该数据承载的内容具备间接可识别性，构成个人信息。腾某公司获取用户的用户数据并非提供服务所必要，强制用户同意协议的设置没有充分尊重用户的选择权，系对该类商业数据的违法收集。

需要注意的是，承载个人信息的数据中不仅可能会存在信息主体的个人信息权益，就数据拥有者拥有的承载个人信息的数据集合而言，还可能会存在数据拥有者就该集合享有的财产性权益，对于前者权益的侵犯并不必然构成对于

[①] 王利明：《民法学（第6版）》，法律出版社，2020，第914页。
[②] 参见深圳市南山区人民法院（2020）粤0305民初825号民事判决书；广东省深圳市中级人民法院（2021）粤03民终9583号民事判决书。

后者权益的损害,而对于后者权益的损害也不必然构成对于前者权益的侵犯。平台作为个人信息数据的收集和处理者,其可以利用收集的个人信息数据为自身创造经济效益,他人未经许可的个人信息数据获取行为并非必然涉及对个人信息权益的侵犯。如在北京淘某天下技术有限公司等与北京微某创科网络技术有限公司不正当竞争纠纷中,[①]被告不正当获取原告数据中与个人信息相关的数据并用于商业使用的行为侵犯了原告就用户个人信息数据享有的商业价值,并非对于个人信息权益的侵犯。更多关于侵犯个人信息权益案件见表5-1。

表5-1 涉数据的个人信息权益侵权案件

案件名称	案件号	案情简述
黄某、腾某科技(深圳)有限公司广州分公司、腾某科技(北京)有限公司隐私权、个人信息权益网络侵权责任纠纷	北京互联网法院(2019)京0491民初16142号民事判决书	微信读书收集原告微信好友列表,向原告并未主动添加关注的微信好友自动公开读书信息,并未以合理的"透明度"告知原告并获得原告的同意。因此,腾某公司违反了法律关于处理个人信息的规定,具有过错,侵害了原告的个人信息权益
杭州市下城区人民检察院诉孙某个人信息保护民事公益诉讼案	杭州互联网法院(2020)浙0192民初10605号民事判决书	被告孙某以34 000元的价格,将自己从网络购买、互换得到的4万余条含姓名、电话号码、电子邮箱等的个人信息,通过微信、QQ等方式贩卖给案外人刘某。案外人刘某在获取相关信息后用于虚假的外汇业务推广。公益诉讼起诉人认为,被告孙某未经他人许可,在互联网上公然非法买卖、提供个人信息,造成4万余条个人信息被非法买卖、使用,严重侵害社会众多不特定主体的个人信息权益
郭某、杭州野生动物世界有限公司服务合同纠纷	杭州市富阳区人民法院(2019)浙0111民初6971号民事判决书;浙江省杭州市中级人民法院(2020)浙01民终10940号民事判决书	该案中就原告郭某要求被告野生动物世界删除其全部信息的主张,被告辩称原告提及的姓名、身份证号码、手机号码、照片、指纹信息属于个人数据。原告原来提交的起诉状中还提及了入园记录,入园记录属于行为信息数据,是原被告在服务合同项下共同形成的数据,应当属于原被告共同所有,原告无权单方要求删除。法院最终认定,郭某与野生动物世界签订的合同中并没有关于删除个人信息的约定。野生动物世界为更好地履行案涉服务合同,在订立合同之时,经征得当事人同意收集案涉信息,本院认为除人脸识别信息之外的其他信息收集行为,符合前述法律规定的"合法、正当、必要"的原则,现无证据证明野生动物世界存在违反法律规定或约定处理个人信息的情形,郭某请求判令野生动物世界删除相关信息,法律依据不足,不予支持

---

① 参见北京市海淀区人民法院2015年海民(知)初字第12602号民事判决书;北京知识产权法院(2016)京73民终588号民事判决书。

(续表)

案件名称	案件号	案情简述
胡某某、上海携某商务有限公司侵权责任纠纷	浙江省绍兴市柯桥区人民法院(2021)浙0603民初790号民事判决书;浙江省绍兴市中级人民法院(2021)浙06民终3129号民事判决书	携某公司以捆绑服务、强制停止使用等不正当手段变相胁迫、强制用户提供具体范围不够明确个人信息的行为,违反我国法律有关处理个人信息的正当性原则。而携某公司对个人信息的收集不仅超出了最小范围之限,且对个人信息的使用也未采取对个人权益影响最小的方式,应承担侵权责任
麦某某、北京法某某科技有限公司等网络侵权责任纠纷	广州互联网法院(2022)粤0192民初20966号民事判决书	法某某平台为麦某某设定"收费标准"、显示麦某某"执业年限""胜诉率""执业证照片"等信息,虚构其在"法某某"平台成功承揽业务次数等数据,均未取得麦某某本人的同意。因此,法某某公司已违反合法、正当、必要等原则,构成了对麦某某个人信息权益的侵害行为
深圳市腾某计算机系统有限公司、腾某科技(深圳)有限公司不正当竞争纠纷	广东省广州市天河区人民法院(2019)粤0106民初40045号民事判决书	原告开发运营多款社交软件,原告认为被告未经授权在其视频分享App中向用户推荐可能认识的人方式将其从原告处获得的用户头像、昵称等用户信息用于自行拓展用户关系链等行为,构成不正当竞争
吴某某诉上海某某信息技术有限公司、上海某付费通信息服务有限公司、某银行股份有限公司个人信息保护纠纷	杭州互联网法院(2021)浙0192民初2929号民事判决书;浙江省杭州市中级人民法院(2021)浙01民终12780号民事判决书	电商购物平台向某付费通公司提供其收集的吴某某个人信息的行为属于未明示信息处理的目的、方式、范围的行为,吴某某系在未充分知情的情况下实施对其个人信息披露的同意。某电商购物平台的上述行为既违反了其与吴某某之间的合同约定,也不符合个人信息处理活动应遵循的知情同意规则。某付费通公司收集吴某某个人信息时,某电商平台App未以任何形式告知吴某某,某付费通公司将获取本案涉个人信息,更未以任何形式获得过吴某某的同意,亦不存在通过订立、履行合同必需规则或履行法定义务规则等获得处理吴某某个人信息的合法性基础。综上,某电商购物平台经营者、某付费通公司对吴某某个人信息的处理行为缺乏合法性基础,法院认定二者的信息处理行为侵害了吴某某的个人信息权益
余某某诉北京某车易美网络科技有限公司隐私权、个人信息保护纠纷	广州互联网法院(2021)粤0192民初928号民事判决书	经有效脱敏化处理的历史车况信息不能关联到车辆所有人等特定自然人,不属于个人信息或隐私,提供历史车况信息查询的行为不构成对个人信息权益或隐私权的侵犯
深圳市腾某计算机系统有限公司与北京联某天下科技有限公司等不正当竞争纠纷	北京市朝阳区人民法院(2020)京0105民初21578号民事判决书;北京知识产权法院(2021)京73民终3409号民事判决书	个人信息安全是用户使用网络产品服务时应享有的基本权益。被告置于云客手机的运行环境中,在未得到聊天相对方等微信用户的许可且未尽到合理告知义务的情况下,包括微信聊天记录等在内的个人信息被存储至二上诉人的服务器并进行分析、使用,明显损害了相关微信用户的个人信息安全

5.2.2 涉数据信息的隐私权保护司法实践

《民法典》第 1032 条规定：自然人享有隐私权。任何组织或者个人不得以刺探、侵扰、泄露、公开等方式侵害他人的隐私权。隐私是自然人的私人生活安宁和不愿为他人知晓的私密空间、私密活动、私密信息。因此，受法律保护的隐私同时具有"涉及私人生活安宁"和"不愿为他人知晓的私密性"两个基本特征。其中，"涉及私人生活安宁"主要考量个人所享有与公共利益无关的发展个性所必要的安宁和清静是否被非法侵扰，自然人有权排斥他人对其正常生活的骚扰；"不愿为他人知晓的私密性"是指私人不愿公开、不愿为他人知晓的信息，即客观上一般呈现为不为公众所知悉的样态，在主观上权利人也具有不愿为他人知晓的意图。判断是否属于法律意义上的隐私，既强调当事人不愿公开的主观意愿，也应当符合社会对私密性的一般合理认知。

对于个人信息权益的侵犯通常会存在于数据的获取、转移、加工、使用等行为中，那么理论上对于隐私权的侵犯也可能会体现在上述的数据相关行为之中。但是，目前中国的涉及数据形式侵犯他人隐私权的案例较少，部分案例中原告虽会以侵犯隐私权提起诉讼，但法院多会倾向于判定被告对个人相关信息数据的获取、处理等行为并不构成对于隐私权的侵犯，而是对于个人信息权益的侵犯。例如在"北京百某网讯科技有限公司与朱某隐私权纠纷案"中，[①] 原告朱某认为北京百某网讯科技有限公司未经朱某的知情和选择，利用网络技术记录和跟踪朱某所搜索的关键词，将朱某的兴趣爱好、生活学习和工作特点等显露在相关网站上，并利用记录的关键词，对朱某浏览的网页进行广告投放，侵害了朱某的隐私权，使朱某感到恐惧，精神高度紧张，影响其正常的工作和生活。法院在最终的裁判中，首先认为百某网讯公司在提供个性化推荐服务中运用网络技术收集、利用的是未能与网络用户个人身份对应识别的数据信息，该数据信息的匿名化特征不符合"个人信息"的可识别性要求；其次，在当时《个人信息保护法》等单行法并未出台的情况下，法院依据了《最高人民法院关于审理利用信息网络侵害人身权益民事纠纷案件适用法律若干问题的规定》第 12 条第 1 款的规定：网络用户或者网络服务提供者利用网络公开自然人基因信息、病历资料、健康检查资料、犯罪记录、家庭住址、私人活动等个人隐私和其他个人信

[①] 参见江苏省南京市鼓楼区人民法院（2013）鼓民初字第 3031 号民事判决书；江苏省南京市中级人民法院（2014）宁民终字第 5028 号民事判决书。

息,造成他人损害,被侵权人请求其承担侵权责任的,人民法院应予支持。百某网讯公司利用网络技术向朱某使用的浏览器提供个性化推荐服务不属于该条规定的侵权行为。再次,百某网讯公司利用网络技术对朱某提供个性化推荐服务,并未侵犯网络用户的选择权和知情权。最终,法院认为百某网讯公司的个性化推荐行为不构成侵犯朱某的隐私权。

类似的情况同样出现在其他案件中,如在"孙某某与北京搜某互联网信息服务有限公司等人格权纠纷案"中,[①]法院认为涉案姓名、照片及其关联关系等信息本身尚不足以构成私密信息,将涉案场景中利用的信息划入个人信息的保护范畴,更符合立法原意以及当今网络社会对上述信息利用的普遍认知,由此将涉案数据排除在个人隐私的范畴之外。又如在"陈某、北京百某网讯科技有限公司个人信息保护纠纷案"中,[②]法院认为网络搜索浏览记录是用户在网络空间上的活动轨迹,可以反映用户的兴趣、偏好、行为轨迹,并对用户进行画像。在与其他信息相结合时可以识别到个人。本案场景中,陈某在登录访问百某产品时,服务器已收集了其电话号码、IP 地址等信息,浏览记录与电话号码、IP 地址等信息的结合,能够识别陈某个人的网络活动轨迹,故其浏览记录属于个人信息,其含关键词"减肥""整形"的浏览记录不属于私密信息。

综上所述,隐私、个人信息以及数据并不能完全画上等号,三种客体之上应分别设置隐私权、个人信息权与个人数据所有权三种不同的框架性权利。[③] 司法审判中不仅应区分隐私与个人信息的具体区别,还需要明晰数据形式下对隐私以及个人信息权益侵犯同广义上所说的"数据侵权"之间的关系。更多涉及数据信息的隐私权纠纷见表 5-2。

表 5-2 涉及数据信息的隐私权侵权案件

案 件 名 称	案 件 号	案 情 简 述
余某某诉北京酷某易美网络科技有限公司隐私权、个人信息保护纠纷	广州互联网法院(2021)粤 0192 民初 928 号民事判决书	北京酷某易美网络科技有限公司属下的查博士 App 中披露的案涉历史车况信息来源于第三方,已经脱敏化处理,仅能反映所查车辆的使用情况,其内容既不涉及具体个人,也不用于评价具体个人的行为或状态,无法关联到车辆所有人等特定自然人,不能认定为个人信息。涉案车辆车架号可以通过观察车身直接获取,基本行驶及维修保养

[①] 参见北京互联网法院(2019)京 0491 民初 10989 号民事判决书。
[②] 参见湖北省蕲春县人民法院(2020)鄂 1126 民初 2000 号民事判决书;湖北省黄冈市中级人民法院(2021)鄂 11 民终 3136 号民事判决书。
[③] 申卫星:《数字权利体系再造:迈向隐私、信息与数据的差序格局》,《政法论坛》2022 年第 3 期,第 101 页。

（续表）

案 件 名 称	案 件 号	案 情 简 述
余某某诉北京酷某某易美网络科技有限公司隐私权、个人信息保护纠纷	广州互联网法院（2021）粤0192民初928号民事判决书	数据产生于公开汽修经营所，不具有私密性，且历史车况信息的开放共享关乎机动车运行安全、公众的人身安全和不特定消费者的合法权益，故余某某主张其隐私权、个人信息权益受到侵犯缺乏依据
黄某与被告腾某科技（深圳）有限公司广州分公司、腾某科技（北京）有限公司隐私权、个人信息权益网络侵权责任纠纷	北京互联网法院（2019）京0491民初16142号民事判决书	原告的读书信息未达到私密性标准。原告亦未在本案中主张因读书信息公开导致其生活安宁受到侵扰，故而，对原告的隐私侵权主张，本院不予支持
王某某与汉某星空（上海）酒店管理有限公司隐私权纠纷	上海市浦东新区人民法院（2014）浦民一（民）初字第501号民事判决书；上海市第一中级人民法院（2014）沪一中民一（民）终字第2969号民事裁定书	在难以确认网上流传的"2 000万开房信息"中所涉及的原告信息与被告系统中留存的入住信息等具有关联性的情况下，再加之原告现也并无其他证据证明被告泄露了其入住酒店的信息，因此对于原告主张被告泄露其入住酒店信息的事实，本院不予采信。基于被告并不存在泄露原告入住酒店等信息的事实，故亦不存在原告所主张的因被告泄露其入住酒店等信息而侵犯其隐私权的事实。由此，原告要求被告承担侵权责任的主张，无事实依据，本院不予采纳

5.2.3 涉数据信息的合同保护司法实践

《民法典》第127条将数据确认为具备财产性权益的客体，因此可依照其他法律规定对数据、虚拟财产进行保护。随着数据市场的发展，当事人可以通过合同约定，确认数据的交易形式、使用目的与利益分配等事项，实现数据的流通、交易以及使用等行为。数据的合同类型具有多样性，既可能是数据转让合同，也可能是数据许可使用合同或者其他类型的合同，[①]如在"上证所信息网络有限公司诉新华某某指数有限公司合同纠纷案"中，[②]原、被告之间签订了证券信息许可使用合同。其中，合同第五条约定未经原告书面许可，被告不得对上证所证券信息进行永久储存或使用，且该条款对"使用"的含义作了明确的解释："包括但不限于复制、传播、编辑、转让、许可他人使用和开发衍生产品"。而后被告未经原告许可，与新加坡交易所共同开发上市了中国A50指数期货。在

[①] 王叶刚：《侵害企业数据权益的民事责任》，《中国法学》2024年第6期，第133页。
[②] 参见上海市浦东新区人民法院（2006）浦民二（商）初字第2963号民事判决书。

此过程中,被告虽未将上海证券交易所实时股票行情直接提供给他人使用,但中国 A50 指数期货的基础,即其编制的中国 A50 指数,其成份股包含了在上海证券交易所上市的 38 种股票,被告根据这些实时股票行情和深圳证券交易所的 12 种实时股票行情编制了动态的、即时的中国 A50 指数。法院最终认定,被告开发、上市中国 A50 指数期货的行为,实质就是利用原告按约提供的上证所实时股票行情开发了衍生产品,该种行为显属违反合同约定。

《民法典》第 153 条又明确了涉数据合同不得违反法律、行政法规的强制性规定,不得违背公序良俗,因此并非所有双方订立的涉及数据转移或使用等行为的合同都具备法律效力。在审理相关纠纷的过程中,需对合同是否违背《民法典》《数据安全法》《个人信息保护法》《网络数据安全管理条例》等法律、行政法规进行审查,侵犯个人隐私权、数据安全、公共利益的行为都会导致合同无效的后果。[①] 如在"常某某与许某、第三人马某某网络服务合同纠纷案"中,[②]法院认为,原、被告双方交易的数据产品以"暗刷流量"为目的,不能通过订立服务合同的方式受到法律保护。首先,就流量的法律性质而言,法院认为其是网络数据的集合,描述的是访问一个网站用户的数量以及用户所浏览页面的数量,属于衡量账号、内容、产品市场价值、市场影响力的重要指标。其次,常某某所提供的数据产品以"暗刷流量"为功能,通过定点投放、设计算法等机制诱导、模拟用户点击,扭曲了正常流量数据的形成机制,不正当地吸引了投资融资和广告投入。因此,该数据产品的设计目的不具有合法性,相关交易行为实际上具有明显的欺诈性,既损害了同业竞争者的合法利益,也破坏了市场交易秩序。一方面,数据产品以增加虚假流量为目的,相关使用行为会不正当的增加网页、内容的曝光度,减损竞争者的诚实劳动价值。另一方面,虚增流量的行为会造成网络市场"劣币驱逐良币"的不良后果,最终减损广大网络网民的福祉。综上,以"暗刷流量"为功能的数据产品在设计时即体现了非法的交易目的,相关的使用行为会导致扰乱市场、损害公共利益的后果,不应当通过有效的合同得到保护。又如在"程某某诉赵某某买卖微信账号合同纠纷案"中,[③]法院认为微信账号是以电子数据方式记录的能够单独或者与其他信息结合识别特定自然人个人身份的个人信息的有机载体,买卖微信账号等同于买卖他人的个人信息,进而认定该合同并不具备法律效力。再如在"吞某网络科技有限公司与上海火某

---

① 陈兵、董思琰:《涉数据权益纠纷的司法实践检视及优化方案》,《人民司法》2024 年第 28 期,第 19 页。
② 参见北京知识产权法院(2019)京 0491 民初 2547 号民事判决书。
③ 参见江苏省江阴市人民法院(2020)苏 0281 民初 7297 号民事判决书。

网络科技有限公司服务合同纠纷案"中,①法院认为移动互联网服务商吞某公司为移动应用程序开发者火某公司提供的榜单优化服务,实质系利用技术手段制造虚假数据流量,提高应用程序的榜单排名,以流量欺诈的形式,损害了消费者公平交易权且扰乱了市场竞争秩序,故认定当事人合同无效。

合同是数据交易流通的主要方式,双方可就数据的转让、许可等内容进行具体的约定,但并非任何关于数据相关行为的约定都必然具备法律效力,约定本身仍需要受到法律的检验。值得一提的是,在数据合同存在效力与否的问题之外,由于数据的交易并不必然体现为数据控制的转移或权利主体的变更,那么如何构建数据交易的种类、如何构建数据交易合同的特殊规则以及司法审判中如何参考有名合同的规定适用于数据交易合同等情形仍需要进一步研究探索。②更多的数据合同纠纷见表 5-3。

表 5-3　涉及数据信息的合同纠纷案件

案件名称	案件号	案情简述
郭某与杭州野生动物世界有限公司服务合同纠纷	杭州市富阳区人民法院(2019)浙 0111 民初 6971 号民事判决书;浙江省杭州市中级人民法院(2020)浙 01 民终 10940 号民事判决书	关于原告要求删除入园记录信息的主张,入园记录既属于郭某与其妻子的行踪信息,同时也是作为合同另一方的野生动物世界的经营信息。在没有证据证明野生动物世界发生泄露、篡改、丢失和其他违法使用前述信息行为,对郭某及其妻子的个人信息权益已经造成损害或有发生损害较大可能的情况下,郭某要求删除前述入园记录信息,不予支持
上海逸某信息科技有限公司与北京智联某某人才服务有限公司、北京网某咨询有限公司其他不正当竞争纠纷	上海市杨浦区人民法院(2019)沪 0110 民初 16688 号民事判决书	被告通过被诉方式获取简历并对外提供,系违反双方的合同约定,具有不当性,但考虑到被告通过该方式获取简历的数量有限,被告的该项行为不足以导致原告和被告的市场地位及原告的用户黏性发生变化,加之原告根据合同法足以寻求到充分的救济,现原告寻求以反不正当竞争法第 2 条的规定对其加以保护,并无必要性
吴某某诉上海寻某信息技术有限公司、上海付某通信息服务有限公司、中国某某银行股份有限公司个人信息保护纠纷	杭州互联网法院(2021)浙 0192 民初 2929 号民事判决书;浙江省杭州市中级人民法院(2021)浙 01 民终 12780 号民事判决书	上海寻某信息技术有限公司经营的购物平台向上海付某通信息服务有限公司提供其收集的吴某某个人信息的行为属于未明示信息处理的目的、方式、范围的行为,吴某某系在未充分知情的情况下实施对其个人信息披露的同意。购物平台的上述行为既违反了其与吴某某之间的合同约定,也不符合个人信息处理活动应遵循的知情同意规则,两者的信息处理行为侵害了吴某某个人的信息权益

---

① 参见上海市第二中级人民法院(2022)沪 02 民终 9215 号民事判决书。
② 时诚:《数据交易的合同法规则》,《比较法研究》2025 年第 1 期,第 91 页。

5.3 中国的数据信息刑法保护司法实践

《刑法》第 285 条规定了非法获取计算机信息系统数据罪,并将"数据"限定为"计算机信息系统中存储、处理或者传输的数据"。从当前的司法审判实践来看,涉及数据的犯罪行为并不只适用非法获取计算机信息系统数据罪的罪名。在司法实践中,数据犯罪中的"数据"事实上包括了所有能以代码形式储存于计算机信息系统中的权利客体,具体包括以电子数据方式记录的公民个人信息、身份认证信息、网络虚拟财产、网络知识产权、财产性利益、普通数据产品等,这种广义的"数据"范畴使数据犯罪呈现出不同种类和不同程度的侵害,如个人信息权、财产权、知识产权等权利。① 因此,我国数据犯罪罪名体系所涉罪名既包括传统数据应用场景下的计算机类数据犯罪罪名(破坏计算机信息系统罪、非法获取计算机信息系统数据罪等),也包括以数据所承载信息内容为划分依据的信息类数据犯罪罪名(侵犯公民个人信息罪、侵犯商业秘密罪、非法获取国家秘密罪、非法获取军事秘密罪等)。②

5.3.1 侵犯公民个人信息罪

《刑法》第 253 条之一就侵犯公民个人信息罪进行了规定,即违反国家有关规定,向他人出售或者提供公民个人信息,情节严重的,处 3 年以下有期徒刑或者拘役,并处或者单处罚金;情节特别严重的,处 3 年以上 7 年以下有期徒刑,并处罚金。该罪保护的法益是公民的个人信息权益,包括个人信息不被不正当收集、采集的权利,不被不正当扩散的权利,以及不被滥用的权利。③

数据作为信息的固定载体,当然也可对个人信息进行固定,而未经他人许可对个人信息数据进行获取、收集或者扩散、滥用,达到情节严重标准的,则可能会涉嫌构成侵犯公民个人信息罪。在"王某某、邓某某侵犯公民个人信息案"中,④被告人王某某在为某某快递股份有限公司下属网点的外包客服公

---

① 杨志琼:《我国数据犯罪的司法困境与出路:以数据安全法益为中心》,《环球法律评论》2019 年第 6 期,第 152—153 页。
② 刘宪权:《涉生成式人工智能数据犯罪刑法规制新路径》,《当代法学》2024 年第 6 期,第 3 页。
③ 张明楷:《刑法学(第 6 版)》,法律出版社,2021,第 1199 页。
④ 参见上海市青浦区人民法院(2020)沪 0118 刑初 453 号刑事判决书。

司开发客服管理软件时,获得某某公司"某系统"的账号及登录密码。而后,被告人王某某、邓某某经商议,由王某某编写脚本文件,利用其先前获得的某某公司账号及登录密码非法获取该公司快递单数据(包含快递收件人、寄件人的姓名、电话号码、地址等公民个人信息),后二人通过互联网出售经过筛选的上述快递单数据从而获利。法院认为被告人王某某、邓某某违反国家有关规定,非法获取、出售公民个人信息,情节特别严重,其行为均已构成侵犯公民个人信息罪。

又如在"李某侵犯公民个人信息案"中,①被告人李某在担任某公司直收管家期间,使用员工账户、密码登录某公司客户端系统,发现系统存在漏洞可以查看全北京客户信息后,通过自动化软件收集公民个人信息 94 614 条,后被告人李某将上述文件发送给某公司通州区直收经理张某 2,张某 2 将文件发送给某公司直收高级总监张某 3。同年 5 月,某公司业务员李某 2 向被告人李某申请客户资源,被告人李某将包含上述公民个人信息的文件通过微信发送给李某 2。而后,被告人李某在入职后将某公司部分客户信息发送给一同入职某公司的同事马某,被告人李某还通过网络以 1 000 元的价格购买公民个人信息 6 900 条。在该案中,被告人李某非法购买、向他人提供公民个人信息的行为最终被法院认定构成侵犯公民个人信息罪。

值得一提的是,最高人民法院、最高人民检察院在 2017 年制定的《关于办理侵犯公民个人信息刑事案件适用法律若干问题的解释》第 5 条规定,所有类型的公民个人信息均属于侵犯公民个人信息罪条文的保护范围,公民个人信息是否纳入刑法的保护范围并不因信息的敏感性、重要性程度的不同而有所区别。也即无论是民事法律规范中的个人信息内容,抑或是隐私内容的严重侵犯行为,都可构成该罪。而且解释中还以公民个人信息的敏感性与重要性程度的不同,对"情节严重"的判断标准进行了区分规定。但是,对不同敏感程度的个人信息之间进行重要性高低排序的绝对判断是不切实际的,②对于个人信息犯罪中具体侵犯客体的等级划分仍然需要商榷。更多侵犯公民个人信息罪的案件见表 5-4。

---

① 参见北京市通州区人民法院(2019)京 0112 刑初 62 号刑事判决书。
② 刘宪权:《敏感个人信息的刑法特殊保护研究》,《法学评论》2022 年第 3 期,第 7 页。

表 5-4 涉数据信息的侵犯公民个人信息罪案件

案 件 名 称	案 件 号	案 情 简 述
杭州魔某数据科技有限公司、周某某、袁某侵犯公民个人信息罪	浙江省杭州市西湖区人民法院（2020）浙 0106 刑初 437 号刑事判决书	魔某科技明确告知不会保存用户各类账号密码，还是未经许可非法留存用户信息，或以其他方法非法获取公民个人信息，构成侵犯公民个人信息罪
巧某公司、王某某等人侵犯公民个人信息罪	北京市海淀区人民法院（2020）京 0108 刑初 434 号刑事判决书	被告单位巧某公司负责人王某某，利用网络爬虫等技术非法获取"智联招聘""58 同城""前程无忧"等多个招聘平台存储的个人简历信息 2.1 亿余条，内含姓名、手机号码、身份证号码、家庭住址等公民个人信息，安排数据服务部负责人赵某某将非法获取的公民个人信息进行解析、清洗后用于自行开发的数字英才网、"保险关系多 App"等产品，并对外销售牟利。法院认定巧某公司、王某某等人的行为构成侵犯公民个人信息罪

5.3.2　侵犯知识产权罪

数据可承载受知识产权保护的客体，因此对于数据的复制或者转移使用等行为可构成对知识产权的侵犯，情节严重的可能构成侵犯知识产权罪。侵犯知识产权罪规定在《刑法》第 213~219 条中，具体包括假冒注册商标罪，销售假冒注册商标的商品罪，非法制造、销售非法制造的注册商标标识罪，假冒专利罪，侵犯著作权罪，销售侵权复制品罪，侵犯商业秘密罪等罪名，涉及数据的罪名主要是侵犯著作权罪和侵犯商业秘密罪。

5.3.2.1　侵犯著作权罪

数字网络技术等高科技的发展使著作权侵权导致的社会危害日益严重，加强刑事制裁成为国际社会的趋势。[1] 在作品的网络传播过程中，难免会涉及数据的生成和转移，因此涉及数据的案件中也会存在诸多涉著作权犯罪的案件。

侵犯著作权罪规定在《刑法》第 217 条以及第 218 条，即以营利为目的，有侵犯著作权或与著作权有关的权利的情形以及销售侵权复制品，违法所得数额较大或者有其他严重情节的，处以相关刑罚。在"卢某等五人侵犯著作权罪一案"中，[2]被告人卢甲、卢乙自其所属公司成立以来，指挥被告人白某、黄某、雷某

---

[1] 王迁：《知识产权法教程（第 8 版）》，中国人民大学出版社，2024，第 349 页。
[2] 参见湖南省资兴市人民法院（2021）湘 1081 刑初 260 号刑事判决书；湖南省郴州市中级人民法院（2022）湘 10 刑终 308 号刑事裁定书。

等参与运营下,未经华著某某(天津)文化产业有限公司等权利公司或者著作权人许可,利用内容爬取信息网络技术,爬取华著某某(天津)文化产业有限公司等权利公司或者著作权人的正版电子图书后,在被告人卢甲等研发并推广运营的"黑某小说""月某全本免费小说阅读""TXT 免费小说书城"等 24 个 App 平台上展现,供他人访问、阅读和下载,通过赚取广告收入等方式牟取巨额非法利益。卢甲、卢乙等为了相关阅读类 App 平台能够上架营运,购买了 620 部非热门小说版权,而在其相关阅读类 App 平台上线作品达 2.4 万余部,浏览章节总数达 3.6 亿余章节。涉案公司等 31 家涉案单位涉案期间从深圳市某公司等 13 家单位收取广告总收入 13 563.05 万元,其中涉嫌侵犯著作权广告 App 收入 12 254.88 万元,非法获利 8 993.92 万元,绝大部分非法获利由被告人卢甲等个人占有、支配。法院由此认定被告人卢甲、卢乙、白某、黄某、雷某以营利为目的,未经著作权人许可,复制发行他人享有著作权的文字作品,违法所得数额巨大,情节特别严重,其行为均已构成侵犯著作权罪。在该案中,被告所爬取到的电子图书本质上仍然属于数据的一种,而后续的展示性行为可归类于对数据的使用,因此也可以视为一种与数据有关的犯罪行为。更多以数据形式侵犯著作权罪的案件见表 5-5。

表 5-5　涉及数据的侵犯著作权罪案件

案件名称	案件号	案情简述
凌某、夏某某、王某某侵犯著作权罪	滁州市南谯区人民法院(2011)南刑初字第 00027 号刑事判决书	凌某编写抓取程序私自从音乐网站上采集歌曲,并通过其经营的"骑士某某网"向公众传播。本案共认定被告人非法采集作品 10 万余首,发布侵权作品 1 743 首,情节特别严重,构成侵犯著作权罪
李某侵犯著作权罪	江苏省徐州市中级人民法院(2017)苏 03 刑初 41 号刑事判决书	被告人李某开设了 110 小说网等 8 个小说网,在未经授权的情况下,利用自动采集器采集上海玄ண娱乐信息科技有限公司旗下中文网享有独家网络传播权的小说作品供读者在线阅读,并通过多个广告联盟在其网站上发布广告获得广告收益数额 1 万余元。法院认为,被告人李某以营利为目的,未经注册权人许可,复制发行其文字作品,情节特别严重,其行为已经构成侵犯著作权罪
高某、何某等侵犯著作权罪	北京市海淀区人民法院(2015)海刑初字第 33 号	被告人未经著作权人许可,利用视频采集软件,从视频网站上采集他人享有信息网络传播权的影视作品共计 500 余部,后将影视作品上传到三家向社会公众开放的网站。法院认定被告人高某、何某以营利为目的,未经著作权人许可,通过信息网络向社会公众传播他人影视作品,发行他人享有著作权的作品,情节严重,其行为均已构成侵犯著作权罪

(续表)

案件名称	案件号	案情简述
苏某某侵犯著作权罪	深圳市南山区人民法院（2022）粤0305刑初1087号刑事判决；广东省深圳市中级人民法院（2023）粤03刑终422号刑事裁定书	被告人未经华某公司许可，登录公司系统平台，对公司享有著作权的POS机固件源代码进行修改，故意破坏固件代码的技术防护机制，并下载、出售给朱某、刘某进行切机，以谋取不正当利益，其行为同时触犯非法获取计算机信息系统数据罪和侵犯著作权罪，根据从重处罚原则，应以侵犯著作权罪定罪处罚
鼎某公司、覃某某等人侵犯著作权罪	北京知识产权法院（2020）京0108刑初237号刑事判决书	被告单位北京鼎某文学信息技术有限公司在覃某某等人负责管理或参与经营下，未经掌某科技股份有限公司、北京幻某纵横网络技术有限公司等权利人许可，利用网络爬虫技术抓取上述公司享有独家信息网络传播权的文字作品共计4 603部，而后在其运营的"鸿雁传书""TXT全本免费小说"等10余个App中展示电子图书，供他人访问并下载阅读，并通过广告收入、付费阅读等方式进行牟利。法院认定鼎某公司、覃某某等人的行为构成侵犯著作权罪

5.3.2.2 侵犯商业秘密罪

数据信息符合商业秘密的构成要件即可受商业秘密保护，违法获取、披露、使用商业秘密数据信息，可构成商业秘密犯罪。

《刑法》第219条规定了侵犯商业秘密罪，是指以盗窃、贿赂、欺诈、胁迫、电子侵入或者其他不正当手段获取权利人的商业秘密，披露、使用或者允许他人使用以上述手段获取的权利人的商业秘密，违反保密义务或者违反权利人有关保守商业秘密的要求，披露、使用或者允许他人使用其所掌握的商业秘密，以及明知上述行为而获取、披露、使用或者允许他人使用该商业秘密情节严重的行为。在"黄山富某精工智造有限公司、方某某等侵犯商业秘密罪案"中，[1]被告人平田某某利用在上海瑞某公司担任机械设计部经理及营业部经理的职务便利，通过突破加密装置、下载服务器数据的方式，非法获取了作为瑞某公司商业秘密的"婴儿拉拉裤自动化生产线"整套技术图纸。平田某某从瑞光公司离职后加入富某公司并将获取的技术图纸非法披露给龚某某、方某某等人使用，富某公司利用上述技术图纸研发了同类型生产线设备，并销售给多个客户，造成瑞某公司经济损失为1 220余万元。法院认定富某公司、平田某某等人的行为构成侵犯商业秘密罪。

---

[1] 参见上海市第三中级人民法院（2021）沪03刑初167号刑事判决书。

对商业秘密数据的刑法保护问题仍存在一些争议以及尚未明确之处。一方面,反不正当竞争法着眼于商业秘密权利人的私权益,刑法保护的则是公平有序市场竞争秩序,因此侵犯商业秘密行为的民事责任与刑事责任的界分、罪与非罪的判断均存在争议。① 另一方面,数据性质特殊,反不正当竞争法中所保护的数据反爬取技术措施由于无法实现排除特定主体访问的强制性效果,②因此并不一定能够构成商业秘密中的保密措施,由此引发的问题便是刑法是否有必要介入或者如何合理规制公开性商业数据不正当竞争行为。③

5.3.3 非法获取计算机信息系统数据罪

我国刑法中以"数据"为保护对象且以数据安全为所保护法益的罪名有"非法获取计算机信息系统数据罪"以及"破坏计算机信息系统罪"。《刑法》第285条第2款就非法获取计算机信息系统数据罪进行了规定,是指违反国家规定,侵入前款规定以外的计算机信息系统或者采用其他技术手段,获取该计算机信息系统中存储、处理或者传输的数据,或者对该计算机信息系统实施非法控制,情节严重的情形。其中只要是通过非法侵入方式或者其他技术手段,违反他人意志,获取他人计算机信息系统中存储、处理或者传输的部分数据或者全部数据的,均属于本罪的"获取";获取后是否利用该数据,不影响本罪的成立。④

在"上海晟某网络科技有限公司、侯某某等非法获取计算机信息系统数据案"中,⑤被告人张某与侯某等人经共谋于2016年至2017年间采用技术手段抓取被害单位北京字节某某网络技术有限公司服务器中存储的视频数据,并由侯某某指使被告人郭某破解北京字节某某网络技术有限公司的防抓取措施,使用"tt_spider"文件实施视频数据抓取行为,造成被害单位损失技术服务费人民币2万元。经鉴定,"tt_spider"文件中包含通过头条号视频列表、分类视频列表、相关视频及评论3个接口对今日头条服务器进行数据抓取,并将结果存入数据库中的逻辑。在数据抓取的过程中使用伪造device_id绕过服务器的身份校验,使

---

① 吴文博:《论侵犯商业秘密罪的分层认定规则》,《河南财经政法大学学报》2025年第1期,第117页。
② 周перев:《数据爬取的不正当竞争认定规则研究》,《南大法学》2023年第2期,第87—102页。
③ 刘双阳:《数字经济时代商业数据不正当竞争行为刑法规制的路径与边界》,《法学论坛》2025年第1期,第81页。
④ 张明楷:《刑法学(第6版)》,法律出版社,2021,第1372页。
⑤ 参见北京市海淀区人民法院(2017)京0108刑初2384号刑事判决书。

用伪造 UA 及 IP 绕过服务器的访问频率限制。法院认为被告违反国家规定,采用技术手段获取计算机信息系统中存储的数据,情节严重,其行为已构成非法获取计算机信息系统数据罪。

在"林某某等非法获取计算机信息系统数据案"中,①被告单位房某公司负责人林某某自 2018 年起指使技术部门负责人程某某等人利用网络爬虫程序,采用破解验证码、绕过登录校验等方式非法获取北京某信息技术有限公司经营的网站上的房源数据(房屋面积、户型、朝向、楼层、价格、建设时间等信息),在某公司增加反爬取策略后,2019 年 10 月至 2020 年 7 月间,被告单位房某公司使用破解验证码、绕开挑战登录等方式破解某公司的反爬取措施,非法获取某网站的房源数据供自身的"推房神器"App 调用,并向该 App 用户收取会员费盈利。自 2019 年 10 月至案发,被告单位房某公司的上述行为给某公司造成直接损失共计人民币 10 万余元。最终,法院认定房某公司以及林某某等人构成非法获取计算机信息系统数据罪。

需要指出的是,以该罪名对数据进行保护的司法实践也存在一些问题。一方面,非法获取计算机信息系统数据罪所保护的是数据的保密性,即确保自身拥有的数据免受未得到授权之人的非法访问、读取、获取。②但在具体的司法实践中,该罪名体现为一种"兜底"性罪名,如在涉及对网络虚拟财产法律属性的判断问题时,审判中多以其自身的数据属性而将其纳入非法获取计算机信息系统数据罪的范畴中,而非对该种数据内容的具体法律性质进行界定。③另一方面,目前该罪规定于刑法分则的"妨害社会管理秩序罪"部分,可见其保护的应为有关数据安全的管理秩序,可是当下的数据呈现出的是可为经营者带来竞争利益的一种经济性工具,涉及数据财产属性保护时应保护的是经济秩序的法益,而非社会管理秩序法益。为解决此种矛盾,有学者指出应当将非法获取计算机信息系统数据罪的规制对象限定为,以数据为对象侵犯数据安全的非法获取行为,而非侵犯数据财产利益的行为。④ 更多涉及数据的非法获取计算机信息系统数据罪案件见表 5-6。

---

① 参见北京市朝阳区人民法院(2020)京 0105 刑初 2594 号刑事判决书。
② 刘双阳:《数字经济时代商业数据不正当竞争行为刑法规制的路径与边界》,《法学论坛》2025 年第 1 期,第 82 页。
③ 参见浙江省临海市人民法院(2015)台临刑初字第 1155 号刑事判决书;广东省珠海市斗门区人民法院(2015)珠斗法刑初字第 119 号刑事判决书;山东省日照经济开发区人民法院(2016)鲁 1191 刑初 24 号刑事判决书。
④ 杨志琼:《非法获取计算机信息系统数据罪"口袋化"的实证分析及其处理路径》,《法学评论》2018 年第 6 期,第 163—174 页。

表 5-6　涉及数据的非法获取计算机信息系统数据罪案件

案件名称	案件号	案情简述
黄某、吴某某非法获取计算机信息系统数据罪	广东省中山市第一人民法院（2023）粤2071刑初233号刑事判决书	侵入计算机信息系统，获取该计算机信息系统中存储、处理或者传输的数据，情节特别严重，其行为均已构成非法获取计算机信息系统数据罪
张某、陈某等非法获取计算机信息系统数据罪	浙江省湖州市中级人民法院（2021）浙05刑终87号刑事裁定书	被告人在未经被害单位许可的情形下，利用编写的计算机程序，避开被害单位安全技术措施获取并转发地理信息数据牟利，应当认定为采用其他技术手段非法获取数据，且情节严重，构成非法获取计算机信息系统数据罪
陈某某非法获取计算机信息系统数据、非法控制计算机信息系统罪	黑龙江省九三人民法院（2020）黑8110刑初8号刑事判决书	被告人陈某某通过从网络购买数据库，并利用QQ群找人定制撞库软件进行撞库。2019年5月30日，陈某某撞库成功，获取纪某征途2S游戏账号jijia2及密码，并于当日晚登录该游戏账号，将该账号内83 000张游戏兑换卡转移到自己as11×××12的账号内，并于当日通过DD373平台进行了106次出售，违法所得共计人民币39 101.17元，构成非法获取计算机信息系统数据罪

5.3.4　破坏计算机信息系统罪

数据获取行为可能并不会对数据拥有者的数据安全造成损害（如对于公开数据的获取），但却可能因高频次的访问造成扰乱计算机信息系统正常运行的后果，在情节严重的情形下则可能构成破坏计算机信息系统罪。由于该种对于计算机系统造成破坏的行为是以数据的获取等操作行为为基础，因此也可认为是涉及数据的犯罪行为。

《刑法》第286条规定了破坏计算机信息系统罪，指违反国家规定，对计算机信息系统功能进行删除、修改、增加、干扰，造成计算机信息系统不能正常运行，后果严重的行为以及违反国家规定，对计算机信息系统中存储、处理或者传输的数据和应用程序进行删除、修改、增加的操作，后果严重的行为。

司法实践中，通过对数据的操作进而构成破坏计算机信息系统罪的情况大概可分为两类[①]。第一类为对计算机信息系统中的数据予以修改、变更，直接造成他人财物受损的情况，如在"邬某某破坏计算机信息系统罪案"中，[②]法院认为被告人邬某某利用他人制作的外挂程序为不特定游戏玩家提供针对网络游戏

---

① 俞小海：《破坏计算机信息系统罪之司法实践分析与规范含义重构》，《交大法学》2015年第3期，第141页。
② 参见上海市徐汇区人民法院（2013）徐刑初字第281号刑事判决书。

《cccc》的有偿代练升级服务,行为客观上严重破坏了该款游戏的正常操作流程和运行方式,本质上属于修改网络游戏运行数据,干扰网络游戏服务端计算机信息系统功能,危害计算机信息系统安全的行为,符合破坏计算机信息系统罪的犯罪构成要件。

第二类为访问或者获取数据的过程中对计算机信息系统造成了破坏的情况。其一方面体现为对没有访问权限数据的访问过程中造成的计算机系统的损害,如在"伍某某、陈某某破坏计算机信息系统罪案"中,① 被告人伍某某利用非法手段进入淮安人事考试网的后台,上传了"coppy.asp"木马程序,获取了该网站的管理员权限,具备了删除、修改、增加功能的条件。而后,被告人陈某某用上述管理员权限从后台进入淮安人事考试网,上传"vote.asp"及"1.asp"木马程序,以达到非法获取他人用户名及密码数据的目的。法院最终认定被告人伍某某、陈某某违反国家规定,利用木马程序对江苏省信息中心计算机信息系统应用程序进行增加,造成计算机信息系统不能正常运行的严重后果,其行为构成破坏计算机信息系统罪。另一方面体现为对公开的数据不加控制地利用爬虫技术"野蛮"访问,造成被访问方服务器瘫痪而无法正常运行,可以被解释为"功能性破坏",构成破坏计算机信息系统罪。② 但必须强调的是,本罪的相关司法解释确实已经落后于时代,违法所得5 000元以上或造成经济损失1万元以上即可入罪的规定,使得本罪的适用范围极大,有违刑法谦抑性原则。③

5.3.5 其他罪名

由于数据中包含信息的内容、种类、性质的多元化,以电子形态和其他形态存在的数据状态的多态化,数据窃取、篡改、滥用等手段的多样化,因此涉及数据的不法行为也可能构成其他犯罪,如非法侵入计算机信息系统罪、诽谤罪、非法获取国家秘密罪、非法获取军事秘密罪等。由于上述各罪名所保护的法益并非数据中的经济利益,而是国家事务、国防建设、尖端科学技术领域的计算机信息系统安全,他人的名誉,国家安全以及军事安全等,因此不再赘述。

---

① 参见南京市鼓楼区人民法院(2013)鼓刑初字第26号刑事判决书。
② 姜瀛:《论刑法介入网络数据爬取行为的类型与限度》,《浙江社会科学》2021年第10期,第43页。
③ 石经海、苏桑妮:《爬取公开数据行为的刑法规制误区与匡正——从全国首例"爬虫"入刑案切入》,《北京理工大学学报(社会科学版)》2021年第4期,第164页。

5.4 中国的数据信息反垄断法规制的司法执法实践

海量数据的拥有和积累能够为企业带来显著的竞争优势,但是随着数据应用场景的拓展以及数据来源的增加,诸多大型数据拥有企业开始对数据进行隔离和掌控,以实现数据的排他性垄断效果。数据垄断不仅会侵蚀市场竞争环境及其公平秩序,也会抑制市场创新活力并对用户隐私或商业秘密及相应的数据安全形成较明显的威胁,因此有必要在反垄断法的规则下对该种反竞争行为进行规制。①

5.4.1 数据反垄断司法案件

中国就数据垄断问题的典型案件有被称为国内数据垄断第一案的"湖南蚁某软件股份有限公司诉北京微某创科网络技术有限公司数据垄断案"。该案的背景为蚁某公司未经微某公司的许可而对微某公司的微某产品数据进行爬取,法院最终判决蚁某软件构成不正当竞争,需赔偿微某公司经济损失 500 万元及合理开支 28 万元,并承担二审案件受理费 48 760 元。② 而后蚁某公司向长沙中院提起诉讼,主张微某公司拒绝数据许可的行为构成垄断,请求法院判令微某公司以合理条件允许蚁某公司使用微某数据,并赔偿蚁某公司经济损失及合理费用合计 550 万元。

该案中蚁某公司认为,随着网易微博和腾讯微博的正式关停以及搜狐微博的实际停运,国内已不存在能与新浪微某形成有效竞争的平台。规模庞大的用户群体也导致新浪微某上的信息良莠不齐。因对不良信息监管不力,微某公司曾多次被主管部门警告或处罚。而蚁某公司开发的舆情监测分析系统在主管部门及时发现、消除不良信息,净化网络环境的过程中发挥了重要作用。微某公司拒绝蚁某公司使用微某数据,实质上逃避了主管部门的监管,变相将监管权力紧握在自己手中,扮演着"既是运动员又是裁判员"的角色,为有害信息的传播提供温床,严重损害了社会公共利益。同时,微某公司的上述行为也将直接摧毁蚁某公司的商业模式,损害蚁某公司的合法权益,并将严重限制相关市

---

① 曹阳:《数据垄断何以规制?》,《东方法学》2025 年第 1 期,第 46—59 页。
② 参见北京知识产权法院(2019)京 73 民终 3789 号。

场的竞争及技术创新,构成滥用市场支配地位的垄断行为。微某公司认为,微某平台数据(包括用户生成内容、社交关系链等)属于其合法控制的私有资源,平台对数据享有使用权和处置权,有权通过技术手段保护数据安全。民事主体有权自主决定是否交易,拒绝数据许可属于正常商业决策,符合《民法典》第5条规定的"自愿原则"。蚁某公司界定的"社交媒体数据服务市场"范围过窄,实际市场应包含其他社交平台(如微信、抖音等),微某不构成垄断地位。此前法院已认定蚁某公司通过非正常手段抓取微某数据(包括绕过技术措施获取非公开数据)构成不正当竞争,表明其行为违法在先。目前,未搜索到该案的法院判决。

此外,杭州市中级人民法院于2022年3月受理的郭某诉知网滥用市场支配地位,拒绝向个人用户开放学术不端文献检测系统服务的垄断纠纷案件,系首例涉及学术资源服务的数据反垄断案件,因原告核心诉求已经实现,已于同年7月撤诉,未能形成裁判观点。随着此类案件逐渐进入诉讼渠道,有关数据领域垄断的法律适用问题会在案件的处理中得到深入的探讨和规则的明晰。[①]

5.4.2　数据反垄断行政执法案件

上海市市场监督管理局发布的宁波森某信息技术有限公司滥用市场支配地位案行政处罚决定书,[②]为我国数据反垄断执法第一案,对于数据垄断行为的规制具有重要的意义。该案涉及一家专业从事金融信息服务的科技企业,其核心业务涵盖债券声讯经纪实时交易数据代理销售及债券信息增值服务。该企业并非原始数据采集方,而是通过合同授权方式从经纪公司处获得这些数据。企业运用专业技术对原始数据进行清洗、整合及深度加工,最终形成具有高附加值的债券声讯经纪实时交易全数据产品(简称"交易全数据产品"),面向机构投资者及金融服务商进行市场化销售。在该案中,当事人与其中一家经纪公司签订了协议,获得了对该经纪公司所掌握的债券声讯经纪实时交易数据,即单一货币经纪公司债券声讯经纪实时交易数据的独家代理销售权,而该经纪公司不再另行销售交易数据。经调查分析,执法机构认为当事人在中国境内单一货币经纪公司债券声讯经纪实时交易数据市场具有市场支配地位,没有正当理由拒绝将此数据授权给其他债券信息服务商,阻碍了其他经营者进入下游金融信息服务市场与其开展竞争,构成滥用市场支配地位的拒绝交易。此外,执法机构

---

① 姜启波:《数据权益纠纷司法裁判的价值准则》,《中国应用法学》2022年第6期,第20—37页。
② 参见上海市市场监督管理局沪市监反垄处[2024]202302号行政处罚决定书。

认为当事人在中国境内具体券种债券声讯经纪实时交易全数据市场具有市场支配地位,在销售交易全数据产品时,附加了搭售等不合理的交易条件以获取垄断利润,迫使部分经营者放弃采购或购买超出其实际需求的产品,构成滥用市场支配地位的附加不合理交易条件。

数据垄断问题易造成垄断企业对于竞争对手、用户、其他企业和社会公共利益的多重危害,但由于对数据如何实质性地影响市场竞争结果还有待进一步明晰,实践中尚不能准确识别与数据相关的垄断行为。因此,如何构建健全的数据基础制度、基础设施,有效发挥监管立法、措施、方法的作用,更新传统的监管制度等都是亟待解决的问题。[①]

5.5 中国的数据信息反不正当竞争法保护司法实践

反不正当竞争法在调节市场竞争秩序的同时能够实现对于经营者竞争利益的保护,如果他人对数据实施的行为扰乱了市场竞争秩序,造成了他人经济利益的损害,则可受到反不正当竞争法的保护。在中国司法实践中,涉数据信息的反不正当竞争法保护,包括适用第 9 条的侵害商业秘密行为和适用第 12 条或第 2 条的其他不正当竞争行为。

5.5.1 数据信息的商业秘密保护司法实践[*]

《反不正当竞争法》第 9 条规定了商业秘密保护规则。不为公众所知悉、具有商业价值并经权利人采取相应保密措施的技术信息、经营信息等商业信息即可作为商业秘密保护的客体而受到反不正当竞争法保护。

在嗨某公司诉汪某侵害商业秘密纠纷中,[②] 法院认为由网络原始数据组成的衍生数据或大数据,或网络公开数据结合其他尚未公开的内容组成新的数据信息,不为所属领域的相关人员普遍知悉和容易获得的,可认定其具有秘密性。对于数据类信息是否具有保密性,应结合行业现实状态及载体的性质、保密措

[①] 陈兵:《因应我国规制数据垄断面临的挑战》,《数字法治》2024 年第 2 期,第 30 页。

[*] 2025 年 6 月 27 日,第十四届全国人民代表大会常务委员会第十六次会议第二次修订《反不正当竞争法》,自 2025 年 10 月 15 日起施行,本节中条款序号均为修订前《反不正当竞争法》的条款序号。

[②] 参见杭州铁路运输法院(2021)浙 8601 民初 609 号民事判决书;浙江省杭州市中级人民法院(2021)浙 01 民终 11274 号民事判决书。

施的可识别程度来认定,保密措施应以适当为标准。价值性方面,直播平台中奖数据反映经营者特定经营策略及经营效果,体现用户打赏习惯和消费习惯等深层信息,可为经营者提供用户画像,吸引流量,获得竞争优势,具有商业价值。被告通过查询后台数据并推算中奖概率,关联多个账号,择机打赏以获得平台高额奖金,侵害了原告的商业秘密,损害了平台的经营秩序和竞争优势。

在北京融某某信息技术有限公司与赵某某等侵害商业秘密纠纷中,[①]法院认为客户数据或营销获客渠道属于 AI 平台型企业从事经营活动的必要支撑,客户数据或营销渠道的精准程度同时也是数字经济时代背景下企业市场竞争优势的重要体现,在符合秘密性、价值性、保密性的条件下,构成法律保护的商业秘密。员工或前员工属于侵犯商业秘密的适格法律主体,其不得非法使用其工作中接触到的客户数据或营销渠道等经营信息。竞争对手在明知或应知该商业秘密属于员工或前员工违法披露的情况下仍恶意获取、使用,同样应认定为侵犯商业秘密的行为。

数据作为商业秘密保护客体存在以下问题。一方面,商业秘密的保护客体无法涵盖所有数据类型,商业秘密保护对数据保护乏力。商业秘密的构成要件为秘密性、保密性和价值性,完全公开的数据无法满足商业秘密的构成要件。公开数据处于不特定第三人可得而知的状态,不具有秘密性;获取公开数据一般也无须对保密措施进行破解或规避。另一方面,虽然有学者认为可扩大商业秘密保护客体以增大数据的保护范围,但仍有较大争议。例如,对并非任何人都可直接接触、需要付出一定条件方能获得的数据信息是否属于商业秘密客体;部分数据内容公开,但整体数据集合不公开的数据集合是否能受商业秘密保护,仍然存在争议。有观点认为,数据条目来源于公共领域,并不妨碍数据集合整体上具有秘密性,因此,对于部分公开的数据,即使其中存在可以处于公众状态的部分数据,但是并不影响该数据集合整体的秘密性。对于该种破坏整体数据集合的保护措施而获取处于后台数据库的行为属于对技术措施的违反,构成不正当竞争行为。[②]但是也有观点认为商业秘密得以保护的前提是其具备秘密性,一旦被公开,无论是不是差别公开,其作为利益保护的外壳就已被刺破。若此时仍按商业秘密处理无疑又是将利益保护权利化,造成商业秘密保护条款

[①] 参见北京市朝阳区人民法院(2019)京 0105 民初 2200 号民事判决书;北京知识产权法院(2020)京 73 民终 2581 号民事判决书。
[②] 崔国斌:《新酒入旧瓶:企业数据保护的商业秘密路径》,《政治与法律》2023 年第 11 期,第 2—23 页。

的适用泛化,打破数据流通与数据保护的平衡。① 更多涉数据信息商业秘密侵权案件见表5-7。

表5-7 涉数据信息商业秘密侵权案件

案件名称	案件号	案情简述
衢州万某网络技术有限公司诉周某某等侵害商业秘密纠纷	上海市第二中级人民法院(2010)沪二中民五(知)初字第57号民事判决书;上海市高级人民法院(2011)沪高民三知终字第100号案民事判决书	本案中,原告作为涉案网站数据库的权利人,对该数据库中用户信息的商业秘密享有所有权,被告周某某未经原告许可利用自己掌握的数据库密码从原告公司的涉案网站复制下载并使用了包含注册用户名字段、注册密码字段和注册时间字段等用户信息的数据库的行为侵犯了原告的商业秘密
前某网络信息技术(上海)有限公司与上海逸某信息科技有限公司侵害商业秘密纠纷	上海市浦东新区人民法院(2017)沪0115民初89112号民事判决书	网站会员注册填写的包含个人姓名、性别、年龄、民族、所在地、教育经历、职业经历、求职意向、联系方式等的整体简历信息,保存于前某公司网站以及公司企业用户账户内,是公司的核心资源,具有重大的商业价值,且经前某公司采取合理的保密措施,他人无法从公开渠道轻易获得,属于前某公司的商业秘密
麦达某某(天津)科技有限公司、华某新兴科技(天津)集团有限公司侵害商业秘密纠纷	天津市第一中级人民法院(2017)津01民初50号民事判决书;最高人民法院(2019)最高法民再268号民事判决书	首先,华某公司主张的某某某厨卫用具厂等43家与华某公司有稳定交易关系的客户的信息是客户名称、电话、地址与交易内容等深度信息结合所形成的信息集合,不为其所属领域的相关人员普遍知悉和容易获得。其次,华某公司对上述信息采取了与其商业价值相适应的合理保护措施。第三,上述信息具有现实的或者潜在的商业价值,能为权利人带来竞争优势。综上,华某公司主张的客户信息具备秘密性、保密性、价值性和实用性,符合商业秘密的构成要件。王某某、张某某、刘某违反法定或约定的保守商业秘密的义务,允许麦达某某公司使用其所掌握的商业秘密,麦达某某公司在明知的前提下,使用了上述商业秘密,均属于侵犯商业秘密的行为
赛某某公司诉张某等侵害商业秘密纠纷	深圳市中级人民法院(2021)粤03民初1114号民事判决书	原告在本案中请求保护的熔炼过程记录表所记载的熔炼合金的原材料成分比例、材料状态、熔炼参数、数据等信息的组合,系在熔炼实验或生产过程中所形成,属于实验者或生产者所掌握的特定信息,对于后续实验或生产具有明显的实际效用,应当认定为具有商业价值,构成受法律保护的商业秘密。张某、李某在即将与原告公司解除劳动关系并进行离职前工作交接阶段,擅自将原告的商业秘密上传至其个人网盘,使得二人在离职后仍然可以随时随地获得涉案商业秘密,客观上使得涉案商业秘密脱离了原告的控制,损害了原告基于该商业秘密所产生的竞争利益,构成反不正当竞争法所规制的侵害商业秘密的行为

---

① 曹汇:《涉数据不正当竞争行为规制研究》,《大连理工大学学报(社会科学版)》2024年第3期,第87—96页。

5.5.2 数据信息的其他不正当竞争规制司法实践

企业拥有的数据可为其带来经济利益,由此也为其带来可被保护的竞争性利益,如果他人未经数据拥有者允许而擅自实施数据获取以及使用等行为,破坏数据拥有者就其所拥有数据享有的竞争利益,则可受反不正当竞争法的规制。但中国现行《反不正当竞争法》并无针对数据获取、转移、复制、使用等不正当竞争行为的具体规定,因此司法实践通常依据现行《反不正当竞争法》的第2条或第12条第2款第4项对涉及数据的不正当竞争行为进行规制。

在淘某与美某不正当竞争案中,[①]法院将数据分为原始数据与衍生数据进行评述,并明确平台对于投入了大量智力劳动的衍生数据享有独立的财产性权益。在"淘某与绍兴某科技公司的不正当竞争案"中,[②]被诉侵权软件采取绕过平台反爬措施及验证机制等技术手段,未经授权使他人能够访问并复制搬运淘某平台数据信息至其他电商平台,削弱了用户对该平台的依赖程度,分化了该平台应有的市场关注度,攫取其本应获得的流量收益和交易机会,妨碍、破坏其合法正常经营,有悖诚实信用原则和商业道德。法院认为被诉侵权行为构成《反不正当竞争法》第12条第2款第4项所规定的不正当竞争行为。

但是,由于对数据信息爬取行为正当性的争议以及对数据信息使用行为正当性认定的模糊,对于涉及数据信息不正当竞争行为的判定存在同案不同判的情况,而且对于具体适用的条款更是不太明晰,此等问题均需要进一步的梳理和明确。

相较于其他专门法,反不正当竞争法在法律适用中具有权利"孵化器"的特色功能,即对可能成为知识产权或者其他商业成果类新权利进行实验性、过渡性的保护。[③] 当下,数据赋权正在热烈讨论和有序推进中,数据权利保护的主要目的是保护数据的财产性利益,而反不正当竞争法能够通过保护数据上的竞争利益进而保护数据拥有者就其拥有数据享有的财产性权益。在数据权利保护专门立法缺位的现实下,适用反不正当竞争法给予数据权益人兜底性保护,不

[①] 参见杭州市互联网法院(2017)浙8601民初4034号民事判决书;浙江省杭州市中级人民法院(2018)浙01民终7312号民事判决书。
[②] 参见浙江省高级人民法院(2023)浙民终1113号民事判决书。
[③] 孔祥俊:《论反不正当竞争法的二元法益保护谱系——基于新业态新模式新成果的观察》,《政法论丛》2021年第2期,第3—18页。

仅是权宜之计,也是合理的选择。反不正当竞争法对数据之上竞争利益的保护模式,能够对数据权利保护路径的选择和构建产生较大的参考价值。为此,特对反不正当竞争法对数据权益保护的司法实践单独成下一章,以明晰当前反不正当竞争法模式下数据保护的具体规则。

第6章 数据反不正当竞争法保护的司法规则及适用*

目前,对数据的财产权益保护主要采用反不正当竞争法的路径,即通过调控因其他经营者对数据不正当地获取以及使用行为造成的市场竞争秩序的损害,进而间接地实现数据拥有者就其拥有数据享有的财产权益的保护。在司法实践中,法院通常会通过对数据拥有者就其拥有数据是否享有合法权益、双方的竞争关系、行为对数据拥有者造成的实际损害以及行为的正当性进行判断,以对数据获取或使用行为是否构成不正当竞争行为进行认定。在具体适用条款上,由于类型化条款的缺位,法院通常会采用《反不正当竞争法》第12条第2款第4项或者第2条对数据不正当竞争行为进行规制,但也存在各自的规制困境。

6.1 数据反不正当竞争法规制的司法审判规则

在对涉数据行为是否会对数据拥有者的财产权益造成损害进而构成不正当竞争行为的认定时,法院通常首先会判断数据拥有者是否对其拥有的数据享有合法的权益基础,如对数据是否投入了运营成本、提供了经营服务,包括但不限于:收集、存储、编排、管理、传播等经营活动;为维护数据安全而付出成本;其他对数据进行衍生性利用和开发的行为等。其次,部分法院会就原被告双方之间

---

* 2025年6月27日,第十四届全国人民代表大会常务委员会第十六次会议第二次修订《反不正当竞争法》,自2025年10月15日起施行,本章中条款序号均为修订前《反不正当竞争法》的条款序号。

的竞争关系进行判断,如是否在同一经营领域存在直接竞争关系或间接竞争关系。再次,法院会对被告获取、使用数据的行为正当性进行分析,如爬取行为违反 robots 协议、规避技术措施、违约、违规获取个人信息数据等。最后,法院会考量是否造成损害性后果,如对市场竞争秩序、消费者以及经营者的权益造成了损害等。

6.1.1 原告是否享有数据权益

在涉及数据的不正当竞争案件中,司法实践主要采用的是权益保护范式或行为分析范式,前者注重保护数据主体就数据享有的合法权益,以数据权益受到损害为行为正当性的判定标准;后者则不仅分析数据权益人的权益损害,也从多元视角综合分析行为对市场以及消费者等主体带来的影响,进而认定数据相关行为的正当性,此种认定范式更符合反不正当竞争法作为行为规制法的内在逻辑。但无论是权益保护范式还是行为分析范式,都建立在数据拥有者是否对涉案数据享有合法权益的基础之上。

司法实践中,判断数据拥有者是否就涉案数据享有竞争权益的标准多样,尚未形成适用于所有数据案件的认定要素。在学术领域中,有观点认为纳入反不正当竞争法保护的数据应当具有合法性、规模性、管理性、公开性和商业价值。[①] 也有观点认为,数据集合法律保护的客体要件满足处于公开状态、具有实质量的数据条目以及收集者付出实质性的收集成本三项即可。[②]

根据对大量数据司法审判案例的梳理可发现,虽然各法院并未形成统一的数据权益认定要素,但大多会就数据的合法性、规模性、管理性、付出实质性成本进行论述(表6-1)。另外,部分法院虽存在对数据的商业价值进行论证的情形,但论证通常是根据规模性、综合企业产品知名度等事实进行直接认定,未实质性论证数据本身的商业价值。因此,综合司法实践,可以认为数据的合法性、规模性、管理性以及付出实质性成本是数据享有财产性权益的认定要素,是数据受到反不正当竞争法保护的基础。

---

① 孔祥俊:《商业数据权:数字时代的新型工业产权——工业产权的归入与权属界定三原则》,《比较法研究》2022年第1期,第83—100页。
② 崔国斌:《公开数据集合法律保护的客体要件》,《知识产权》2022年第4期,第18—53页。

表6-1 数据财产权益司法裁判规则梳理①

序号	案号	合法权益					是否考虑竞争关系	行为的不正当性
		合法性	规模性	管理性	商业价值	付出实质性成本		
1	(2011)一中民终字第7512号			✓		✓	✓	实质性替代
2	(2012)沪二中民五(知)初字第130号			✓	✓			
3	(2015)浦民三(知)初字第528号;(2016)沪73民终242号	✓	✓			✓		实质性替代
4	(2016)京73民终588号	✓			✓			
5	(2017)京0108民初24530号			✓	✓			实质性替代
6	(2017)粤03民初822号			✓			✓	
7	(2017)京73民终2102号	✓			✓			
8	(2017)京0108民初24512号			✓	✓			实质性替代
9	(2017)浙8601民初4034号;(2018)浙01民终7312号	✓			✓	✓	✓	实质性替代
10	(2018)浙民终1072号;(2017)浙01民初703号				✓			
11	(2021)京民终281号			✓				
12	(2017)京民终487号			✓				
13	(2018)浙8601民初956号		✓		✓		✓	
14	(2019)京73民终2799号			✓			✓	实质性替代
15	(2019)浙0108民初5049号		✓					
16	(2019)粤03民初1912号;(2019)粤民辖终440号				✓	✓		
17	(2021)京民申5573号;(2019)京73民终3789号		✓	✓			✓	
18	(2020)粤0104民初46873号;(2021)粤73民终2847号				✓			
19	(2019)浙8601民初1987号;(2020)浙01民终5889号	✓			✓	✓	✓	

---

① 周迪、贺文奕:《商业数据司法保护实践与规则重构》,《电子知识产权》2024年第11期,第94页。

（续表）

序号	案　号	合法性	规模性	管理性	商业价值	付出实质性成本	是否考虑竞争关系	行为的不正当性
20	（2020）浙01民终4847号			✓			✓	
21	（2020）粤0106民初36378号			✓			✓	
22	（2020）陕01知民初1965号		✓			✓		
23	（2021）京0108民初9148号		✓		✓	✓		
24	（2021）浙0110民初2914号	✓						
25	（2021）京73民终1011号； （2019）京0108民初35902号		✓			✓		实质性替代
26	（2020）京73民终3422号	✓			✓	✓		
27	（2020）京0108民初43224号； （2022）京73民终1148号		✓		✓			
28	（2022）鄂知民终500号	✓			✓	✓	✓	

6.1.1.1　数据的合法性

1）数据合法性的内涵

数据拥有者合法收集的数据应当受到保护，但是就何种收集形式符合合法性要件以及收集过程中具有瑕疵的数据内容是否可成为数据权益保护的客体这些问题，仍需要进一步分析。

对于何种收集形式符合合法性的要求，也即数据收集的合法性标准问题。《民法典》第111条规定，"任何组织或者个人需要获取他人个人信息的，应当依法取得并确保信息安全，不得非法收集、使用、加工、传输他人个人信息，不得非法买卖、提供或者公开他人个人信息"，这为涉个人信息的数据收集行为确立了"依法取得"以及"确保信息安全"的原则。因此，无论是数据收集者还是数据处理者，都需承担一系列信息保护义务，以确保个人信息处理的合法正当。[①]

具体到司法实践，在"北京淘某天下技术有限公司等与北京微某创科网络技术有限公司不正当竞争纠纷案"中，[②]法院认为"用户信息是今后数字经济中提升效率、支撑创新最重要的基本元素之一。因此，数据的获取和使用，不仅能

[①] 彭诚信：《论个人信息的双重法律属性》，《清华法学》2021年第6期，第94页。
[②] 参见北京市海淀区人民法院2015年海民（知）初字第12602号民事判决书；北京知识产权法院（2016）京73民终588号民事判决书。

成为企业竞争优势的来源,更能为企业创造更多的经济效益,是经营者重要的竞争优势与商业资源。微某公司的数据均为征得用户同意收集并在用户同意的前提下进行使用的数据。本案中,微某公司通过其公司多年经营活动中积累了数以亿计的微某用户,这些用户根据自身需要及新浪微某提供的设置条件,公开、向特定人公开或不公开自己的基本信息、职业、教育、喜好等特色信息。经过用户同意收集并进行商业利用的用户信息不仅是微某公司作为社交媒体平台开展经营活动的基础,也是其向不同第三方应用提供平台资源的重要商业资源。新浪微某将用户信息作为其研发产品、提升企业竞争力的基础和核心,实施开放平台战略向第三方应用有条件地提供用户信息,目的是保护用户信息的同时维护新浪微某自身的核心竞争优势。第三方应用未经新浪微某用户及新浪微某的同意,不得使用新浪微某的用户信息",进而承认了经用户同意后平台收集的数据信息属于合法收集,可以排除他人不正当的数据获取使用等侵害行为。

对于收集过程中具有瑕疵的数据信息是否可成为数据权益保护客体的问题,非法收集数据的保护虽然存在争议,但这并非排除其受到保护的理由。一方面,对于非法收集数据未经数据收集者的许可而被不合理地获取或者使用的情况,如果不赋予数据收集者停止侵害或者排除妨碍等权利,以排除他人对自身收集数据的获取和利用,显然有失公平。另一方面,即使数据收集者的收集行为可能侵犯他人的在先权益,但如果数据收集者对其非法收集的数据进行了一系列加工处理等行为而形成衍生数据产品,则基于数据收集者的劳动价值,其应当有权要求获取使用衍生数据的行为人承担相应的责任,或至少有权停止侵害行为,这类似于著作权法上对未经他人许可创作的演绎作品的保护。①

2)个人数据与公共数据的司法认定

数据的合法性指数据的收集或者加工不得对他人的合法权利产生侵害。在数据的收集过程中,因为数据收集主体和被收集主体的不同,数据可以被分为个人数据、企业数据以及公共数据,该种分类方式被以探索数据产权结构性分置制度为目标的《数据二十条》所采用。

个人数据是指以电子或者其他方式记录的与已识别或者可识别的自然人有关的任何信息。个人数据与非个人数据的划分是最重要的数据分类之一。在数字社会中,个人数据的处理具有普遍性,无论是国家机关履行法定职责还是企业的生产经营活动,抑或是公共机构提供公共服务,都需要进行个人数据的

---

① 何琼:《数据不正当竞争行为的司法规制》(2023年10月11日),https://mp.weixin.qq.com/s/6VBe3RmucWM9NqADAetClQ,访问日期:2025年3月31日。

收集、存储、加工、使用、提供等各种处理活动。个人数据上承载了个人信息,而自然人针对个人信息的处理享有个人信息权益,该权益受到《民法典》《个人信息保护法》等法律法规的保护。因此,个人信息与个人数据是一体两面、密不可分的,个人数据记录了个人信息,个人信息依托于个人数据,司法实践中往往不严格区分个人数据与个人信息。目前,关于个人数据的权利人、权利内容划分以及具体的保护方式上都存在较大的争议。如个人数据中的人格权益以及财产权益应当分属于何主体?人格权益以及财产权益中具体的权益内容应当如何划分?采用反不正当竞争法保护个人数据竞争性利益,抑或采用《民法典》以及《个人信息保护法》等单行法规保护个人数据相关的权益,还是赋予个人数据一种绝对权保护等问题都存在较大的争议。[1]-[4]

企业数据是企业在自身生产经营活动中获取和收集的数据,如企业名称、通信地址、注册资金、经营范围等基本数据,销售量、销售额、原材料成本、研发成本等经营数据以及研究、开发、设计、试验等研发数据。企业数据是企业开展市场竞争、获取竞争优势的重要工具,它也能作为一种生产要素进行数据交易以及数据利用等商业性质的活动。目前司法实践中,涉及数据的保护主要集中于对企业数据的保护,因为大数据时代企业数据能够为企业带来较大经济收入以及竞争利益,反不正当竞争法下的数据保护问题涉及的大都是企业数据保护问题。如在"大众点评诉爱帮网""大众点评诉百度地图""奋韩网诉58同城网""微博诉饭友App""微博诉脉脉"等案中,均涉及企业数据的保护。

就企业数据与个人数据的区别,企业数据在概念外延上不同于个人数据,前者具有商业性、规模性,呈现出强烈的财产属性;后者则具有可识别性、个体性,兼具人格属性和财产属性。也即在法律属性上,个人数据体现的是"强人格弱财产属性",而企业数据强调的是"强财产弱人格属性"。

公共数据是指公共管理机构在履行法定职责或提供公共服务过程中产生或获取的数据,其主体为公共管理机构。与公共数据相对应的个人数据、企业数据在性质上应归为市场数据,公共数据则体现为一种社会属性的数据。在构成要件方面,公共数据应当包含"开放""共享"与"自由利用"三个构成要件,其中"开放"意味着公共数据应当是公开的,任何主体都可以不受限制地接触到该数

---

[1] 程啸:《论大数据时代的个人数据权利》,《中国社会科学》2018年第3期,第102—122、207—208页。
[2] 申卫星、李夏旭:《个人数据所有权的赋权逻辑与制度展开》,《法学评论》2023年第5期,第114—128页。
[3] 许可:《论个人数据权利堆叠规范》,《法学评论》2023年第5期,第129—140页。
[4] 申卫星:《论数据用益权》,《中国社会科学》2020年第11期,第110—131、207页。

据;"共享"表明公共数据不能被个人或机构排他性独占;"自由利用"旨在强调每个主体都有权根据自己的意志合理使用公共数据。①

目前,涉及公共数据的司法案件也不在少数,如在"朗某科技与蚂蚁某某商业诋毁纠纷案"中,②法院认为从数据来源上看,朗某公司的企业数据来源于公共数据。企查查公示的数据来源为国家企业信用信息公示系统、中国裁判文书网、中国执行信息公开网、国家知识产权局、商标局、版权局。上述数据均属于公共数据,是政府机关依照法律规定在履行职能过程中采集、制作、生产或者获取,并通过一定形式记录、保存的数据资源。从数据的形成方式来看,公共数据在本质上已经具有了公共属性。公共数据作为促进经济发展的重要生产要素,应当鼓励市场主体积极利用并深入挖掘数据价值。但同时,对公共数据的利用应当合法、正当,不得损害国家利益、社会利益和其他主体合法权益,特别是不能损害数据原始主体的合法权益。朗某公司通过国家企业信用信息公示系统抓取蚂蚁某某公司的企业信息,虽然数据本身来源于公共数据,但是信息的发布和推送行为应当保持与蚂蚁某某公司企业信息的一致性,即客观公正地反映企业信息,不应因数据来源的公共属性,而损害数据原始主体的商业利益。

需要注意的是,公共数据更加偏向于数据信息处于一种开放共享可被利用的状态,但是该种状态一旦被打破,如被企业大量收集形成自己的数据库,那么其他主体便不得未经许可获取和使用企业所收集的公共数据。也即虽然此时数据的性质或者来源属于公共信息,但由于企业的数据收集行为,导致被收集的数据性质变为企业数据,不正当获取、使用该种数据时大概率会产生破坏企业就该种数据享有的经济利益,从而构成不正当竞争行为。涉及公共数据的不正当竞争案件见表6-2。

表6-2 涉及公共信息数据的不正当竞争案件

案件名称	案件号	案情简述
观某网络(杭州)有限公司与上海医某信息技术有限公司不正当竞争纠纷	上海市杨浦区人民法院(2021)沪0110民初3349号民事判决书;上海知识产权法院(2021)沪73民终912号民事裁定书	虽然药品说明书本身系对社会公开的客观信息,但当此类信息经过人工收集、整合、编辑并作为后台数据可供相关医药类软件用户进行查询后,其就能凭借药品种类上的多样性、获得方式上的便捷性而使得该软件在同行业中举得竞争上的优势。任何人不得擅自获取、使用、处分说明书数据库信息

---

① 李扬、李晓宇:《大数据时代企业数据边界的界定与澄清——兼谈不同类型数据之间的分野与勾连》,《福建论坛(人文社会科学版)》2019年第11期,第40页。
② 参见杭州铁路运输法院(2019)浙8601民初1594号民事判决书;浙江省杭州市中级人民法院(2020)浙01民终4847号民事判决书。

（续表）

案件名称	案件号	案情简述
北京链某房地产经纪有限公司、天津小某信息科技有限公司与北京神某城讯科技股份有限公司、成都神某城讯科技有限公司不正当竞争纠纷	北京市海淀区人民法院（2021）京0108民初9148号民事判决书；北京知识产权法院（2022）京73民终4201号民事判决书	以整合公共房源数据为核心经营资源的平台，虽数据内容是向公众无差别提供和展示的公开数据，但并不意味着其他经营者可以不受任何限制地获取和使用。平台依托该数据集合吸引用户流量，有权主张合法权益，享有竞争优势
深圳市谷某科技有限公司与武汉元某科技有限公司、邵某某、陈某、刘某某、刘某某、某不正当竞争纠纷	广东省深圳市中级人民法院（2017）粤03民初822号民事判决书	公交车作为公共交通工具，其实时运行路线、运行时间等信息仅系客观事实，但当此类信息经过人工收集、分析、编辑、整合并配合GPS精确定位，作为公交信息查询软件的后台数据后，其凭借预报的准确度和精确性就可以使"酷某某"App软件相较于其他提供实时公交信息查询服务同类软件取得竞争上的优势。鉴于"酷某某"App后台服务器存储的公交实时类信息数据具有实用性并能够为权利人带来现实或潜在、当下或将来的经济利益，其已经具备无形财产的属性。未经谷某公司许可，任何人不得非法获取该软件的后台数据并用于经营行为
上海钢某电子商务股份有限公司与上海纵某今日钢铁电子商务有限公司、上海拓某电子商务有限公司不正当竞争纠纷	上海市第二中级人民法院（2012）沪二中民五（知）初字第130号民事判决书	钢铁价格数据信息虽是市场公开的价格信息，但首先，原告对钢铁数据信息的采集、编排、制作付出了大量投资并承担了投资风险，该数据信息系原告劳动所得，其经济价值在于较强的即时性。其次，原告的数据信息并非其他市场主体能够容易获得的信息。再次，原告的数据信息具有较强的实用性和商业价值。最后，原告相关钢铁信息数据在新华网、第一财经等权威媒体上进行发布，具备较强的社会影响力和市场知名度，体现了原告的竞争优势。故原告对其数据信息享有合法权益

6.1.1.2 数据的规模性

1）数据规模性的内涵

随着大数据时代数据处理技术的发展，对海量数据实现深层信息的挖掘，数据集合就拥有了前所未有的增值信息价值。数据的价值基础在于具备一定数量规模的数据元素。如在"北京百某网讯科技有限公司与上海汉某信息咨询有限公司其他不正当竞争纠纷案"中，①法院认为"点评类网站很难在短期内积累足够多的用户点评，因为每一条点评都需要由用户亲自撰写。点评类网站具有集聚效应，即网站商户覆盖面越广，用户点评越多，越能吸引更多的网络用户参与点评，也越能吸引消费者到该网站查找信息。此类网站，在开办的早期通

---

① 参见上海市浦东新区人民法院（2015）浦民三（知）初字第528号民事判决书；上海知识产权法院（2016）沪73民终242号民事判决书。

常只有投入而没有收益,甚至需要额外支付费用以吸引用户发布点评。只有点评数量达到一定规模,网站才有可能进入良性循环",以此承认了可受到保护的数据需要满足数据量的要求。在数据元素未达到一定数量规模时,一般认为数据收集者付出的实质性投入微薄,不宜受到保护。至于何种规模的数据量方能达到可受到保护的标准,需要司法实践的探索,以明确可供各数据主体参考的尺度。

2) 单一数据与整体数据的司法认定

数据权益对于规模性条件的要求衍生出单一数据(数据元素)与整体数据集合(数据)的分类。单一数据与整体数据的概念易于区别,前者往往由单个数据体现单条信息内容,通常来源于单一的主体或者仅表示单一内容的信息,如来源于单个自然人、企业、法人以及非法人组织等主体,如对于数字、公共信息、图像等单一信息的记录。后者则一般是数据拥有者或者处理者经过多年的积累,付出了大量劳动成本而形成的具有一定经营、竞争优势的高价值资源。对于单一数据,由于其单个数据无法实现从中提取出增值信息,[1]因此不必通过反不正当竞争法认定其中是否存在只有海量数据才能实现的竞争价值,而只需单纯分析其中的人格属性以及作为单一数据能够具备的财产属性,进而适用其他法律规范予以保护即可。对于整体数据集合,由于数据收集以及处理者的劳动行为,法院在审判涉及该种整体数据集合案件时,应充分考虑和保护数据持有者或处理者享有的合法权益。

司法审判中已有将单一数据和整体数据集合进行区分的案例,在"深圳市腾某计算机系统有限公司、腾某科技(深圳)有限公司与浙江搜某网络技术有限公司、杭州聚某通科技有限公司不正当竞争纠纷案"中,[2]法院对原告网络平台腾某公司关于涉案微某平台的数据是数据资源整体还是单一数据个体进行了划分。法院认为两原告主张数据权益的涉案数据,可以分为两种数据形态:一是单一原始数据个体,二是数据资源整体。就单一原始数据个体而言,数据控制主体只能依附于用户信息权益,依其与用户的约定享有原始数据的有限使用权。使用他人控制的单一原始数据只要不违反"合法、必要、征得用户同意"原则,一般不应被认定为侵权行为,数据控制主体亦无赔偿请求权。就数据资源整体而言,因系网络平台方经过长期经营积累聚集而成其应当就此享有竞争权益。如果未经数据控制主体许可,规模化破坏性使用其数据资源的,数据控制

---

[1] 许春明、杨欢欢:《论数据的法律界定》,《交大法学》2024年第5期,第127页。
[2] 参见浙江省杭州铁路运输法院(2019)浙8601民初1987号民事判决书;杭州市中级人民法院(2020)浙01民终5889号民事判决书。

主体有权要求获得赔偿。又如在"北京创某文化传媒有限公司与北京微某视界科技有限公司不正当竞争纠纷案"中，[①]法院将单个短视频内容视为单一数据，承认该种数据可以受到著作权法的保护，但是就整体数据集合的保护方式上则和单一数据进行了区分。法院认为涉案的数据集合整体由较大数量规模的单一数据组成，不具备独创性，但数据集合的收集控制者对于数据集合的收集、储存、加工、传输进行了实质性的投资，对于非独创性数据集合商业性使用产生的经济利益，应当享有合法的权益。更多涉及单一数据以及整体数据的案例见表6-3。

表6-3 涉及单一数据与整体数据的案例

案件名称	案件号	案情简述
深圳市脸某科技有限公司与重庆涅某科技有限公司不正当竞争纠纷	重庆自由贸易试验区人民法院（2022）渝0192民初11403号民事判决书	"剪某甲"App中短视频、短视频模板、贴纸、特效等数据的集合，以非独创性方式呈现，该数据集合的规模集聚效应，能够为深圳市脸某科技有限公司带来巨大的经济利益，在市场竞争中形成竞争优势。深圳市脸某科技有限公司对于数据集合的收集、储存、加工、传输进行了实质性的投资，对于非独创性数据集合商业性使用产生的经济利益，应当享有合法权益。因此深圳市脸某科技有限公司基于涉案非独创性数据集合形成的竞争性利益，应当属于反不正当竞争法保护的合法权益
深圳市腾某计算机系统有限公司、腾某科技（北京）有限公司、腾某数码（天津）有限公司与上海某公司不正当竞争纠纷	天津自由贸易试验区人民法院（2022）津0319民初11108号民事判决书	第一，原告主张保护的是其平台内新闻数据的集合……；第二，经过新闻平台整合的数据集合所产生的经济价值不等于单独新闻信息价值的叠加，具有聚合形成价值的特点。同时新闻信息与一般文字作品不同，其表达内容有限，但对于内容的真实性、时效性、准确性有着高度的需求，要求词语精练、观点鲜明，便于用户在短时间内及时获知关键性的资讯信息。这一特点容易培养起用户对于特定新闻平台的信赖与阅读习惯，单一或少量的新闻内容则难以对用户形成吸引力。第三，我国著作权法所保护的是单一著作权客体……原告公司利用某某新闻平台整体产生的经济价值区别独立于单一新闻内容产生的经济价值，对涉案新闻数据集合给予整体保护，并不影响单一新闻作者在著作权法上的权利
北京微某视界科技有限公司与北京创某文化传媒有限公司不正当竞争纠纷	北京市海淀区人民法院（2019）京0108民初35902号民事判决书；北京知识产权法院（2021）京73民终1011号民事判决书	对微某公司来说，使用抖某平台单一或少量短视频内容获得的经济价值十分有限，甚至无法收回运营成本。只有收集控制数量庞大的短视频，短视频平台才能够吸引大量用户，实现流量变现，创造巨大的经济利益。因此，微某公司使用抖某平台整体短视频产生的经济价值区别独立于使用单一视频内容产生的经济价值。但微某公司作为抖某平台整体短视频的收集控制者，其收集、存储、加工、传输、

---

① 参见北京市海淀区人民法院（2019）京0108民初35902号民事判决书；北京知识产权法院（2021）京73民终1011号民事判决书。

案 件 名 称	案 件 号	案 情 简 述
北京微某视界科技有限公司与北京创某文化传媒有限公司不正当竞争纠纷	北京市海淀区人民法院(2019)京0108民初35902号民事判决书;北京知识产权法院(2021)京73民终1011号民事判决书	呈现整体短视频付出了巨大的成本,对短视频整体享有重要的经营利益。如果法律不对微某公司的利益予以保护,则会降低微某公司经营短视频平台的积极性,甚至影响短视频行业的发展。因此,涉案短视频的整体集合,对于微某公司来说,具有独立的商业价值

6.1.1.3 数据的管理性

1) 数据管理性的内涵

数据的管理性是指需要对数据采取一定的管理措施,该措施能够表达权利人享受权利的意愿,并使受保护的数据可特定和可识别。换言之,权利管理措施是用以表示权利存在、应定位于具有权利公示属性的措施。[①] 企业出于对于自身数据进行保护的目的,大都会对自身拥有的数据施加部分管理性的技术措施以防止他人对自身的数据进行接触或获取等行为,具体可以分为防止接触型和防止获取型的技术管理措施。目前,司法认定中更倾向于将绕开或破坏各类技术管理措施的行为认定为不正当竞争行为。

对于防接触型的管理措施有付费、观看广告或通过其他条件方能接触到数据的技术措施。如在"北京某某公司与上饶某某公司网络不正当竞争纠纷案"中,[②] 北京某某公司系国内知名网络视频平台的运营主体,每年投入大量资金成本购买视频版权和技术服务,以广告费、会员费以及版权分销等作为主要收入来源,并将视频内容分为免费和收费部分。非会员以观看视频广告为前提,付费会员可以免除收看广告;对收费视频部分,付费会员可直接观看,非会员则需另行付费观看。上饶某某公司运营的微信公众号向用户提供"LAIMI"网站,可免费观看北京某某公司的作品,无疑妨碍和破坏北京某某公司提供网络服务的正常运行,损害北京某某公司的广告收益和付费会员利益。在该案中,北京某公司作为视频主体通过收看广告或者充值会员后方能接触作品数据的技术措施为自己获得营利性收入,他人破坏该种技术措施必然会破坏该公司的利益,进而构成不正当竞争行为。又如在"安徽美某信息科技有限公司与淘某(中国)

---

① 孔祥俊:《商业数据权:数字时代的新型工业产权——工业产权的归入与权属界定三原则》,《比较法研究》2022年第1期,第93页。

② 参见江西省高级人民法院(2023)赣民终383号民事判决书。

软件有限公司不正当竞争纠纷案"中,①被告的不正当竞争行为同样是由于对防止接触型措施的破坏,进而导致了违法性后果。

对于防止获取型的管理措施有 IP 限制、验证码方式限制、登录限制、数据伪装限制等。IP 限制即被爬取平台通过设置 IP 地址的访问次数、频率上限拒绝服务;验证码方式限制,即被爬取方对 IP 地址访问次数设限,继续访问则需返回验证;登录限制,即被爬取平台仅展示一些基础数据,如继续访问则需登录平台;数据伪装限制,即通过一些特殊字体或字符对数据进行伪装增加数据爬取难度,②另外还包括信息校验、动态渲染、文本混淆、蜘蛛陷阱、加密算法、字体文件映射、Session 访问量限制、User-Agent 限制、设置登录验证码等方式。③ 对于破坏或绕开技术措施获取数据的行为,目前司法实践中倾向于认定行为具备不正当性,因为其体现了数据提供者的一种"强保护意愿",违反了此种意愿应当认定爬取行为具有非法性。④ 在"执某科技诉浙江中某案"中,⑤法院认为市场经营主体之间的数据竞争行为分为数据获取行为和数据利用行为,以"撞库"的不正当途径获取经销商数据库信息,导致后续数据使用行为也不具有正当性。又如在"腾某诉斯某"案中,⑥被告通过对于原告所施加的技术措施的规避,获得了被告大量的数据。法院进而认为,被告通过技术手段操控 75 个微信账号登录微信公众号,通过多个代理 IP 操作突破"IP 访问限制",使用自动化脚本不间断爬取大量数据,日平均访问量近 75 万,该种网站爬取网络请求量级、请求频率和请求技术手段并非正常用户能够产生,具备不正当性。

2)公开数据与非公开数据的司法认定

依据数据的管理性,同样可以将不同的数据划分为不同的类型,即公开数据与非公开数据。公开数据是指未对公众设置访问限制的数据,而非公开数据则是指通过登录规则或其他措施设置了访问权限的数据。在司法实践中,对于公开数据的抓取,法院通常认为网络平台应当负有一定程度的容忍义务,不仅是为保护公共利益,更是为避免形成数据垄断,不利于市场良性发展。而对于非公开数据的抓取,法院则通常因抓取手段不当、损害他人合法权益等,认定其

---

① 参见杭州市互联网法院(2017)浙 8601 民初 4034 号民事判决书;浙江省杭州市中级人民法院(2018)浙 01 民终 7312 号民事判决书。
② 贺思聪:《爬虫实战:从数据到产品》,电子工业出版社,2019,第 5—8 页。
③ 姜瀛:《论刑法介入网络数据爬取行为的类型与限度》,《浙江社会科学》2021 年第 10 期,第 38 页。
④ 孙杰:《数据爬取的刑法规制》,《政法论丛》2021 年第 3 期,第 117 页。
⑤ 参见杭州铁路运输法院(2018)浙 8601 民初 956 号民事判决书。
⑥ 参见杭州铁路运输法院(2021)浙 8601 民初 309 号民事判决书。

构成不正当竞争。以湖南蚁某软件股份有限公司与北京微某创科网络技术有限公司不正当竞争纠纷案为例,①在该案中,法院对于公开信息与非公开数据的区分是以登录为界。在新浪微某中,未经客户登录所能看到的信息为公开数据,而经登录后才能看到的信息为非公开数据。而在本案中,被告抓取的数据中有非公开数据,因此法院认定被告构成不正当竞争。对于公开数据,法院认为搜集公开数据并不违反《反不正当竞争法》,理由是基于网络环境中数据的可集成、可交互之特点,平台经营者应当在一定程度上容忍他人合法收集或利用其平台中已公开的数据,否则将可能阻碍以公益研究或其他有益用途为目的的数据运用,有违互联网互联互通之精神。

但是,并非对公众公开的数据均可被随意爬取,具体仍然需要结合爬取行为是否给数据拥有者造成直接利益的损害,以及后续的使用行为是否会对数据拥有者的竞争利益造成破坏或者存在潜在的破坏可能性。如在杭州阿里某某广告有限公司、阿里某某(中国)网络技术有限公司与梁某、南京码某网络科技有限公司不正当竞争案中,②法院认为,原告为收集数据投入了大量资源,为原告经营活动的重要资源,且原告通过网站做出了法律声明,禁止未经许可使用爬虫软件获取、使用涉案数据,故涉案数据虽已经公开,但并非可以任意获取、使用的开放数据,被告码某公司不可以毫无节制地抓取、使用涉案数据,应当本着善良、诚信的原则,在必要限度内使用涉案数据。码某公司计算企业活性值可以参考原告平台公开的数据,但其将原告平台公布的商家数据直接用于其网站,甚至可以直接替代原告平台的部分功能,显然超过合理限度,构成不正当竞争。

实际上,公开与非公开的关系维度并不明确,存在部分数据只在某个限度内对所有的用户公开,而非具有绝对的公开性,如在微信群控案中,③法院认为微信平台的用户账号、微信头像等数据,对于朋友圈的对象而言属于已公开数据,但对微信平台而言此类用户数据属于数据隐私保护的对象。④而且部分数据可能需要施加如注册等非直接盈利性的技术措施后,方能实现对于目标数据的接触以及获取,此时该种数据虽是公众均可获得的,但是是否应归类于公开

---

① 参见北京市海淀区法院(2018)京0108民初28643号民事判决书;北京知识产权法院(2019)京73民终3789号民事判决书;北京市高级人民法院(2021)京民申5573号民事裁定书。
② 参见浙江省杭州市滨江区人民法院(2019)浙0108民初5049号民事判决书。
③ 参见浙江省杭州铁路运输法院(2019)浙8601民初1987号民事判决书;杭州市中级人民法院(2020)浙01民终5889号民事判决书。
④ 姬蕾蕾:《企业数据纠纷的裁判规则研究——以数据类型化为视角》,《求是学刊》2023年第2期,第135—150页。

数据仍然有待商榷。还存在一种情况，即虽然部分数据处于完全公开的状态，但是整体的数据集合却存储于服务器中处于非公开的状态，那么此时如何对公开的部分数据以及非公开的整体数据进行法律性质的界定也需要进一步的分析。①

更多涉及公开数据与非公开数据的案件见表6-4。

表6-4 涉及公开数据与非公开数据的案例

案件名称	案件号	案情简述
北京微某视界科技有限公司与上海六某信息技术有限公司、厦门市扒块某某网络科技有限公司、浙江淘某网络有限公司不正当竞争纠纷	浙江省杭州市余杭区法院（2021）浙0110民初2914号民事判决书；浙江省高级人民法院（2022）浙01民终1203号民事判决书	本案中，"抖某"平台的主播收益和用户打赏等具体金额的相关数据均属非公开信息。上海六某信息公司利用不正当技术手段获取"抖某"平台上非公开的数据信息，并将获取的数据加工后在"小葫芦"平台进行展示销售。一方面，这危及了北京微某科技公司的数据安全环境，侵犯了"抖某"产品和服务接受者的隐私，影响了"抖某"及相关附属产品和服务的商业策略的实现；另一方面，普通用户的打赏数据被获取，即意味着对应用户的浏览兴趣、消费水平与使用频率等个人敏感信息被掌握。此类个人敏感信息未经信息持有人本人许可而擅自被获取，他人仅需支付一定对价即可获得用户个人的隐私数据，不仅会严重影响"抖某"产品和服务接受者对"抖某"平台的信任，导致用户流失与商誉损害，更有可能造成社会层面对于自身数据被轻易获得并随意公开的恐慌等结果。综上，上海六某信息公司的涉案行为损害了北京某科技公司的合法权益，其行为构成不正当竞争
北京微某创科网络技术有限公司诉上海复某文化传播股份有限公司不正当竞争纠纷	北京市海淀区人民法院（2017）京0108民初24510号民事判决书；北京知识产权法院（2019）京73民终2799号民事判决书	鉴于前述被告产品中微博的专题分类少于新浪微某中的专题分类，两者产品的发布时间，点赞、评论和转发数量具体化的程度亦不同，且新浪微某的此类信息相较于被告精简等事实，可以推定复某公司并非仅抓取新浪微某前端已公开的数据，而系抓取新浪微某的后台数据。该行为妨碍、破坏了新浪微某的正常运营
北京微某创科网络技术有限公司与云某某网络科技（北京）有限公司不正当竞争纠纷	北京市海淀区人民法院（2017）京0108民初24512号民事判决书；北京知识产权法院（2020）京73民终2980号民事裁定书	微某公司主张的涉案数据中应既有新浪微某公开数据，亦有非公开数据。对于公开数据，云某某公司通过非正常手段抓取新浪微某公开数据，且破坏或绕开了微某公司对新浪微某非公开数据设定的访问权限实现对该部分数据的抓取，并在明知新浪微某robots协议限制除白名单以外的搜索引擎机器人抓取数据的情况下仍然实施上述抓取行为，具有明显的主观恶意。对于非公开数据，云某某公司仅能通过破坏或绕开前述微某公司对该部分数据所采取的技术保护措施而实现，抓取该部分数据的行为本身即违法

① 崔国斌：《新酒入旧瓶：企业数据保护的商业秘密路径》，《政治与法律》2023年第11期，第2—23页。

(续表)

案件名称	案件号	案情简述
上海图某网络科技有限公司与曲靖开发区凌某网络工作室其他不正当竞争纠纷	上海市杨浦区人民法院(2022)沪0110民初8793号民事判决书	在"蚂蚁素材网"内,用户可以付费购买服务,在此过程中,可点击选择包含千库网在内的多家素材网站,支付费用后,在千库网等网站内查找到合适的素材后,将该素材所在网址复制、输入至"蚂蚁素材网"内特定的端口,随后即可获取千库网等网站内相应的素材。该行为实际产生绕开千库网所设置的账号密码登录、购买VIP资质后才可获取有关素材的网站技术保护手段,破坏原告在千库网经营中所采用的注册、付费取得素材的网站经营服务模式,足以妨碍原告所提供的网络服务正常运行并导致原告因此经营利益受损,违反诚信和商业道德,构成对原告的不正当竞争行为

6.1.1.4 数据的实质性成本

1) 数据实质性成本的内涵

数据的实质性成本是指可获得保护的数据集合需是数据收集者为收集工作付出了实质性的收集成本的。[①] 劳动财产理论认为人们对掺进自己劳动的东西可主张享有财产权,有权利享有自己行为所带来的利益。[②] 因此,对于经由企业投入人力、物力、财力在内的大量实质性投入基础上所形成的数据,他人在获取或使用时应当支付合理的对价以补偿数据劳动者的劳动行为,否则有悖公平的价值理念。相对应地,对于可受到反不正当竞争法保护的数据类型,也应当存在实质性的成本投入作为权益保护的正当性基础,如大众点评诉爱帮网案[③]中的商户介绍和点评内容数据、淘宝诉美景案[④]中的"生意参谋"数据产品等,这些产品都需要投入大量的人力、物力成本进行整合和衍生开发。

在数据形成过程中存在实质性投入的环节主要集中于数据的收集以及加工阶段。在数据的收集阶段,企业不仅会就数据的存储进行硬件设施的购置与部署,也会就生产以及服务等相关的内容进行研发和投入。在数据的收集和固定后,企业还会对数据进行删减、修改等整理行为以确保收集数据的真实性和结构性,而且部分企业为防止自身拥有数据的泄露采取保密性技术措施的投入和成本也不能被忽略。在数据的开发阶段,企业通常会利用自身的数据处理算法

[①] 崔国斌:《公开数据集合法律保护的客体要件》,《知识产权》2022年第4期,第39页。
[②] 洛克:《政府论(下篇)》,叶启芳、瞿菊农译,商务印书馆,2009,第17—19页。
[③] 参见北京市海淀区人民法院(2008)海民初字第16204号民事判决书;北京市第一中级人民法院(2009)一中民终字第5031号民事裁定书。
[④] 参见杭州市互联网法院(2017)浙8601民初4034号民事判决书;浙江省杭州市中级人民法院(2018)浙01民终7312号民事判决书。

等技术对数据进行深度加工和处理从而形成一种智慧决策,作为产品升级或企业制定营销计划的依据。①

2) 原始数据与衍生数据的司法认定

根据数据拥有者对于数据投入的实质性成本,可以对数据进行分类,也即原始数据与衍生数据。对于只进行数据收集记录等简单投入的数据属于原始数据,而对于收集数据后添加加工性的劳动后形成的数据即为衍生数据。

具体而言,原始数据是指收集个人信息、浏览记录、经营活动信息等信息后直接形成的数据,未经过进一步的加工处理的数据类型。例如,在企业管理中,涵盖员工、产品及客户的信息,支撑日常运营与决策;在财务管理中,则涉及交易记录、账户余额等,是财务分析与报表编制的核心;在医疗领域,则包含患者资料、体检与诊断信息,指导医疗决策与治疗。原始数据是原始的信息单元,能够为后续的数据分析、处理以及其他诸如衍生数据的生成奠定基础。同时,其具有较强的人身属性,如果原始数据的收集分别来源于个人、国家等非企业的主体,则相关的信息权益应当由个人或者国家等主体享有,②但是企业是否对该部分享有数据上的权益,仍然有待讨论。另外,原始的数据可能会出于数据拥有者的要求而需进一步进行相应的清洗、整理、校准、汇集等处理,才能够成为为数据拥有者所使用的"次原始数据",由于此种"次原始数据"施加的仍为机械性的非实质性劳动,因此仍应当归于原始数据之列。可以认为,原始数据应当指代数据拥有者自身收集或者由用户生成或上传后,未经过数据拥有者的复杂处理便用于自身经营的数据类型。

衍生数据是指在原始数据的基础上进一步加工处理后形成的数据与数据产品。在衍生数据的生成过程中,企业一般对其付出了大量的成本,而且该种数据类型一般都作为企业经营模式的主要手段。由于衍生数据在商业、科研及政策等领域发挥的重要作用,因此无论是基于信息展示层面还是数据交易层面,其都会作为重要的经营资源,未经许可的数据获取或者使用行为很可能会被认定为不正当竞争行为。如在安徽美某信息科技有限公司与淘某(中国)软件有限公司不正当竞争纠纷案中,③法院裁判理由指出,单个网络信息的价值有限,

---

① 姬蕾蕾:《企业数据纠纷的裁判规则研究——以数据类型化为视角》,《求是学刊》2023 年第 2 期,第 135—150 页。
② 姬瑶瑶:《数据确权规则研究——基于原始数据与衍生数据的分类》,《经营与管理》2024 年第 10 期,第 105—111 页。
③ 参见杭州市互联网法院(2017)浙 8601 民初 4034 号民事判决书;浙江省杭州市中级人民法院(2018)浙 01 民终 7312 号民事判决书。

其原始数据未脱离用户信息范围,故网络运营者对原始数据受制于数据提供者即网络用户的控制,网络运营者仅有有限使用权。而淘某公司通过用户协议同意等合法手段收集、使用用户信息具有正当性,而后添加大量的智力劳动成果投入,再经过深度开发与系统整合,最终呈现给消费者的数据内容,已独立于网络用户信息、原始网络数据之外,是与网络用户信息、原始网络数据无直接对应关系的衍生数据。而被告通过组织、帮助他人利用已订购"生意参谋"数据产品服务的淘某用户所提供的子账户获取"生意参谋"数据产品中的衍生数据内容,进而从中牟取商业利益的行为构成不正当竞争行为。更多涉及原始数据与衍生数据的案例见表6-5。

表6-5 涉及原始数据与衍生数据的案例

案件名称	案件号	涉数据类型	案情简述
北京车某网信息技术有限公司与北京奥某思品牌管理咨询有限公司、赵某不正当竞争纠纷	北京市朝阳区人民法院（2021）京0105民初41693号民事判决书;北京知识产权法院（2022）京73民终3718号民事判决;北京市高级人民法院（2022）京民申7686号民事裁定书	原始数据	车某网公司收集海量用户对各品牌汽车的投诉信息后,进行逐一审核、分析、整理、修改,并通过专业编辑最终按照统一格式在网站前端展示。这一过程并非简单的数据收集,而是对消费者投诉信息进行了特定格式和内容的加工整理。在此过程中,车某网公司付出了人力、财力、物力和时间等经营成本,其基于此而获得的信息数据具有经济价值,是一种合法的竞争资源。车某网公司正是基于上述强大的数据加工和生成能力,才能与广大汽车厂商、汽车技术研发机构、服务机构等建立沟通机制,进而实现商务合作。同时,其大量数据收集能力也成为进一步增强汽车用户黏性、吸引新用户的基础。车某网公司因上述用户数据所获得的竞争优势应当受到法律保护
广州爱某信息科技有限公司等与北京市海淀区学某思培训学校等不正当竞争纠纷	北京市海淀区人民法院（2017）京0108民初51904号民事判决书;北京知识产权法院（2020）京73民终3422号民事判决书;北京市高级人民法院（2022）京民申3286号民事裁定书	原始数据/衍生数据	二原告研发涉案数据的原始数据主要来自招聘平台的简历、招聘信息等互联网中的公开信息。二原告通过爬虫技术获得研发涉案数据的原始数据,并再通过数据清洗、别名识别技术、脱敏技术等程序对原始数据进行数据整理,从而整理成标准化的有效信息。在涉案数据的研发过程中,体现了二原告的智力和劳动投入,形成了不同于原始网络信息的衍生数据,并在此基础上依托二原告经营的"完美志愿"产品有偿提供给消费者。涉案数据作为互联网信息技术产业发展及大数据背景下形成的产物,为消费者和社会公众进行决策提供参考,具有一定的社会价值,同时也为二原告带来了市场竞争优势和相应的经济利益,该种经济利益应当受到法律的保护

(续表)

案件名称	案件号	涉数据类型	案情简述
深圳市腾某计算机系统有限公司、腾某科技（深圳）有限公司与斯某（杭州）新媒体科技有限公司不正当竞争纠纷	杭州铁路运输法院（2021）浙8601民初309号民事判决书	原始数据	微某公众平台通过经营活动吸引用户积累数据，并利用数据获得商业利益与竞争优势，相关文章数据具有可集成、可交互的特点，与阅读数、点赞数、文章评论等其他数据共同构成整体数据资源，应为原始数据集合。被告使用技术手段绕过微某客户端，操控75个微某账号使用"拟人程序"爬虫工具，将网络请求操作分发至不同云服务器，获取"用户登录"权限后以云服务器群登录抓取，同时使用自动化脚本，通过多个代理IP操作，绕过封号、封IP防护措施不间断爬取。两原告诉称被告利用被控侵权产品，突破微某公众平台的数据防护措施进行数据抓取，并进行商业化利用，妨碍平台正常运行，已构成不正当竞争
上海汉某信息咨询有限公司与爱某某北京科技有限公司不正当竞争纠纷	北京市海淀区人民法院（2010）海民初字第24463号民事判决书；北京市第一中级人民法院（2011）一中民终字第7512号民事判决书	原始数据	大众点评网的商户简介和用户点评，是汉某公司搜集、整理和运用商业方法吸引用户注册而来。汉某公司为此付出了人力、财力、物力和时间等经营成本，由此产生的利益应受法律保护。爱某科技公司未付出劳动、未支出成本、未作出贡献，却直接利用技术手段在爱某网上展示，并以此获取商业利益，属于反不正当竞争法理论中典型的"不劳而获"和"搭便车"的行为。爱某科技公司的这一经营模式违反公平原则和诚实信用原则，违反公认的商业道德，构成不正当竞争
北京百某网讯科技有限公司与上海汉某信息咨询有限公司其他不正当竞争纠纷	上海市浦东新区人民法院（2015）浦民三（知）初字第528号民事判决书；上海知识产权法院（2016）沪73民终242号民事判决书	原始数据	大众点评网的点评信息是汉某公司的核心竞争资源之一，能给汉某公司带来竞争优势，具有商业价值。汉某公司为运营大众点评网付出了巨额成本，网站上的点评信息是其长期经营的成果。大众点评网的点评信息由网络用户发布，网络用户自愿在大众点评网发布点评信息，汉某公司获取、持有、使用上述信息未违反法律禁止性规定，也不违背公认的商业道德
北京创某文化传媒有限公司与北京微某某科技有限公司不正当竞争纠纷	北京市海淀区人民法院（2019）京0108民初35902号民事判决书；北京知识产权法院（2021）京73民终1011号民事判决书	原始数据	微某公司通过合法经营，投入巨大的人力、物力、财力，收集、存储、加工、传输抖某平台数据，形成了包括用户个人信息、短视频和用户评论在内的非独创性数据集合。该数据集合的规模集聚效应，能够为微某公司带来巨大的经济利益，在市场竞争中形成竞争优势。微某公司基于涉案非独创性数据集合形成的竞争性利益应当属于反不正当竞争法保护的合法权益
北京五某信息技术有限公司与青岛韩华某某网络传媒有限公司侵害著作权纠纷、不正当竞争纠纷	北京市海淀区人民法院（2017）京0108民初4758号民事判决书；北京知识产权法院（2017）京73民终2102号民事判决书	原始数据	奋某网中的经营信息数据属于韩某公司的经营权益，该数据系韩某公司通过长期经营，吸引了大批留韩学生在其网站注册和发布而生成的，通过这些信息发布能够有效地形成一定的生活服务圈，应当受到法律保护。五某公司采集他人的网站特定信息后以用户名义发帖，严重损害了韩某公司的合法权益

6.1.2 双方是否存在竞争关系

反不正当竞争法主要通过规范和调整竞争关系,维护竞争秩序,以实现对经营者和消费者合法权益的保护。竞争关系虽未在反不正当竞争法一般条款中提及,但却贯穿反不正当竞争法的始终,对于经营者实施的损害消费者合法权益但不涉及竞争关系、竞争秩序的行为,不属于反不正当竞争法的调整范围。[①] 在司法实践中,大多数法院认为,审理反不正当竞争行为首先需要认定原被告之间是否存在竞争关系。但是,在互联网领域,司法实践中对竞争关系作为判断不正当竞争行为前置条件的地位开始受到冲击,尤其体现在数据领域。如在表6-1中的28件数据不正当竞争案件中,只有12件案件论证了竞争关系,16件案件并未就竞争关系进行论证。

从反不正当竞争法的基本逻辑来看,经营者存在不正当竞争行为的前提是竞争行为的存在,而竞争行为的相对性决定其须建立在双方为竞争对手的基础上。[②] 因此,不正当竞争行为只能发生在竞争者之间,而不存在竞争关系的非竞争者无法发生不正当竞争行为。但是,在司法实践中却出现了不存在竞争关系的主体之间同样可以存在不正当竞争行为的认定。如在北京极某科技有限公司与北京爱某艺科技有限公司不正当竞争案中,[③] 法院认为判断一个民事主体是否属于反不正当竞争法规定的"经营者",以及经营者之间是否存在"竞争关系",均不应以身份为标准,而应着眼于行为。即不应从主营业务或所处行业出发界定其身份,而应从具体行为出发,判断其行为是否具有经营性、竞争性,是否损害其他经营者的竞争利益。本案被控不正当竞争行为是极某公司综合利用"屏蔽视频广告"插件和"极路由"路由器屏蔽爱某艺网站视频的片前广告,此行为必将吸引爱某艺网站的用户采用上述方法屏蔽该站视频片前广告,从而增加极某公司的商业利益,减少爱某艺公司的视频广告收入,导致爱某艺公司和极某公司在商业利益上此消彼长,这便可以视为爱某艺公司与极某公司之间具有了竞争关系。据此,便有学者认为传统经济下经营者间的竞争关系呈现出相对性,而互联网经济的发展使得经营者间的跨界竞争和流量争夺成为常态,这

[①] 王瑞贺:《中华人民共和国反不正当竞争法解读》,法制出版社,2017,第5页。
[②] 焦海涛:《不正当竞争行为认定中的实用主义批判》,《中国法学》2017年第1期,第159页。
[③] 参见北京市海淀区人民法院(2014)海民(知)初字第21694号民事判决书;北京知识产权法院(2014)京知民终字第79号民事判决书。

使得互联网经济下竞争关系的相对性正在消解,因此"竞争关系"不再是认定互联网不正当竞争行为发生的前提。①

竞争关系究竟是否需要成为涉及数据不正当竞争案件的判断前提,乃至其他不正当竞争行为的判断前提,仍然需要进一步明确。目前,不仅在数据领域,在其他经营领域的不正当竞争行为认定中,司法实践均呈现出权益保护范式与行为分析范式的二分现状。权益保护范式注重侵权行为,关注是否存在应予救济的直接损害,至于受损人与行为人之间是否具有竞争关系则无关紧要;而行为分析范式注重竞争秩序的损害,在没有竞争关系的情况下,竞争秩序的损害则无从谈起。基于反不正当竞争法作为行为规制法的内在逻辑,严格地说,在实践中如果原告向法院起诉存在竞争关系主体的不正当竞争诉讼,法院自然可按照行为分析范式对行为的正当性进行认定。但并无竞争关系的主体向法院提起不正当竞争之诉时,法院如果依据行为分析范式对行为正当性进行认定,则必然导致法院告知原告改变案由或驳回其诉讼请求的结果。②

就目前数据不正当竞争司法实践的现状来看,竞争关系的淡化乃至被忽略的现象的确存在。究其原因,应当主要是竞争关系的泛化转变以及数据的权益保护范式共同作用的结果。一方面,互联网经济中竞争关系的相对性正在消解。③ 在互联网经济中,传统的以同一产品的经营为标准认定竞争关系的方式正在逐渐被冲击,以"流量"为竞争关系界定的新介质为互联网领域各主体之间提供了一种新的可量化的关系。在数字经济背景下,平台通过电子商务、评价内容、视频图片等内容来吸引更多的用户来获得流量,进而再通过流量变现以及附加业务以获得收益。数字经济中影响流量流动的原因繁复,即使经营者的经营模式完全不同,也很可能由于某个经营者经营模式的转变而导致不同经营领域经营者流量的减少,此时法院可能会将此种可导致流量此消彼长的关系视为双方存在竞争关系。在此种以"流量"为竞争关系判断标准的前提下,互联网市场中的经营者将不仅面临经营同一产品下的竞争者,也可能会面对整个互联网市场主体,也即和所有互联网行业中的经营者之间存在竞争关系。此时,从互联网行业中所有经营者均可能存在竞争关系的角度出发,竞争关系在司法审判中存在淡化乃至被忽略的结果也属正常,因为所有的相关领域经营者均存在

---

① 陈兵:《互联网经济下重读"竞争关系"在反不正当竞争法上的意义——以京、沪、粤法院 2000~2018 年的相关案件为引证》,《法学》2019 年第 7 期,第 34 页。
② 焦海涛:《不正当竞争行为法律规制的体系化》,《比较法研究》2024 年第 2 期,第 184 页。
③ 同①,第 32 页。

竞争关系,那么也可完全不对互联网产业中竞争关系的存在与否进行论证。

另一方面,目前司法实践对数据的保护呈现出一种权益保护范式。上文已述,权益保护范式注重保护数据主体就数据享有的合法权益,以数据权益人的权益受到损害为数据相关行为合法性的判定标准,类似于一种权利式的保护模式。目前大量的司法审判对于涉及数据行为的不正当竞争认定中均体现了该种权益保护范式,即以判断数据获取、使用行为的损害后果认定侵权行为的逻辑,对行为正当性与否进行认定。对于该种行为判断模式的原因也不难理解。第一,是因为互联网产业,尤其是涉及数据领域中的商业道德尚未形成具体且统一的标准,此时则无法直接对涉及数据行为的正当性进行界定,因此只得借助侵害结果的发生以对竞争对象、竞争行为和行为正当性进行认定,而该种以侵害结果为导向的认定模式难免会导致对于行为正当性认定时偏向权益保护范式的结果。第二,目前对数据赋权保护的呼声愈发高涨,其不仅是政府的决策,还是数据各方共同的需求,而由于该种为数据赋予专有权利的呼声以及具体制度设计的探索,司法审判则难免不受到影响,进而顺其自然地采取一种"权利式"的保护模式,以对数据侵权行为进行规制。此时,虽然是在反不正当竞争法的框架中进行行为的违法性认定,但已超出了反不正当竞争法既有的不正当竞争行为判断范式而转向了侵权行为的权利保护范式。

综上所述,在反不正当竞争法中对涉及数据行为进行违法性认定是数据权利制度缺失下的必然选择。在反不正当竞争法的框架中对数据侵权行为进行规制必然面临的问题是,如果坚持以狭义竞争关系作为行为正当性认定基础,那么便会面临诸多非同一产品经营领域经营者的数据流失以及利益受损的情形无法合理地受到法律保护。因此,涉及数据的司法实践中应当淡化对竞争关系的要求,转向以权益保护范式对互联网领域中经营者数据利益进行保护,这并非对反不正当竞争法传统的行为规制范式的破坏,而是在选择以反不正当竞争法这种兜底性法律对数据权益进行保护之时,顺应数据权益人的呼声以及数据赋权之势的合理举措。

6.1.3 对原告是否有实质性损害

反不正当竞争法的重心在于规范对市场竞争产生扰乱、扭曲的不正当竞争行为,进而维护公平有序的市场竞争秩序。因此,经营者的损害结果并非构成行为正当性与否的必然要素,这也是损害性后果在反不正当竞争法中被视为中性概念的原因。但正如上文所述,数据领域中的商业道德并未形成统一且具体的标准,涉及数据的不正当竞争行为认定基于权益保护范式,也即以行为对经营者的损害后果进行行为的正当性认定,因此,损害后果本身就成为了行为不正当认定的主要标准。

对于无法由既有法律规定进行规制,且在反不正当竞争法中尚无类型化规定的涉数据行为,其对经营者利益造成的损害主要体现在数据的获取以及数据的使用阶段。在数据获取阶段,会造成对经营者实质性损害的情况主要有:过度抓取导致原告网站无法正常运营或者成本负担明显过重、破坏原告产品或服务的安全性、破坏平台原有的数据公开及展示策略等。在数据使用阶段,会造成对经营者实质性损害的情况主要是实质性替代,即如果被告获取数据拥有者的数据后又提供与原告同质化的产品和服务,对数据拥有者的经济利益造成较大的损害,则很可能构成不正当竞争行为。

对原告的实质性损害是触发不正当竞争之诉的原因。在司法实践中,法院需要以原告的实质性损害为基础对被告行为的正当性进行界定。目前,涉及数据行为的不正当竞争认定,主要以数据拥有者的实质性利益受到损害为基础进行行为正当性认定,因此在行为正当性认定时已包含对原告实质性损害的考量。同时,反不正当竞争法重在对行为正当性进行分析,而非将被告的损害性后果作为分析重点,因此以行为正当性判断为认定重点更加符合反不正当竞争法的内在逻辑。另外,由于竞争法的演变,由权益保护范式推出行为不正当性的侵权式认定思路正在逐渐转变,尤其在数据不正当竞争认定领域。目前,司法实践中已经不单采用数据拥有者受到的损害为行为正当性认定的绝对标准,而是结合对消费者利益以及公众利益的综合考量,进而对行为的正当性进行认定。因此,由于反不正当竞争法目前所倡导的多元利益衡量的标准,仍然需要在原告利益受到损害的事实之外,单独对涉及数据的行为正当性进行认定。

6.1.4 行为是否具有不正当性

涉及数据的不正当竞争行为的认定,重点在于数据的获取以及使用行为正当性与否的认定。数据获取是其他主体采用如爬虫等技术手段或者其他方式对他人数据进行提取的过程,数据使用则是在数据获取后如何对数据进行后续使用的问题,两者为上下游关系。涉及数据行为的正当性认定,虽然分为数据获取行为以及数据使用行为正当性的分别认定,但在司法实践中并未对二者进行明显的区分。数据获取是使用的前提,数据使用是获取的目的,二者相伴而生。对二者正当性进行区分判断和认定,不仅会使审判思路更为清晰,也会为数据获取者和数据使用者界定相应行为的合理性边界。

6.1.4.1 数据获取行为的不正当性认定

对于数据获取行为不正当性的认定,目前司法实践并未给出明确的标准和结论,通过梳理已有司法裁判,数据获取行为的不正当性认定可以考量以下因素。

1)数据获取是否遵守三重授权标准

在涉及用户身份信息的案件中,消费者利益体现为隐私保护和个人信息保护,网络服务提供者需要尊重用户意愿,在获得用户授权的前提下,获取和利用信息。因此,在数据内容上,数据获取的对象不仅有企业自身产生的信息数据,还包括大量的用户个人信息数据。个人信息数据承载着个人信息内容,因此,对个人信息数据的获取必须取得相关个人的许可,以避免对个人信息权益造成损害。在数据主体上,不仅个人信息的收集固定者需要在个人信息数据的收集过程中避免侵犯个人信息权益人的权利,对该个人信息数据的后续获取主体同样不得侵害相关权益人就其个人信息享有的权利。因此,数据的后续获取者如要获取已经被收集、整理的个人信息数据,在征得用户同意的同时,还需要获得在先收集者的授权。

在"新浪微某诉脉某案"中,首次明确了"用户授权"+"平台授权"+"用户授权"的三重授权原则。[①] 按照该原则,在后平台爬取他人数据信息时,如果平台在获取个人信息数据时未取得用户的授权、数据获取者未经平台授权获取其拥有的个人信息数据、未取得用户的许可获取其个人信息数据,那么均可能被认定为损害数据平台的合法权益,进而被认定为不正当竞争行为。如在"淘某诉美某案"中,[②] 法院认为涉案"生意参谋"数据产品使用其他网络运营者收集的用户信息,不仅应获得其他网络运营者的授权同意,还应获得该信息提供者的授权同意,即受三重授权许可使用规则限制。由于美某公司并未取得个人信息权利人的授权,因此对于个人信息的获取具备不正当性。

在日益强调"互联互通"的时代背景下,对于个人信息数据的获取行为是否

---

① 参见北京市海淀区人民法院2015年海民(知)初字第12602号民事判决书;北京知识产权法院(2016)京73民终588号民事判决书。
② 参见杭州市互联网法院(2017)浙8601民初4034号民事判决书;浙江省杭州市中级人民法院(2018)浙01民终7312号民事判决书。

应一律征得在先数据平台以及用户的授权,值得进一步讨论。因为事实情况是,对于部分已经公开的个人信息数据,如果仍然需要逐个征得平台以及用户的同意,那么不仅会极大增加数据信息获取的成本,也会影响此类数据信息的流通速率。根据最高人民法院在 2021 年 8 月发布的《关于适用〈中华人民共和国反不正当竞争法〉若干问题的解释(征求意见稿)》第 26 条后半段的规定,经营者征得用户同意,合法、适度使用其他经营者控制的数据,且无证据证明使用行为可能损害公平竞争的市场秩序和消费者合法权益,控制该数据的经营者主张属于反不正当竞争法第 12 条第 2 款第 4 项规定的行为的,人民法院一般不予支持。从上述规定看,征求意见稿并未完全采纳"三重授权"原则。上述意见在对个人信息保护给予充分重视的同时,也为数据的合理流动预留了法律空间。

2)数据获取是否违反 robots 协议

Robots 协议又称爬虫协议、网络机器人协议,是互联网领域通行的行业规范,其初衷主要在于防止被抓网站的服务器过载影响网站正常运行,以及防止网络机器人抓取一些管理后台的内部信息、临时性文件、cgi 脚本等对网络用户没有使用价值的数据。爬虫协议通常对搜索引擎抓取网站内容的范围做出限定,包括网站是否希望被搜索引擎抓取,哪些内容不允许被抓取,而网络爬虫可以据此抓取相关网页内容。

近些年,法院在审理涉及数据的不正当竞争案件时,常会考虑数据爬取行为是否构成对于 robots 协议的违反。如在"北京微某创科网络技术有限公司与云某联网络科技(北京)有限公司不正当竞争案"中,[①]法院认为,云某联公司通过非正常手段抓取新浪微博公开数据,且破坏或绕开了微某公司对新浪微某非公开数据设定的访问权限,实现对该部分数据的抓取,并在明知新浪微某 robots 协议限制除白名单以外的搜索引擎机器人抓取数据的情况下,仍然实施上述抓取行为,具有明显的主观恶意。又如在深圳市腾某计算机系统有限公司、腾某科技(深圳)有限公司与斯某(杭州)新媒体科技有限公司不正当竞争纠纷案中,[②]法院认为,robots 协议是互联网行业公认的商业道德的具体体现,被告违反 robots 协议擅自抓取微某公众号的数据信息内容,违反诚实信用原则。也如在广州爱某信息科技有限公司等与北京市海淀区学某思培训学校等不正当竞争

---

① 北京市海淀区人民法院(2017)京 0108 民初 24512 号民事判决书;北京知识产权法院(2020)京 73 民终 2980 号民事裁定书。
② 杭州铁路运输法院(2021)浙 8601 民初 309 号民事判决书。

纠纷案中，①上诉人主张爱某公司无视网站设置的 robots 协议而随意抓取网站内容的行为违反了商业道德。另外，也有法院虽未直接根据对 robots 协议的违反认定数据爬取行为的正当性与否，但是间接承认了 robots 协议的法律效力。如在字节某某与腾某不正当竞争纠纷中，②法院虽未直接根据字节跳动违反 robots 协议而认定爬取行为构成不正当竞争，但也综合字节某某违反 robots 协议的数据获取以及在经营活动中的数据使用行为而认定其抓取并使用的行为构成不正当竞争。又如在淘某（中国）软件有限公司、浙江淘某网络有限公司与绍兴某科技有限公司等不正当竞争纠纷案中，③法院支持了天某网设置 robots 协议禁止未经许可的数据爬取行为的正当性，并认为上诉人违反 robots 协议属于绕过天某平台的反爬措施，具备不正当性。

Robots 协议作为一种数据获取中信息告知的工具，能够降低数据提供者和数据获取者之间的沟通成本，防止数据爬取者爬取到受法律保护的敏感数据，进而避免造成违法性后果，总体上有利于社会福利提升。但与上述法院认为 robots 协议具备法律效力的矛盾之处在于，部分司法审判并未对 robots 协议的法律效力进行承认，如在北京微某创科网络技术有限公司与北京字节某某科技有限公司不正当竞争纠纷中，④法院指出 robots 协议的设置行为应被认定为行使企业自主经营权的行为，但这并不意味着对于互联网企业所设置的任何 robots 协议均能够基于企业自主经营权而当然地认定其具有正当性。这便显示出法院不再是"单向化"地依据 robots 协议保护数据被爬方。而且在学术层面，也有学者认为无须预防性地禁止用户规避 robots 协议，否则会制造更多的次生危害。保护 robots 协议，几乎等于完全移除了技术措施的有效性门槛，任由平台自行定义数据产权规则，这肯定是不能接受的。⑤ 因此，robots 协议的具体法律效力并未得到一致的认可，robots 协议能否作为数据爬取行为的正当性认定标准及其具体的法律性质都需要进一步明确。

3）数据获取是否违反双方约定

数据拥有者与数据获取者之间，通常会以用户协议或者其他方式就数据的

---

① 北京市海淀区人民法院（2017）京 0108 民初 51904 号民事判决书；北京知识产权法院（2020）京 73 民终 3422 号民事判决书。
② 成都市中级人民法院（2019）川 01 民初 5468 号民事判决书。
③ 杭州市中级人民法院（2022）浙 01 民初 1477 号民事判决书；浙江省高级人民法院（2023）浙民终 1113 号民事判决书。
④ 北京知识产权法院（2017）京 73 民初 2020 号民事判决书；北京市高级人民法院（2021）京民终 281 号案民事判决书。
⑤ 崔国斌：《网络反爬虫措施的法律定性》，《中国法律评论》2023 年第 6 期，第 164 页。

复制、转移等行为进行提前约定,如在上述上某某信息网络公司诉新华某某指数公司案中,便是以合同的方式对数据的获取和使用等行为进行约定。在对数据爬取行为进行正当性与否的认定时,法院通常也会根据数据行为者是否对双方约定的违反以认定数据有关行为的正当性。如果该行为涉及对双方合约的违反,则爬取行为可能被认定为违反诚信和公认商业道德而有较高的不正当竞争风险。如在"北京微某网络技术有限公司与广州简某信息科技有限公司等不正当竞争纠纷案"中,[①]法院便认为涉案数据虽然为公开数据,但不能因公开而被视为不受保护,数据持有者有权依照法律规定或合同约定的方式自主管控其合法取得的数据资源,如不存在法定正当事由且未经持有者同意,他人不得不当侵扰数据持有者对数据的稳定持有状态和秩序。又如在"北京淘某天下技术有限公司等与北京微某创科网络技术有限公司不正当竞争纠纷案"[②]和"深圳市腾某计算机系统有限公司、腾某科技(深圳)有限公司不正当竞争纠纷案"[③]中,法院均将违反协议认定为行为不正当的因素。

在原、被告存在合同关系的情况下,一方通过违约方式获取数据,虽然这种行为可以被视为不诚信的一种表现,但并不意味着其一定构成竞争领域中的不正当行为。从效率的角度来看,有些违约行为甚至可能对各方的利益产生积极影响。反不正当竞争法的作用在于规制不正当竞争,而非单纯维护合同条款的执行。因此,是否将违反合同作为认定数据爬取行为构成不正当竞争的依据,仍需进一步探讨。如在"行某公司与固某公司不正当竞争纠纷案"中,[④]法院指出当数据持有者不希望爬虫软件抓取内容时,通常的做法是设立爬虫协议或使用技术手段防止信息被抓取。本案中,虽然行某公司在《用户服务协议》中约定禁止网络爬虫抓取数据,但不能认定其采取了合理措施防止网络爬虫爬取数据,也即法院并未对双方合约的有效性进行承认。

对违反约定的数据爬取行为正当性的认定,应以其是否扭曲市场竞争机制作为最终判断依据。同时,还需考量合同救济的充分性,若合同救济已经足以解决问题,则无必要动用反不正当竞争法进行干预。如在上海逸某信息科技有限公司与北京智某三珂人才服务有限公司、北京网某咨询有限公司其他不正当

[①] 参见广东省深圳市中级人民法院(2020)粤03民初4626号民事判决书;广东省高级人民法院(2022)粤民终4541号民事判决书。
[②] 参见北京市海淀区人民法院2015年海民(知)初字第12602号民事判决书;北京知识产权法院(2016)京73民终588号民事判决书。
[③] 参见天津市滨海新区人民法院(2019)津0116民初2091号民事裁定书。
[④] 参见厦门市中级人民法院(2021)闽02民初3062号民事判决书;福建省高级人民法院(2022)闽民终1871号民事判决书。

竞争纠纷案中,① 法院即认为原告根据合同法足以寻求到充分的救济,故原告寻求以《反不正当竞争法》第 2 条的规定对其加以保护,并无必要性。因此,爬取行为对于双方约定、用户协议等内容的违反,并不必然能够证明爬取行为违反反不正当竞争法所保护的竞争利益,也不必然可以证明其能够作为数据爬取不正当竞争认定的要素。

4) 数据获取是否会导致产品无法正常运营或者成本负担明显过重

在数据的获取过程中,获取者通常都会采用爬虫技术对数据进行爬取,但网络爬虫将会为 Web 服务器带来巨大的资源开销,大量的请求会加重网站服务器负担。如在"淘某(中国)软件有限公司、浙江淘某网络有限公司与绍兴某科技有限公司等不正当竞争纠纷案"中,② 法院认为被告的数据爬取所进行高频次、非正常访问可能挤占服务器访问通道和效率,导致原告服务器性能严重消耗,不仅妨碍、影响正常访问用户的体验,还极可能导致平台访问数据异常,影响平台的数据产品开发和营销、推广服务。为了防御此类数据爬取,淘某软件公司、淘某网络公司须额外施加技术保护措施的强度或等级,相应经济成本势必有所增加。其损害了原告的经营优势,冲击原告的经营方式和盈利模式,破坏了原告的正常经营。而且在爬取行为超出服务器承载极限等极端情况下则会导致网站崩溃,严重者可能还面临着严重的刑事责任。③ 因此,目前司法审判中普遍认为,数据爬取行为不得对数据拥有者造成如服务器崩塌等产品无法正常运营的情况,或者造成对方运行负担明显加重,否则便很可能构成不正当竞争行为。

从事实层面分析,数据爬取对于服务器重复访问的行为确实会对服务器的运行造成一定的压力,但是何种访问速率以及对服务器造成的何种影响和负担方能构成不正当竞争行为,仍然存在很大的模糊性。一方面,爬虫的访问速率会不会造成对服务器的损害主要由服务器的承载能力所决定。在访问速率相同的条件下,很可能对于部署了大型高级服务器的数据拥有者而言不会造成影响,而对于小型服务器的数据拥有者而言很可能会造成破坏性后果,此时如何对该两种行为进行正当性认定,仍然是尚待讨论的问题。另一方面,随着服务器承载能力的提高,对于服务器造成负担的问题可能不再被重视。电子产业技术能力的飞速进步必然带来服务器对于数据访问行为承载力的上升,正如阿里

---

① 上海市杨浦区人民法院(2019)沪 0110 民初 16688 号民事判决书。
② 杭州市中级人民法院(2022)浙 01 民初 1477 号民事判决书;浙江省高级人民法院(2023)浙民终 1113 号民事判决书。
③ 参见广东省深圳市南山区人民法院(2019)粤 0305 刑初 193 号刑事判决书;广东省中山市第一人民法院(2023)粤 2071 刑初 233 号刑事判决书。

巴巴每年"双十一"时都能够负担不断上升的访问量。因此,已有观点认为,对于数据拥有者产品运营的影响或者对服务器的损害应当为技术问题,服务器质量提升后,该问题也会随之消失。

从价值评判层面分析,数据作为具有公共属性的资源,不能仅凭借是否对对方服务器造成损害来界定数据获取行为的正当性,这点也在目前的司法案例中有所体现。在"北京微某网络技术有限公司与广州简某信息科技有限公司等不正当竞争纠纷案"中,[①]法院认为虽然数据抓取可能会对被抓取方的服务器产生一定的流量压力,增加其为维护服务器稳定运行的技术投入和经营成本,甚至可能会抢夺其基于数据竞争优势的部分交易机会,但也可能在某种程度上促进数据的流通和利用,推动技术创新和产业进步,为社会整体带来新的福祉。因此,即使数据抓取行为带有利益争夺的色彩,也不宜直接受到法律的否定评价,以免个别企业借"维护合法权益"之名行"打压竞争对手"之实,严重影响数据流通和利用。当然,若数据抓取方直接侵入计算机信息系统造成数据安全隐患,或者有较大的侵犯他人个人信息权益、商业秘密或著作权等法定权利之虞,或者实质性替代数据被抓取方数据相关业务而对市场整体创新无明显增益等情况,数据抓取行为自然应受到一定限制或者被禁止,以求在充分保护数据权益和促进数据流通利用之间取得平衡。

5)数据获取是否非法破坏技术措施

防止数据获取的技术措施主要分为两类,即防止接触的技术措施和防止获取的技术措施。前者如付费、观看广告或通过其他条件方能接触到数据的技术措施,后者有 IP 限制、验证码方式限制、登录限制、数据伪装限制等技术措施。对于破坏技术措施的数据接触和获取行为,司法实践中普遍倾向于将该行为认定为不正当竞争。

对防止接触的技术措施的绕开或破坏,司法实践中普遍认定该行为具有不正当性。企业对于自身拥有的不希望公众任意接触的数据内容,通常会采用防止接触的技术措施对该种数据进行隔离,此时该种技术措施便是企业的一种保护和经营手段。企业通过和用户之间达成对价协议,允许用户能够接触到数据内容,进而为自己产生相应的财产性利益,这也是为何有学者认为密码门才是可以将网络上的开放空间与封闭空间分隔开,进而构成访问限制的原因。[②] 如

[①] 参见广东省深圳市中级人民法院(2020)粤03民初4626号民事判决书;广东省高级人民法院(2022)粤民终4541号民事判决书。

[②] Orin S. Kerr, "Norms of Computer Trespass," *Columbia Law Review* 116(2016): 1143–1183.

在爱奇艺对开办会员后方能访问的电影数据①、淘宝为商家订购提供的"生意参谋"产品中的数据②等案件中,数据爬取者破坏了数据拥有者对于不完全公开数据所施加的技术措施,势必会影响企业的广告收益、付费会员收益,进而被认定为不正当竞争。

又如在"深圳市谷某科技有限公司与武汉元某科技有限公司等不正当竞争纠纷案"中,③法院认为,实时公交信息数据虽然系免费提供公众查询,但获取数据的方式须以不违背权利人意志的合法方式获取,突破原告客户端加密算法的爬虫抓取行为系非法获取,具有不正当性。因此,如果数据爬取者通过破坏技术措施,欺诈、胁迫有权限用户以获得目标数据的行为,应当是直接对企业的财产性利益或者潜在财产性利益的破坏,具有不正当性。也有观点认为,"非公开数据通常仅被特定企业所持有或已经被设置访问权限,能够阻止他人的数据抓取行为,具备事实上的排他状态,进而有受到专有权保护的可能",其原因也是由于非公开数据中所具有的企业独特的利益。④ 当然,采用非法侵入计算机系统等技术手段破坏数据权益方的技术措施,除可能构成不正当竞争需承担民事责任外,还可能同时构成我国《刑法》第285条规定的非法获取计算机信息系统数据等罪,具体见上文关于数据爬取的刑法规制部分。

对于防止获取的技术措施的绕开或破坏,司法实践中也存在大量将该种行为认定为具有不正当性的案例,但也存在较大的争议。在"北京链某房地产经纪有限公司、天津小某信息科技有限公司与北京神某城讯科技股份有限公司、成都神某城讯科技有限公司不正当竞争纠纷案"中,⑤法院认为被告以规避或绕开贝壳网技术保护措施的方式大规模抓取涉案数据的行为本身难谓正当,亦不可能被房产经纪行业所接受。但相反的是,在"行某信息科技(上海)有限公司与厦门固某科技有限公司不正当竞争纠纷案"中,⑥行某公司主张其采用了cookie反爬虫机制,固某公司的行为系规避了该机制并获取了涉案数据。法院认为cookie反爬虫机制本身是一种简单、基础的技术措施,行某公司作为网络

---

① 参见江西省高级人民法院(2023)赣民终383号民事判决书。
② 参见杭州市互联网法院(2017)浙8601民初4034号民事判决书;浙江省杭州市中级人民法院(2018)浙01民终7312号民事判决书。
③ 广东省深圳市中级人民法院(2017)粤03民初822号民事判决书。
④ 冯晓青:《知识产权视野下商业数据保护研究》,《比较法研究》2022年第5期,第44页。
⑤ 参见北京市海淀区人民法院(2021)京0108民初9148号民事判决书;北京知识产权法院(2022)京73民终4201号民事判决书。
⑥ 参见厦门市中级人民法院(2021)闽02民初3062号民事判决书;福建省高级人民法院(2022)闽民终1871号民事判决书。

服务提供者,其采取的技术措施应足以防范一般爬虫,但其提供的证据不足以证明其采取了必要限度的技术措施防止爬虫抓取其网站信息,并不能认定爬虫软件违背了其合理意愿,爬虫软件造成的服务器流量负载压力应由其自行承担。因此,对于技术措施的法律效力存在与否,对于何种数据的何种技术措施能具有法律效力,仍然具有很大的模糊性,需要进一步明确和细化。

对于防止获取的技术措施针对的是限制他人接触的数据,如爱奇艺会员视频的防止复制的技术措施,如果获取者本身不具有接触该种数据的资格,那么其对该种数据的获取行为本身便是破坏了防止接触技术措施的行为,已经具备了不正当性,不必再考虑后续行为是否破坏了防止获取技术措施;如果获取者具有接触该种数据的资格,进而破坏防止获取的技术措施以获取数据,该数据获取行为是否必然具有不正当性仍有待讨论,因为单该数据获取行为本身并不必然损害数据拥有者的竞争利益,如果数据获取者后续对该数据进行了不正当使用,才可纳入反不正当竞争法的规制范围。当然,如果该数据信息属于著作权法保护的作品,则违反著作权法中关于破坏著作权保护技术措施的规定。

对于防止获取的技术措施针对的是向公众公开的数据,如对网站中公开的数据施加的防止复制的技术措施,如果数据获取行为并没有对数据拥有者的服务器、网络运行造成实质性的损害或者妨碍,而且也没有对数据信息中的作品著作权或个人信息权益等构成侵害,只是为了分析数据信息内容而破解技术措施后获取数据,则该破坏技术措施的行为没有对数据拥有者的竞争利益产生实质性损害,不应当认定该获取行为具有不正当性。

6.1.4.2　数据使用行为的不正当性认定

数据使用行为是获取行为的目的,目前司法实践中对数据使用行为的不正当性认定基础是,数据使用者的使用行为是否会对数据拥有者的合法利益造成损害,形成了认定数据使用行为不正当性的实质性替代标准。除实质性替代标准外,越来越多的司法实践也开始适用反不正当竞争法的三重利益考量标准,即在评价使用行为是否给数据拥有者合法利益造成损害的同时,还需考量是否会存在数据使用者的创新性使用而有利于消费者利益和公共利益。

1) 数据使用是否构成实质性替代

经营者基于其收集、整理数据信息所付出的劳动而享有受反不正当竞争保护的财产性权益。对于公开数据和原始数据,虽然数据权益方在一定程度上需要容忍他人合法收集和利用,但数据使用方对数据的使用应遵循"合法、正当、必要"的原则。如果数据使用方的行为客观上对数据收集者提供的数据产品或服务产生了实质性替代的效果,使得消费者不再通过数据收集者的数据产品即能满足体验和需求,则行为具有不正当性。在"大众点评诉爱某网不正当竞争纠纷案"中,[1]一审法院首次提出了"实质性替代"标准。该案中,法院认为大众点评网的商户简介和用户点评是汉某公司搜集、整理和运用商业方法吸引用户注册而来,汉某公司为此付出了人力、财力、物力和时间等经营成本,由此产生的利益应受法律保护。因此,其他经营者使用垂直搜索技术的网站对特定行业网站信息的利用,应控制在合理的范围内,不得对该特定行业网站造成市场替代的后果。爱某网的商户简介和用户点评已经构成对大众点评网相应内容的实质性替代,必将不合理地损害汉某公司的商业利益。2021年8月市场监管总局公布的《禁止网络不正当竞争行为规定(征求意见稿)》第20条[2],2021年8月最高人民法院发布的《最高人民法院关于适用〈中华人民共和国反不正当竞争法〉若干问题的解释(征求意见稿)》第26条[3],以及2022年11月市场监管总局公开的《中华人民共和国反不正当竞争法(修改草案征求意见稿)》第18条[4]中均有实质性替代标准的表述。

由于实质性替代标准并不具体,在司法实践中往往被简化成了对原告的产品或服务的实质替代,导致"实质性替代"标准不仅脱离了其本质,而且影响了对数据使用行为的不正当性判断。事实上,"实质性替代"标准所强调的"替代"本质上就是竞争,即"实质性替代"标准将行为违法性的基础确定在"竞争"上,

---

[1] 参见北京市海淀区人民法院(2010)海民初字第24463号民事判决书;北京市第一中级人民法院(2011)一中民终字第7512号民事判决书。

[2] 《禁止网络不正当竞争行为规定(征求意见稿)》第20条:"经营者不得利用技术手段,非法抓取、使用其他经营者的数据,并对其他经营者合法提供的网络产品或者服务的主要内容或者部分内容构成实质性替代,或者不合理增加其他经营者的运营成本,减损其他经营者用户数据的安全性,妨碍、破坏其他经营者合法提供的网络产品或者服务的正常运行。"最终通过的《网络反不正当竞争暂行规定》并未保留该条规定。

[3] 《最高人民法院关于适用〈中华人民共和国反不正当竞争法〉若干问题的解释(征求意见稿)》第26条:"经营者违背诚实信用原则和商业道德,擅自使用其他经营者征得用户同意、依法收集且具有商业价值的数据,并足以实质性替代其他经营者提供的相关产品或服务,损害公平竞争的市场秩序的,人民法院可以依照反不正当竞争法第十二条第二款第四项予以认定。经营者征得用户同意,合法、适度使用其他经营者控制的数据,且无证据证明使用行为可能损害公平竞争的市场秩序和消费者合法权益,控制该数据的经营者主张属于反不正当竞争法第十二条第二款第四项规定的行为的,人民法院一般不予支持。"最终通过的司法解释并未保留该条规定。

[4] 《中华人民共和国反不正当竞争法(修改草案征求意见稿)》第18条:"经营者不得实施下列行为,不正当获取或者使用其他经营者的商业数据,损害其他经营者和消费者的合法权益,扰乱市场公平竞争秩序:(一)以盗窃、胁迫、欺诈、电子侵入等方式,破坏技术管理措施,不正当获取其他经营者的商业数据,不合理地增加其他经营者的运营成本、影响其他经营者的正常经营;(二)违反约定或者合理、正当的数据抓取协议,获取和使用他人商业数据,并足以实质性替代其他经营者提供的相关产品或者服务;(三)披露、转让或者使用以不正当手段获取的其他经营者的商业数据,并足以实质性替代其他经营者提供的相关产品或者服务;(四)以违反诚实信用和商业道德的其他方式不正当获取和使用他人商业数据,严重损害其他经营者和消费者的合法权益,扰乱市场公平竞争秩序。本法所称商业数据,是指经营者依法收集、具有商业价值并采取相应技术管理措施的数据。获取、使用或者披露与公众可以无偿利用的信息相同的数据,不属于本条第一款所称不正当获取或者使用其他经营者商业数据。"

并没有解决"不正当"的问题。① 因此,针对司法实践中以实质性替代标准判断数据使用行为的不正当性问题,有学者指出应当考量被抓取的数据是否已经累积到一定程度的规模效应、数据抓取后所产生的商业价值是否有利于自由竞争秩序的形成、允许数据抓取所保护的数据经济利益是否符合市场整体创新利益,②而且还应考虑受替代程度和竞争环境,以及竞争者之间所共处的业务领域、特定的业务场景和模式、替代效果等因素。③

2) 数据使用是否存在创新性使用

前文已述,反不正当竞争法对数据权益保护倾向于侵权认定的逻辑,即主要分析数据拥有者的权益损失是否与数据使用者的数据使用具有因果关系。这种保护逻辑虽能为数据拥有者提供较强的保护,更好地激励企业对数据资产的投入,但必然会影响数据的共享流通。因此,司法实践中开始引入保护公共利益、经营者利益与消费者利益的"三重叠加"的分析范式,以实现市场激励有效性和数据共享流通两种价值在各个主体之间的平衡,其中最主要的判断标准便是考察使用者的使用行为是否会存在创新性,为消费者利益和公共利益带来福利提升。在"前某网络信息技术(上海)有限公司与上海逸某信息科技有限公司其他不正当竞争纠纷案"中,④法院认为,随着互联网市场竞争的日趋激烈,互联网市场领域的各种产品或者服务的关联性和依附性不断加深,依赖甚至介入其他经营者的产品或服务而开展经营活动本身并不会损害正常的市场秩序,相反以此否定该行为的正当性无疑将会挫伤创新动力。同时,被告的关联账号功能是较为常见的产品功能,并不违背行业惯例,可以提高工作效率,给市场主体带来便利,被告并未强制、欺骗用户使用关联账号功能等,从而综合认定该行为并不具有不正当性。又如在"北京微某创科网络技术有限公司与云某联网络科技(北京)有限公司不正当竞争案"中,⑤法院也主动对被告的行为进行了创新性使用的考察,只是在评价了被告创新性使用行为的价值增量后,认定被告行为的价值增量并非对互联网用户整体福利的普遍提升或将促进社会公共利益的实现,有助于公民获取必要信息,或有利于推进科学、社会、经济发展等研究,也

---

① 李剑:《数据抓取行为的正当性判断——反思实质性替代规则》,《政法论丛》2024年第2期,第63—74页。
② 蔡川子:《数据抓取行为的竞争法规制》,《比较法研究》2021年第4期,第174—186页。
③ 赵丹、沈澄:《数据抓取不正当竞争纠纷的司法审查要素考察与反思》,《科技与法律(中英文)》2023年第2期,第52—59页。
④ 参见上海市杨浦区人民法院(2017)沪0110民初25167号民事判决书;上海知识产权法院(2019)沪73民终263号民事判决书。
⑤ 参见北京市海淀区人民法院(2017)京0108民初24512号民事判决书;北京知识产权法院(2020)京73民终2980号民事裁定书。

未明显提升互联网产业或其所在行业、整体市场经济发展的质量和水平,被诉产品的创新并不足以抵消其行为的不正当性。也如在"北京微某网络技术公司与广州简某信息科技公司等不正当竞争纠纷案"中,[①]法院指出,判断被诉行为是否构成不正当竞争行为,关键在于在当前政策、法律、行业背景下,需分析评判该行为对特定行业的市场竞争整体效益如何,如果竞争行为满足了消费者新需求,实现了经营者互利共赢,或者虽对竞争对手的利益有一定损害但明显增进了社会总体福祉,即该行为促进了市场良性竞争,应予以认可,不构成不正当竞争行为。再如在"北京微某视界公司与广州泽某通信公司不正当竞争纠纷案"中,[②]法院认为,被诉软件"抖某家"的采集功能、截流功能(截流采集抖音大V的视频及粉丝信息),其本质上是对抖某平台上相关公开数据的抓取和使用,微某公司所主张的数据权益并未受到不正当损害,被告公司的行为所引起的市场竞争明显是正当的,能够激励包括原告在内的市场经营者围绕抖某平台进行技术创新,为消费者提供更为便利的使用体验,不会造成经营者、消费者和公共利益之间明显失衡,不构成不正当竞争。

目前司法实践中,对数据使用不正当竞争判断的标准虽然关注到了多个主体利益衡量的重要性,但是在具体审理时仍需要依赖"诚实信用和商业道德"以及"公平竞争的市场秩序和消费者利益"以进行个案判断。在个案中如何对多重法益进行统筹兼顾和综合考量,尤其是如何防止脱离竞争法的目标进行泛道德化评判,仍然是亟待解决的问题。数据的类型、状态多样,使得数据无论在权属层面的法律认定,还是司法层面的竞争边界认定,都难以提炼出一个放之四海而皆准的规则。唯有对数据的类型、状态,平台对数据的创新和投入程度,用户作为数字劳动生产者的利益,数据流通的公共利益等要素和价值加以综合考量,才能得出妥当结论。

6.2 数据保护的反不正当竞争法条款适用

司法实践中,对数据的反不正当竞争法保护,大多采取优先适用《反不正当竞争法》第12条第2款第4项的互联网专条中的兜底条款,如果无法适用该条

---

① 参见广东省深圳市中级人民法院(2020)粤03民初4626号民事判决书;广东省高级人民法院(2022)粤民终4541号民事判决书。
② 参见广州知识产权法院(2020)粤73民初2541号民事判决书。

款,则选择适用《反不正当竞争法》第 2 条的一般条款,但二者均存在各自的局限性。

6.2.1 《反不正当竞争法》第 12 条的适用

《反不正当竞争法》第 12 条第 2 款第 4 项为经营者规定了兜底条款,以保护经营者免受其他尚未被类型化规定的妨碍、破坏其合法提供的网络产品或者服务正常运行行为的侵害,该条款又被称为"互联网专条中的兜底条款"。然而,该条款的具体适用中主要存在两个问题。

1)互联网专条中的兜底条款扩张适用的问题

互联网专条的适用条件应当为:利用了技术手段,影响了用户选择,实施了妨碍、破坏其他经营者合法提供的网络产品或者服务正常运行。

但在一些涉及数据的案件中,被告并未利用技术手段,或者被告行为虽干扰了原告合法提供的互联网产品或服务,但并未妨碍、破坏原告合法提供的互联网产品或服务,该种扩大适用兜底条款的行为是否恰当仍然有很大争议。而且若法院选择适用互联网专条中的兜底条款来加以规制,则容易使"兜底条款"变为《反不正当竞争法》中的第二个"一般条款",导致法律适用上的混乱。[①]

在"微播案"中,[②]北京知识产权法院认为:关于网络不正当竞争行为,2019 年《反不正当竞争法》第 12 条第 2 款采取了例示性规定,即典型事例加兜底性规定的方式,并在典型事例之前,规定了网络不正当竞争行为的表现方式,即"实施妨碍、破坏其他经营者合法提供的网络产品或者服务正常运行的行为"。"运行"既包括网络产品或者服务的安装、使用,也包括下载。"妨碍"是指网络产品或者服务不能正常、平稳顺利运行;"破坏"是指网络产品或者服务不能运行。《反不正当竞争法》第 12 条第 2 款 1 至 3 项规定的行为,均属于妨碍、破坏其他经营者网络产品或者服务正常运行的行为。按照例示性规定的解释规则,即兜底概括性规定与例示性规定的基本要求应当一致,第 2 条第 2 款 4 项规定的行为亦应当为妨碍、破坏其他经营者网络产品或者服务正常运行的行为。本案中,微播公司主张创锐公司实施的不正当竞争行为系未经许可采用技术手段或人工方式获取来源于抖音 App 中的用户信息、短视频、评论内容并通过刷宝

[①] 张悦、陈兵:《优化平台经济下数据爬取多工具规制框架研究》,《南开学报(哲学社会科学版)》2022 年第 6 期,第 155—168 页。
[②] 参见北京知识产权法院(2021)京 73 民终 1011 号判决书。

App 向公众提供,该行为不属于妨碍、破坏其他经营者网络产品或者服务正常运行的行为。故涉案被诉行为不属于 2019 年《反不正当竞争法》第 12 条第 2 款 1 至 4 项规定的行为。

2）向"一般条款"逃逸的问题

互联网专条严格的适用条件以及类型化条款中用词相对简单、宽泛,导致了司法实践中难以把握和适用该条款,产生可操作性弱的问题。因此,司法实践中会出现向"一般条款"逃逸的倾向,这又使得互联网专条中的兜底条款名存实亡。在裁判文书网中分别以"反不正当竞争法第 12 条"以及"反不正当竞争法第 2 条+互联网"进行案例检索后可以发现,近几年来在互联网不正当竞争纠纷案件中,《反不正当竞争法》第 2 条一般条款的适用频率要远高于互联网专条,而对数据抓取行为是否属于不正当竞争行为的认定,法院也仍然主要依赖于一般条款。[①]

6.2.2 《反不正当竞争法》第 2 条的适用

在"海带配额案"中,[②]最高人民法院确定了适用《反不正当竞争法》第 2 条的三个条件:一是法律对该种竞争行为未作出特别规定;二是其他经营者的合法权益确因该竞争行为受到了实际损害;三是该种竞争行为因确属违反诚实信用原则和公认的商业道德而具有不正当性或者可责性。简言之,上述三个条件即为未明确规定、合法权益受损、具备反不正当竞争法可责性。如果不正当的数据爬取行为无法适用互联网专条的情况下,可以适用该一般条款进行兜底规制。但是,存在诸多观点认为一般条款适用标准模糊,并未明确不正当竞争行为的构成要件,[③]且会增添司法适用的难度,无助于实现法律的确定性。[④] 还有观点认为,适用反不正当竞争法的一般条款对于数据控制者存在可得主张对象的限制、可得主张行为的限制以及可得主张成立的限制。[⑤] 也有学者认为,过度侧重一般条款来解决大数据商业模式创新带来的问题,会导致探寻竞争行为正当性根本标准的动力减损,引导法官在采集证据、形成确信、论证思路时,不以

---

① 沈贵明、刘源:《数据抓取行为反不正当竞争法规制困境与对策》,《中国流通经济》2021 年第 1 期,第 89—96 页。
② 参见最高人民法院(2009)民申字第 1065 号民事裁定书。
③ 同①。
④ 吴峻:《反不正当竞争法一般条款的司法适用模式》,《法学研究》2016 年第 2 期,第 134—153 页。
⑤ 张倩雯、吴少华:《企业数据爬取的反不正当竞争法规制——基于中美案例的比较研究》,《科技与法律(中英文)》2022 年第 1 期,第 80—90 页。

客观市场效果作为最终决定因素,这对新型竞争行为的规则发掘而言,并无裨益。①

当下,数据权益纠纷呈现出明显的复杂性,在对涉及数据权益损害的不正当竞争行为进行规制时,如何在准确界定涉及数据的"不正当竞争行为"的边界,以合理保护数据拥有者的合法权益的同时,也兼顾消费者利益和公众利益,促进数据的流通和数据产业发展,这一命题仍需进一步研究。因此,在严格遵循反不正当竞争法一般条款所确立原则的基础之上,构建一套明确、可操作的涉及数据的不正当竞争行为裁判规则,是当下司法的重要任务。这不仅是一个法学理论与实务操作相互磨合、共同演进的过程,更是对现代法治社会下,如何有效规制市场行为,促进健康竞争生态构建,以及保障数字时代经济主体合法权益的重大课题的深刻思考与回应。② 在已有较为丰富实践的背景下,考虑总结实践经验并完善立法,在当前正在进行的《反不正当竞争法》修订中设置数据权益保护专条便是方案之一。③ 有学者已经就具体的条款内容进行了设计,④-⑥ 但其具体是否具有可实施性,仍然有待实践的检验以及立法者的决策。

---

① 蒋舸:《〈反不正当竞争法〉一般条款在互联网领域的适用》,《电子知识产权》2014 年第 10 期,第 46 页。
② 周迪、贺文奕:《商业数据司法保护实践与规则重构》,《电子知识产权》2024 年第 11 期,第 92 页。
③ 孔祥俊:《论反不正当竞争法"商业数据专条"的建构——落实中央关于数据产权制度顶层设计的一种方案》,《东方法学》2022 年第 5 期,第 23—29 页。
④ 孔祥俊:《反不正当竞争法框架内的数据权利构建——"数据保护专条"的具体设计方案》,《比较法研究》2025 年第 1 期,第 50—74 页。
⑤ 曹新明、叶悦:《论反不正当竞争法"商业数据专条"的构建与完善》,《知识产权》2024 年第 6 期,第 93—110 页。
⑥ 魏远山:《我国反不正当竞争法商业数据专条的制度构建——兼评〈反不正当竞争法(修订草案征求意见稿)〉第 18 条》,《环球法律评论》2023 年第 6 期,第 80—96 页。

第 7 章 数据保护模式的选择

在国内,支持数据赋权的学者在数据保护模式的选择上存在巨大分歧,包括"物权保护模式""债权保护模式""新型权利保护模式""权利束保护模式""行为规制模式""知识产权保护模式""多元化保护模式"七种观点。其中,知识产权保护模式下又分为三种路径,一是在现有知识产权框架下寻求保护,如通过著作权汇编作品保护、技术措施保护、邻接权保护以及通过商业秘密保护、反不正当竞争法保护等;二是在现有知识产权框架下通过扩张权利客体提供保护,即将知识产权向信息产权合理扩张;三是在现有知识产权框架外创设知识产权新类型,理顺数据与现有知识产权的内在融贯性。

在国际上,对数据保护模式存在三种观点。第一,通过现有法律制度保护数据权利,相较于对法律的彻底修改和创设,恰当运用当前的法律体系才是重点关注,但目前未见赋予数据权利的相关国际规定;第二,新设数据权利提供数据保护,当前国际数据保护的规制更多聚焦在数据之上的个人信息保护,而忽视了数据之上的财产性利益保护,创设新的数据权利才能促进新的商业模式出现,如欧盟委员会 2017 年提出设立"数据生产者权利"的建议;第三,反对数据权利保护模式,赋予数据新的权利是过多干预数据经济的行为,限制数据获取易造成数据合法垄断。在国际上,欧盟和美国支持数据自由流通,是提倡"数据利益"保护的代表性国家;日本和韩国为推动数据市场有序发展,是尝试进行数据确权的代表性国家。

基于西方个人主义文化与中方集体主义文化的差异,西方国家更多地聚焦于个人数据权益的保护,而中国认为有效的数据市场应当是取之于社会又报之于社会,强调数据具有私益和公益的双重属性。当前,国家及地方已出台了相关数据安全、个人信息保护等一系列法规政策,但数据确权制度仍处于缺位状态。数据经济的快速发展对数据产权制度的需求已十分迫切,中国应坚持构建中国特色数据产权制度,进而向全球推广中国经验,将数据确权制度融入国际话语体系,促进解放全球数据生产力。

7.1 数据保护模式的现有研究

虽然学者们在数据是否有赋权必要性的问题上并未达成一致,但就支持数据赋权的学者来看,其在数据权利属性的认识或数据保护模式的选择上也存在巨大分歧,大致可以分为以下七种保护模式。

7.1.1 物权保护模式

龙卫球较早提出将数据权界定为新型的"容他性物权"。[①] 随后申卫星构建了数据原发者所有权加数据处理者用益权的二元数据权利结构。[②] 此后,申卫星通过拆分财产权中主要权能的方式,在数据所有权和用益权基础上,将政策性语言中的数据资源持有权、数据加工使用权、数据产品经营权"三权分置"方案等同于各阶段数据用益权的呈现方式,[③]并基于数据复用、收益孳息、数字劳动理论,让数据来源者对其生成的数据具有数据所有权,具体内容包括数据访问权、数据使用权、数据收益权。[④]

持"物权保护模式"观点的学者认为,我国原《物权法》一直肩负着保障权利人权利、维护社会主义市场经济稳定发展的重任,结合目前大数据交易市场的实际情况,原《物权法》保护突出了大数据作为一种财产的独立意义,更有利于维护数据控制者的权利。具体理由包括以下几点:① 数据是个有形物,虽然表现为二进制代码,但需要一定的存储空间因而具有一定的有形存在;② 数据能够为人力所控制与支配,数据存储在虚拟空间并且规模庞大,但是控制者利用算法对存储记录在云端的数据进行操作,所以数据能够为人力所控制与支配;

---

① 龙卫球:《数据新型财产权构建及其体系研究》,《政法论坛》2017年第4期,第63—77页。
② 申卫星:《论数据用益权》,《中国社会科学》2020年第11期,第110—131、207页。
③ 申卫星:《数据产权:从两权分离到三权分置》,《中国法律评论》2023年第6期,第125—137页。
④ 申卫星:《论数据来源者权》,《比较法研究》2024年第4期,第104—117页。

③ 数据具有独立性,大数据存在于人身以外,能满足人类生活需要,具有独立性;④ 数据具有经济价值,因可进行市场交易而具有经济价值,所以"是一种特殊的物"。①

此外,从效率价值角度,物权模式保护数据效率最高,一方面制度改进成本小,物权的四个权能能够较好地对应数据流转需要;另一方面制度负外部性低,不仅可以有效抑制垄断,而且权责明晰、没有复杂登记和公示制度有利于数据流转。②

不过,对于物权保护模式,不少学者也存在反对意见。王利明认为数据的物权保护模式不符合大陆法国家财产权理论框架,根据传统大陆法国家财产权物债二分、物必有体、物权排他的特点,无形的数据权益无法被这一理论框架所容纳。③ 崔国斌认为采用传统物权保护数据的模式,没有充分考虑数据作为无形物的非竞争性以及平衡公共利益的现实需求,容易陷入数据私权过度保护的泥潭。④

7.1.2 债权保护模式

梅夏英最早主张债法足以解决关于数据的争议。⑤ 支持债权保护模式的学者主要从数据自身特征出发,就有利于数据流通交易、符合数据特征两个方面来论证。理论上,依靠传统财产权路径,尤其是创设绝对权性质的数据财产权成为数据治理的主要选择,但 Josef Drexl 等从合同法路径出发,认为数据治理合同法路径更契合当前数据经济的发展,合同一定程度上也能为数据提供合同法上的保护,但其更为重要的作用在于实现数据的流通与使用。⑥ 利用合同法路径来保护数据权利具有极大的灵活性,可以利用合同的权利义务设置来保护提供数据、采集数据的行为。⑦

---

① 张弛:《大数据财产——概念析正、权利归属与保护路径》,《杭州师范大学学报(社会科学版)》2021年第1期,第104—119页。
② 周林彬、马恩斯:《大数据确权的法律经济学分析》,《东北师大学报(哲学社会科学版)》2018年第2期,第30—37页。
③ 王利明:《论数据权益:以"权利束"为视角》,《政治与法律》2022年第7期,第99—113页。
④ 崔国斌:《大数据有限排他权的基础理论》,《法学研究》2019年第5期,第3—24页。
⑤ 梅夏英:《数据的法律属性及其民法定位》,《中国社会科学》2016年第9期,第164—183、209页。
⑥ Josef Drexl, Reto M. Hilty, Globocnik Jure, et al.:《马克斯·普朗克创新与竞争研究所就欧盟委员会"关于构建欧洲数据经济征求意见书"的立场声明》,《电子知识产权》2017年第7期,第92—100页。
⑦ Max Planck Institute for Innovation and Competition. Arguments Against Data Ownership: Ten Questions and Answers [EB/OL]. (2017-08) [2025-03-26]. https://www.ip.mpg.de/en/research/intellectual-property-and-competition-law/arguments-against-data-ownership.html.

钟晓雯亦认为合同规制路径对于规范数据要素市场具有显著优势,具体理由包括以下三个:一是能够避免民事权利的客体依赖弊端;二是合同规制路径能够描述数据要素市场交易的复杂交互关系;三是合同规制路径能够及时回应数据要素市场交易的技术更迭与发展变化。[①]

金耀则进一步指出,数据治理主要是基于数据"技术措施"+"许可合同"的方式,前者有助于解决数据的保护,后者则是实现数据的获取与流通。我国数据治理合同路径应当构建以数据许可合同为一类典型合同作为数据时代的基础合同,并参照国外相关立法实现此类合同的专门立法。[②] 康宁将数据的债权保护模式概括为"进程确权",其借助特定技术手段,对数据的权利关系状态进行确认,这种权利关系最终呈现为数据处理进程中的合约,有利于数据价值的充分释放。[③]

反对债权保护模式的学者认为,数据的合同保护模式存在明显弊端和不足,如数据交易主体多元化与债权相对性的突出矛盾以及由此带来的合同监管难等问题,具体来说包括以下四方面理由。

首先,数据交易主体多元化,无法通过合同实现一致保护。在互联网环境下,数据更新快、生命周期长,在数据生产过程中涉及众多主体且不断变化,通过签署多方一致认可的合同来实现数据保护是不现实的。[④]

其次,合同所设置的权利义务内容只能约束特定主体。申卫星指出,合同上的债权具有相对性,因此合同所创设的权利义务只能及于特定对象而无法完全实现数据的财产权益,同时债权所创设的权利不具有普遍性,因而也无法实现普遍的权利自由流转。[⑤] 龙卫球亦指出,合同保护模式的前提是存在预先的合同安排,但是合同保护只能提供一种债权保护,不具有排他性,无法应对合同之外第三人对数据的侵害和利用。[⑥]

再次,数据保护合同的履行监管难度大,数据保护合同可能形同虚设。崔国斌认为,数据的合同保护模式具有突出的监管难题,随着用户数量不断增多,

---

[①] 钟晓雯:《数据交易的权利规制路径:窠臼、转向与展开》,《科技与法律(中英文)》2021年第5期,第34—44页。

[②] 金耀:《数据治理法律路径的反思与转进》,《法律科学(西北政法大学学报)》2020年第2期,第79—89页。

[③] 康宁:《数据确权的技术路径、模式选择与规范建构》,《清华法学》2023年第3期,第158—173页。

[④] Benoit Van Asbroeck, Julien Debussche and Jasmien César, *Building the European Data Economy*; *Data Ownership* (Bird&Bird, 2017), p. 120, accessed March 26, 2025, https://sites-twobirds.vuture.net/1/773/uploads/white-paper-ownership-of-data-(final).PDF.

[⑤] 申卫星:《论数据用益权》,《中国社会科学》2020年第11期,第110—131、207页。

[⑥] 龙卫球:《再论企业数据保护的财产权化路径》,《东方法学》2018年第3期,第50—63页。

通过协议监管的难度也不断增加，数据采集者无法察觉用户是否向不受合同约束的第三方传递数据，如果加大合同约束又可能出现违反知识产权法基本宗旨的另一问题。① 徐实亦认为，由于数据交易缺乏物质载体，采用许可合同的方式进行较为常见，但是合同授权数据获取者后，数字产品可能会陷入难以控制的境地，无法应对未经数据权利人许可而被滥用的风险。②

最后，数据保护合同法路径的不足可能带来连环的负面效应。周林彬等认为，债权路径具有明显的负外部性，过度依赖契约路径会放任大数据产权不明的状态，为了规避市场机制下大数据流转的法律风险，债权路径会导致数据流转集中向关联企业形成数据壁垒，并出现垄断和不正当竞争的结果。③

7.1.3 新型权利保护模式

财产权包括物权、债权、继承权、知识产权中的财产权。部分学者认为数据无法被现有财产权利所容纳，应该创立一种新型财产权。龙卫球从 2015 年就提出确立数据新型财产权的方法保护企业数据，他认为企业数据具有经济资源化特点，采取数据财产权保护更符合经济原理。④ 李爱君提出数据权是具有财产权、人格权以及国家主权属性的兼具债权与物权的新型权利。⑤ 王建冬认为，数据权是一种新型民事权利。数据权是附着在数据上的一系列排他性权利的集合，是调整人与人之间关于数据使用的利益关系的制度。与物权相比，支配数据具有非损耗和非"物"上的排他性；与债权相比，相关法律制度不能为数据权利提供充分保护；与知识产权相比，数据采集汇聚存储不包含明显的智慧加工，解释力有限。⑥ 付新华认为数据权是一种财产权，对采集的非个人的、匿名化的数据，赋予权利人专有性、排他性财产权。⑦ 石丹也将该新型数据财产权定性为一项类似于物权的具有排他性和支配效力的绝对权。⑧ 孙建伟进一步提出

---

① 崔国斌：《大数据有限排他权的基础理论》，《法学研究》2019 年第 5 期，第 3—24 页。
② 徐实：《企业数据保护的知识产权路径及其突破》，《东方法学》2018 年第 5 期，第 55—62 页。
③ 周林彬、马恩斯：《大数据确权的法律经济学分析》，《东北师大学报（哲学社会科学版）》2018 年第 2 期，第 30—37 页。
④ 龙卫球：《再论企业数据保护的财产权化路径》，《东方法学》2018 年第 3 期，第 50—63 页。
⑤ 李爱君：《数据权利属性与法律特征》，《东方法学》2018 年第 3 期，第 64—74 页。
⑥ 王建冬、于施洋、黄倩倩：《数据要素基础理论与制度体系总体设计探究》，《电子政务》2022 年第 2 期，第 2—11 页。
⑦ 付新华：《企业数据财产权保护论批判——从数据财产权到数据使用权》，《东方法学》2022 年第 2 期，第 132—143 页。
⑧ 石丹：《大数据时代数据权属及其保护路径研究》，《西安交通大学学报（社会科学版）》2018 年第 3 期，第 78—85 页。

应以《民法典》第 127 条为基础设计中国的《数字财产法》。①

对于具体数据权利的设计,张新宝建议将数据财产权确立为与物权、知识产权并列的第三类具有对世性的财产权利,②对客体采取"公共数据—企业数据—个人信息数据"类型化区分的权利设置路径:公共数据平衡好行政管理和民事财产权;确认企业主体享有数据财产权;最后将个人信息数据中的财产权益配置给作出劳动投入的个人信息数据处理者。③ 具体将公共数据分为公共管理数据和公共服务数据,前者涉及政府的授权开放运营,后者兼具公共性和民事权利性质,应当确认公共服务机构对公共服务数据享有数据财产权。④ 冯晓青针对公共数据、企业数据和个人数据的数据产权制度,建议明确赋予其数据控制权、数据处理权、数据处分权和数据收益权。⑤ 类似地,程啸遵循客体类型,以个人信息权益优先保护个人数据,对企业数据财产权与共享开放的公共数据进行内部有位阶性的数据权益构建,⑥并将其中的数据来源者权益二分为:自然人对其促成产生的个人数据所享有的权益,组织和个人对其促成产生的非个人数据享有的数据来源者权益。⑦ 孙莹针对企业数据构建起完全支配绝对排他、完全支配无排他性、有限支配有限排他的三层企业数据财产权体系。⑧

基于主体性质,彭辉认为要以"数据权属赋权在数据生成与利用中处于核心驱动地位"为准则,合理界分个人用户、平台企业、政府国家之间的数据权属内容和边界。⑨ 刘辉提出要合理平衡个人数据权利、数据持有企业的数据权益、数据市场竞争秩序保护三种法益关系,配置合适的个人携带权和企业数据获取。⑩ 针对个人权利之一的数字权利,申卫星提出在事实层隐私、描述或内容层信息,符合层数据三个层面基础上,构建作为私权的隐私权和个人信息权与作为财产权的个人数据权的差序格局。⑪ 刘小鲁等在比较分析了数据产权归属于用户抑或是数据收集者的不同配置方式对资源配置效率的影响后,建议产权配

---

① 孙建伟:《数字财产权对传统财产权理论的重构》,《中国法学》2024 年第 5 期,第 123—143 页。
② 张新宝:《论作为新型财产权的数据财产权》,《中国社会科学》2023 年第 4 期,第 144—163、207 页。
③ 张新宝:《产权结构性分置下的数据权利配置》,《环球法律评论》2023 年第 4 期,第 5—20 页。
④ 张新宝、曹权之:《公共数据确权授权法律机制研究》,《比较法研究》2023 年第 3 期,第 41—55 页。
⑤ 冯晓青:《数字经济时代数据产权结构及其制度构建》,《比较法研究》2023 年第 6 期,第 16—32 页。
⑥ 程啸:《论数据权益》,《国家检察官学院学报》2023 年第 5 期,第 77—94 页。
⑦ 程啸:《论数据来源者权益》,《比较法研究》2024 年第 6 期,第 28—41 页。
⑧ 孙莹:《企业数据确权与授权机制研究》,《比较法研究》2023 年第 3 期,第 56—73 页。
⑨ 彭辉:《数据权属的逻辑结构与赋权边界——基于"公地悲剧"和"反公地悲剧"的视角》,《比较法研究》2022 年第 1 期,第 101—115 页。
⑩ 刘辉:《个人数据携带权与企业数据获取"三重授权原则"的冲突与调适》,《政治与法律》2022 年第 7 期,第 114—131 页。
⑪ 申卫星:《数字权利体系再造:迈向隐私、信息与数据的差序格局》,《政法论坛》2022 年第 3 期,第 89—102 页。

置给数据收集者而非用户,并引入价格上限管制,实现促进数据共享和激励数据投资两者的权衡。①

公共数据研究同样是数据保护模式研究的重要组成部分。高富平将研究视角拓展到公共机构,主张依据数据开放行为的性质来定义开放数据的性质,确认社会主体、政府和其他公共机构的数据持有者权。② 冯晓青等根据市场主体和行政主体的二分法,构建了公共数据商业利用规则并划定了边界。③

依据数据价值实现各流程,姬蕾蕾按价值生成机制将数据权划分为收集、储存、处理、利用四个环节,依此环节数据价值由低向高,划为数据源、数据集合、数据产品,④最终提出数据权利是以分享利用为价值实现方式的有限排他权,要从个人、企业、公共维度设计数据产权制度框架。⑤ 高富平以数据产品化的价值实现过程为划分依据,将数据区分为作为要素的数据资源和作为产出物的数据产品,在其上分别构建等于流通数据使用权的数据要素持有权和数据产品持有权,⑥其中的数据持有者权应该符合数据流通利用秩序和财产治理范式。⑦ 庞琳认为应该构建以私法为主的数据资源持有权请求权规范与责任规则体系。⑧ 于海纯等认为数据资源持有权在法律上应解释为"持有主体合法控制数据资源并免受非法干扰和攻击的利益"。⑨ 商建刚从数据控制、流通、利用三大维度设计数据资源持有权、数据产品加工经营权、数据加工使用权的中国方案。⑩ 胡凌根据功能将公共数据分为能直接成为信息服务或数据产品的展示性数据和帮助市场一般数据要素流动的辅助性数据两类,同时借助中央与地方政府间的权力结构对不同层级的公共数据加以分层,为公共数据确权提供了客体上的分析路径。⑪

---

① 李三希、王泰茗、刘小鲁:《数据投资、数据共享与数据产权分配》,《经济研究》2023 年第 7 期,第 139—155 页。
② 高富平:《公共机构的数据持有者权——多元数据开放体系的基础制度》,《行政法学研究》2023 年第 4 期,第 19—36 页。
③ 沈韵、冯晓青:《公共数据商业利用边界研究》,《知识产权》2023 年第 11 期,第 60—77 页。
④ 姬蕾蕾:《企业数据保护的司法困境与破局之维:类型化确权之路》,《法学论坛》2022 年第 3 期,第 109—121 页。
⑤ 姬蕾蕾:《数据确权的理论反思与重塑》,《上海大学学报(社会科学版)》2025 年第 1 期,第 15—29 页。
⑥ 高富平:《数据持有者的权利配置——数据产权结构性分置的法律实现》,《比较法研究》2023 年第 3 期,第 26—40 页。
⑦ 高富平:《论数据持有者权构建数据流通利用秩序的新范式》,《中外法学》2023 年第 2 期,第 307—327 页。
⑧ 庞琳:《数据资源持有权的法律表达:作为一种独立财产权的法定化可能》,《学习与探索》2024 年第 10 期,第 94—104、176 页。
⑨ 于海纯、陈润恺:《数据资源持有权的法律解释》,《科技与法律(中英文)》2024 年第 2 期,第 21—30 页。
⑩ 商建刚:《数据要素权益配置的中国方案》,《上海师范大学学报(哲学社会科学版)》2023 年第 3 期,第 82—94 页。
⑪ 胡凌:《公共数据开放的法律秩序:功能与结构的理论视角》,《行政法学研究》2023 年第 4 期,第 37—50 页。

申卫星采取了横向区分数据与信息、数据来源者与处理者、来源者与处理者用益权三对关系，纵向以数据生成周期分为数据资源采集、数据集合加工利用、数据产品经营三个阶段的纵横分类标准，构建了"三三制"数据确权路径。① 徐玖玖同样设计了"数据属性—主体类型"的复合分类标准与"阻断触发"的分阶段判断要素相结合的数据产权分类架构。② 张素华等建议在数据归属与利用两大阶段构建"数据来源者权+数据持有权"和"数据持有权+数据使用权"的"双阶二元结构"，③并形成公共、企业数据的一级子类型，公用、私用数据与公开、不公开数据为二级子类型的数据客体分类谱系。④

与其他数据保护路径不同的是，对于新型权利保护模式，学者们建议设置与数据确权相配套的数据登记制度。程啸提出作为标的式数据的数据产权登记制度，具备证明数据权利归属和内容、降低数据权利转让或数据交易成本、保护数据权利与维护数据交易安全三大基本功能，赋予其转让、推定和公信三大效力。⑤ 谭佐财提出设立独立登记机构，以明确登记客体财产属性为标准，建立全国性的数据产权统一登记系统。⑥ 孙湛等尝试构建了集数据登记客体、登记效力、登记审查和登记内容"四位一体"的全国一体化数据登记的理论体系。⑦ 邵红红以信号理论为基础，认定"登记机关的形式审查"模式难以构建有效信号，提出要设置"登记机关形式审查+第三方实质审查"模式的数据产权登记制度。⑧ 林洹民认为数据产权登记应为宣示登记而非设权登记，其功能只是用于表明数据供方合法地持有数据资源。⑨ 张素华提出全国范围内的登记机构、登记平台、登记程序、登记效力、权责范围、登记凭证"六统一"的数据产权登记制度设想，并建议将登记内容划分为一级市场下的数据资源登记和二级市场下的数据产品登记。⑩ 对此，杨东等认为初期要将塑造契合数据价值分配的新型生

---

① 申卫星：《论数据产权制度的层级性："三三制"数据确权法》，《中国法学》2023年第4期，第26—48页。
② 徐玖玖：《利益均衡视角下数据产权的分类分层实现》，《法律科学（西北政法大学学报）》2023年第2期，第67—81页。
③ 张素华、王年：《数据产权"双阶二元结构"的证成与建构》，《中国法律评论》2023年第6期，第138—156页。
④ 张素华、王年：《"三权分置"路径下数据产权客体的类型谱系》，《法治研究》2024年第2期，第47—60页。
⑤ 程啸：《论数据产权登记》，《法学评论》2023年第4期，第137—148页。
⑥ 谭佐财：《论数据产权登记的制度构建》，《当代法学》2024年第4期，第86—97页。
⑦ 孙湛、郭明军、曾丽：《权益保护视角下全国一体化数据登记体系建设研究》，《电子政务》2024年第10期，第88—99页。
⑧ 邵红红：《数据产权登记的功能定位、模式选择与制度完善——以信号理论为切入点》，《知识产权》2024年第3期，第54—72页。
⑨ 林洹民：《数据产权登记的私法定位与制度设计》，《法商研究》2024年第5期，第87—101页。
⑩ 张素华、邓鹏：《数据产权统一登记体系的探索与制度构建》，《电子政务》2024年第12期，第28—40页。

产关系作为数据登记制度的"元功能"。① 曹新舒建议参照物权登记模式设计数据登记。②

但同样有学者提出对数据确权的反对意见。胡凌从经济视角出发,基于我国互联网产业二十多年的发展历史提出,相较于进行法律结构下的数据要素财产权构建,培育健康的数据要素市场更为重要。③ 王佳佳基于效率视角下的数据确权成本效益比较分析,认定确权将产生显著的交易成本、寻租成本、保护成本与创新成本。④ 周汉华从法律视角出发,依据财产规则与责任规则二分的财产权分析范式,认为我国现有法律体系对数据的保护早已远超财产权责任规则,公地悲剧理论下权属不明确的不确定性会导致数据流通困难的结论存疑,反对对数据权益归属问题的探索,而是建议将研究对象集中于推动公共数据与非公共数据的有效利用与共享两方面。⑤

7.1.4 权利束保护模式

闫立东认为商业数据是各种利益的集合体,在私法维度上含有数据的财产、竞争、知识产权等复合权益,并较早提出了商业数据的"权利束论"。⑥ 王利明认为,数据中包含复杂的权益类型,无法将其简单地看作单一的权利类型,因此有必要借鉴"权利束"理论,将数据权益看作是信息之上产生的多项集合的"权利束"。从权利视角看,数据权益的产生来源复杂,可能混合多种权利类型;从主体视角看,数据权益来源、数据流通、数据利用各个环节权益主体复杂;从利用方式看,数据的非排他性决定了较之物权的单独利用,数据权益的共同利用才是常态。⑦ 在此基础上,王利明提出作为民事权益的数据权益的权利框架:数据处理者财产权可以等同于数据财产权,数据来源者权利遵循在先权利及人格权益优先原则。⑧ 其中,数据处理者财产权包括持有权、使用权、收益权、处置权,以及遭受侵害或妨碍时的停止侵害、排除妨碍和消除危险请求权;⑨数据来

---

① 杨东、李子硕:《数据登记的功能逻辑与制度构建——基于"利益—权利"共生视角》,《中国人民大学学报》2024年第5期,第114—127页。
② 曹新舒:《数据登记私法行为规范的参照论》,《东方法学》2024年第6期,第98—110页。
③ 胡凌:《数据要素财产权的形成:从法律结构到市场结构》,《东方法学》2022年第2期,第120—131页。
④ 王佳佳:《论数据财产权的收益、成本与去产权化规则构造》,《河北法学》2024年第10期,第122—148页。
⑤ 周汉华:《数据确权的误区》,《法学研究》2023年第2期,第3—20页。
⑥ 闫立东:《以"权利束"视角探究数据权利》,《东方法学》2019年第2期,第60—67页。
⑦ 王利明:《论数据权益:以"权利束"为视角》,《政治与法律》2022年第7期,第99—113页。
⑧ 王利明:《数据权益的民法表达》,《荆楚法学》2024年第1期,第19—29页。
⑨ 王利明:《数据何以确权》,《法学研究》2023年第4期,第56—73页。

源者应当享有公平访问权、合理利用权、可携带权和自然人个人数据大规模处理拒绝权等权利。①

7.1.5 行为规制模式

部分学者认为数据不需要具有财产属性,仅需规制数据的获取行为。因为创造价值的数据处理活动不以数据排他所有为前提,所以数据资源获得有效配置、充分利用不必回答"谁拥有数据"的问题,但需要为数据处理者和控制者就数据获取行为提供具体界权方案。

丁晓东认为,构建数据财产权制度并非解决数据交易中存在的交易成本高、公地悲剧、"搭便车"以及阿罗信息悖论等问题的有效途径,反而可能带来更多的问题,并提出行为主义保护模式。②-③孙莹等在比较数据权利保护和行为规制模式的基础上,基于反不正当竞争法下的数据司法保护实践,提出在"竞争关系"向"竞争秩序"转变的竞争法领域,数据的权益保护具备了一定对世性,可以尝试通过行为规制权利化路径落地数据产权结构性分置。④

数据价值来自聚合形成规模后的多元利用和开发,数据界权应超越传统的财产权属思维,以开放利用的价值为逻辑基础,在主体间的利益互动中进行界权,即采用关系而非实体性方式理解权利义务。个人信息是谁的财产不重要,重要的是是否允许企业自由开展影响个体隐私和安全的数据处理行为;企业对其控制的数据是否拥有知识产权不重要,重要的是是否允许其他企业对相同数据自由爬取;公共数据是否属于国有资产不重要,重要的是公共数据是否可以无条件开放获取。所以,数据法应以具体主体利益关系层面界权为侧重。⑤

7.1.6 知识产权保护模式

部分学者认为数据权具有明显的知识产权属性,知识产权保护模式属于当前理想的制度选择。主要的理由包括以下三点:其一,从法律调整对象看,数据

---

① 王利明:《论数据来源者权利》,《法制与社会发展》2023 年第 6 期,第 36—57 页。
② 丁晓东:《数据交易如何破局——数据要素市场中的阿罗信息悖论与法律应对》,《东方法学》2022 年第 2 期,第 144—158 页。
③ 丁晓东:《新型数据财产的行为主义保护:基于财产权理论的分析》,《法学杂志》2023 年第 2 期,第 54—70 页。
④ 孙莹、禹政远:《竞争关系反思与数据确权路径再思考》,《科技与法律(中英文)》2024 年第 5 期,第 25—36 页。
⑤ 戴昕:《数据界权的关系进路》,《中外法学》2021 年第 6 期,第 1561—1580 页。

权和知识产权具有相似的调整对象。数据权与知识产权客体均以非物质形态存在,从财产形态看,数据库或数据产品与知识产权客体具有类似的权利外观。其二,从法律的制度目标看,数据权与知识产权具有相似的制度目标。数据权不仅仅是为数据主体配置特定权利,更是为了调和数据主体、数据处理者、社会整体利益之间的平衡。其三,从法律保护模式看,知识产权属于法律拟制权利,其目的是激励权利人创造创新和促进社会文化科技繁荣发展,数据赋权的目的也是激励数据主体生产、处理数据,并促进数据经济发展、优化数据要素配置。①

7.1.6.1 知识产权保护模式下的三种具体方式

在知识产权保护模式下,学者也提供了不同的数据保护思路,主要包括在现有知识产权框架下寻求保护、在现有知识产权框架下通过扩张权利客体提供保护、在现有知识产权框架外创设知识产权新类型三种。

1) 在现有知识产权框架下寻求保护

崔国斌认为,很多学者在讨论数据权利时,提出非常宽泛的数据财产保护方案,实则是忽略了数据与现有知识产权框架的交叉重叠,数据集合的保护大部分已被知识产权覆盖,应在现有知识产权框架下排除已受到保护的数据,识别出现有制度外处于保护空白地带的数据,并以此为基础再提供补充保护。②知识产权制度的设立就是对特定"信息"进行保护,广义知识产权制度中的著作权法、商标法、专利法、反不正当竞争法等都可以为大数据提供一定的保护。③大数据与知识产权在调整对象、制度目标和历史发展轨迹上具有高度相似性,因此知识产权制度能为数据权保护提供有益的制度参考,无视知识产权制度在研究对象上的拓展,是对既往法律智慧的极大浪费。④

在提出大数据概念之初,林华认为可以将数据视为著作权法中所保护的客体。⑤ 杨立新认为可以对衍生数据使用著作权规制。⑥ 王淇、李牧亦认为,知识产权与数据均为无形资产,通过知识产权路径保护数据具有得天独厚的亲缘优势,应按知识产权的不同类型对数据提供充分全面的保护,以著作权保护构成作品的数据,以邻接权保护非独创性数据库,用专利权保护数据算法,用商标保

---

① 秦元明:《数据产权知识产权司法保护相关法律问题研究》,《人民法院报》2021年4月29日第7版。
② 崔国斌:《大数据有限排他权的基础理论》,《法学研究》2019年第5期,第3—24页。
③ 徐实:《企业数据保护的知识产权路径及其突破》,《东方法学》2018年第5期,第55—62页。
④ 郝思洋:《知识产权视角下数据财产的制度选项》,《知识产权》2019年第9期,第45—60页。
⑤ 林华:《大数据的法律保护》,《电子知识产权》2014年第8期,第80—85页。
⑥ 杨立新、陈小江:《衍生数据是数据专有权的客体》,《中国社会科学报》2016年7月13日第5版。

护数据产品,用反不正当竞争法保护数据竞争性市场利益,必要时对知识产权制度进行合理调整和突破,创设知识产权保护新类型。[①] 管荣齐建议以《数据安全法》为主干,通过拓宽国家知识产权局和国家数据局数据保护的行政职权,将数据置于知识产权法律体系中。[②]

2) 在现有知识产权框架下通过扩张权利客体提供保护

部分学者从知识产权客体扩张的角度,论证数据知识产权保护模式的可行性。例如,王广震从知识产权客体法学理论角度指出,知识产权法的根本任务是对信息财产的保护,信息产权是知识产权客体的合理扩张,大数据的本质是信息,此为大数据成为知识产权新的财产形态的逻辑起点。[③] 李晓辉亦指出,信息产权应理解为知识产权的延伸和补充,从而能够使知识产权制度具有更加包容的理论基础和制度弹性,为数据经济时代提供有效全面的保护。[④] 王国柱等将创造性作为数据和知识产权的联结点,认定具备差异性、实质性加工与体现新价值三个要件的数据可以作为知识产权保护的对象。[⑤] 但郝思洋对此有不同观点,他认为在外延上数据财产权要大于知识产权,如果通过扩张解释强行把数据财产权纳入知识产权的调整范围内,则会损害知识产权法律体系的完整性,破坏其学科理论逻辑的内在自洽。[⑥]

3) 在现有知识产权框架外创设知识产权新类型

随着数字经济的蓬勃发展,新型数据权利将不断涌现,可能会遭遇知识产权法律制度难以提供全面保护的瓶颈,此时或需要借助其他领域的法律补充规制,但是多路径的互补保护可能导致数据权整体保护体系的混乱。[⑦]

对此,王淇等认为应创设知识产权保护的新类型。一方面,在数字经济快速发展的背景下,重新认识知识、信息、数据以及知识产权、信息产权、数据权的相互关系,有利于理顺数据与知识产权的内在融贯性;另一方面,将数据权利创设为知识产权保护新类型,有利于适应数据生产要素流动与配置的发展需要。[①] 贾丽萍认为,对衍生数据产品进行数据知识产权赋权具有劳动财产、功利主义

[①] 王淇、李牧:《数据知识产权保护的理论思考》,《中国市场监管研究》2021年第4期,第11—13页。
[②] 管荣齐:《论数据保护的法律边界》,《知识产权》2023年第11期,第23—41页。
[③] 王广震:《大数据的法律性质探析——以知识产权法为研究进路》,《重庆邮电大学学报(社会科学版)》2017年第4期,第58—63页。
[④] 李晓辉:《信息产权:知识产权的延伸和补充》,《电子知识产权》2013年第11期,第41—47页。
[⑤] 王国柱、袁帅:《创造性:数据与知识产权的联结点》,《华东师范大学学报(哲学社会科学版)》2024年第5期,第103—115、172—173页。
[⑥] 郝思洋:《知识产权视角下数据财产的制度选项》,《知识产权》2019年第9期,第45—60页。
[⑦] 秦元明:《数据产权知识产权司法保护相关法律问题研究》,《人民法院报》2021年4月29日第7版。

和交易成本三大理论的正当性。①

孔祥俊提出构建商业数据权,将其作为数字时代的新兴工业产权加以保护。② 在反不正当竞争法框架下的"数据专条"中,设计客体具备合法性、规模性、价值性、可公开性和管理性五大构成要件,借助侵害行为类型化限定保护范围的数据控制权利。③ 吴汉东提出,数据知识产权应当建立"数据制作者权和数据使用者权"的二元权利结构,数据制作者权性质是仅具有有限排他性的财产权,数据使用者权性质是用户及其他经营者的访问权。④ 其中,数据使用者权包含三类主体:赋予数据处理者以有限排他性为内涵的使用权;赋予数据来源者以访问、携带为要义的使用权;赋予数据使用者以对价许可为特点的使用权。⑤ 吕炳斌通过借鉴知识产权法对价交换的设权进路,将"三权分置"纳入知识产权视野下进行构建。⑥

对此,也有学者持消极观点。肖冬梅提出在知识产权之下新设数据专有权,尽管可以令其有些许个性,但更需满足现有知识产权都具备的共性,如创造性、独创性、显著性等要件,这将使得只有少量的数据获得保护,更多的大量有价值的数据被排除在外。⑦

7.1.6.2 著作权保护的制度选项

学者认为著作权保护下的制度选项可以包括汇编作品保护、技术措施保护、邻接权保护、参照数据库保护四种。但值得注意的是,各制度选项均有学者持否定意见。

1)汇编作品保护

我国《著作权法》第15条规定:汇编若干作品、作品的片段或者不构成作品的数据或者其他材料,对其内容的选择或者编排体现独创性的作品,为汇编作品,其著作权由汇编人享有,但行使著作权时,不得侵犯原作品的著作权。徐实认为,在实践中当数据采集者对数据的选择、编排体现出独创性,则可以通过主张数据汇编作品著作权获得对数据的保护。⑧ 崔国斌认为,数据采集者在数

---

① 贾丽萍:《数据知识产权的权利证成与规则展开》,《法制与社会发展》2024年第4期,第205—224页。
② 孔祥俊:《商业数据权:数字时代的新型工业产权——工业产权的归入与权属界定三原则》,《比较法研究》2022年第1期,第83—100页。
③ 孔祥俊:《反不正当竞争法框架内的数据权利构建——"数据保护专条"的具体设计方案》,《比较法研究》2025年第1期,第50—74页。
④ 吴汉东:《数据财产赋权的立法选择》,《法律科学(西北政法大学学报)》2023年第4期,第44—57页。
⑤ 吴汉东:《数据财产赋权:从数据专有权到数据使用权》,《法商研究》2024年第3期,第3—16页。
⑥ 吕炳斌:《数据财产设权的知识产权进路》,《法商研究》2025年第1期,第78—91页。
⑦ 肖冬梅:《"数据"可否纳入知识产权客体范畴?》,《政法论丛》2024年第1期,第137—148页。
⑧ 徐实:《企业数据保护的知识产权路径及其突破》,《东方法学》2018年第5期,第55—62页。

的选择、编排、整理上作出独创性贡献,则数据集合可以通过著作权获得汇编作品的保护。同时,他以大众点评网为例指出单个数据条目构成作品时,数据采集者也可以通过事先的用户授权控制数据集合。① 郝思洋亦认为,数据库作品是与数据信息最为接近的著作权客体,对不能单独构成作品的数据如果在编排上具有独创性,则可以纳入著作权法汇编作品的保护范畴。②

同时,也有部分学者认为汇编作品保护数据存在局限性。首先,著作权要求的独创性条件难以满足。数据的著作权保护可以追溯到欧盟《数据库保护指令》对原创型和非原创型数据库的双重保护,但数据库的著作权保护存在一个天然缺陷,原始数据因不具备独创性而无法获得保护,无法满足互联网环境下对原始数据动态利用的需求。③ 数据著作权保护模式的重要前提是数据集合必须满足作品独创性的条件,徐实也从独创性条件出发指出该路径的两点缺陷:一是法律仅为抽象的具有独创性的编排和选择提供保护,而不保护构成数据集合实质部分的原始数据;二是对不具有独创性的原始数据集合保护束手无策。④ 北京互联网法院课题组也通过调研,得出在数据达不到汇编作品所要求的最低独创性的情形下,数据难以构成汇编作品并获得司法保护的结论。⑤

其次,数据侵权规避空间大。郝思洋从侵权规避的角度指出,数据保护的价值在于数据本身而非编排结构,事实上,数据经济时代,数据体量越大在编排选择上的创造性空间就越小,且数据产品最终呈现的结构受到数据调取模式的影响,侵权人可以轻易改变编排来规避侵权责任并享用他人数据库的实质性内容。②

2) 技术措施保护

我国《著作权法》第 53 条第 6 款规定:"未经著作权人或者与著作权有关的权利人许可,故意避开或者破坏技术措施的"属于侵权行为。著作权法禁止他人未经许可破坏权利人为保护著作权而采取的技术措施或提供用于破解该技术措施的专门工具。在大数据集合中的单个数据元素或数据集合整体上构成作品的情况下,如果采集者采用技术措施保护该数据集合,则该技术措施受著

---

① 崔国斌:《大数据有限排他权的基础理论》,《法学研究》2019 年第 5 期,第 3—24 页。
② 郝思洋:《知识产权视角下数据财产的制度选项》,《知识产权》2019 年第 9 期,第 45—60 页。
③ Néstor Duch-Brown, Bertin Martens, Frank Mueller-Langer. "The Economics of Ownership, Access and Trade in Digital Data," *JRC Digital Economy Working Paper*, no.1(2017): 13.
④ 徐实:《企业数据保护的知识产权路径及其突破》,《东方法学》2018 年第 5 期,第 55—62 页。
⑤ 北京互联网法院课题组:《数据权益知识产权司法保护的体系协调与规则创新》,《法律适用》2024 年第 4 期,第 107—108 页。

作权法保护。在大数据集合整体和局部均不构成作品的情况下,数据采集者保护该数据集合的技术措施,则很可能不受著作权法保护。这是因为我国著作权法规定的受保护的技术措施,应该是为保护著作权而采取的技术措施,在大数据集合整体和局部均不构成作品或邻接权客体的情况下,保护它的技术措施并非著作权法意义上的技术措施。不过,梅夏英指出,数据采集者可以轻松消除这一不确定性——它只要将不受著作权法保护的数据和部分受著作权法保护的内容混在一起,再采取技术保护措施,就可以利用著作权法阻止他人对该技术措施的破解。① 《著作权法》对技术措施保护的规定降低了数据采集者技术措施被破解的风险,在一定程度上强化了数据采集者对大数据集合本身的控制。

但部分学者认为技术措施的保护手段可能影响数据的流通。数据的价值在于流通和利用。以技术措施来保护数据集合可能会降低数据的流动性和可及性。如此一来,不仅会增加公众获取数据的成本,还可能进一步压缩公共领域的空间。美国的《反盗版法案》中建议的禁止提供规避技术措施的装置就曾引发过很多类似的批评。

3) 邻接权保护

崔国斌认为,虽然不符合独创性的大数据集合无法作为作品获得著作权的保护,但其符合邻接权客体的保护要求,可以借用邻接权规则保护大数据集合,从而减少立法的麻烦。② 王淇认为,相比著作权保护,邻接权无独创性要求,采用邻接权模式能够以较低立法成本实现对数据的保护,建议通过扩展邻接权法定类型,将非独创性数据库规定为保护对象。③ 郝思洋参照国外对无独创性数据库获得保护的法律历史,亦指出相较另行立法的高成本路径,扩张邻接权的客体即能够满足对无独创性却有高价值的数据集合的保护需求。④ 陶乾等根据衍生数据创作性的有无建议将其分别纳入著作权和邻接权保护。⑤ 初亦周认为,数据产权与邻接权制度的契合使得对数据产品的保护可以暂时被纳入邻接权制度中。⑥

4) 参照数据库保护

关于数据库的保护,欧盟一直走在前列。1996 年,欧盟的《关于数据库法律

---

① 梅夏英:《数据的法律属性及其民法定位》,《中国社会科学》2016 年第 9 期,第 164—183、209 页。
② 崔国斌:《大数据有限排他权的基础理论》,《法学研究》2019 年第 5 期,第 3—24 页。
③ 王淇、李牧:《数据知识产权保护的理论思考》,《中国市场监管研究》2021 年第 4 期,第 11—13 页。
④ 郝思洋:《知识产权视角下数据财产的制度选项》,《知识产权》2019 年第 9 期,第 45—60 页。
⑤ 陶乾、李衍泽:《论衍生数据的知识产权保护模式》,《大连理工大学学报(社会科学版)》2023 年第 4 期,第 94—101 页。
⑥ 初亦周:《数据产权制度构建的方法论——以知识产权基础理论为起点》,《知识产权》2024 年第 11 期,第 112—126 页。

保护的指令》规定了保护不符合著作权法独创性标准的数据库,以数据库制作人付出实质性投入为条件,赋予数据库权利人以专有财产权,期限为15年,徐实认为关于数据保护可以参照数据库的保护规则来调整第三方对数据内容的提取和再利用。①

但是,李谦指出欧盟数据库保护的路径并未取得成功,因为欧盟数据库权利配置锁定的商业模式非数据产业发展的未来大势,欧盟为数据库赋予特殊权利保护并未实现促进数据库繁荣发展的预期目的。此外,从知识产权利益平衡视角出发,抽象物的知识产权是具有一定期限的财产权,数据库特殊权利虽具有法定期限,但经过实质更新的数据库保护期可独立计算,从而使数据库通过更新获得永续时限的保护,此种保护结果似乎与促进数据流通交易背道而驰。②李晓珊提出数据产品与数据库特殊权利不在同一维度,前者是网络运营者基于一定的算法而产生的衍生数据,并非仅仅是数据聚合的产物。③

虽然,上述著作权保护选项存在诸多局限性,但王淇等学者更进一步提出,因为我国著作权法坚持独创性的要件将数据库拦截在保护范围外,可以考虑单独设立相对弹性的作品构成要件,放宽数据作品的构成标准,将符合作品要件的内容型数据产品纳入著作权法保护范畴。④ 吕炳斌在比较数据知识产权登记背后的商业秘密和数据库保护理念的分歧后,认为我国可以采取"扩张保护范围—限缩权利内容"的数据库模式。⑤

7.1.6.3 专利权保护的制度选项

学者们认为,专利权保护下的制度选项包括涉及数据及相关算法的专利保护、数据驱动型商业模式的专利保护两种。但各制度选项下也均有学者给出否定理由。

1)涉及数据及相关算法的专利保护

《中华人民共和国专利法》(以下简称《专利法》)对具有鲜明技术属性并解决一定技术问题的大数据运算程序予以保护,因为数据的产生、采集等环节往往与计算机技术密切相关,对此,有学者指出可以为大数据提供计算机程序的专利保护。⑥ 如果计算机程序的执行是一种正确利用自然规律的技术手段,并且能

---

① 徐实:《企业数据保护的知识产权路径及其突破》,《东方法学》2018年第5期,第55—62页。
② 李谦:《法律如何处理数据财产——从数据库到大数据》,《法律和社会科学》2016年第1期,第73—100页。
③ 李晓珊:《数据产品的界定和法律保护》,《法学论坛》2022年第3期,第122—131页。
④ 王淇、李牧:《数据知识产权保护的理论思考》,《中国市场监管研究》2021年第4期,第11—13页。
⑤ 吕炳斌:《数据知识产权登记:商业秘密模式抑或数据库模式》,《知识产权》2024年第6期,第62—79页。
⑥ 徐实:《企业数据保护的知识产权路径及其突破》,《东方法学》2018年第5期,第55—62页。

够解决具体的技术问题,例如通过数据规律的概括使某种程序可以自然读取某人的身份信息,则该程序属于技术方案或其组成部分,属于方法发明,应当受到专利法的保护。[①] 事实上,在国家知识产权局的《专利审查指南》中已将"为大数据运转提供动力的算法程序"视为专利审查目标。[②]

2)数据驱动型商业模式的专利保护

我国 2017 年 4 月修订的《专利审查指南》将专利保护范围扩展至含有技术特征的商业模式、商业方法,涉及数据搜集、统计、分析的商业模式或商业方法可以被授予专利权保护,例如采集、统计用户信息的方法、金融机构交易数据分析方法等,但是仍需注意与《专利法》第 25 条第 1 款第 2 项规定的"智力活动的规则和方法"相区别。王淇等从扩张专利权客体的角度出发,指出根据专利法"创造性"的要求,大量数据算法被排斥在专利权客体外,可以考虑放宽对数据专利授权的限制,降低对算法型数据和数据型商业方法与商业模式的专利审查标准,从而为数据提供专利法保护。[③]

但在专利权保护选项下,有学者认为数据保护存在制度漏洞且合理性、正当性存疑。俞风雷等认为,大数据专利保护所涉及的类型多为计算机的后台技术,不仅容易被技术规避而且侵权证据获取难。[④] 秦元明则从专利制度设计目的出发指出,一方面专利文件的公开并不能使专利权人受益,由于涉及数据的专利多为计算机的后台技术,[⑤]竞争对手可以通过对已公开的技术方案稍加改造,从而轻易规避获得专利保护的方法发明,所以专利难以给专利权人带来可观的经济收益;另一方面,专利文件公开并不能使公众受益,如果依据专利法来寻求算法的保护,权利人则必须将算法向社会"充分公开",以使得本领域的普通技术人员能够予以实施。这体现了专利制度的占有、教导、信息传播等功能。不过,这一制度仍然无助于解决算法的透明度问题。这是因为它以本领域的普通技术人员为主体标准,对于社会公众而言,要理解算法的实际实施效果,并非易事。[⑥]

---

① 海淀法院中关村法庭课题调研组:《大数据知识产权司法保护的调研报告——以大数据的产权、模式和伦理为视角》(2017 年 7 月 17 日),https://mp.weixin.qq.com/s/v4P2uie_XnMlZcCFWcHouw,访问日期:2025 年 3 月 26 日。
② 北京互联网法院课题组:《数据权益知识产权司法保护的体系协调与规则创新》,《法律适用》2024 年第 4 期,第 102—119 页。
③ 王淇、李牧:《数据知识产权保护的理论思考》,《中国市场监管研究》2021 年第 4 期,第 11—13 页。
④ 俞风雷、张ели:《大数据知识产权法保护路径研究——以商业秘密为视角》,《广西社会科学》2020 年第 1 期,第 99—104 页。
⑤ 秦元明:《数据产权知识产权司法保护相关法律问题研究》,《人民法院报》2021 年 4 月 29 日第 7 版。
⑥ 梁志文:《论算法排他权:破除算法偏见的路径选择》,《政治与法律》2020 年第 8 期,第 94—106 页。

此外,部分学者还指出数据作为专利权客体存在障碍,大数据所涉及的特定算法、计算机软件、应用的单纯的商业方法不属于专利法保护的客体范围,专利所需要的新颖性、非显而易见性、实用性的三个条件也极大增加了数据专利保护认定的困难,①数据通过专利法获得的保护将十分有限。②

7.1.6.4　商标权保护的制度选项

王淇等指出,对于成形的数据产品可以申请注册商标,从而通过商标法对数据所衍生的产品提供商标专用权保护,为数据生产者、数据经营者提供商业信誉,为消费者提供数据质量及服务保障。③

7.1.6.5　商业秘密保护的制度选项

学者认为数据可以通过商业秘密保护,主要是因为数据具有秘密性且秘密性的举证责任转移降低了保护难度,同时商业秘密的保护期限符合数据周期特征。

崔国斌认为,可以将商业秘密视为一种相对独立的财产性权利,并为大数据提供商业秘密保护模式。对此,他给出了三个理由:第一,大数据包含的单个数据元素本身具有秘密性,因此数据集合自然具有秘密性;第二,即便单个数据元素不具有秘密性,但各条数据也为数据采集者的保密措施所覆盖,使公共领域不存在相同数据集合;第三,数据集合是经过多环节数据处理,因而与公共领域分散的数据元素形态截然不同,符合商业秘密保护的秘密性要求。④通过划分公开的数据元素条目和秘密的数据集合,发现大多数企业数据集合都能在商业秘密保护法的框架下得到有效保护,建议企业的数据产权保护应遵循现有的商业秘密保护法加可能的公开数据特殊保护立法的思路。⑤

对于商业秘密保护所要求的秘密性,郝思洋则认为,《反不正当竞争法》新增第 32 条商业秘密的举证将"非秘密性"的证明责任转移给了侵权人,极大地降低了数据权利人的举证责任,通过主张商业秘密保护数据集合具有可行性。⑥

基于商业秘密的保护期限与数据的周期性特征,俞风雷等认为,著作权法、专利法等数据保护模式存在逻辑困境,其设定权利保护期限将使超期数据无法得到长期、全面的保护,采用商业秘密保护不失为一种合适的选择。⑦

---

① 徐实:《企业数据保护的知识产权路径及其突破》,《东方法学》2018 年第 5 期,第 55—62 页。
② 王淇、李牧:《数据知识产权保护的理论思考》,《中国市场监管研究》2021 年第 4 期,第 11—13 页。
③ 同上。
④ 崔国斌:《大数据有限排他权的基础理论》,《法学研究》2019 年第 5 期,第 3—24 页。
⑤ 崔国斌:《新酒入旧瓶:企业数据保护的商业秘密路径》,《政治与法律》2023 年第 11 期,第 2—23 页。
⑥ 郝思洋:《知识产权视角下数据财产的制度选项》,《知识产权》2019 年第 9 期,第 45—60 页。
⑦ 俞风雷、张阁:《大数据知识产权法保护路径研究——以商业秘密为视角》,《广西社会科学》2020 年第 1 期,第 99—104 页。

对此，一部分学者从商业秘密的保护对象以及保护效果的角度提出反对意见。首先，从商业秘密的保护对象看，Josef Drexl 认为商业秘密保护的对象要求具有秘密性且被采取保密措施，但数据具有一定的公开性和共享性，因此其在特征上无法成为商业秘密的保护对象。[①] 纪海龙提出，数据采取商业秘密保护模式会因为只有特定数据符合其对应客体特定特征而使得保护受限。[②]

其次，从商业秘密的保护效果看，商业秘密保护数据存在合理规避手段且为数据垄断提供了制度土壤。第一，商业秘密仅赋予权利人以对抗权，实践中他人通过反向工程还原远处数据的行为并不能落入侵犯商业秘密的规制中；第二，数据的商业秘密保护模式支持了企业恶意的数据隐藏行为，由此导致的数据垄断将损害数据产业的健康发展与有序竞争。[③] 马忠法等人亦认为，商业秘密的保护方式与促进数字经济下数据利用、数据交易的目的背道而驰，为保护处于秘密状态的数据，数据权利人往往无法将数据投入市场进行配置、利用和交易。[④]

7.1.6.6　反不正当竞争的制度选项

反不正当竞争法保护有两种路径选择：一是利用反不正当竞争法的一般条款和互联网专条来提供保护；二是在反不正当竞争法中新增数据财产利益类型，控制侵害数据利益的行为来提供保护。芮文彪等指出，对数据信息不享有法定权利并不意味着其无法获得法律的保护，若事实上造成市场竞争秩序损害的后果时，可以考虑适用反不正当竞争法一般条款。[⑤] 司法实践中法院在数据界权不明的情况下，多用反不正当竞争法一般条款来提供相应保护。但郝思洋提出，一般条款的保护模式并非长久之计，应在反不正当竞争法中为数据单独创设一种财产利益，通过禁止侵害数据财产利益的不正当竞争行为保护数据主体的财产投入。[⑥] 而具体到互联网专条，鉴于其本身采取的案例类型化本就是立法的次优选，三种具体不正当竞争行为的归类不互斥也不周延，不适合由法官据此进行司法裁判。[⑦]

[①] Josef Drexl, "Designing Competitive Markets for Industrial Data – Between Propertisation and Access," *Journal of Intellectual Property, Information Technology and Electronic Commerce Law*, no.4（2017）：257 – 292, December 9, 2017, accessed March 26, 2025, https://www.jipitec.eu/jipitec/issue/view/jipitec-8-4-2017.

[②] 纪海龙：《数据的私法定位与保护》，《法学研究》2018 年第 6 期，第 72—91 页。

[③] 徐实：《企业数据保护的知识产权路径及其突破》，《东方法学》2018 年第 5 期，第 55—62 页。

[④] 马忠法、胡玲：《论数据使用保护的国际知识产权制度》，《电子知识产权》2021 年第 1 期，第 14—26 页。

[⑤] 芮文彪、李国泉、杨馥宇：《数据信息的知识产权保护模式探析》，《电子知识产权》2015 年第 4 期，第 96 页。

[⑥] 郝思洋：《知识产权视角下数据财产的制度选项》，《知识产权》2019 年第 9 期，第 45—60 页。

[⑦] 北京互联网法院课题组：《数据权益知识产权司法保护的体系协调与规则创新》，《法律适用》2024 年第 4 期，第 102—119 页。

对此,刘鑫等依据洛克的"财产权劳动学说"论证商业数据知识产权保护的正当性,[①]提出在平衡好个人数据和数据安全的基础上,采取行为规制的企业数据的反不正当竞争法专条设置模式。[②] 邱福恩在《反不正当竞争法(修订草案征求意见稿)》商业数据专条基础上,提出构建分别适用于仅提供给特定对象且采取技术管理措施的商业数据的"破坏技术管理措施"不正当获取商业数据规则,以及普遍适用于所有商业数据的以盗用理论为基础的"实质性替代"规则。[③]

然而,对于数据的反不正当竞争保护,部分学者从保护的有限性以及一般条款适用泛化的危害性角度提出反对意见。数据财产链接现实生活的方方面面,其具有的多元化价值无法被反不正当竞争法所覆盖。申卫星指出,反不正当竞争法以维护市场秩序为目标,只能提供事后的被动性救济,而无法为数据利用、数据交易提供事前依据。[④] 徐实指出,通过《反不正当竞争法》的一般条款来实现数据保护具有极大的不确定性,必须将数据秩序转化为竞争秩序才能得到保护,因此其并不能为数据提供全面合理的保护。[⑤] 纪海龙认为,《反不正当竞争法》一般条款的数据保护模式因不确定性会对法的安定性和当事人的可预期性造成不利影响。[⑥] 对此也有学者进行了辩驳,认为虽然从表面看反不正当竞争法的行为法性质只能为数据提供有限保护,但从利益平衡角度来说,有限保护使得更多的数据利用行为落入公有领域,对促进数据流通、预防数据垄断有积极效果。[⑦]

此外,一般条款设置的初衷是应对法律滞后性提供的兜底保护,如果泛化适用则会适得其反。郝思洋指出,反不正当竞争法一般条款的过度使用会模糊法律保护客体与公有领域的界限,如果数据保护因循旧路,可能会导致数据共有领域的二次圈地,造成数据垄断的负面效果。[⑧]

7.1.6.7 否定知识产权保护模式

虽然众多学者围绕知识产权保护模式提出多种保护方案,但是仍有部分学者对知识产权保护模式存在质疑。主要的理由包括保护的重复性、客体的差异性以及与经济原理不相吻合。

[①] 刘鑫、陈菲羽:《商业数据知识产权保护的正当性基础:以洛克"财产权劳动学说"为视角的学理阐释与规则形塑(英文)》,《科技与法律(中英文)》2024年第3期,第122—130、148页。
[②] 刘鑫:《企业数据知识产权保护的理论证立与规范构造》,《中国法律评论》2023年第2期,第38—50页。
[③] 邱福恩:《商业数据的反不正当竞争保护规则构建》,《知识产权》2023年第3期,第77—100页。
[④] 申卫星:《论数据用益权》,《中国社会科学》2020年第11期,第110—131、207页。
[⑤] 徐实:《企业数据保护的知识产权路径及其突破》,《东方法学》2018年第5期,第55—62页。
[⑥] 纪海龙:《数据的私法定位与保护》,《法学研究》2018年第6期,第72—91页。
[⑦] 郝思洋:《知识产权视角下数据财产的制度选项》,《知识产权》2019年第9期,第45—60页。
[⑧] 同上。

华劼认为,数据采用类似知识产权制度的保护模式,在体系构建上存在难点,数据保护与著作权、数据库特殊权等现有知识产权存在重复保护的冲突。[1] 戴昕则从客体角度出发,认为数据不仅无法被想象成物,也完全不同于知识产权的客体,法律不可能为每个公民设定一种无远弗届的财产权。[2] 徐实亦认为企业数据保护是新时代的新课题,知识产权对保护客体的要求和保护效果上无法适配数据的特征,知识产权路径难以为企业数据提供有效保护。[3]

周林彬等从经济原理角度进行阐述,其认为知识产权路径只能保护大数据中有限的智力成果,对不具有知识产权性的大数据采集等环节保护不足,且知识产权以奖励数据采集者的方式限制数据的知识产权属性,即以限制应用鼓励创新,不符合数据流转共享和零交易成本的经济导向。[4] 肖冬梅提出,倘若将"数据"整体直接纳入知识产权客体的范畴,会冲击已有的权能和体系,影响知识产权客体家族的统一性和协调性。[5]

7.1.7 多元化保护模式

部分学者认为,数据权益具有复杂性,应拆分数据权益在现有法律框架下各归其位,寻求多路径多权益的综合保护。如,王利明提出引入人格权法、合同法、侵权法针对数据开展民法体系下的系统性保护。[6] 申卫星认为,应该在权利分割思想下借助自物权、他物权、著作权、邻接权等多元化权利来容纳作为新兴权利客体的数据。[7] 崔国斌认为,在商业秘密和著作权法的保护基础上,对大数据集合提供特殊立法或邻接权保护所代表的财产权模式是合理的选择。[8] 刘琳认为,现有的制度中《反不正当竞争法》提供的行为规制模式恰好与数据产业的发展需求相适配,侵权法、合同法及著作权法保护能为反不正当竞争法保护模式提供有益补充。[9] 吴桂德针对商业数据提出由知识产权法、民法、反不正当竞

---

[1] 华劼:《欧盟数据生产者权利质疑——以知识产权制度安排为视角》,《知识产权》2020 年第 1 期,第 72—78 页。
[2] 戴昕:《数据界权的关系进路》,《中外法学》2021 年第 6 期,第 1561—1580 页。
[3] 徐实:《企业数据保护的知识产权路径及其突破》,《东方法学》2018 年第 5 期,第 55—62 页。
[4] 周林彬、马恩斯:《大数据确权的法律经济学分析》,《东北师大学报(哲学社会科学版)》2018 年第 2 期,第 30—37 页。
[5] 肖冬梅:《"数据"可否纳入知识产权客体范畴?》,《政法论丛》2024 年第 1 期,第 137—148 页。
[6] 王利明:《数据权益的民法表达》,《荆楚法学》2024 年第 1 期,第 19—29 页。
[7] 申卫星:《论数据用益权》,《中国社会科学》2020 年第 11 期,第 110—131,207 页。
[8] 崔国斌:《大数据有限排他权的基础理论》,《法学研究》2019 年第 5 期,第 3—24 页。
[9] 刘琳:《大数据时代商业数据财产权理论的勃兴与批判》,《华中科技大学学报(社会科学版)》2022 年第 2 期,第 99—107 页。

争法构成的"商业秘密综合保护论"和渐进式"三层五步走"的保护路径。[①]

周林彬等从法律经济学角度出发,指出调整对象法律性质的界定意味着不同资源的稀缺度、不同的市场竞争条件、不同的制度成本。将大数据界定为财产权或人身权意味着迥然不同的资源稀缺度,将大数据界定为知识产权或物权意味着迥然不同的制度成本,其在对物权、债权、知识产权三种保护模式进行成本收益分析后指出,物权路径的保护效率最高,债权次之,知识产权最后。[②] 陈越峰认为,可以在现有的合同法、侵权责任法和反不正当竞争法的制度基础上,形成关于数据处理的公法秩序。[③]

7.2 数据保护模式的国际不同观点

数据是包括人工智能在内的所有前沿技术背后的驱动力。作为越来越重要的无形资产,数据与全球知识产权生态系统有着前所未有的紧密联系。世界知识产权组织(World Intellectual Property Organization,WIPO)也曾就数据相关问题组织会议讨论[④],以期为新兴数据生态系统设计适当的监管框架。

7.2.1 以现有法律制度提供数据保护

缺乏或过度监管都可能对创新构成障碍,而数据对社会和经济效益的重要性不言而喻,监管部门出于公共利益考量应当普遍支持数据的开放获取。[⑤] 通过灵活适用当前法律制度保护数据利益有助于提高数据可及性,在保护数据权利和鼓励数据共享之间取得平衡,顺应数据越流动越创造价值的特性。

1)著作权保护

在当前知识产权体系内,保护原创性表达的著作权法尽管不能保护作为灵感输入来源的数据,却可以为即便是人工智能输出的原创内容提供著作权保

[①] 吴桂德:《商业数据的私法保护与路径选择》,《比较法研究》2023年第4期,第185—200页。
[②] 周林彬、马恩斯:《大数据确权的法律经济学分析》,《东北师大学报(哲学社会科学版)》2018年第2期,第30—37页。
[③] 陈越峰:《超越数据界权:数据处理的双重公法构造》,《华东政法大学学报》2022年第1期,第18—31页。
[④] "WIPO Conversation on Intellectual Property (IP) and Frontier Technologies: Fourth Session," September 22, 2021, accessed March 26, 2025, https://www.wipo.int/meetings/zh/details.jsp?meeting_id=63588.
[⑤] 同上。

护,即通过保护输出数据上载有的信息间接排除他人对算法输出数据的侵犯。有不同观点认为,在著作权法框架下,使用具有著作权的数字化作品作为训练人工智能系统的输入来源应当属于侵权行为,其随后产生的作品都可以被认为是一种改编。[①]

同时,由于物联网的主要技术挑战与大数据分析有关,大量投资注入数据分析领域,以解决处理快速增长的动态数据集的技术障碍,并解决分析各种不同类型数据的问题,然而,这种创新更有可能通过对大数据分析框架中使用的软件解决方案的著作权保护来促进。[②]

2)数据库保护

由数据集合原始结构的著作权保护衍生出对于数据集合或数据库的保护,始于欧盟数据库指令,即若为创建数据库进行了大量投资则该数据集合可以得到保护,但该保护仅适用于数据采集阶段的投资,并不涵盖创建新数据的资源投入。[③]

3)专利法保护

专利法最接近于保护原始数据,因为它涵盖了达到某种结果所需的信息采集。[④] 专利并不保护数据本身,但可以保护数据的使用、应用和创建方式。然而,若选择通过专利方法保护数据,为专利申请的数据保存需求可能会给专利申请人带来不必要的负担,反倒使数据持有主体转向商业秘密的保护方式。[⑤]

4)商业秘密保护

无论如何,商业秘密都是数据保护的一大选择。数据与 TRIPS 协议中关于未披露信息等国际商业秘密制度相适应。商业秘密可以保护数据本身或数据库的内容、排列和组合,而不仅仅是如著作权般只保护数据的准确表达,用以防止不正当竞争。商业秘密并不像专利那样被授予专有权,而是在出现违反法律规定或合同约定的诉讼中被援引。此外,侵犯商业秘密的行为还可根据各国规

[①] "WIPO Conversation on Intellectual Property (IP) and Frontier Technologies: Fourth Session," September 22, 2021, accessed March 26, 2025, https://www.wipo.int/meetings/zh/details.jsp?meeting_id=63588.

[②] Josef Drexl, "Designing Competitive Markets for Industrial Data – Between Propertisation and Access," *Journal of Intellectual Property, Information Technology and Electronic Commerce Law*, no.4 (2017): 257–292, December 9, 2017, accessed March 26, 2025, https://www.jipitec.eu/jipitec/issue/view/jipitec-8-4-2017.

[③] "The British Horseracing Board Ltd and Others v William Hill Organization Ltd," November 9, 2004, accessed March 26, 2025, https://eur-lex.europa.eu/legal-content/EN/TXT/?uri=CELEX%3A62002CJ0203&qid=1742973012472.

[④] "WIPO Conversation on Intellectual Property (IP) and Frontier Technologies: Fourth Session," September 22, 2021, accessed March 26, 2025, https://www.wipo.int/meetings/zh/details.jsp?meeting_id=63588.

[⑤] 同上。

定加以民事、刑事或行政处罚。①

考虑到由于技术发展使得数据更容易被采集、使用、复制和删除,从而在一定程度上影响了商业秘密保护的方式,在研发、特许经营、许可或并购等商业活动中,保密协议也是保护数据的一种选择,但是保密协议仅对缔约双方具有约束力,不能限制第三方的活动或数据的自由流动。

总体而言,通过现有法律制度提供数据保护主要呈现为碎片化的保护模式,由数据持有主体自行主张并参照相关规定寻求法律保护以阻止他人进一步侵犯己方数据利益之行为。由于可能侵犯数据利益行为的多样性,各方关注重点不同,因此目前并没有统一的数据利益法律保护体系。持现有法律制度保护数据利益观点的学者,一般认为当前法律制度足够灵活,可以适应数据利益的保护需要,没有必要对法律进行彻底的修改,相反,将重点放在如何恰当运用当前的法律体系才是首选。② 除世界知识产权组织外,其他国际组织例如经济合作与发展组织重点关注在数据跨境流动中的个人信息的安全与隐私保护;世界贸易组织(World Trade Organization,WTO)更关注自由贸易,因此在例如《区域全面经济伙伴关系协定》《全面与进步跨太平洋伙伴关系协定》等协定中着重强调消费者保护、个人信息保护、数据本地化的限制、促进数据跨境流动等问题,均未见赋予数据权利的相关规定。

7.2.2 新设数据权利提供数据保护

在现有法律框架之外,赋予数据新型权利的做法也是当前国际学界讨论的热点。有观点认为,数据所有权的明确对于围绕数据制定有效的业务合作合同至关重要,清晰的权利归属是进一步处置数据权利的前提;不明确的数据权利界定可能导致在一方处理另一方所拥有的数据时产生不确定的责任。③

尽管现有规则能够覆盖到对于满足一定条件的数据集合的保护,但在实践中,企业对数据的所有权和私人对被企业采集的载有个人信息的数据所有权之间的区别也需要更加明确。④ 目前,《通用数据保护条例》只强调在数据流动中的自然人隐私权,但这割裂了数据之上的人格权与财产权,是将二者相互交织

---

① "WIPO Conversation on Intellectual Property (IP) and Frontier Technologies: Fourth Session," September 22, 2021, accessed March 26, 2025, https://www.wipo.int/meetings/zh/details.jsp?meeting_id=63588.
② 同上。
③ 同上。
④ 同上。

的状态强行剥离开来。因此,有人提议为这类数据定义一个能够横跨财产和隐私含义更为宽泛的法律概念,并促进相应监管系统的形成。①

数据所有权和建立在数据所有权基础上的算法所有权推动了财富创造,加速了生产力,并有可能颠覆商业模式——公司从他们采集、组织、控制和商业化数据存储的能力中获得价值;也需要考虑到这样做可能会模糊机构和个人行为者之间的责任界限,由此产生的风险包括安全漏洞、歧视和自主权的丧失,对复杂规范和相互依赖的政策领域可能构成重大挑战。②

持新设数据权利赞成观点的人还认为,只有当一项新的权利充分保护新创建的数据时,新的商业模式才会出现。类比欧盟《商业秘密(保护)指令》(欧盟第 2016/943 号指令)③前言第 4 条所指出的,创新企业越来越多地暴露于旨在盗用商业秘密的不诚实行为,如盗窃、未经授权的复制、经济间谍或违反保密要求;全球化、外包增加、供应链延长以及信息和通信技术的使用增加等近期事态发展,加剧了这些风险,损害了合法商业秘密持有人从其创新相关努力中获得先发回报的能力,如果没有有效和可靠的法律手段来保护商业秘密,那么在内部市场从事与创新相关的跨境活动的激励就会受到破坏,商业秘密也无法发挥其作为经济增长和就业驱动力的潜力,因此,创新和创造力受到抑制,投资减少,从而影响内部市场的顺利运作,破坏其促进增长的潜力。商业秘密如是,数据权利也如是。

此外,一项新的法律还可以通过具体的限制为自由获取信息定下基调,由于技术保护措施发挥着重要作用,因此实际上新设数据权利是否会减少对数据的使用或公开仍没有定论。同时,在物联网领域分配物联网设备创建的数据所有权和保证规则可以为一个相当不受监管的市场带来秩序,相较于抓取所有可用的数据,这可能会提高采集和使用数据的效率。④ 需要注意的是,保护数据致使间接保护信息的情形应当避免。⑤

由于装备有现代传感器的汽车能够自动生成和采集大量数据,并且这些数

---

① "WIPO Conversation on Intellectual Property (IP) and Frontier Technologies: Fourth Session," September 22, 2021, accessed March 26, 2025, https://www.wipo.int/meetings/zh/details.jsp?meeting_id=63588.
② 同上。
③ "DIRECTIVE (EU) 2016/943 OF THE EUROPEAN PARLIAMENT AND OF THE COUNCIL of 8 June 2016 on the protection of undisclosed know-how and business information (trade secrets) against their unlawful acquisition, use and disclosure," June 15, 2016, accessed March 26, 2025, https://eur-lex.europa.eu/eli/dir/2016/943/oj/.
④ Wiebe A, "Gewerblicher Rechtsschutz und Urheberrecht - Internatio-naler Teil," in Farkas T J, "Data created by the internet of things: the new gold without ownership?," *Revista La Propiedad Inmaterial*, no.23(2017): 5-17.
⑤ Heyman, "Der Schutz von Daten bei der Cloud-Verarbeitung," CR 2015 807, 810. in Thomas J. Farkas, "Data Created by the Internet of Things: The New Gold without Ownership?," *Revista La Propiedad Inmaterial* (2017).

据具有推动智能驾驶汽车研发的巨大价值,欧盟委员会于2017年提出设立"数据生产者权利"的建议,①创设了一项赋予数据生产者使用和授权使用非个人数据的权利,旨在保护机器生成数据或称工业数据。②

7.2.3 反对数据权利保护的观点

德国巴伐利亚工业协会的一份报告认为,单件数据和小数据集的所有权可能导致数据稀缺,并通过大数据分析扭曲创新。③ 2016年3月17日,"工业4.0"部门的代表在参加通信网络、网络数据和技术总司(DG CONNECT)于卢森堡举行的关于"适合有效和公平地获取、使用和交换数据的法律的制度"的听证会上也表示了同样的怀疑——依靠合同法实施涉及数据共享的商业模式符合数据经济的需要,创设数据"所有权"可能使政府通过引入一项新的权利而过多干预数据经济。④

再者,尽管行业的数字化转型降低了现有的市场进入壁垒,甚至可能因为市场竞争的加强而迫使行业内的现有企业退出市场,但对数据的控制使互联网行业的龙头企业能够更容易地进入并在各种不同的智能产品生产和运营市场中获得相当大的市场力量。从竞争的角度来看,承认数据所有权可能会产生进一步加强这些公司市场力量的不利影响,而更明智的做法是促进其他市场参与者获得在此类市场中运营所需的数据。⑤

数据具有突破性的潜力,但它并没有成为一种广泛可用的资源,而"数据所有权"实际上限制了行为人获取数据资源的事实能力。"所有权"的权利确认辅以技术措施,强化了数据持有者的地位,损害了无法获得数据的其他人的利益。

---

① "COMMISSION STAFF WORKING DOCUMENT on the free flow of data and emerging issues of the European data economy Accompanying the document Communication Building a European data economy," January 10, 2017, accessed March 26, 2025, https://eur-lex.europa.eu/legal-content/EN/TXT/?uri=celex:52017SC0002.

② 华劼:《欧盟数据生产者权利质疑——以知识产权制度安排为视角》,《知识产权》2020年第1期,第72—78页。

③ Zukunftsrat der Bayerischen Wirtschaft, "Zukunft digital – Big Data Analyse und Handlungsempfehlungen," in Josef Drexl, "Designing Competitive Markets for Industrial Data – Between Propertisation and Access," *Journal of Intellectual Property, Information Technology and Electronic Commerce Law*, no.4(2017): 257–292, December 9, 2017, accessed March 26, 2025, https://www.jipitec.eu/jipitec/issue/view/jipitec-8-4-2017.

④ "Communication from the Commission to the European Parliament, the Council, the European Economic and Social Committee and the Committee of The Regions Building A European Data Economy," January 10, 2017, accessed March 26, 2025, https://eur-lex.europa.eu/legal-content/EN/TXT/?uri=CELEX%3A52017DC0009&qid=1742977527364.

⑤ Josef Drexl, "Designing Competitive Markets for Industrial Data – Between Propertisation and Access," *Journal of Intellectual Property, Information Technology and Electronic Commerce Law*, no.4(2017): 257–292, December 9, 2017, accessed March 26, 2025, https://www.jipitec.eu/jipitec/issue/view/jipitec-8-4-2017.

当数据集合落入少数大型科技公司(如谷歌、亚马逊、脸书等)手中时,私益主体的权利前所未有地集中,甚至具有了足以影响其他实体行为与信念的能力。①

7.2.4　数据保护模式不同观点的差异背景分析

在数据保护模式的选择上,欧盟成员国和美国是数据利益保护的代表性国家,日本和韩国是进行数据确权尝试的代表性国家。

在当前欧美的法律框架下,相关数据保护的法律没有提供数据利益保护的完整解决方案。《通用数据保护条例》并不处理数据的所有权问题,其仅仅只是阐述了数据主体的权利,例如控制数据的权利,缺乏对于数据所有权的定义。存在观点认为,《通用数据保护条例》第 20 条规定的权利(接收企业以有形形式采集的关于个人所有数据的权利)可以被视为某种形式的所有权,然而,这种限制性的权利并非完全意义上的所有权,它不包含如出售数据的权利,而且这仅仅是一种事后权利,②因此"数据所有权"之说无从谈起。欧盟意义上的数据所有权指的是个人对个人信息的自决权,并非商业数据或非个人数据权利问题。③

总体来看,通过行为规制保护数据利益的数据保护法旨在保护因处理个人数据而受到损害的个人隐私权,重视数据采集的监管,强调个人隐私保护,主要针对保有个人信息的原始未脱敏数据,对于脱敏后的数据利用规制少有触及。这将保护范围限于个人和敏感数据,而并不适用于许多其他形式的数据,例如由物联网设备采集的数据。此外,当前美欧现行的各类数据保护法救济的是相对权利,在必须权衡利弊的情况下,提供了一套非常有限的补救措施。④

如今,西方关于大数据治理的讨论大多出于隐私需要保护的信念,这是基于现代西方哲学的个人主义价值观,隐私被视为人权的组成部分;⑤亚洲的利他主义哲学强调为社会作贡献的美德,而不是单纯保护个人权利。东西方在处理数据的文化方法上的差异将反过来影响个人价值和社会价值之间的平衡。⑤西

---

① Farkas T J, "An Alternative to Data Ownership: Managing Access to Non-Personal Data through the Commons," *Global Jurist*, no.21(2020): 181 – 210, https://www.degruyter.com/document/doi/10.1515/gj-2020-0034/html.
② Andris Taurins, "Big Data Ownership: Do We Need a New Regulatory Framework?" *Baltic Yearbook of International Law*, no.1(2019): 117 – 133.
③ 韩旭至:《数据确权的困境及破解之道》,《东方法学》2020 年第 1 期,第 98 页。
④ 同①。
⑤ "WIPO Conversation on Intellectual Property (IP) and Frontier Technologies: Fourth Session," September 22, 2021, accessed March 26, 2025, https://www.wipo.int/meetings/zh/details.jsp?meeting_id=63588.

方将个人对幸福的追求视为成就社会公益的途径,因此倾向于个人拥有数据。然而,由于数据的独特、非竞争性质,为非共享商品和产权交换而创建的传统市场在数据的规制上形格势禁。一个有效的数据市场应当是取之于社会又报之于社会的"百乐餐"经济。[1]

尽管数据具有公共产品属性,数据市场的流转与稳定仍有赖于明确的产权规则。在数据时代,没有数据的人格利益,就没有数据的财产利益;没有数据人格利益与数据财产利益的聚合,也就没有数据的社会利益。[2] 因此,在构建数据集体治理框架的同时,也应同时注重个人权益保障以鼓励数据分享,以及对企业采集与利用数据的激励。

7.3 中国数据保护模式的选择

7.3.1 数据权利制度缺位的影响

诚然,"大数据越关联越有价值,越开放越有价值",[3]作为生产要素的数据,若一味强调数据公益而弱化数据私益,则会导致生产动力减弱,数据产业发展潜力降低,数据创新增速放缓等问题。数据确权制度针对的客体并非现存所有数据,而是内含了私人贡献的部分数据,在此种情形下的数据已经不能够完全被视为"由社会成员共同创制和生成的公共物"。[4]

尽管目前我国在国家层面已有《数据安全法》《个人信息保护法》[5]《数据出境安全评估办法》等法律或规章,在地方层面也有《上海市数据条例》《深圳经济特区数据条例》《厦门经济特区数据条例》等地方立法尝试,但囿于关注重点或立法权限,数据确权制度仍处于缺位状态。文禹衡等运用扎根理论,以全国 21 份地方数据条例立法为研究对象,发现地方数据确权呈现出以"数据权益"为表达方式、重财产轻人格属性等共性特征,可仍旧存在客体范围不清、分类分级不

---

[1] "WIPO Conversation on Intellectual Property (IP) and Frontier Technologies: Fourth Session," September 22, 2021, accessed March 26, 2025, https://www.wipo.int/meetings/zh/details.jsp?meeting_id=63588.
[2] 刘清生、黄文杰:《论数据权利的社会权本质》,《科技与法律(中英文)》2023 年第 1 期,第 29 页。
[3] 任颖:《数据立法转向:从数据权利入法到数据法益保护》,《政治与法律》2020 年第 6 期,第 135—147 页。
[4] 同上。
[5] 《个人信息保护法》旨在凸显用户相对于互联网企业的弱势地位。

足、权利主体、权利归属、权利救济规定空泛的普遍问题。[①] 王勤等从企业数据资产视角,对我国17份地方政策文本加以分析,提出企业无法通过一次登记就完成数据的确权,需要通过登记准备、技术认证和权利登记三个阶段才可能完成企业数据资产入表工作。[②]

当立法者对利益的理性选择带着含糊的"遗憾"草草结束任务之时,司法者的确认任务即此开始了,两者都将希望寄托在"一般条款"上。[③] 从当前司法实践来看,涉及商业数据的纠纷大多寻求《反不正当竞争法》保护,然而由于数据权利未明,法院也只能通过"一般条款"着手论述数据利益保护的正当性。尽管"一般条款"具有弥补类型化条款封闭性和滞后性的优势,[④]但从长远来看,通过专项法规保护重要权益取代"一般条款"的暂时性过渡才更加顺应发展规律。

7.3.2 建立数据权利制度的紧迫需要

司法实践中采取合同、商业秘密、反不正当竞争法一般条款等多种路径对数据权益提供保护,"司法裁判已经成为新兴权利保护的最前沿",[⑤]但实践中还是存在数据权利保护理论供给不足、数据权利保护立法制度并不完善、数据权利保护监管机制还不健全等局限。[⑥] 同时,用行为规制方法保护数据利益很难辨析所保护的数据客体究竟为何,是否能够完全地归属于权利人,是否能够排除干涉从而对侵权人产生一般化的警示功能,并达成面向义务人利益边界的"文化与社会共识"。

如果说在数字经济时代初期,大数据作为新兴产物,是社会矛盾中新问题的反映,是"发展型民事法益",[⑦]作为生产要素的数据已然能够反映出一定的社会秩序意义,具备"权利"的成熟要件,应当为立法所吸纳。数据法益保护模式

[①] 文禹衡、付张祎:《基于扎根理论的我国数据要素确权地方立法策略及其调整》,《图书情报工作》2023年第7期,第53—66页。
[②] 王勤、黄友治、王猷文:《企业数据资产化视角下数据确权登记的地方政策研究》,《信息资源管理学报》2024年第6期,第85—98页。
[③] 许建兵、薛忠勋:《论"民事法益"的司法救济及其限度——基于法益、权利的二元关系维度》,载最高人民法院编《探索社会主义司法规律与完善民商事法律制度研究——全国法院第23届学术讨论会获奖论文集(上)》,江苏省东台市人民法院,2011,第89—97页。
[④] 卢纯昕:《反不正当竞争法一般条款在知识产权保护中的适用定位》,《知识产权》2017年第1期,第55页。
[⑤] 张建文、高悦:《从隐私权的立法与司法实践看新兴权利保护的综合方式》,《求是学刊》2019年第6期,第102—111页。
[⑥] 余圣琪:《数据权利保护的模式与机制研究》,华东政法大学,2021。
[⑦] 同③。

不如视为数据权利的孕育过程,从一般利益到特殊法益再到绝对权,逐次攀升,遵循利益向固有权利发展的进程。

需要再次强调的是,并非任何的数据利益都可以成为受法律保护的新型权利客体,对新型权利的甄别和认知标准,应在中国特定的社会语境之中综合考量。① 此外,数据价值来自聚合形成规模后在流动中获得多元、多维开发,因此数据界权不应受确立财产所有权思路的局限,而应致力于调整社会主体间围绕数据价值开发利用而形成的具体利益互动关系。②

数据本身可以成为独立的权利客体,权利保护模式符合我国实际需要。③ 公共数据应归属于社会全体所有从而开放共享,而商业数据由于凝结了私人贡献而有赋权保护定限排他的正当性基础。当然,无论针对个人信息、商业数据还是公共数据,法律界权都应被理解为逐步搭建、灵活调整多元主体间法律关系网络的过程,通过不断探索有助于数据流动、共享的机制,促进数据价值更多维度开发并推动公共利益实现。

7.3.3 建立数据权利制度融入国际话语体系

未经法律明确规定的权益,实践中能否得到有力保护,或者从何种途径予以保护有赖于在具体情形下的当事人合意和法官自由裁量。权利有名,而利益无名。未名利益不能与法律所规定的有名权利享受同等待遇,其无法获得绝对权在侵权法上的保护力度,缺乏具体利益能够获得保护的正向范围与程度,以及面向法官形成裁判规范的引导能力。④ 法益之所以无法当然地成为权利,是因其未充分经过历史上典型权利为获得制定法命名的历史检验。⑤

数据产权制度本质上体现为一种社会关系,是调节人与人之间涉及数据相关利益关系的根本制度。⑥ 打破传统私权观念与制度限制是数据产权制度建立的应有之义。当前我国应当完善中国特色数据产权制度体系,构建有序流动、蓬勃发展的数据市场,推动数字中国建设与中国数字经济的繁荣,进而向全球

---

① 姚建宗、方芳:《新兴权利研究的几个问题》,《苏州大学学报(哲学社会科学版)》2015年第3期,第54页。
② 戴昕:《数据界权的关系进路》,《中外法学》2021年第6期,第1575—1577页。
③ 饶雅文、张力:《从"权益"到"权利":〈民法典〉个人信息保护模式的反思与完善》,《岭南学刊》2021年第6期,第95—103页。
④ 同上书,第98页。
⑤ 同上书,第99页。
⑥ 童楠楠、窦悦、刘钊因:《中国特色数据要素产权制度体系构建研究》,《电子政务》2022年第2期,第12—20页。

提供中国经验,帮助解放全球数字生产力,推动在确保数据安全的基础上实现全球数字经济高质量增长。

虽然在当前国际实践中通过行为规制方法保护数据利益仍是主流做法,未有数据确权的成熟经验可供参考借鉴,但是数据要素于当代经济发展中愈发重要的地位使得确权保护问题也愈发难以回避。"加强数据权利司法保护,有利于大数据利用、数字经济发展,有利于公民个人隐私保护",是数据首次作为一种权利而非利益出现在最高人民法院的工作报告中,[①]也彰显了数据确权在当今社会的重要意义。坚持构建中国特色数据产权制度体系,构建科学数据权利体系,形成多元化的数据治理体系,深度参与知识产权全球治理,融入国际话语体系。

---

① 中华人民共和国最高人民法院:《最高人民法院工作报告——2020 年 5 月 25 日在第十三届全国人民代表大会第三次会议上》(2020 年 5 月 25 日),http://gongbao.court.gov.cn/Details/e83007142dac8251d1e141641e5577.html,访问日期:2025 年 3 月 26 日。

第 8 章　数据保护路径的选择

现有数据保护模式有物权、债权、知识产权、反不正当竞争保护等多种模式,可以将其分为三种保护类型:一是通过现有法律制度为数据提供保护,如通过合同法路径的债权保护、反不正当竞争法下的行为规制、知识产权保护模式下的著作权保护;二是通过对现有法律改变解释为数据提供保护,如对物权客体、知识产权客体进行扩张解释,从而容纳新的数据客体类型;三是通过对现有法律改变立法为数据提供保护,如上文所提出的权利束保护模式、新型民事权利保护模式、创设新的知识产权类型保护模式。

学者对数据保护的争议可以分为两层内容:首先是数据保护的法律路径的选择争议,即改变现有法律的解释为数据提供保护,还是改变现有法律的立法(创设新的权利)为数据提供保护;其次是数据具体保护模式的选择争议,即法律制度转换时,选择何种具体模式为数据提供保护。

为了解决数据保护的法律路径的争议,可通过两步成本收益分析法,选择净收益最大的数据保护法律路径。首先,要明确数据保护是改变现有法律的解释为数据提供保护,还是改变现有法律的立法为数据提供保护。容纳新的数据客体,无论是对现有法律改变法律解释还是改变立法,均需要完善法律制度,因此存在现有法律制度和新制度的转换问题。对此,可采用制度转换的成本收益分析法在新旧制度中比较制度转换的净收益,选择转换收益较大且转换成本较小的法律路径。其次,在法律制度转换的步骤下,通过制度优劣评价的成本收益分析法,进一步选择数据的具体保护模式。

8.1 基于成本收益分析的数据法律制度转换方式比较

对数据提供保护,无论是通过对现有法律制度改变解释还是改变立法,必然会产生制度的转换收益和转换成本。因此,可采用经济学上净收益大小作为评价制度转化的标准,转换收益减去转换成本后净收益较大的法律制度优于净收益较小的法律制度。因为评价制度优劣属于规范研究范畴,而规范研究是一种主观价值判断,没有客观标准。规范研究须以实证研究为基础,事先确定明确的评价标准,才能具体评价数据法律保护路径的优劣。据此,下文首先阐述衡量数据法律制度转换收益和转换成本的标准。

8.1.1 数据法律制度转换的收益

8.1.1.1 数据法律制度转换的收益评价标准

转换收益是指从现有制度转化成新制度时会产生的收益,即新解释或新立法的收益减去现有制度的收益差额。具体来说,数据法律制度转换收益是指利用新制度比利用现有制度在实现立法目的上产生的收益差额(表 8-1)。

表 8-1 制度转换收益的评价标准

制度转换收益的评价标准	转换收益 =新制度收益-旧制度收益 =新制度实现立法目的的程度-旧制度实现立法目的的程度
数据法律制度的立法目的:① 数据保护;② 数据利用	
数据法律制度转换收益的评价标准	转换收益 =新解释/新立法的收益-现有法律制度的收益 =新解释/新立法实现① 数据保护及② 数据利用的程度-现有法律制度实现① 数据保护及② 数据利用的程度

一项法律制度的收益可以用该项制度实现立法目的的程度来衡量,当一项法律制度实现立法目的的程度越高,则该项法律制度的收益就越大。[1] 同样地,数据权益法律保护路径的选择,应明确数据法律制度的目标,以实现数据法律

---

[1] 刘晓:《知识产权损害赔偿中证明妨碍规则的成本收益分析》,《证据科学》2016 年第 5 期,第 567—575 页。

制度目的的程度来衡量制度路径的收益。

《数据二十条》第二部分提出"建立保障权益、合规使用的数据产权制度"。由此可以解读出,数据权制度的目标为"保障权益、合规使用"。因此,选择数据权益法律保护路径应主要考虑两项收益内容:一是数据保护,当数据权益法律保护路径实现数据权利保护的程度越高,则该项法律制度路径的收益越大,具体而言可表现为对数据的类型保护全面、对数据的适用场景保护广泛等;二是数据利用,当数据权益法律保护路径越有利于数据的流通利用,则该项法律制度路径的收益越大,具体可表现为有利于降低交易成本、维护流通秩序、促进数据经济的发展等。综上,数据法律制度转换收益的评价标准为对现有法律制度的新解释或新立法比现有法律制度,在实现数据保护及数据利用程度上的收益差额。

8.1.1.2　两种数据法律制度转换方式的收益比较

现有法律制度有自己特定的立法语境和制度功能,数据保护客体与现有法律制度保护客体之间是交叉关系、互斥关系而非包含关系,因此现有制度只能为数据提供有限的保护,而无法满足数据复杂多样的保护需求和保护场景。[①] 如债权保护所创设的权利义务具有相对性,只能约束合同双方当事人,在数据保护方面,无法为数据提供普遍性的权利保护和义务约束;在数据利用方面,每一次数据交易和流通均需要重复合同约定,在数据权不明的情况下,为规避流通风险,会导致数据交易的集中形成数据垄断,出现负外部性。对数据权益的保护,我国属于实践先行,司法实践中逐步形成了以《反不正当竞争法》第 2 条为主要路径,辅以商业秘密、《反不正当竞争法》第 12 条兜底条款、著作权保护的模式。数据作为第五大生产要素,相比传统生产要素,具有自身的复杂性和特殊性。因当前数据法律保护方面缺乏实际有效的标准规则,现有法律制度提供的有限救济只是权宜之计。

因此,在数据权利保护问题上,无论是对现有法律制度改变解释还是改变立法来容纳新的数据客体,新制度对数据的保护范围更广、适用保护的场景更多,均比现有法律制度提供的保护更加全面;在数据权利利用问题上,鉴于数据获得了更加全面有效的法律保障,数据交易环境更加安全、交易秩序更加稳定,新制度比现有法律制度对数据经济发展的促进作用更加显著。因此,两种数据法律制度转换方式比现有法律制度具有显著的转换收益。

---

① 龙卫球:《再论企业数据保护的财产权化路径》,《东方法学》2018 年第 3 期,第 50—63 页。

但就改变解释或改变立法这两种制度转换方式的收益而言,虽然改变解释为数据提供了一定程度的法律保护,但数据要素是一个发展中的新事物,扩张解释对数据发展的预期包容性较低,改变解释是通过扩张现有权利客体去包含数据客体,难免有适用场景的遗漏或部分数据类型的排斥,数据经济蓬勃发展的无限可能受到数据保护制度有限性的制约;而改变立法则是结合数据的特殊性和复杂性为数据提供"定制化"的法律保护,在新的权利体系下可以设计兜底条款来应对数据蓬勃发展的不可预期性。因此,改变立法的制度转换方式相比改变解释的制度转换方式更能实现对数据的全面保护,对现有法律制度改变立法的制度转换收益更大(表8-2)。

表8-2 数据法律制度转换方式的收益比较

比较的制度对象	实现数据保护的收益	实现数据利用的收益	转换收益
新解释、现有制度	新解释>现有制度	新解释>现有制度	新解释-现有制度>0
新立法、现有制度	新立法>现有制度	新立法>现有制度	新立法-现有制度>0
新立法、新解释	新立法>新解释	无明显比较差异	新立法-新解释>0
结 论	新立法收益>新解释收益>现有制度收益 新立法收益-现有制度收益>新解释收益-现有制度收益 即 新立法的制度转换收益>新解释的制度转换收益		

8.1.2 数据法律制度转换的成本

8.1.2.1 数据法律制度转换的成本评价标准

转换成本是指从现有制度转换成新制度时会产生的成本。转换成本包括内部因素成本和外部因素成本。内部因素成本指新制度与现有法律体系匹配和融合所付出的转换成本,即法律词汇的含义、法律原则、立法目的、立法结构、法律调整的社会关系种类等的协调程度。外部因素成本是指国内政治、经济、文化等受到新制度影响、接受新制度所要付出的成本。改变立法的转换成本为从现有制度转变为新制度所要付出的立法成本,改变解释的转换成本为从现有制度中解释出新制度所要付出的解释成本(表8-3)。

表 8-3　制度转换成本的评价标准

制度转换成本的评价标准	转换成本 =① 内部因素成本+② 外部因素成本
数据法律制度转换成本的评价标准	转换成本 =解释成本/立法成本 =新解释/（新立法产生的① 内部因素成本+② 外部因素成本）

注：① 内部因素成本=新制度与现有法律体系匹配和融合所付出的转换成本；
　　② 外部因素成本=国内政治、经济、文化等受到新制度影响，接受新制度所要付出的成本。

8.1.2.2　两种数据法律制度转换方式的成本比较

现有法律制度的多路径保护会导致数据权零散不成体系，在数据经济蓬勃发展之际，新型数据权利不断涌现，现有法律制度的负外部性将日趋显著，与经济基础不相适应的上层建筑将阻碍数据经济转型。虽然对现有法律制度不作改变就不会产生立法成本和解释成本，但实则产生了巨大的机会成本，丧失了转换制度以适应经济基础而能产生的最大预期收益。现有法律制度的负外部性，即国内政治、经济、文化所受到的发展制约，也是巨大的无形成本。

改变解释或改变立法的制度转换均需要付出解释成本或立法成本。对现有法律制度改变解释的路径，即将物权客体"物"扩张解释为有形物以及无形物，从而使无形数据权益涵盖在物权的保护路径下。对现有法律制度改变立法的路径包括：一是新型权利保护路径，即为数据创设一种新型财产权，将其定性为类似于物权、知识产权等具有排他性的绝对权；二是权利束保护路径，即将数据权益看作多项权利集合的"权利束"。

解释成本和立法成本均要考虑内部成本和外部成本。首先，从内部成本来看，对现有法律制度改变解释的转换方式主要是通过扩张解释来容纳新的数据客体，如将物权客体扩大解释为有形物和无形物，如此不仅破坏了大陆法系国家物债二分、物必有体、物权排他的财产权理论框架，且新制度与现有法律体系的理论逻辑难以自洽，解释的内部成本较大。对现有法律制度改变立法的转换方式则是将数据作为独立的新客体，结合数据客体自身特点，为数据创设一个新的权利体系，如此一来，新的数据制度与现有法律制度调整的不同社会关系各行其道，互不干扰，使整个法律体系扩充得更加完善而非拥挤，立法的内部成本较小。

其次，从外部成本来看，政策上，中共中央、国务院在发布的《数据二十条》中指出，数据基础制度建设关涉国家发展大局，应建立保障权益、合规使用的数据权制度。因此数据保护制度转换具有一定的政治基础,国内政治受到新制度影响及接受新制度所要付出的成本较小。经济上,2020年3月30日,中共中央、国务院《要素市场化配置意见》首次将数据写入生产要素。数据作为第五大生产要素,是促进我国经济转型、效率变革的重要动力,根据生产要素理论,明确权属和自主有序流动是生产要素的前提条件和本质要求,数据经济的发展期待着与之相匹配的法律制度,因此数据法律制度的转换具有一定的经济基础,数据经济发展受到新制度的影响和接受新制度付出的成本较小。文化上,无论是改变解释还是改变立法均有学者持支持观点,学界具有接受新制度的理论基础。综上,从外部成本来看,改变解释或改变立法在国内具有一定的政治、经济、文化基础,两种制度转换的外部成本较小。

但就改变解释或改变立法的外部成本而言,改变立法的外部成本更小。从政策导向上看,《要素市场化配置意见》中指出应根据数据性质完善产权性质,《数据二十条》提出根据数据来源和数据生产特征分别界定数据生产、流通、使用环节中各参与方的数据权利,建立数据资源持有权、数据加工使用权、数据产品经营权等分置的产权运行机制。2022年11月,全国信标委大数据标准工作组《数据要素流通标准化白皮书》提出加快确立数据要素产权制度,建立数据权确权制度,形成一整套完整的数据权认定、转让、使用和保护等规则。由此可见,目前在数据法律制度转换方式上更倾向于结合数据自身特征,创建一套完整的、体系化的数据权制度。因此,改变立法的外部支持度更高,改变立法的外部成本低于改变解释的外部成本(表8-4)。

表8-4 数据法律制度转换方式的成本比较

比较的制度对象	内部因素成本	外部因素成本	转换总成本
新解释	较大	较小	适中
新立法	较小	较小	较小
新立法、新解释	新立法<新解释	新立法<新解释	新立法<新解释
结 论	新立法的内部因素成本+外部因素成本<新解释的内部因素成本+外部因素成本 即 新立法的制度转换成本<新解释的制度转换成本		

8.1.3 两种数据法律制度转换方式的净收益分析

两种数据法律制度转换方式的净收益等于转换收益减去转换成本,即改变解释或改变立法得到新制度的收益,减去现有制度的收益,再减去改变立法或改变解释的成本。转换收益越大、转换成本越小的法律制度转换净收益越大(表8-5)。

表8-5 数据法律制度转换方式的净收益标准及比较

数据法律制度转换净收益的评价标准	数据法律制度转换净收益 =新制度转换收益-新制度转换成本 =新制度收益-现有制度收益-新制度成本		
比较的制度对象	转换收益	转换成本	净收益
新立法、新解释	新立法>新解释	新立法<新解释	新立法>新解释
结　论	新立法的转换收益-新立法的转换成本>新解释的转换收益-新解释的转换成本 即　新立法的净收益>新解释的净收益		

在转换收益上,改变解释或改变立法均较现有法律制度具有显著转换收益,但是改变立法的转换方式较改变解释的转换方式对数据保护更为充分全面,因此改变立法的转换收益大于改变解释的转换收益。在转换成本上,一方面,改变解释较改变立法对现有法律框架的破坏性更大,法律逻辑难以自洽,改变立法的内部成本低于改变解释的内部成本;另一方面,国内政治、经济、文化方面对数据保护均提出了制度建设的要求且倾向于创设新权利体系,改变立法的外部成本低于改变解释的外部成本。综上,改变立法的转换收益大于改变解释的转换收益,改变立法的转换成本小于改变解释的转换成本,改变立法的制度转换净收益大于改变解释的制度转换净收益。因此,对于数据法律制度保护路径的选择,应考虑结合数据特殊性及复杂性,通过改变立法为数据创设新的权利保护。

8.2　基于成本收益分析的数据立法路径比较

在确定通过对现有法律制度改变立法的转换方式为数据提供保护的基础上,需进一步解决数据立法的具体参照路径。可采用评价立法路径优劣的成本收益分析法,即立法成本越低、立法收益越大则立法路径越优,最终选择净收益最大的立法路径。具体而言,数据立法路径的净收益等于实现权利的收益减去义务人履行义务的成本及制度运行的成本。

8.2.1 数据立法的多元路径

如前所述,数据的立法路径是创设一种新型民事权利,即参照物权设置排他性的绝对权、参照知识产权设置新的知识产权类型或参照"权利束"理论为数据设置多种权利类型。三条数据立法路径又可以进一步划分为有形财产权保护路径和无形财产权保护路径。根据无形财产权理论可知,无形财产权是财产运动的非物质化,其改变了传统的单一物化财产权结构,建立了财产利益组合的"权利束",使得一项无形财产权的概括名义下包含多个相互独立、内容各异的权项,若干主体可以对同一无形财产享有不同权项。知识产权是最典型也是最主要的无形财产权,简言之,知识产权本身也是一种"权利束"。因此,数据在无形财产权体系下的立法路径又可以进一步区分为在知识产权体系下立法,以及脱离知识产权体系创设数据法学并为数据独立立法。

8.2.2 数据立法路径的收益

8.2.2.1 数据立法路径的收益评价标准

数据立法路径的收益,是指数据立法对数据权利的保障和数据权利的实现程度。一方面,数据作为新的权利客体,只有数据法律制度客体涵盖的范围越广,数据权益越能得到充分保护,即当一项立法对数据权利的保障越全面则数据立法路径的收益越高;另一方面,数据作为新型生产要素,只有流动、分享、加工处理才能创造价值,[1]即当数据立法越有利于数据权利的实现则数据立法路径收益越高(表8-6)。

表8-6 数据立法收益的评价标准

立法收益的评价标准	立法收益 =该项制度实现立法目的的程度
数据立法路径收益的评价标准	立法收益 =该立法路径实现① 数据保护及② 数据利用的程度

注:数据法律制度的立法目的:① 数据保护;② 数据利用。

---

[1] 付嘉君:《中央文件将数据列为五大要素之一,数据共享和治理的步伐或将加快》(2020年4月24日),https://maimai.cn/article/detail?fid=1454698157&efid=A6LPurqJmLWAeCEgbyB-kA,访问日期:2025年3月24日。

在数据权利的保障方面,数据客体与现有法律制度的保护客体之间是交叉关系、互斥关系而非包含关系,因此现有法律制度在数据保护方面捉襟见肘。为了对数据提供全面保护,需将数据作为一项独立客体,结合数据特征和性质为数据提供有效的全面的法律保护。当立法路径客体越贴近数据的特征和属性,该立法路径所涵摄的数据类型、数据场景越充分,越能为数据提供有效全面的保护。因此,立法路径确定的客体特征与数据特征越符合,立法路径的收益越大。

在数据权利的实现方面,数据的权利保护不应形成数据垄断、数据孤岛,立法路径的负外部性越低,激励作用越大,立法路径越有利于数据的生产、分享,对数据共享的促进作用越大,立法路径的收益越大。

8.2.2.2　三种数据立法路径的收益比较

就三种立法路径在数据权利保障方面的收益而言,应从数据客体特征来考察。与传统财产权相比,数据具有无形性、非消耗性、一定程度上的非竞争性特征。[①] 数据的持有、控制和处理,在不同主体间对应的关系形态及其组合多样,不能指望借助任何有形载体或"本质属性"实现一般性确定。[②] 实际上,数据客体的无形性、非竞争性、非消耗性均派生于数据最本质的属性——"非物质性",而有形财产权与无形财产权最主要的区别就在于客体的物质性与非物质性。因此,无形财产权的理论基础和制度体系更符合数据的客体特征,更有利于数据权利的保障,无形财产权立法路径收益更大。

法律界权的重要性体现在为数据持有者和数据利用者提供交易起点。当前我国数据要素流转中的主要问题是"不能交易"和"不敢交易",因为数据财产权未明确,数据财产的分配规则也就无从谈起,数据流转面临高度不确定的法律风险,阻碍了数据经济的发展。因此,就立法路径在数据权利实现方面的收益而言,数据立法通过法律界权为数据流通、利用提供交易起点,法律层面清晰的数据权利义务关系降低了交易风险,有利于让想交易而不敢交易的数据买卖双方进行合法有序的数据流转、数据分享。

有学者提出,数据的非竞争性和非排他性决定了数据是一种公共产品,在数据上设置私人权利会造成数据合法垄断,阻碍数据经济发展。但正如知识产权制度的设置一般,发明人申请专利权后并不一定能够对科技成果交易起到立

[①] 申卫星:《论数据用益权》,《中国社会科学》2020 年第 11 期,第 110—131、207 页。
[②] 戴昕:《数据界权的关系进路》,《中外法学》2021 年第 6 期,第 1561—1580 页。

竿见影的促进效果,①构建数据权规则后也不一定能够对所有数据主体都立刻发挥促进数据交易流转的作用。事实上,数据主体出于市场竞争优势地位保持的目的,无论是否有法律上赋予的数据权,数据主体都会极力垄断自己的数据,或采用技术手段封锁自己的平台数据,因此数据垄断问题并非数据确权所带来的。相反,数据确权有利于促进想交易而不能交易、不敢交易的数据主体之间进行数据流转。也即无论是有形财产权的立法路径还是无形财产权的立法路径,都能产生促进数据流通的立法收益。

就无形财产权和有形财产权的立法收益而言,传统私法理论中,有形财产权是权利人对客体绝对支配和排他独占的权利,这种权利性质是单一的,没有复合型权利的形态存在;而无形财产权是一种财产利益的权利束,由一系列独立和特殊利益组合而成,非单一设定的权利,多个权项可以分割,若干主体可以对同一无形财产享有不同的权项内容。数据采集、数据开发、数据应用等环节各方参与主体多样,数据的非排他性、非竞争性决定了数据的共享共用是数据利用的重要方式,无形财产权多种权利形态和多重主体的设定方式更有利于数据的共享共用。对比之下,有形财产权的制度体系则显得捉襟见肘。所以,对数据采用无形财产权立法比采用有形财产权立法更有利于数据的共享共用,促进数据的流通、使用,无形财产权立法路径收益更大。值得说明的是,不管是在知识产权体系下立法,还是脱离知识产权体系为数据单独立法,在路径收益上并无明显区别,因其运用了同一无形财产权的理论基础和制度体系(表8-7)。

表 8-7 数据立法路径的收益比较

比较的制度对象	实现数据保护的收益	实现数据利用的收益	立法总收益
有形财产权立法、无形财产权立法	有形财产权立法<无形财产权立法	有形财产权立法<无形财产权立法	有形财产权立法<无形财产权立法
知识产权体系下立法、知识产权体系外立法	无明显比较差异	无明显比较差异	无明显比较差异
结　　论	有形财产权立法路径的收益<无形财产权立法路径的收益		

---

① 顾昕:《构建我国数据知识产权规则的思考》(2024 年 7 月 6 日),https://mp.weixin.qq.com/s/_dFnaF3l9IyxQZvEXopKvA,访问日期:2025 年 3 月 24 日。

8.2.3 数据立法路径的成本

1）数据立法路径的成本评价标准

数据立法路径的成本包括对他人施加义务的成本及制度运行的成本,对他人施加义务的成本即他人为履行义务而花费的成本,制度的运行成本为他人不履行义务时通过诉讼解决纠纷的成本(表8-8)。在制度运行成本方面具体包括制度改进的成本与法官适用法律的成本,当制度目的越相似、权利客体越相似,则制度的改进成本越低,法官学习新法的成本越低,适用法律的便捷性越高。

表8-8 立法成本的评价标准

立法成本的评价标准	立法成本 =① 对他人施加义务的成本+② 制度运行的成本
数据立法路径成本的评价标准	立法成本 =该立法路径① 对他人施加义务的成本+② 制度运行的成本

注:① 对他人施加义务的成本=他人为履行义务而花费的成本;
② 制度的运行成本=他人不履行义务时通过诉讼解决纠纷的成本。

2）三种数据立法路径的成本比较

三种立法路径都为数据创设了一套新的权利义务关系,对他人所施加的义务成本相差无几,主要是在制度运行成本上有所差异。首先,在制度的改进成本上,从数据法律制度目标与有形财产制度和无形财产制度目标的亲缘关系来看,有形财产权的财产观是财产权至上,无形财产权的财产观是利益平衡,这既是财产发展的进步,也是文明的进步。无形财产权是一系列独立权利和特殊利益的组合,数据财产权的确立并非为个人或数据财产占有者设定一项权利,而旨在构建一个平衡数据主体、数据处理者与社会整体利益的法律框架。对于公共利益的共同关照,使得数据采用无形财产权立法的制度改进成本更低。其次,在法律适用成本上,鉴于数据客体与知识产权客体具有天然的亲缘关系,当发生数据纠纷时,法官在无形财产权侵权认定、损害赔偿救济等方面具有一贯性思维,无须负担在有形财产权下保持法律逻辑自洽的解释成本。因此,数据采用无形财产权立法的法律适用成本更低。

更进一步地,无形财产权体系下,究竟是选择在知识产权法律制度下另设第八类知识产权新客体立法,还是脱离知识产权体系为数据单独立法,在路径成本上有所不同。第一,在制度改进成本上,知识产权制度对数据立法具有参照性,而重设数据法学制度改进成本较大。第二,在法律适用成本上,目前全国已设立了 4 家知识产权法院,30 个知识产权法庭,在知识产权法律制度下另设数据权可以便捷地利用现有的司法部门设置及管理方法,而重设数据法学需要对其司法问题重新定位,配套一系列司法机构和专业岗位人员。因此,当前在知识产权法律制度下创设第八类数据权的立法成本更低(表 8-9)。

表 8-9 数据立法路径的成本比较

比较的制度对象	对他人施加义务的成本	制度运行的成本	立法总成本
有形财产权立法、无形财产权立法	无明显比较差异	有形财产权立法>无形财产权立法	有形财产权立法>无形财产权立法
知识产权体系下立法、知识产权体系外立法	无明显比较差异	知识产权体系下立法<知识产权体系外立法	知识产权体系下立法<知识产权体系外立法
结 论	知识产权体系下的立法成本<知识产权体系外的立法成本<有形财产权下的立法成本		

此外,选择知识产权法律制度下立法还存在历史因素的影响。无形财产权体系最初就是在知识产权的名义下展开构建的,当前集成电路布图设计、计算机软件、植物新品种等新兴非物质性利益的保护需求不断增加,因其与传统知识产权客体的非物质性相吻合而不断被知识产权法律制度体系所吸纳,使得现代知识产权法律体系已成为一个开放式、动态发展的制度规范体系,在一定程度上向着庞大的无形财产权体系发展。同时,又因为无形财产权体系目前并未形成共识的理论基础和制度设计,在知识产权体系之外构建新的无形财产权缺乏上位理论和制度的涵摄,所以现阶段对无形财产的法律保护应循序渐进,以广义知识产权为基础,在现代知识产权法律制度下创设数据权完全可以满足数据发展的现实需要。

8.2.4 数据立法路径的净收益分析

立法路径的收益越大、成本越小,立法路径的净收益就越大。在立法收益上,相较有形财产权,无形财产权的理论基础和制度体系更符合数据的客体特征,实现对数据保护的收益更大。无形财产权多种权利形态和多重主体的设定方式相较有形财产权的更有利于数据的共享共有,实现对数据利用的收益更大。

在立法成本上,数据与无形财产权客体、制度目标具有天然的亲缘关系,较之有形财产权,采用无形财产权立法路径的制度改进成本更低、法官适用法律便捷性更高。采用无形财产权立法路径较采用有形财产权立法路径的净收益更大(表8-10)。

表8-10 数据立法路径的净收益标准及比较

数据立法路径的净收益评价标准	数据立法路径的净收益=立法收益-立法成本		
比较的制度对象	立法收益	立法成本	净收益
有形财产权立法、无形财产权立法	有形财产权立法<无形财产权立法	有形财产权立法>无形财产权立法	有形财产权立法<无形财产权立法
知识产权体系下立法、知识产权体系外立法	无明显比较差异	知识产权体系下立法<知识产权体系外立法	知识产权体系下立法>知识产权体系外立法
结 论	知识产权体系下的立法净收益>知识产权体系外的立法净收益>有形财产权下的立法净收益		

对无形财产权立法的具体路径选择,鉴于司法部门的机构设置、知识产权制度的历史发展,在知识产权体系下,无形财产成熟一个、制定一个,已经能够最大限度地包容各类无形财产。相较在知识产权体系之外为数据单独立法,知识产权法律制度下创设数据权与现有的法律基础,司法环境的衔接、协调成本更小。因此,考虑到无形财产权体系尚未成熟发展的现状,当前阶段在知识产权法律制度下创设新的数据权制度净收益最大。

8.3 数据保护立法的路径

在新旧制度转换的成本收益分析中,数据法律制度的转换收益以该项制度实现立法目的的程度来衡量,即实现"权利保护、权利利用"的程度越高制度收益越大。相较现有法律制度,在权利保护上,改变立法或改变解释能够更好地容纳新的数据客体,对数据的权利保护更为全面;在权利利用上,改变立法或改变解释更有利于稳定数据交易秩序、保障交易环境安全。因此,改变立法或改变解释的法律制度转换方式比现有法律制度具有显著的转换收益。但因改变立法相较改变解释对数据发展的预期包容性更高,改变立法的制度转换相比改变解释的制度转换更能实现对数据的全面保护,改变立法的制度转换收益更大。

数据法律制度的转换成本是指改变立法或改变解释所付出的内部因素和外部因素成本。从内部因素成本看,改变解释的转换方法通过扩张解释来容纳新的数据客体,不仅破坏了大陆法系原有的财产权理论框架,且新制度与现有法律体系的理论逻辑难以自洽,解释的内部成本较大;改变立法的转换方法则是将数据作为一个独立的新客体,新制度与现有法律制度各行其道,使整个法律体系扩充得更加完善而非拥挤,立法的内部成本较小。从外部因素成本来看,改变解释或改变立法在国内均具有一定的政策、经济、文化基础,但根据《数据二十条》等政策指导来看,改变立法的外部支持度更高,其外部成本低于改变解释的外部成本。

综上,改变立法的制度转换净收益大于改变解释的制度转换净收益。因此,对于数据保护模式的法律路径选择,应考虑结合数据特殊性及复杂性,通过立法为数据创设新的权利保护。

在数据立法路径优劣评价的成本收益分析中,数据立法的路径分别为:一在有形财产权体系下立法;二在无形财产权的知识产权体系下立法;三脱离知识产权体系为数据独立立法。数据立法路径的收益指该立法路径对数据的权利保障和数据的权利实现,当立法路径确定的客体特征与数据特征越符合,越有利于数据权利的保障和实现,立法路径的收益越大。数据客体的无形性、非竞争性、非消耗性均派生于数据最本质的属性"非物质性"。相较有形财产权,无形财产权的理论基础和制度体系更符合数据的客体特征,无形财产权立法路径收益更大。但不管是在知识产权体系下立法,还是脱离知识产权体系为数据单独立法,在立法路径收益上并无明显区别,因其采用了相同的无形财产权的理论基础和制度体系。

数据立法路径的成本包括对他人施加义务的成本及制度运行的成本。三种立法路径都为数据创设了一套新的权利义务关系,对他人所施加的义务成本相差无几。但在制度的改进成本和法律适用成本上,与有形财产权客体相比,数据客体与无形财产权客体具有天然的亲缘优势,在规则设计和司法适用法律方面,数据保护采用无形财产权立法的制度运行成本更低。相较在知识产权体系之外为数据保护单独立法,知识产权法律制度下创设数据权与现有的法律基础、司法环境的衔接、协调成本更小。因此,当前阶段在知识产权法律制度下创设新的数据权制度净收益最大。

第 9 章 数据概念的法律界定

数据确权中相关概念的混用极大程度上造成了数据确权讨论的复杂和分歧,同一概念在不同理解层次上产生的观点无法相提并论。因此,厘清当前数据相关的概念,统一对话场域是进行后续研究和数据保护立法的重要前提。

数据概念的混乱主要有两个原因,在横向上,与本源词"数据"相关的派生词、近义词较多,词语之间需要专业区分;在纵向上,随着社会的发展以及科学技术的发展,本源词"信息""数字""数据"密切相关且具有不同的时代色彩。因上述三个本源词汇内涵差异不大,在具体使用时易相互替代而造成理解的混乱,加之"信息""数字"相关的派生词也十分丰富,从而在更大的词汇量内造成用语的混乱。

因此,可以首先从纵向、横向分别进行梳理对比,对数据相关概念进行辨析,以解决用语的相互替代和语义混乱问题。其次,结合数据自然属性、经济属性理解数据法律属性并尝试界定数据的法律内涵。

9.1 数据相似概念对比

通过梳理发现,学科角度不同、研究领域不同是派生词语产生的主要影响因素。以此为基础,可以将数据相似概念以本源词和相关学科词缀为类型化标准,界分相关概念(表 9-1)。

表 9-1 数据相近、相似概念类型化表

对象	技术用语		经济用语						法律用语	政策用语	
本源词	××化	××技术	××资本	××资源	××资产	××经济	××产品	××产权	××主权	××治理
信息	信息化	信息技术	信息资本	信息资源	信息资产	信息经济	信息产品	信息产权	信息主权	信息治理
数字	数字化	数字技术	数字资本	数字资源	数字资产	数字经济	数字产品	数字产权	数字主权	数字治理
数据	数据化	数据技术	数据资本	数据资源	数据资产	数据经济	数据产品	数据产权	数据主权	数据治理

3个本源词及10个词缀共组成了30个派生词,上述词汇在各种语境及学科背景下都有使用,但因30个派生词并未有达成共识的普遍性定义,在实际使用中常被不加区分地使用造成混用和理解的困难。鉴于《现代汉语词典(第7版)》中收录的词语释义已成为被广泛接受的标准,可整理3个本源词及10个词缀的标准解释,从而为理解和辨析30个派生词提供参考标准(表9-2)①。

表 9-2 本源词及词缀释义参考表

词	释 义
信息	① 音信,消息:数月来一直没有得到有关他的~。 ② 信息论中指用符号传送的报道,报道的内容是接收符号者预先不知道的
数字	① 表示数目的文字。汉字的数字有小写、大写两种,"一二三四五六七八九十"等是小写,"壹贰叁肆伍陆柒捌玖拾"等大写。 ② 表示数目的符号,如阿拉伯数字、苏州码子。 ③ 指数量:不要盲目追求~。也叫数目字。 ④ 属性词。采用数字化技术的:~通信,~摄像机
数据	进行各种统计、计算、科学研究或技术设计等所依据的数值
××化	后缀。加在名词或形容词之后构成动词,表示转变成某种性质或状态:绿~、美~、恶~、电气~、机械~、水利~
××技术	① 人类在认识自然和利用自然的过程中积累起来并在生产劳动中体现出来的经验和知识,也泛指其他操作方面的技巧:钻研~、~先进。 ② 指技术装备:~改造

---

① 从研究领域的大类区分已足以辨析各概念间的关系,因此30个派生词的具体定义非本研究的界定重点。

(续表)

词	释　义
××资本	① 掌握在资本家手里的生产资料和用来雇佣工人的货币。资本家通过资本来剥削工人,取得剩余价值。 ② 经营工商业的本钱。 ③ 比喻牟取利益的凭借:政治~
××资源	生产资料或生活资料的来源,包括自然资源和社会资源:地下~,水力~,旅游~,人力~,信息~
××资产	① 财产。 ② 企业资金。 ③ 资产负债表所列的一方,表示资金的运用情况
××经济	① 经济学上指社会物质生产和再生产的活动。 ② 国民经济的总称,也指国民经济的各部门,如工业经济、农业经济等。 ③ 属性词。对国民经济有价值或影响的:~作物,~昆虫。 ④ 个人生活用度:他家~比较宽裕。 ⑤ 耗费较少而获益较大:~实惠的家用轿车,作者用非常~的笔墨写出了这一场复杂的斗争。 ⑥ 经世济民,指治理国家:~之才
××产品	生产出来的物品:农~,合格~,~出厂前都要经过检验
××产权	财产权的简称
××主权	一个国家在其领域内拥有的最高权力。根据这种权力,国家按照自己的意志决定对内对外政策,处理国内国际一切事务,而不受任何外来干涉
××治理	① 统治;管理:~国家。 ② 处理;整修:~淮河

9.2　数据相近概念的辨析及释义统一

因为数据作为数据权利保护研究的重要对象,对数据相近概念进行横向对比有利于进一步辨析相关词汇的联系与区别。选取18个常见易混淆词汇(表9-3),可通过研究综述及同义词合并、上下位概念分析、释义统一以厘清数据相近概念。

表9-3　数据横向比对易混淆词汇表

比对划分标准	词	比　对　词　汇			
词汇相似	数据	元数据	数据元素	—	—
技术领域	数据化	大数据	算法	编程	数据包

(续表)

比对划分标准	词	比 对 词 汇			
经济领域	数据资本	数据资源	数据资产	数据经济	数据要素
数据形态	数据产品	数据服务	数据库	数据集合/数据集	

9.2.1 数据概念的现有释义

数据最早出现在拉丁语中,含义为"给予的事物"。随着数学、神学等领域的概念融入英语,数据含义变得更加多样化。

9.2.1.1 国内外政策法规及相关研究文本中的数据释义

1) 国外政策法规及相关研究文本中的数据释义

在国外有关政策、法规文本中,联合国欧洲经济委员会(2000)将数据解释为信息的实体表现形式,适用于人工或自动化手段交流、转译或处理。美国国际空间数据系统咨询委员会(2002)认为数据是以适合于交流、解释或加工的形式化方式进行的可重新解释的信息表现形式,如比特序列、数值表、页面中的字符、讲话录音、月球岩石标本等都是数据。国际数据管理协会(2017)认为,数据是以文本、数字、图像、声音和视频等格式对事实进行表现的形式,是信息的原始材料。2019年美国《开放的、公开的、电子化的及必要的政府数据法案》(Open, Public, Electronic, and Necessary Government Data Act)指出,数据为以任何形式或介质记录下来的信息,开放政府数据时特别指明数据需要满足机器可读的条件。国际科学理事会信息和数据战略协调委员会前成员彼得·福克斯和瑞·海瑞斯(2013)认为,数据至少包括数字观测、科学监控、传感器数据、元数据、模型输出和场景、定性或观察的行为数据、可视化数据、出于行政或商业目的而采集的统计数据;数据通常被视为研究过程的输入。

2) 国内政策法规及相关研究文本中的数据释义

国内有关数据、数据要素的公开法规、政策文本均有涉及"数据"的释义。2021年《数据安全法》第3条规定:"本法所称数据,是指任何以电子或者其他方式对信息的记录。"我国原技术监督局发布的标准将数据定义为:"数据是指信息的可再解释的形式化表示,以适用于通信、解释或处理。"[①]中国信息通信研

---

① 全国信息技术标准化技术委员会:《信息技术 词汇 第1部分:基本术语》,GB/T 5271.1—2000,国家质量技术监督局,2000,第156页。

究院《数据要素白皮书》指出,大数据时代,数据是基于二进制编码的、按预先设置的规则汇聚的现象记录。[①] 2022年《广东省数据要素市场配置改革理论研究报告》中指出,数字经济时代,作为生产要素的数据不再是狭义上的数值,或是声音、图像、符号、文字等,而主要是以电子形式传递和存储的信息载体。[②] 2022年中国移动通信研究院发布的《开启数据要素流通市场3.0时代白皮书》中将数据定义为"任何以电子或其他方式记录或识别的客观事物的符号"。[③]

9.2.1.2 国内外权威字典的数据释义

各大词典所收录的词语释义通常是已被广泛接受的规范性解释,但从实际考察来看,国内外权威字典中对"数据"的解释也不尽相同。《现代汉语词典(第7版)》中将"数据"解释为"进行各种统计、计算、科学研究或技术设计等所依据的数值"。《辞海》(第7版)将"数据"定义为"描述事物的数字、字符、图形、声音等的表示形式"。[④]《牛津词典》将"数据"定义为"事实或信息,尤指经检验并用于发现事物或作决定的事实或信息"或"计算机存储的信息"。[⑤]《柯林斯词典》将"数据"解释为"可以将信息称为数据,尤其是当它以事实或统计数据的形式出现时"或为"可以被计算机程序存储和使用的信息"。[⑥]

9.2.1.3 不同使用语境下的数据释义

在传统语境下,数据是指数值,如海拔1 000米、温度20 ℃等。在IT领域,数据概念扩大,数据是指网络空间里的所有内容,是网络空间的唯一存在,即电子数据,不仅包括数据资产"2023/06/11"等符号、字符、日期形式的数据,还包括文本、声音、图形、图像和视频等类型的数据,而且政府文件、出行记录、住宿记录、软件聊天记录、网上购物记录、银行消费记录等也是数据。[⑦] 在科学语境下,数据是指记录下来的事实,即以数字或文字等形式呈现的客观实体属性的值。[⑧]

---

① 中国信息通信研究院:《数据要素白皮书(2022)》,2023,第1—2页,https://www.caict.ac.cn/kxyj/qwfb/bps/202301/P020230107392254519512.pdf,访问日期:2025年3月27日。
② 广东省政务服务数据管理局:《广东省数据要素市场化配置改革理论研究报告》,2022,第61页,https://13115299.s21i.faiusr.com/61/1/ABUIABA9GAAg86uYnAYokNbfzAU.pdf,访问日期:2025年3月27日。
③ 中国移动通信研究院:《开启数据要素流通市场3.0时代白皮书》,2022,第6页,http://221.179.172.81/images/20221222/18971671694801761.pdf,访问日期:2025年3月27日。
④ 在线《辞海》,https://www.cihai.com.cn/detail?q=%E6%95%B0%E6%8D%AE&docId=7583002&docLibId=72,访问日期:2025年4月8日。
⑤ 在线Oxford Learner's Dictionaries data词条,https://www.oxfordlearnersdictionaries.com/definition/english/data?q=data,访问日期:2025年4月8日。
⑥ 在线Collins Dictionary data词条,https://www.collinsdictionary.com/dictionary/english/data#google_vignette,访问日期:2025年4月8日。
⑦ 叶雅珍、朱扬勇:《数据资产》,人民邮电出版社,2021,第3页。
⑧ 唐多强:《信息处理技术员教程》,清华大学出版社,2005,第1页。

综上所述,考察国内外数据政策法规、相关研究文本、权威字典及不同使用语境下的"数据"释义,其概念层次和定义维度大不相同。"数据"概念在国内外尚未形成各领域和各学科的通用性定义。在党中央、国务院积极推动构建数据要素产权制度的背景下,从生产要素领域出发,结合大数据蓬勃发展的技术背景,界定法律语境下的数据概念是数据权利保护制度构建的重要前提。

9.2.2 数据相近概念的辨析

1) 数据与元数据的辨析

元数据(Metadata)为描述数据的数据(data about data),对数据及信息资源的描述性信息,主要是描述数据属性(property)的信息,用来支持如指示存储位置、历史数据、资源查找、文件记录等功能。元数据是一种电子式目录,为了达到编制目录的目的,必须描述并收藏数据的内容或特色,进而达成协助数据检索的目的。

2) 数据与数据元素的辨析

数据元素是组成数据的基本单位,是某种数据结构中能独立存在的数据单位。其大小随着数据类型的不同而不同。如整数类型的数据,一个整数"9"就是一个数据元素;在一张学生登记表中,每个学生的情况占表中的一栏,则这一整栏内就是一个数据元素。

3) 数据与数据化的辨析

数据化一词尚未被《现代汉语词典(第7版)》所收录,没有形成普遍定义。2016年《未来已来:"互联网+"的重构与创新》中指出数据化就是数字态转化为数据态的过程,通过对信息进行结构化标识,将数据从不存在的地方提取或生成出来,从而以数字形态记录一切事物和一切事物之间的联系。姜浩提出,数据化是指对连续的数字比特流进行分割与组合,使之实现结构化和颗粒化,最终形成标准化、非线性的数据对象的过程。[1] 孙新波认为数据化是对信息进行结构化、颗粒化处理,使之成为标准化数据对象的过程,这是数据产生价值的基础。[2] 时建中从数据化与数字化的关系角度对比指出,数字化是支撑数据化的技术规程,数字化是指把一种现象转变为可制表分析的量化形式的过程,数据

---

[1] 姜浩:《数据化》,中国传媒大学出版社,2017,第219页。
[2] 孙新波、孙浩博、钱雨:《数字化与数据化——概念界定与辨析》,《创新科技》2022年第6期,第12—30页。

化是将模拟数据转化成 0 和 1 表示的二进制码,从而使计算机可以读取数字数据。①

4) 数据与大数据的辨析

2015 年 8 月,国务院发布的《促进大数据发展行动纲要》中指出,大数据是以容量大、类型多、存取速度快、应用价值高为主要特征的数据集合,正快速发展为对数量巨大、来源分散、格式多样的数据进行采集、存储和关联分析,从中发现新知识、创造新价值、提升新能力的新一代信息技术和服务业态。② 研究机构 Gartner 将大数据界定为需要新处理模式才能具有更强的决策力、洞察发现力和流程优化能力的海量、高增长率和多样化的信息资产。王广震将目前学界对大数据的法律性质观点总结为技术本体论、数据本体论、工具论、社会关系论和信息资产论四种学说观点,其认为在法律视野下,大数据是指由计算机技术处理的、与目的信息相关的全部电子数据及其结果。③ S. Patterson 从技术角度界定,大数据是对海量数据进行采集、检索、分析、挖掘、应用的新技术,是预测将来事件发展模式的一种统计和分析的技术,预测的依据是对已发生的、互有关联的、不同特质信息的大数据的利用。④ 李国杰等从数据体量指出,大数据是指无法在可容忍的时间内用传统 IT 技术和软硬件工具对其进行感知、获取、管理、处理和服务的数据集合。⑤ 朱扬勇等则从更为综合的角度出发,指出大数据是为决策问题提供服务的大数据集、大数据技术、大数据应用的总称,数据的价值和挖掘这些价值的时效是大数据的核心内涵。⑥

从上述定义中可知,对大数据的理解因人而异,在不同的语境下表达着不同的语义,未形成共识性概念。大数据既可能指代大数据技术,也可能指代大数据应用,还可能表示数据的集合。

2013 年,第 462 次香山科学会议给出大数据"技术型"和"非技术型"两个定义:一是技术型定义,即大数据是来源多样、类型多样、大而复杂、具有潜在价

---

① 时建中:《数据概念的解构与数据法律制度的构建兼论数据法学的学科内涵与体系》,《中外法学》2023 年第 1 期,第 23—45 页。

② 中华人民共和国人民政府国务院:《国务院关于印发促进大数据发展行动纲要的通知》,国发〔2015〕50 号(2015 年 9 月 5 日),https://www.gov.cn/zhengce/content/2015-09/05/content_10137.htm,访问日期:2025 年 3 月 27 日。

③ 王广震:《大数据的法律性质探析——以知识产权法为研究进路》,《重庆邮电大学学报(社会科学版)》2017 年第 4 期,第 58—63 页。

④ Patterson S, *The Quants: How A New Breed of Math Whizzesconquered Wall Street and Nearly Destroyed It* (New York: Crown Business, 2010)。

⑤ 李国杰、程学旗:《大数据研究:未来科技及经济社会发展的重大战略领域——大数据的研究现状与科学思考》,《中国科学院院刊》2012 年第 6 期,第 647—657 页。

⑥ 朱扬勇、熊赟:《大数据是数据、技术,还是应用》,《大数据》2015 年第 1 期,第 78—88 页。

值,但难以在期望的时间内处理和分析的数据集;二是非技术型定义,即大数据是数字化生存时代的新型战略资源,是驱动创新的重要因素,正在改变人类的生产和生活方式。在 2020 年 4 月,国务院首次明确将"数据"作为第五大生产要素,时代背景的改变对于语义区分提出更高要求,以便各司其职服务于所属领域。因此,数据与大数据概念辨析应与时俱进地作区分理解,宜将大数据理解为技术概念,数据理解为法律概念,数据要素理解为经济概念,而非使大数据一词身兼多义。

5) 数据与算法的辨析

算法是指解题方案的准确和完整的描述,是一个有穷的动作步骤序列,只有一个初始态,每个动作只有一个后继动作,一步一步地直到序列结束,是解题从开始到结束的动作全过程。从计算机领域界定,算法(algorithm)是对特定问题求解步骤的一种描述,它是指令的有限序列,其中的每条指令表示一个或多个操作。算法与数据的关系为"程序=数据结构+算法"。所谓数据结构是指解决如何用数据正确地描述现实世界的问题,并存入计算机;算法则解决如何高效地处理这些数据,以解决实际问题。

6) 数据与数据资本的辨析

2016 年美国《数据资本兴起》的报告中指出,数据已经成为一种资本,与金融资本和人力资本一样能够创造新的产品和服务;在经济学中,数据资本是生产商品和服务所必需的记录信息,它与实物资本一样,拥有长期的价值,但具有特殊属性,即非竞争性、不可替代性、体验性等。数据资本的兴起需要一个全新的企业计算机体系架构,在重新配置数据管理、集成、分析和应用功能时需要遵循这几个关键原则:数据平等、数据流动性、数据的安全性和数据治理。刘典认为数据在资本化过程中生成了数据资本,数据资本的主体拥有对数据资本的控制权。[①] 在此基础上,获取超额利益、利润分配和开发利用能力时,数据资本才成为真正的资本。由此可见,数据是实现数据资本化的重要资源,数据资本是数据进入经济领域的新身份,二者在学科领域上存在区分。

7) 数据与数据资源的辨析

数据资源属于大数据新词,并未形成共识性概念。2022 年 11 月,全国信标委大数据标准工作组在《数据要素流通标准化白皮书》中将数据资源界定为可供人类利用并产生效益的一切记录信息的总称,并属于一种社会资源。2022 年

---

① 刘典:《数字人民币:数字经济的生态重构与全球竞争》,《文化纵横》2021 年第 1 期,第 40—48 页。

12月,中国信息通信研究院安全研究所《数据要素流通视角下数据安全保障研究报告》中将数据资源界定为数据的自然维度,把数据看成一种宝贵的资源,类比石油、土地等资源的特点和管理特性,数据资源有采集、存储、传输、使用、加工、提供、销毁等生命周期过程。从会计学角度界定,数据资源是指能够给会计主体带来经济利益、可以被会计主体拥有或控制的资源,其可以由会计主体过去的交易或事项形成。从数据与数据资源的关系来看,数据积累到一定规模后形成数据资源,从该角度可以将数据资源理解为有含义的数据集结到一定规模后形成的数据资源。①

8) 数据与数据资产的辨析

2012年,美国在《大数据研究和发展计划》中对大数据作了战略论述:数据的规模、活性与解释运用能力是综合国力的重要标志,对数据的占有和控制将成为继陆权、海权、空权之外国家的又一种核心资产。② 2013年《美国陆军信息技术应用指南》中将数据资产界定为任何由数据组成的实体以及由应用程序提供的读取数据的服务;数据资产可以是系统或应用程序输出的文件、数据库、文档或网页等,也可以是从数据库返回单个记录的服务和返回特定查询数据的网站;人、系统或应用程序可以创建数据资产。2019年,美国《开放政府数据法案》中将数据资产解释为"可以组合在一起的数据元素或数据集的集合"。

在中国《信息技术服务数据资产管理要求》(GB/T 40685—2021)中,数据资产是指合法拥有或控制的,能进行计量的,为组织带来经济和社会价值的数据资源。《信息技术服务治理第5部分:数据治理规范》中将数据资产解释为"组织拥有和控制的能够产生效益的数据资源"。2022年12月,西南证券研究发展中心计算机研究团队在《数据要素研究框架》中将数据资产界定为可供人类利用并产生效益的一切记录信息的总称,并属于一种社会资源。同时,中国信息通信研究院安全研究所《数据要素流通视角下数据安全保障研究报告》中认为数据资产是数据的经济维度,并非所有的数据都构成数据资产,数据资产是能够为组织产生价值的数据资源。2018年4月,中国信息通信研究院云计算与大数据研究所发布的《数据资产管理实践白皮书(2.0版)》中将数据资产界定为由企业拥有或者控制的,能够为企业带来未来经济利益的,以物理或电子的方式记录的数据资源,如文件资料、电子数据等。

---

① 叶雅珍、朱扬勇:《盒装数据:一种基于数据盒的数据产品形态》,《大数据》2022年第3期,第15—25页。
② 冯伟:《大数据时代面临的信息安全机遇和挑战》,《中国科技投资》2012年第34期,第49—53页。

9）数据与数据经济的辨析

2017年《欧盟数据市场 SMART2013/0063 总结报告》中认为数据经济衡量数据市场对整个经济的总体影响，它涉及数字技术支持的数据生成、采集、存储、处理、分发、交付和开发等；数据经济包括数据市场对经济的直接、间接和引导作用。同年，欧盟委员会在《构建欧洲数据经济》中指出，数据经济的特征是由各类市场主体（如，制造商、研究人员和基础设施供应方等）为确保数据可取可用性而共同合作构成的生态系统，这使得市场主体能够提取价值并创建各种应用，以改善民众的日常生活（如管理交通、优化农业种植、远程医疗等）。《2018数据经济报告》中将数据经济定义为使用复杂的软件和其他工具，通过快速存储、检索和分析大量非常翔实的业务和组织数据而创造的金融经济价值。

10）数据与数据要素的辨析

2022年，中国移动通信研究院发布的《开启数据要素流通市场3.0时代白皮书》中指出，数据要素是指参与社会生产经营活动中，为所有者或使用者带来经济效益的数据资源。全国信标委大数据标准工作组在《数据要素流通标准化白皮书》中进一步细化了数据要素定义，其指出数据要素是为参与社会生产经营活动、为使用者或所有者带来经济效益、以电子方式记录的数据资源。2023年1月，中国信息通信研究院《数据要素白皮书》则从数据生产过程和最终形态的角度对数据要素进行了界定，即数据要素是根据特定生产需求汇聚、整理、加工而成的计算机数据及其衍生形态，投入于生产的原始数据集、标准化数据集、各类数据产品及以数据为基础产生的系统、信息和知识均可纳入数据要素讨论的范畴。综上所述，数据要素可以简单概括为数据的生产性投入，即生产数据商品和数据服务所需要的数据资源。

11）数据与数据产品的辨析

数据生产得到的是数据资源或者数据的初级产品，可以直接供最终用户使用，也可以作为原材料（初级产品）进行再生产，形成更高级别的数据产品或数据服务，其中，数据产品是指电子化的非实物产品，区别于传统实物产品，可以低成本无限复制和通过网络快速传播的网络空间中各类形态的产品，包括数据形式的音乐、图片、影视、网络小说等单一类型的数据产品，也包括基于大数据集生产加工的大数据产品，但不包括 Kindle、手机、Pad 等数据产品的终端设备，也不包括运营数据产品的网络和平台。[①] MBA 智库百科中将数据产品定义为可

---

① 叶雅珍、刘国华、朱扬勇：《数据产品流通的两阶段授权模式》，《计算机科学》2021年第1期，第119—124页。

以发挥数据价值去辅助用户更优地做决策(甚至行动)的一种产品形式。它在用户的决策和行动过程中,可以充当信息的分析展示者和价值的使能者。

2022年11月,全国信标委大数据标准工作组《数据要素流通标准化白皮书》中认为,数据产品是指利用数据辅助做出决策的一种产品,数据产品包含了供应原始数据、数据加工过程、数据展示、数据结论、数据解决方案等服务和形式。中国移动通信研究院《开启数据要素流通市场3.0时代白皮书》中则更为详细地界定和分类了数据产品,其将数据产品定义为"为满足生产生活需求,对数据资源进行加工处理后形成的产品",在此基础上,将数据产品分为静态的"数据文件"(data file)和动态的"数据服务"(data service)两类。

关于数据与数据产品的关系,王利明认为数据产品是指数据采集者对采集的数据依法处理后所形成的数据产品,表现为数据库、某个平台等,在某些语境下,数据也可能指数据产品,数据和数据产品是难以分割的,数据产品是数据的集合体。①

12) 数据与数据服务的辨析

数据服务指提供数据采集、数据传输、数据存储、数据处理(包括计算、分析、可视化等)、数据交换、数据销毁等数据各种生存形态演变的一种信息技术驱动的服务。中国移动通信研究院《开启数据要素流通市场3.0时代白皮书》认为,绝大多数的数据产品都是以数据服务的形式提供的,通常所说的数据服务有狭义与广义之分:狭义的数据服务就是指数据产品对外服务的技术形态,具体为符合各种协议标准的 API(Application Program Interface);广义的数据服务是指在提供数据产品的同时开展的一系列相关配套服务。

13) 数据与数据库的辨析

数据库是"按照数据结构来组织、存储和管理数据的仓库",是一个长期存储在计算机内的、有组织的、可共享的、统一管理的大量数据的集合。《现代汉语词典(第7版)》中将数据库解释为存放在计算机存储器中,按照一定格式编成的相互关联的各种数据的集合,供用户迅速有效地进行数据处理。《欧盟数据库保护法律指令》指将数据库定义为独立的作品、数据或其他材料的集合,这些材料以系统的或有条理的方式编排,并能够通过电子或其他方式被单独访问。

14) 数据与数据集合/数据集的辨析

数据集合一般指数据集,数据集又称为资料集、数据集合或资料集合,是一

---

① 王利明:《论数据权益:以"权利束"为视角》,《政治与法律》2022年第7期,第99—113页。

种由数据所组成的集合。

15）数据与数据包的辨析

包（packet）是 TCP/IP 协议通信传输中的数据单位，一般也称"数据包"（分块的传输数据-分组）。在包交换网络里，单个消息被划分为多个数据块，这些数据块称为包，它包含发送者和接收者的地址信息。这些包然后沿着不同的路径在一个或多个网络中传输，并且在目的地重新组合。

16）数据相近词汇概念释义汇总

通过上文对数据相近词汇的横向对比及释义梳理可知，部分词汇之间存在释义交叉以及定义角度的侧重不同，在此，综合释义内容给出参考定义，以厘清各词汇间关系为后文研究的展开统一语义基础（表9-4）。

表9-4 数据横向比对易混淆词汇释义汇总表

序号	词汇	释义
1	数据	数据是电子计算机加工处理的对象。早期的计算机主要用于科学计算，故加工的对象主要是表示数值的数字。现代计算机的应用越来越广，能加工处理的对象包括数字、文字、字母、符号、文件、图像等
2	元数据	元数据（Metadata）为描述数据的数据（data about data），对数据及信息资源的描述性信息。主要是描述数据属性（property）的信息，用来支持如指示存储位置、历史数据、资源查找、文件记录等功能。元数据算是一种电子式目录，为了达到编制目录的目的，必须在描述并收藏数据的内容或特色，进而达成协助数据检索的目的
3	数据元素	数据元素即组成数据的基本单位，是某种数据结构中能独立存在的数据单位。其大小随着数据类型的不同而不同。如整数类型的数据，一个整数"9"就是一个数据元素；在一张学生登记表中，每个学生的情况占表中的一栏，则这一整栏内就是一个数据元素
4	数据化	数据化就是数字态转化为数据态的过程，对信息进行结构化、颗粒化处理，使之成为标准化数据对象的过程，从而以数字形态记录一切事物和一切事物之间的联系，其是数据产生价值的基础
5	大数据	大数据是对海量数据进行采集、检索、分析、挖掘、应用的新技术
6	算法	算法（algorithm）是指对解题方案的准确而完整的描述，是一系列解决问题的清晰指令，算法代表着用系统的方法描述解决问题的策略机制
7	数据资本	数据资本是指数据主体利用数据获取超额利润、利润分配和开发利用能力时，将数据资本化的结果
8	数据资源	数据资源是数据的自然维度，实质是指可供人类利用并产生效益的一切记录信息的总称，并属于一种社会资源
9	数据资产	数据资产是由企业拥有或者控制的，能够为企业带来未来经济利益的，以物理或电子的方式记录的可变现、可度量的数据资源，如文件资料、电子数据等

(续表)

序号	词汇	释义
10	数据经济	数据经济是使用复杂的软件和其他工具,通过快速存储、检索和分析大量非常翔实的业务和组织数据而创造的金融经济价值
11	数据要素	数据要素是指数据的生产性投入,即生产数据商品和数据服务所需要的数据资源
12	数据产品	数据产品是指可以发挥数据价值去辅助用户更优地做决策(甚至行动)的一种产品形式,包含了供应原始数据、数据加工过程、数据展示、数据结论、数据解决方案等服务和形式
13	数据服务	数据服务指提供数据采集、数据传输、数据存储、数据处理(包括计算、分析、可视化等)、数据交换、数据销毁等数据各种生存形态演变的一种信息技术驱动的服务
14	数据库	数据库是指经过系统或有序编排,并可以通过电子或其他方法独立访问的独立作品、数据或素材的集合
15	数据集合/数据集	数据集合一般指数据集,数据集,又称为资料集、数据集合或资料集合,是一种由数据所组成的集合
16	数据包	数据包(分块的传输数据-分组)是TCP/IP协议通信传输中的数据单位,一般也称"包"(packet)。在包交换网络里,单个消息被划分为多个数据块,这些数据块称为包,它包含发送者和接收者的地址信息。这些包然后沿着不同的路径在一个或多个网络中传输,并且在目的地重新组合

9.3 "数据"语义统一是数据确权的重要前提

当前学界对数据确权的研究百家争鸣,主要可以分为三方面内容:一是围绕数据的赋权必要性问题,[①]探讨数据赋权的利弊;[②]二是围绕数据保护路径的选择问题,[③]具体讨论数据产权的权利属性;[④]三是数据产权的制度构建问题,具体探讨数据产权的主体、客体、内容等制度安排。[⑤]

但不可忽视的问题是,在法学领域,"数据"一词的语义并未形成统一规范。在不同知识领域下,数据的含义并不相同,数据概念的不统一导致了认识的复杂性和冲突性。数据概念的混淆易产生以下三个问题。

---

① 付新华:《企业数据财产权保护论批判——从数据财产权到数据使用权》,《东方法学》2022年第2期,第133页。
② 刘琳:《大数据时代商业数据财产权理论的勃兴与批判》,《华中科技大学学报(社会科学版)》2022年第2期,第102—103页。
③ 郝思洋:《知识产权视角下数据财产的制度选项》,《知识产权》2019年第9期,第45—60页。
④ 戴昕:《数据界权的关系进路》,《中外法学》2021年第6期,第1561—1580页。
⑤ 刘文杰:《数据产权的法律表达》,《法学研究》2023年第3期,第36—53页。

第一,数据概念内涵的不统一,增加了学术对话成本。数据法律概念的统一是讨论数据确权、数据客体分类、数据许可与使用等内容的大前提,基于数据不同内涵而提出的学术观点难于对话讨论,"各自为营"的论证只会令数据确权保护的讨论更加杂乱、无序。如,对数据形式的理解,有学者从技术领域出发,将数据理解为以 0 和 1 组成的比特形式,提出其所研究的"数据"限于计算机及网络上流通的在二进制基础上以 0 和 1 的组合而表现出来的比特形式。[1] 但也有学者认为除了以电子形式记录的数据外,其他方式记录的也是数据。[2] 有学者将数据和信息相提并论,认为数据的本质就是信息,数据是关于社会特定主体的有价值的信息,是对世界客观事物性质、状态的反映,对客观信息的记录。[3] 还有学者从数据形态角度提出,数据可能是数据产品,即数据的集合体,具体可能表现为数据库、某个平台等。[4] 由此可见,学者对同一数据概念存在不同观点,可能只是基于不同数据概念层次上产生的分歧,增加了后续讨论的沟通成本和对话成本。

第二,不同领域的数据内涵交错使用,模糊了数据的法律概念。有的学者在定义数据权利客体时,往往将数据资源、数据资产、数据要素等概念与数据等同或包含其中,[5]这些与数据相近、相似概念所指向的对象在本质上不存在区分,仅是由于不同学科领域下术语表达形式不同及内容侧重点不同而已。有的学者将不同领域的数据概念替换使用,会对法律领域下形成统一数据概念造成困扰和疑惑,导致难以认清数据产权的保护对象。如,在计算机领域下使用数据,则将其解释为能够被计算机输入、计算、输出的符号介质的总称,由具有一定意义的数字、字母、符号及模拟量等要素构成。在经济学领域下使用数据资产,将其定义为由实体控制的,预期能够给实体带来未来经济利益的,脱离了实物形态可复用的无形资产;[6]或使用数据生产要素概念,将其定义为以电子形式存在,通过计算的方式参与到企业生产经营活动中来发挥价值的资源。[7] 乃至有学者直接将经济概念作为法律的规范性概念,在数据产权语境下界定权利客体时,认为数据产权的对象就是数据资源,即经过一定加工处理,能够用于特定

---

[1] 梅夏英:《数据的法律属性及其民法定位》,《中国社会科学》2016 年第 9 期,第 167 页。
[2] 杨东、白银:《数据"利益束":数据权益制度新论》,《武汉大学学报(哲学社会科学版)》2024 年第 1 期,第 65 页。
[3] 陈筱贞:《大数据权属的类型化分析——大数据产业的逻辑起点》,《法制与经济》2016 年第 3 期,第 44—45 页。
[4] 王利明:《论数据权益:以"权利束"为视角》,《政治与法律》2022 年第 7 期,第 105 页。
[5] 同[2]。
[6] 曾雪云:《数据资产深刻影响企业经济行为》,《新理财》2022 年第 8 期,第 35—36 页。
[7] 徐攀、李杰义:《企业数据资产入表路径:框架与实践》,《财会月刊》2024 年第 7 期,第 58 页。

目的、具有财产价值的数据集。①

但需要注意的是,经济学家关注经济收益,而不如法学家那样严谨辨析数据相关概念,法学家不应直接将经济政策意义上的表达等同于法律对民事权益的规定,并将其作为数据权益构建的研究基础。②混用不同领域下数据相近、相似概念的做法,由于在统一数据法律内涵时会存在学科侧重点的差异,最终导致无法形成真正意义上的数据法律概念。

第三,数据概念的不当扩大,致使数据权益内容发生不当叠加。在广义上理解数据还是在法律概念下理解数据,决定了数据产权的权益范围。当前不少学者主张数据产权结构性分置或构建权利束,实则是不当扩大了数据概念,使数据产权之下的权益不当叠加。如有的学者认为数据产权制度中,数据保护的对象不限于数据财产权益,还涉及人格权、人身安全、国家主权、国家安全等利益。③ 有的学者基于产权结构性分置理论,将数据产权分置为个人数据财产权及企业数据财产权,其中个人数据财产权又分置为人格权财产性利益和新型财产权,企业数据财产权又分置为传统财产权和新型财产权。④

虽然《数据二十条》同样提出了数据产权结构性分置的要求,但不同的是,其所提出的数据产权结构性分置是为满足不同数据生产主体的利益分配和利用者的使用需求。有的学者所提出的数据产权结构性分置则是混淆了多种权益。如此一来,容易造成权利界限模糊和体系性不强的问题,权利客体边界模糊的困境就会变成法官司法适用的困境。⑤ 换言之,数据产权结构的分置应为一个权益的多种利用、分配方式,而非多个不同类型权益的叠加。因此,统一数据概念、合理限定数据的保护边界,有利于区分数据上的多种权益,并厘清法律层面上需要保护的数据权益内容。

综上,数据范围的模糊不清会影响后续数据法律属性的确定及数据权属的配置,⑥厘清当前数据的相关概念,统一学术对话场域是进行后续研究和立法的重要前提。

---

① 于海纯、陈润恺:《数据资源持有权的法律解释》,《科技与法律(中英文)》2024年第2期,第22页。
② 程啸:《企业数据权益论》,《中国海商法研究》2024年第1期,第56页。
③ 陈兵、林思宇:《数据产权结构性分置的运行逻辑与实践机制——以统筹数据保护和利用为目标》,《南开学报(哲学社会科学版)》2024年第1期,第39页。
④ 熊波:《数据财产权的分置性理论构造与刑法保护》,《清华法学》2024年第2期,第31页。
⑤ 杨东、白银:《数据"利益束":数据权益制度新论》,《武汉大学学报(哲学社会科学版)》2024年第1期,第66页。
⑥ 姬蕾蕾:《企业数据保护的司法困境与破局之维:类型化确权之路》,《法学论坛》2022年第3期,第112页。

9.4 数据的相近、相似概念

9.4.1 横向区分：数据相近、相似概念的类型化

学科角度不同、研究领域不同是派生词语产生的主要影响因素。以此为基础，将"数据"相似概念以本源词和相关学科词缀为类型化标准，界分相关概念（表9-1）。

3个本源词及10个词缀共组成了30个派生词，上述词汇在各种语境及学科领域内均有使用，但因30个派生词未达成共识性定义，在实际研究中常不加区分地被使用，进而造成词语混用和理解困难。① 由表9-1可知，"信息""数字""数据"所派生的相关概念可通过技术、经济、法律、政治等领域划分加以辨别，从而减少不同领域对同一研究对象的用词争议，真正聚焦到"信息""数字""数据"三个本源词的辨析与关系的厘清上。

9.4.2 纵向区分：以信息产生、记录、传播、接收过程为标准

从《现代汉语词典（第7版）》释义中，无法简单地将"信息""数字""数据"三者区分开来。从三个本源词的产生和发展来看，信息是最早产生并存在的对象，数字和数据是围绕信息而产生的概念。在大数据时代，信息、数字、数据三者的关系日益紧密，这正是研究对象"数据"难以剥离并清晰定义的重要原因。

关于数据与信息的关系，中国信息通信研究院《数据要素白皮书》认为数据是汇聚起来用于认知的原材料，信息是人类大脑可以理解和认知的事物状态和联系。② 数据能够承载信息，信息被加工成特定形式的数据，信息是数据价值释放的结果。学者时建中指出，信息需要载体，没有载体等同于没有信息，数据是信息的载体，与信息不可分离，数据的相关性表现为信息内容的相

---

① 从研究领域的大类区分已足以辨析各概念间的关系，因此30个派生词的具体定义非本书的界定重点。
② 中国信息通信研究院：《数据要素白皮书（2022）》，2023，第2页，https://www.caict.ac.cn/kxyj/qwfb/bps/202301/P020230107392254519512.pdf，访问日期：2024年3月27日。

关信息。① 由此可见,数据与信息紧密联系。对"数据"界定不清的原因之一在于信息的特征为无体无形,其在产生、记录、传播、接收过程中需要以一定的记录手段被记录并借助载体被保存和传播。因此,要厘清信息、数字和数据三者的关系,需要对信息生产阶段进行梳理,以明确信息、数字和数据各自所指代的内容。

众所周知,从人类社会诞生起,信息就已经存在了,人们最初采用结绳记事的方法来记录信息。随着印刷技术、通信技术的发展,信息的记录、传播、接收过程也不断演变出新的方式。在此过程中,作为信息记录结果的数据一直存在,但并未成为生产力要素。对此,通过梳理信息产生、记录、传播、接收等过程的历史演变脉络,对比信息生产各个环节的内容,可以明确数据在信息生产环节中的定位,并进一步厘清"信息""数字""数据"之间的关系(表9-5)。

表9-5 信息生产相关环节对照表

本体	接收主体	接收方式	信息的记录手段	信息的记录结果	信息载体(物理载体)	传播方式	传播动力	传播物理介质
信息	人类	视觉	符号、文字、图片等视觉感知对象	非电子数据	龟壳、书本、胶片等	物理搬运	物理力-物体运动	人身、车马等运输工具
		听觉	语言、旋律、有声摩斯密码等听觉感知对象	非电子数据	无	声波发送	物理力-物体震动	气体、固体、液体等(真空除外)
		触觉	盲文	非电子数据	书本等	物理搬运	物理力-物体运动	人身、车马等运输工具
	机器	编译器	010101以及波形等其他表示二进制的方法	电子数据(数字数据/模拟数据)	磁存储介质(硬盘、磁盘)光存储介质(CD/DVD)	电磁波发送表现为模拟信号或数字信号	光(如,脉冲光)	无须介质(包括真空);不同频段受到波长、能量的限制不同,能量损耗大 光纤:能量损耗最小
							电(电流、电压等)	导体、半导体等

---

① 时建中:《数据概念的解构与数据法律制度的构建兼论数据法学的学科内涵与体系》,《中外法学》2023年第1期,第27页。

从信息本体、信息接收主体、信息接收方式的发展历程来看,信息作为本体,在人类社会发展过程中自始至终未发生改变,但伴随着科学技术的发展,信息的接收(读取)主体发生了改变,由人类转变为机器,人类大脑只能处理有限的信息,而机器凭借先进的技术条件可快速高效地处理大量信息。由此信息的接收方式也从人类的视觉、听觉、触觉转变为技术支持的编译器。

从信息记录手段的发展历程来看,无体无形的信息需要以一定的方式被记录,才能使信息被接收主体以一定的方式识别和读取。在计算机语言出现以前,人类通过符号、文字、图片等视觉感知对象或语言、旋律、有声摩斯密码等听觉感知对象来记录信息;在计算机语言出现以后,人类对信息的记录手段转变为 0101 的二进制数字形式以及波形等其他非二进制的表示方式。信息通过不同的记录手段被固定表达,由此形成一条记录结果,该信息的记录结果即为一个数据元素。① 成千上万条信息被记录则形成海量的数据元素,众多数据元素按照一定的分类或单位被集合在一起即可组成一份份不同主题内容的数据。如以户为单位,甲市 A 区某一户的用电信息被记录则形成一个数据元素,A 区每家每户的用电信息被记录并集合则形成一份 A 区的居民用电数据;如以区为单位,则甲市 A 区的所有居民用电信息被记录为一个数据元素,甲市各区居民用电信息被记录并集合形成一份甲市的居民用电数据。由此可见,数据元素是组成数据的基本单元,同时,根据数据元素集合范围的不同,数据元素的大小是可变的,也是相对的。

从信息载体角度来看,因为信息本体是无体无形的,信息的记录手段是无体的,所以记录的信息(数据元素)要被传播需借助合适的物理载体,信息载体的要求即为有体有形。因为有体物属于《民法典》中物权保护的客体,所以信息的物理载体如龟壳、书本、硬盘、磁盘等介质属于物权保护范畴,但需注意的是信息或数据作为无形财产的价值是无法被物理载体的现实价值所体现和包含的。信息与信息载体、数据与数据载体是不同财产范畴内的问题,应根据上表中信息产生、记录、传播过程的剥离,合理界分信息、数据与其物理载体,不可混为一谈。

综上所述,可以将信息生产的各个环节及内容表示为:信息(无体无形)被

---

① 为更好地理解和界定数据,有必要引入组成数据的最小单元即数据元素的概念,以区别于现有研究将数据与数据集合作为个体和总体的做法。数据元素是指组成数据的基本单位,是某种数据结构中能独立存在的数据单位。其大小随着数据类型的不同而不同。如整数类型的数据,一个整数"9"就是一个数据元素;在一张学生登记表中,每个学生的情况占表中的一栏,则这一整栏内就是一个数据元素。由此可见,数据元素的概念更贴合大数据时代对一条条信息记录结果的表达,而无须创造新的概念去对其进行解释。

通过不同的记录手段(无体"有形")形成记录结果"数据(元素)"(无体无形)并借助合适载体(有体有形)被存储、传播。记录手段"无体有形"的"形"[①]是指记录手段以有一定形状的符号或波形等来表达和描述信息。

9.4.3 信息与数据关系的进一步阐明

结合上文对信息生产环节的剖析,"信息""数字""数据"三者的关系可表述为,信息是被记录的有待传播的内容,数字是随着信息技术发展带来的一种新的记录信息的手段,数据是信息记录的结果,其中数据元素是组成一份数据的最小单元。目前学界对信息与数据的混淆依然存在,包括"信息包含数据说""数据与信息等同说""数据包含信息说"三种常见混用类型。[②] 不少学者将信息与数据等同看待,或直接并列使用"信息数据"这一概念。[③-④]这在一定程度上导致信息权益保护与数据权益保护混为一谈。对此,可从事实层面、价值层面及法律层面分别阐明信息与数据的区分与联系。

9.4.3.1 数据保护与信息保护是两个不同的法律范畴

虽然数据之上信息权益与数据权益并存,但信息权益和数据权益分属不同法律范畴。信息权益可为现有法律所保护,因而在构建数据产权时,其所保护的数据权益并不涵盖信息权益。[⑤] 以信息网络环境为例,对个人信息的数字化记录结果形成"个人数据",即个人信息的数据;对公共信息的数字化记录结果形成公共数据,即公共信息的数据。个人信息与个人数据、公共信息与公共数据为两个不同的保护对象,应分属不同的法律范畴:个人信息、公共信息等信息权范畴的内容应从《个人信息保护法》等规范内寻求法律保护和规制;个人数据、公共数据等新客体应建立新的数据产权制度予以保护和规制,同时个人数据、公共数据的保护要受到在先权利的约束,即个人数据、公共数据的收集、利用不能损害他人就其个人信息所享有的合法权利,不能妨碍他人对公共信息的合法收集、利用。结合上述信息与数据的联系与区别,信息保护与数据保护的关系可概括为两点:一是数据保护必然涉及信息保护;二是数据保护不延及信

---

① 此处的"形"为形状而非物理形体。形状一般是指平面的形,是二维空间;形体是三维空间,是形状和体积的结合,是立体的。
② 袁曾、刘志鸿:《数据确权的逻辑厘清与差异化制度建构》,《学术交流》2023年第12期,第50—51页。
③ 刘士国:《论客体对数据基本产权和分类确权的决定作用》,《政法论丛》2024年第1期,第72页。
④ 申卫星:《论数据产权制度的层级性:"三三制"数据确权法》,《中国法学》2023年第4期,第44页。
⑤ 于海纯、陈润恺:《数据资源持有权的法律解释》,《科技与法律(中英文)》2024年第2期,第23页。

息保护,但受信息保护的限制。

9.4.3.2 数据权益与信息权益的对象是两个不同层次的价值

在数据保护的现有研究中,有学者从著作权保护路径分析,认为数据采集者在数据的选择、编排、整理上作出独创性贡献,则数据可以通过著作权获得汇编作品的保护。①-②有学者从专利权保护的路径指出,如果计算机程序的执行是一种正确利用自然规律的技术手段,并且能够解决具体的技术问题,例如通过数据规律的概括使某种程序可以自然读取某人的身份信息,则该程序属于技术方案或其组成部分,属于方法发明,应当受到专利法的保护。③ 还有学者认为著作权法、专利法等数据保护模式存在逻辑困境,④大数据包含的单个数据本身具有保密性,因此数据集合自然具有保密性,⑤商业秘密的保护模式不失为一种合适的选择。上述对数据保护的探究存在一个共性问题,即混淆了数据上的数据权益与信息权益。⑥ 即便是主张创设数据财产权的学者,也未能将数据权益与其他法律权益区分开来。如有学者主张数据财产权分置性结构,通过人格权财产权利益、新型财产权、传统财产权等分类模式保护数据财产,则不仅扩大了数据权益的保护范围,也模糊了真正的数据权益。⑦

根据上述信息与数据的关系,可以进一步明晰数据权益与信息权益的价值层次(图9-1)。在事实层面,如前所述,对一系列信息的记录形成一系列数据元素,数据元素的集合形成一份数据,数据是信息记录的结果。因此,数据与信息不可分离。在价值层面,一份数据既包含直接价值也包含潜在价值。所谓直接价值是指数据本身所具备的价值,即可以直接读取和使用的价值;所谓潜在价值是指一份数据所具有的潜在增值或未实现的价值。直接价值体现在一份数据中每个数据元素记录的原始信息(非增值信息),即直接读取数据元素记录内容即可获得的浅层信息,如性别、年龄等个人信息内容。潜在价值体现在一

---

① 徐实:《企业数据保护的知识产权路径及其突破》,《东方法学》2018年第5期,第56页。
② 崔国斌:《大数据有限排他权的基础理论》,《法学研究》2019年第5期,第5—7页。
③ 海淀法院中关村法庭课题调研组:《大数据知识产权司法保护的调研报告——以大数据的产权、模式和伦理为视角》(2017年7月17日),https://mp.weixin.qq.com/s/v4P2uie_XnMlZcCFWcHouw,访问日期:2025年3月26日。
④ 俞风雷、张阁:《大数据知识产权法保护路径研究——以商业秘密为视角》,《广西社会科学》2020年第1期,第101—102页。
⑤ 同②。
⑥ 因为无论是著作权、专利权、商业秘密权,还是数据权,都可在广义上理解为一种信息产权,被广义的信息概念所包含,但实质上信息内容的深浅承载着不同的商业价值,如果从广义信息产权的角度理解,则无法区分著作权、专利权和商业秘密权信息类型的差异。故虽数据所包含的深层信息是一种广义的信息权益,但为更好表达和区分深层信息和浅层信息权益,将数据的深层信息权益称为数据权益,数据的浅层信息称为(狭义)信息权益,否则无法细分广义信息产权下的信息内容和类型。
⑦ 熊波:《数据财产权的分置性理论构造与刑法保护》,《清华法学》2024年第2期,第37—42页。

份数据中隐含的深层信息(增值信息),需要借助大数据技术通过积累数据元素数量并挖掘数据元素之间的相关性得以产生和体现。一份数据既记录了原始信息,也产生了增值信息;相对应地,数据的价值体现为浅层的直接价值和深层的潜在价值。在法律层面,有价值才有保护必要,对于原始信息的直接价值可以通过现有法律保护,但对于增值信息的潜在价值存在保护不足,因而才有必要提出创设数据权益保护制度。综上,数据权益保护的价值对象是深层增值信息的价值。

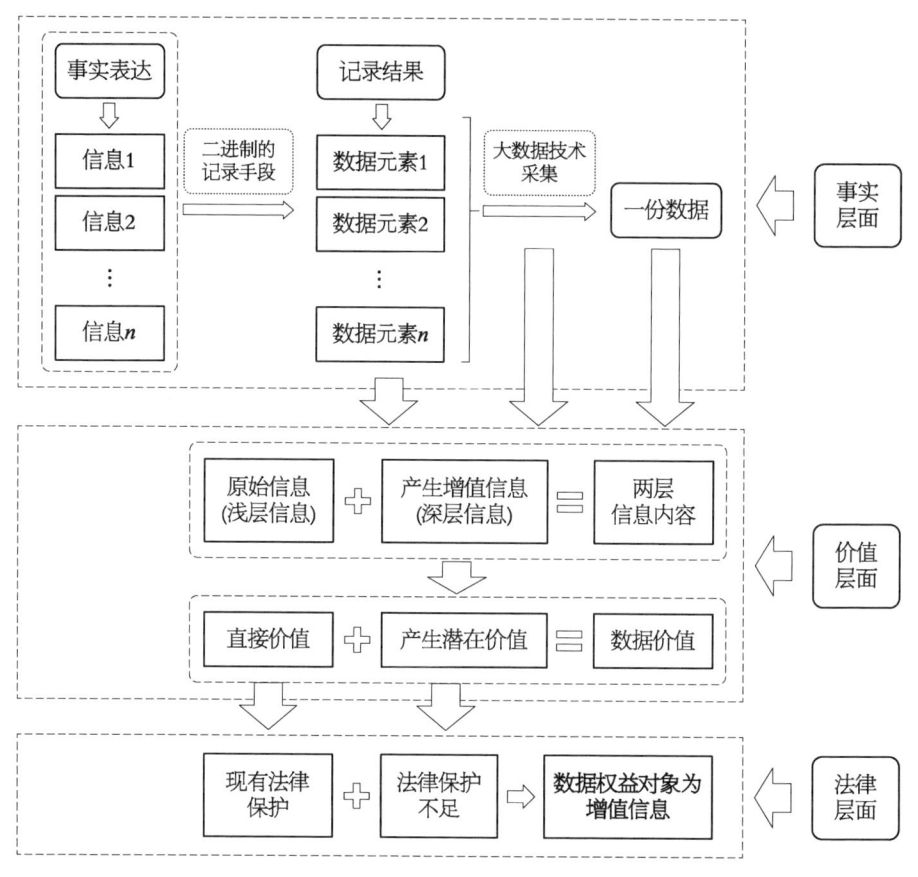

图9-1 数据权益与信息权益的价值层次

所谓的数据权与专利权、著作权、商业秘密权的交叉,实际上为数据中所包含的原始信息内容(浅层信息内容)与专利权、著作权、商业秘密权保护客体的交叉,而非数据权益(深层增值信息价值的保护)与著作权、专利权、商业秘密权的交叉。

9.5 数据的自然属性、经济属性和法律属性

数据作为新型生产要素,是伴随着移动通信技术的发展而出现的。数据要素需要融入生产、分配、流通、消费、社会服务管理等各个环节。从生产要素的理论基础上看,明晰权属和自主有序流动是生产要素的前提条件和本质要求。但是相比传统生产要素,数据具有自身的复杂性和特殊性,目前在数据确权方面缺乏实际的标准规则,数据产权问题仍悬而未决。为激活数据要素潜能,提高数据生产力,需要建立保障权益、合规使用的数据产权制度。对此,首先要明确"数据"的法律属性。数据作为一种客观存在具有本身的自然属性,其在生产、分配、流转等实践基础上搭建的人与人之间的各种关系,使数据又具备了社会属性,主要体现为数据的经济属性。在此基础上,为确定数据法律属性,应从数据的自然属性出发,结合数据的经济属性,将相关数据的经济属性转化为相应的法律属性,从而合理界定数据内涵,为数据经济的发展提供制度支撑。

9.5.1 数据的自然属性

数据的自然属性具体可以分解为四个方面:

一是数据的物理属性,即数据以二进制的形式占据存储介质的物理空间,数据的物理属性使其可以被复制、传输等。

二是数据的存在属性,即数据以被人类所感知的形式存在,数据通过输入/输出(I/O)设备呈现,进而被人类认识和理解。如果无法被人类感知,也就无法确定数据的存在与否以及以何种内容存在。

三是数据的信息属性,即数据通过解释后会有具体的含义(信息),随意输入的字符如 34isnojsiDIn adde &382shim 同样可以二进制形式存在于存储介质中并通过 I/O 设备被人类所感知,但其无法解读出任何含义。

四是数据的时间属性,即数据不会老化,只要更新数据载体,数据就能一直存在,在不同时刻数据都能保持一致。数据的更新需求会使数据过时,但不会使数据本身老化。[①]

[①] 叶雅珍、朱扬勇:《数据资产》,人民邮电出版社,2021,第4—5页。

9.5.2　数据的经济属性

前文所讨论的数据经济、数据资产、数据要素、数据资本等均为数据经济属性所派生的相关概念。数据的经济属性指数据的价值及使用价值,具体表现为数据是否有用、数据是否够用、数据是否可用、数据是否好用四个方面。

首先,数据是否有用,表现为三项内容。一是数据本身是否具有价值,即数据是否描述现实世界的事物;二是数据是否满足用户的价值需求,即数据自身的价值能满足用户的某种应用需求,否则对有该需求的用户来说该数据就是无价值的;三是数据价值实现的可能,如果数据有价值且能满足数据的价值需求,但受限于技术水平无法处理数据或者所需数据受到法律法规的保护无法被采集,则数据价值无法实现,数据仍然是无用的。[①]

其次,数据是否够用,分为三种情形。一是数据不够用,即数据不能满足用户某一应用需求,无法达到预设期望;二是数据够用,即数据能满足用户需求且达到预设期望;三是数据超够用,即数据超出了决策问题所需要的数据体量,带来数据资源的浪费。因此,对同一数据,在用户不同的应用需求和预设期望下,有时够用,有时不够用,因此数据是否够用是相对的。若有用的数据不够用,则会影响数据的价值实现。[②]

再次,数据是否可用,包括两项内容。一是数据是否允许被使用,若数据侵犯隐私权、关涉国家安全则数据不被允许使用;二是数据是否能被访问,若数据无法被访问、被机器读取或可编程等,则数据不可用。[③]

最后,数据是否好用,包括两项内容。一是数据质量是否高,若数据质量不高,则无法通过数据获得满意的处理结果或数据结论;二是数据的使用效果,通过对数据的处理分析及数据结论的应用能够满足某个用户的实际决策需求。

9.5.3　数据的法律属性

由前文可知,数据的经济属性无法脱离数据的自然属性而存在,两者是密切相关的,如数据的信息属性、时间属性关系着数据经济属性中的"有用""好

[①] 叶雅珍、朱扬勇:《数据资产》,人民邮电出版社,2021,第98—99页。
[②] 同上书,第99页。
[③] 同上书,第100页。

用"属性,数据的存在属性关系着数据经济属性中的"可用""好用"属性,数据的物理属性关系着数据的"可用"属性。同样地,数据法律属性的确定也不能脱离数据的自然属性和经济属性。因此,从为数据要素参与经济活动提供法律保障的目的出发,本研究综合数据自然属性及经济属性的要求,概括了数据法律属性的四个要点,为界定数据权客体即"数据"奠定基础。

首先,数据成为数据权的保护客体,其应该具有一定的利益才能成为权利客体的对象。数据的利益对应到数据经济属性则体现为数据的价值和使用价值。数据经济属性中的"有用""够用"对应着数据的价值,数据经济价值中的"可用""好用"对应着数据的使用价值。其次,数据权的确定要有利于数据要素的流转和交易,服务于数据市场的发展,与数据经济密切相关,因此数据法律属性应为数据的经济属性做背书,其应体现出数据的经济属性。综上,本研究将对应数据经济属性的有用、够用、可用、好用四个角度来阐述数据的法律属性。

第一,对应"有用"的经济属性,数据应具有可被大数据技术所勘探的隐含信息或含义。如电商平台上的消费者数据,是对消费者实际购买情况的现实描述,但是通过大数据技术分析可以获得消费者的消费偏好、消费水平等隐含信息,该数据分析结论可用于对消费者进行定制化推送等优化服务。

第二,对应"够用"的经济属性,数据应具有一定数量规模,即数据不是单一的数据元素,而应是具有较大数量的数据元素的集合(数据)。数据成为第五大生产要素的政策背景是伴随着大数据处理技术的飞速发展而来的,大数据技术是挖掘数据价值、发挥数据价值的重要手段,其能够应对来源多样性、一致性、复杂性、生成快速等超过传统数据库处理能力的巨量数据,[①]因此,数据的法律属性应该体现数据的规模性。

第三,对应"可用"的经济属性,数据应具有可读取性且能够被允许读取。一方面数据应以可被计算机读取的二进制形式存在,如此才能使用大数据处理技术挖掘数据价值,提高数据的处理和分析效率。而模拟数据、非电子数据等不能被计算机识别的数据,其潜在价值无法通过大数据技术得到挖掘和实现,即不符合成为数据权客体的条件。若将模拟数据和非电子数据转化为数字数据使其成为大数据可处理的对象,则由模拟数据和非电子数据转化后的数字数据满足成为数据权客体所需的"可读取性"要求。另一方面,数据读取应遵守《个人信息保护法》《数据安全法》的要求,在不违反现有法律法规的情况下能够

[①] 李国杰、程学旗:《大数据研究:未来科技及经济社会发展的重大战略领域——大数据的研究现状与科学思考》,《中国科学院院刊》2012年第6期,第647—657页。

被允许使用的数据才能成为数据权的客体,关涉国家安全的数据、关涉个人隐私的数据即便具有可读性,但因被法律所禁止而不能被允许读取和处理,其仍无法满足数据"可用"的条件。

第四,对应"好用"的经济属性,数据应服务现实需要能产生积极效果,即对数据中隐含信息的发掘和利用,能够帮助解决实际问题或者为优化相关决策提供重要依据。如,通过对全国网络平台消费者购买数据的分析,可以得知各地区消费者的消费偏好,从而为企业优化市场布局提供决策依据。

9.6 数据的定义及内涵

综合上述对数据相近、相似概念的厘清以及数据法律属性的分析,可将数据定义为"数据是指以数字化形式存在、能够产生增值信息以优化目标决策的数据元素集合及其处理结果"。

1)以数字化形式存在

"以数字化形式存在"对应着数据的"可用"属性,数据必须能够被计算机所识别利用才能产生法律所保护的数据利益。如果数据以模拟数据或非电子数据形态存在,则其不能被大数据技术所处理和分析。换言之,模拟数据或非电子数据无法成为数据要素范畴下的劳动对象,也就无法由经济利益转化产生法律上所保护的数据财产利益。如果模拟数据或非电子数据被盗用,利用人对数据的处理和分析方式离不开大数据技术,那么只要利用人将模拟数据和非电子数据转化为数字数据,就进入数据产权保护、救济的范畴。

2)产生增值信息

"产生增值信息"对应数据的"有用"属性。一份数据价值包含直接价值和潜在价值。从数据价值产生的时间节点来看,无论数据元素是否被集成为一份数据,数据元素所承载的原始信息价值并未发生改变,数据生产者在原始信息的生产过程中未付出实质性劳动;当数据生产者利用大数据技术集合数据元素后,一份数据才产生潜在价值,即增值信息。该增值信息不被每个数据元素所记录的信息内容所包含,而是在原始信息内容之外产生新的信息。具体来说,增值信息体现在彼此孤立的数据元素通过大数据技术集成增值,集成的数据元素之间的相关性、互斥性等关系类型可以通过技术分析挖掘,得到用于优化决策的目标信息,彼此孤立的数据元素通过服务于同一目标决策而产生数据利益。① 需要指出的是,数据的增值信息并非固定内容,其取决于目标决策所需,并依赖大数据技术的使用。

因为从浅层信息到深层信息发生的价值质变离不开数据生产者付出的大量资金、技术和劳动,所以增值信息的价值劳动来源于数据生产者,从而才产生了对其数据权益保护的正当性。

3) 能够用以优化目标决策

"能够用以优化目标决策"对应着数据的"好用"属性,即数据元素集合通过大数据处理获取的目标信息能够用以解决实际问题,为优化目标决策提供依据。精准的数据能够提高决策的效率和质量,良好的数据整合能够发挥 1+1>2 的价值效应。② 经济主体通过数据采集和处理能够从海量数据中不断提取出新的信息和知识,获取关于外部环境和内部组织的真实情况,实现真实信息的互联。通过对信息的解读和利用缓解市场信息不对称问题,从而驱动经济主体精准决策,促进数字经济的高质量发展。③ 类似地,《专利法》第 22 条第 4 款规定的"实用性"要求该发明或者实用新型能够制造或使用,并且能够产生积极效果,也是对发明或实用新型专利具备"好用"属性的要求。如果数据元素只是一串无意义的字符或者数据元素关系混乱,既无法得到数据元素之间有效的正相关、负相关关系,也无法得到其他有助于理解和解决实际问题的数据元素关系,那么该数据元素集合就未产生潜在价值或其潜在价值不具有变现可能。因此,该种数据元素集合不仅无法成为生产要素意义上的数据,也无法成为法律意义上数据产权所保护的客体。

4) 数据元素集合及其处理结果

"数据元素集合及其处理结果"对应着数据的"够用"属性。数据元素是组成数据的基本单位,是某种数据结构中能独立存在的数据单位,一个数据元素是一条信息记录,但彼此孤立的数据元素不具备产生增值信息的可能。因此,法律概念的数据应指数据元素的集合,即对作为数据产权客体的数据具有数量规模上的要求。同时,数据元素集合需要借助大数据处理,在数据开发和数据应用的过程中会衍化出对数据元素集合不同形式的处理结果,这正是数据潜在价值的实现形式,因此也应为数据产权保护客体所容纳。

---

① 所谓目标信息是指对数据元素集合检索、收集、分析、挖掘时我们意欲发现的事实、关系等,彼此孤立的数据元素通过服务于同一目标信息而产生数据利益。
② 杨东、白银:《数据"利益束":数据权益制度新论》,《武汉大学学报(哲学社会科学版)》2024 年第 1 期,第 66 页。
③ 戚聿东、刘欢欢:《数字经济下数据的生产要素属性及其市场化配置机制研究》,《经济纵横》2020 年第 11 期,第 64 页。

第 10 章 数据权的本体

数据权的本体研究主要围绕着数据权利保护的发展阶段、数据权的概念、数据权与财产权体系的关系、数据权的特征及其制度原则、数据权与其他知识产权的关系五个方面展开。

10.1 数据权利保护的发展阶段

随着信息技术的飞速发展,信息的记录方式、采集方式、传播方式、处理方式都发生了巨大变化,不同数据主体对不同数据内容产生不同权利需求。从权利保护重点来看,数据权益保护可以分为三个阶段。

1) 第一阶段:数据库权利保护

20 世纪 90 年代,随着互联网的普及,数据库产业在世界范围内迅速发展壮大,数据库的权益保护引起各国的重视,以美国和欧盟成员国为代表的国家率先对数据库保护制定政策和法律。其他国家也相继加入数据库保护的研究与实践中。[①]

2001 年 10 月 27 日,我国《著作权法》通过修改,第十四条规定:"汇编若干作品、作品的片段或者不构成作品的数据或者其他材料,对其内容的选择或者编排体现独创性的作品,为汇编作品,其著作权由汇编人享有,但行使著作权时,不得侵犯原作品的著作权。"至此,中国将数据库归入汇编作品予以著作权

---

① 田春虎:《数据库法律保护研究综述》,《情报杂志》2004 年第 12 期,第 22—25 页。

保护。该条内容与《与贸易有关的知识产权协议》(Agreement on Trade-Related Aspects of Intellectual Property Rights,简称TRIPS协议)等国际条约的相关规定相衔接。

《著作权法》与国际接轨后,我国数据库法律保护进入新时期,数据库研究转向对国际数据库法律保护新进展的介绍和讨论、不同类型数据库法律保护、法律适用等研究重点上。① 当前阶段,数据库法律保护研究已逐步走向成熟和规范化,在数据库保护等相关问题上基本达成了共识。

2) 第二阶段：个人数据②保护

追溯个人信息的发展历史,人们对个人信息的保护意识早有萌芽。1970年,德国黑森州颁布的《资料保护法》可以视为世界上第一部个人信息保护法律。随后,英国《个人资料保护法》、日本《个人信息保护法》等相继出台。20世纪80年代,随着计算机技术的发展,个人信息被侵犯的风险不断增加,人们的个人信息保护意识逐步提高,1980年欧洲理事会颁布《有关个人数据自动化处理的个人保护协定》、亚太经济合作组织颁布《关于隐私保护和个人数据跨疆界流动的指导原则》、1995年欧盟颁布《个人数据保护指令》。各国/机构对个人信息的立法保护更加深入全面。

2013年被称为"大数据元年",随着大数据技术的应用,网络信息呈现出爆炸式增长态势,推动着商业模式的改革和发展,互联网和信息行业对个人信息的采集、挖掘、分析等行为日益普遍,个人信息的泄露风险不断增加,由此各国对个人信息的保护也提到新高度。

2018年,欧盟颁布《通用数据保护条例》;2020年1月1日,美国的《加利福尼亚州消费者隐私法案》正式生效;2020年11月,加拿大出台了《数字宪章实施法案》;2023年1月1日,美国《加利福尼亚州隐私权法案》生效。各国/机构个人信息保护法的重点都包括了对个人信息范围的界定或分类,赋予个人数据权利主体广泛的权利、严格限制和监管数据控制或处理主体并制定具体规则、细化个人信息跨境传输流通规则、平衡个人信息保护和经济活动需求以及对违法者的高额处罚规定等,由此可见,各国/机构对个人信息保护的高度重视。③

---

① 许春明:《数据库的知识产权保护》,法律出版社,2007。

② 如上文所述,信息和数据存在概念混同的情况,由此导致"个人信息"和"个人数据"的用词在一定程度上存在混用和替代,结合数据的法律定义可知,个人能拥有的只是信息权益而非数据权益,为符合已有表述,本处依然采用个人数据的表述。

③ 张嫣玫、毛双、胡柔:《全球主要个人信息保护立法概况及趋势》(2021年8月26日),https://mp.weixin.qq.com/s/iriwab5xqN95rXJ99ZfsMQ,访问日期：2025年4月20日。

2021年8月20日,我国《个人信息保护法》正式通过,大数据时代个人信息保护逐渐成为理论研究热点。关于大数据时代个人信息保护的研究不断深入,研究方向日趋多样。截至2023年4月20日,根据联合国贸易和发展会议(UN Trade and Development, UNCTAD)统计,全球194个国家中已有137个国家通过了数据和个人隐私保护相关法律。[①] 个人信息在国际上已得到广泛保护。

3)第三阶段:商业数据保护

在农业社会,土地和劳动力是经济发展的决定因素;进入工业时代,科学技术逐步取代人力,创新成为引领发展的第一动力。20世纪90年代起,数字技术快速发展,逐步成为引领经济发展的核心力量,人类逐步迈入数字经济时代。数据可以渗透到整个经济运行过程,通过对海量数据的处理分析和与其他各行业结合的有效利用,提高全要素生产率,从而推动经济增长的质量变革、效率变革、动力变革。[②]

2018年欧盟出台的《非个人数据自由流动条例》以及2022年颁布的《数据法案》都将保护重点放在非个人数据,旨在构建强化数据保护,推动数据流通释放价值的数据治理新格局;印度电子与信息技术部于2020年底发布了《关于非个人数据治理框架的专家委员会报告》以及2022年发布"国家数据治理框架政策"的新草案,意图保护非个人数据;美国对数据的保护分散在各行业汇总立法,采取保护行业数据的方式,例如美国《格雷姆-里奇-比利雷法案》《家庭教育权和隐私权法案》等;日本在《个人信息保护法》的基础上也在各个领域配套实施了相应的法律来保护非个人数据。

根据中国信息通信研究院最新发布的《中国数字经济发展白皮书(2020年)》,2019年中国数字经济增加值达35.8万亿元,对GDP增长贡献率达67.7%,是我国经济增长的核心关键力量。中共十九届四中全会首次明确将数据纳入生产要素,十九届五中全会再次确立数据要素的市场地位,提出推进数据要素市场化改革。但与传统生产要素不同的是,数据要素的产权问题悬而未决,缺乏实际的标准规则,建立合规流通的产权制度是完善数据要素市场机制重要的法律保障。《数据二十条》提出建立保障权益、合规使用的数据产权制度的意见。

虽然国际上对于数据赋权问题尚未达成共识,但是数据经济下,数据作为一种生产要素,其财产利益日益凸显。与欧美发达国家不同的是,我国作为人

---

① "Data Protection and Privacy Legislation Worldwide," December 14, 2021, accessed April 20, 2023, https://unctad.org/page/data-protection-and-privacy-legislation-worldwide.

② 《为什么"数据"能够成为第五类生产要素》(2020年9月17日),https://mp.weixin.qq.com/s/B6lzlb3reXoBkm1izLdg9Q,访问日期:2025年4月20日。

口大国和制造大国,数据生产量巨大,是国际名列前茅的数据资源大国和全球数据中心,而欧美国家则是主要的数据利用大国。在数据保护方面,不同国家的目标利益存在差异。从我国国情出发结合国际数据经济的发展趋势,生产要素背景下与商业数据有关的赋权问题是当前数据权利发展的新阶段,对商业数据的权利保护是数字经济时代的新命题。

10.2 数据权的概念

当前学界对数据权利的名称表述不一,包括数据权、数权、数据产权、数据知识产权等。一方面,数据权利与知识产权具有天然的亲缘关系,但根据数据权利与财产权体系的关系,不宜与知识产权并列(下文将详细论述);另一方面,数据权的名称表述可与知识产权现有权利类型的名称(专利权、著作权、商标权等)结构保持一致。因此,数据权利的名称表述可以统一为"数据权"。

如前所述,数据权利的保护对象是数字经济时代能够成为生产要素的数据。波斯纳等学者认为法律上的财产需要具备三个条件:一是价值性,即因为稀缺而具有价值;二是排他性,即能够归属某一特定主体,该主体能够排除他人的共享和干预;三是可转让性,能以一定的价格让渡给别人。显然,有体物最容易成为法律意义上的财产。从本质上来说,数据是信息以数字化方式记录的结果,其存在形态是无体无形的。信息的属性决定了其可以自由流动和传播,无法依靠个人力量排他性占有。

从知识产权产生来看,为了实现特定的公共政策目的,法律可以将自由的信息转化为特定主体的财产。如,基于推动科技进步、社会进步和保护某些特定利益的公共政策需要,可以将发明创造、文艺作品等由信息构成的成果作为法律意义上的财产。因此,对于这些无形财产是否能够成为法律意义上受到保护的财产以及保护范围如何,均取决于法律的界定。

依知识产权制度创设财产权的形式为参照,以信息为内核的"数据"外观能够成为法律上的财产,即出于构建数据产权制度保障数据主体权益、促进合规使用的政策目的。具体来说包括两点:一是保障数据生产各参与方能从生产投入中获得经济利益,从而鼓励更多的主体参与数据生产活动为数据经济作出贡献;二是激活数据要素潜能,做强做优做大数字经济,增强经济发展新动能,构筑国家竞争新优势。数据是数字经济的核心生产力,明晰权属和自主有序流动是生产要素的前提条件和本质要求。赋予数据生产各参与方数据权利,能为激活数据要素价值创造和价值实现提供确权基础。

因此,数据权可定义为,数据权是民事主体依法对数据所享有的专有权利。

10.3 数据权与财产权体系的关系

当前数据权保护的赋权问题可谓"百家争鸣",学界尚未达成一致。造成数据赋权路径争议不清的三大原因:一是在英美法系与大陆法系日趋融合的背景下,两大法系对同一对象的用词出现混用造成理解困难;二是当前财产权体系构成在学界尚未达成共识;三是数据权与现有财产权体系的关系不明,即数据权居于现有财产权体系的何种地位不明。

10.3.1 与"财产""物"相关的概念

10.3.1.1 两大法系下"财产"与"物"的分类对比

在法律体系中,大陆法系国家主要采用"物"的概念,英美法系国家主要采用"财产"的概念。因此,可将大陆法系"物"与英美法系"财产"进行对比理解,以厘清财产与物、有形与无形、有体与无体的区别[①](表10-1)。

表10-1 大陆法系"物"与英美法系"财产"对比

大陆法系物的分类	是否具有实体性	是否有形	组合类型	举 例
有体物	有体	有形	有体有形物	房屋、车子等
		无形	有体无形物	自然力(水力、电力等)
无体物	无体	有形	无体有形物	×(形以体为前提)
		无形	无体无形物	(1)抽象物(有价证券)。 (2)人格权客体(精神利益) →不符合金钱评价条件。 (3)商誉(财产利益+人格利益)。 (4)智力成果

---

① 当前两大法系内部财产或物的分类尚未达成共识,大陆法系"物"与英美法系"财产"对比表仅为直观理解用,主要内容参考吴汉东教授《无形财产权基本问题研究》一书提炼和整理而成。

（续表）

英美法系财产的分类	是否具有实体性	是否有形	组合类型	举 例
有形动产	实体动产	有形	有体有形动产	货物、汽车、家电等
无形动产	非实体动产	无形	无体无形动产	（1）无形财产：债权和其他诉体财产；商业证券；合同权；商誉；知识产权；债券和股票（有形财产的权利证书）。 （2）货币。 （3）基金等
有形不动产	实体不动产	有形	有体有形不动产	土地

10.3.1.2 有体物、无体物、有形物与无形物之区分

所谓有体物是指具有客体存在，并且可以凭借人的感官而触觉的物。有体物之"体"包括两项内容：① 有体物之"体"表现为物的客观实在性，独立于民事主体之外，不依赖人的感觉而存在的客观实在；② 有体物之"体"，既能够为人所感知又能为人所控制。

所谓无体物系法律上拟制之关系，没有实体，而仅由法律所拟制的物（即权利），如地役权、用益权等。无体物的特征可以从三个方面理解：① 权利系抽象物，为人们主观拟制的某种利益。② 法律上的无体物，能以金钱评价为条件。无财产内容，不能视为无体物。③ 所有权虽为主观抽象而成，但该权利与物同在，应区别于其他财产权利，划为有体物范围。

曾世雄先生认为，财产权之有形或无形，并非针对权利本体而言，而是指权利控有之生活资源，即权利所对应客体的有形或无形。权利本身并无有形和无形之说，①权利是主体凭借法律实现某种利益所可以实施行为的界限和范围，盖为无外在实体之主观拟制。因此，知识产权或无形财产权与传统所有权的本质区别不在于权利本体的无形性，而在于权利客体的非物质性特征。② 从表10-1可知，无形财产和有形财产的界定不以"有体无体""有形无形"为唯一标准，即便是无体无形物也可以既是有形财产权的客体又是无形财产权的客体。有形财产和无形财产的区别不在于"有体无体"，也不在于"有形无形"，而在于"物质与非物质"，"有体无体""有形无形"只是"物质与非物质"区别的具体表现。对于商业证券、股票、基金等无体无形物而言，虽然其是对现有客观实在的主观

---

① 曾世雄：《民法总则之现在与未来》，三民书局，1983，第151页。
② 吴汉东：《无形财产权基本问题研究》，中国人民大学出版社，2020，第43页。

抽象,但是该抽象财产无法脱离具体财产而独自存在,换言之,两者的最终指向的也是同一财产对象。而对于知识产品这类无体无形物而言,先有主观映像,然后再表达为客观实在,主观抽象财产内容为知识产权保护,抽象财产的具体载体则受到我国原《物权法》的保护,两者属于不同的财产内容,分属不同的财产权体系。

所谓有形财产既包括客观实在物也包括客观实在物的主观抽象化,但该抽象化财产表现为对应客观实在物本身的价值,且主观抽象化过程没有投入。

所谓无形财产即客观实在物的主观抽象化,不表现为客观实在物,没有直接的对价,该抽象化财产不表现为记载精神产品的物化载体本身的价值。抽象化财产的有形表达或有形载体可以理解为主观抽象化的客观再现。如,书籍不表现为纸张和墨的价值,而是书籍所承载的内在的知识产品的价值,纸张和文字只是精神产品的有形载体和外在表达形式。

数据是对信息记录结果集合的主观抽象,不表现为客观实在物。当前我们所讨论的数据的权利保护,其价值性体现为数据中潜藏的增值信息的价值,不表现为存储介质的价值或计算机的价值。数据价值和存储介质的价值可以独立存在,数据价值的开发和挖掘过程需要投入人力、物力、技术等,因此,作为抽象化财产的数据属性是无形财产。

10.3.1.3 "财产"和"物"的语义厘清

随着经济一体化的发展,各国不仅在经济、政治、文化交流上日益密切,而且在法律制度发展上逐渐呈现出大陆法系及英美法系的融合趋势。经济一体化的结果导致了各国间与贸易有关的法律制度的趋同。由此两大法系的用语在一定程度和范围内出现替代和混用情形,进而给厘清权利体系造成障碍。

在权利客体意义上,"财产"和"物"的语义内涵是相同的,但在"财产"和"物"的外延上,其包含了不同的要素内容。在德国法律体系中,受制于"物必有体"的理论概念,其"物"的用语仅表达狭义的"物"的含义,即具体的可见的物。而在法国法律体系中,将有体物、无体物、知识财产概称为"物",该做法实际上对"物"做了扩大解释。

随着时代的飞速发展,新的具有经济利益的对象不断出现,相较"财产"一词对权利客体的包容性,"物"的用词在近代以前尚且能为权利对象提供周延保护,但在应对近现代不断涌现的新的具有经济利益的对象时难免捉襟见肘。因此,法国在法律上扩张对"物"的解释,实际是将"物"的语义向"财产"的语义靠拢,使"物"与"财产"一词实现通用效果,以满足各种新的权利客体的法律保护需求。

在我国的法律语境中,《民法典》第 114 条规定:"民事主体依法享有物权。物权是权利人依法对特定的物享有直接支配和排他的权利,包括所有权、用益物权和担保物权。"第 115 条规定:"物包括不动产和动产。法律规定权利作为物权客体的,依照其规定。"此处"物"既包括"有体物",也包括"无体物(权利)"。

同时,《民法典》第 2 条规定:"民法调整平等主体的自然人、法人和非法人组织之间的人身关系和财产关系。"第 124 条规定:"自然人依法享有继承权。自然人合法的私有财产,可以依法继承。"由此可见,我国民法同时使用"物"和"财产",但是两者在具体条文中是区分使用而非通用关系。

《民法典》第 395 条规定:"债务人或者第三人有权处分的下列财产可以抵押:(一)建筑物和其他土地附着物;(二)建设用地使用权;(三)海域使用权;(四)生产设备、原材料、半成品、产品;(五)正在建造的建筑物、船舶、航空器;(六)交通运输工具;(七)法律、行政法规未禁止抵押的其他财产。抵押人可以将前款所列财产一并抵押。"第 1062 条规定:"夫妻在婚姻关系存续期间所得的下列财产,为夫妻的共同财产,归夫妻共同所有:(一)工资、奖金、劳务报酬;(二)生产、经营、投资的收益;(三)知识产权的收益;(四)继承或者受赠的财产,但是本法第一千零六十三条第三项规定的除外;(五)其他应当归共同所有的财产。夫妻对共同财产,有平等的处理权。"此处"财产"既涵盖动产、不动产的内容,也涵盖有体物、无体物、知识财产的内容。综上可知,在我国法律语境中,"财产"较"物"具有更广泛的语义范围。当"财产"指代有体物、无体物(部分权利)时,在语义上可与"物"等同,实现通用效果;当"财产"指代有体物、无体物、知识财产的综合体时,在语义上大于"物"的语义范围,无法与"物"等同使用。下文将在广义范围内使用"财产"的用词,在狭义范围内使用"物"的用词。

10.3.2 财产权制度的发展

罗马法时代,以"物"作为财产权的客体,构建了以所有权为核心内容的物权制度,物权制度和债权制度共同构成了"物法体系"。其中,客体"物"以实体性为要件,有体意味着有形。因此,罗马法的客体"物"主要指有体有形物。

罗马法学家盖尤士在《法学阶梯》一书中,提出过有形财产和无形财产的区分,即实在物(土地、房子等)和抽象物(债权、通行权等)的区分或有体物和无体物的区分。但其所指代的无形财产区别于现代意义的无形财产,实际上是以某种财产权利为标的的"无形物",是作为分配资源的社会工具的一种制度产品。

在近代社会,财产权客体不断扩张,表现出新的客体特征。首先,随着经济的繁荣与交易形式的变革,股票、债券等有价证券成为财产权客体,有价证券对应着客观的实在物,换言之,有价证券实际上是客观实在物的主观抽象化。其次,随着科学技术的发展,精神产物财产化、知识财产法律制度化,知识产品成为独立于物的新客体。

现代社会中,随着信息技术的发展,人类进入了崭新的知识经济时代,无形财产成为现代社会财富的主要组成部分,以有形财产为主的传统财产制度面临巨大挑战。从有形商品市场到无形商品市场,民法调整对象的商品经济关系已发生变化,财产权利客体因应扩充。

当今时代,科学技术飞速发展,无形财产权制度变革最为激烈。著作权、商标权、专利权三类传统知识产权保护客体不断扩张,集成电路布图设计、植物新品种、计算机软件等新型知识财产不断涌现,商号、域名等经营标记的财产价值日益突显,商业秘密和反不正当竞争法被纳入知识产权体系中。

10.3.3 知识产权与无形财产权的关系

在无形财产权的发展历史中,无形财产最初是以知识产权的权利面貌出现的,在传统理论中,无形财产权和知识产权曾被画上等号。但由于"知识"一词的限制,使得不断扩张的知识产权体系领下的部分权利难以名副其实,无形财产权与知识产权的区分性意义日益凸显。日本学者小岛庸和指出,知识产权一词来自英美法系,在日本法中尚为一个不太成熟的词汇,应以无形财产权替代知识产权来表述精神领域的权利。[①] 吴汉东认为,无形财产权与知识产权作为精神领域的民事权利范畴,具有等同内涵,无形财产权是与知识产权相当的另一称谓,但从两者的外延上看,无形财产权较知识产权具有更大的包容性。[②]

随着时代发展,新的财产类型层出不穷,知识产权等于无形财产权的理解已然被抛弃,学者对无形财产权提出了扩张解释的要求。事实上,无形财产权体系并未发展成熟,以知识产权为起点的无形财产权的发展,在一定程度上暂借着知识产权的名义实现无形财产权类型的扩充和完善。因此,知识产权作为

[①] 小岛庸和:《无形财产权》,创成社,1998,序 47。
[②] 吴汉东:《无形财产权基本问题研究》,中国人民大学出版社,2020,第 37 页。

无形财产权不断扩张客体范围以容纳新的财产类型,在效果上与扩张对无形财产权解释的方式具有异曲同工之妙,即现代知识产权制度不断发展为庞大的非物质性财产的法律体系,在功能上可以同等替代无形财产权体系容纳各类无形财产。

综上,知识产权与无形财产权的比较应从两方面展开,一是在表面语义上,无形财产权的范围大于知识产权范围;二是在制度功能上,知识产权与无形财产权发挥着相同的效用。因此,知识产权名义统领下的各项权利并非都来自知识领域,但从两者发展历史背景出发,无须纠结于"知识"一词的语义限制,更应从知识产权的实际功能上将其等同于无形财产权体系以容纳新的权利客体,即对知识产权区分狭义知识产权和广义知识产权,对于新的无形财产类型,从广义知识产权的角度进行权利构建。事物的变化发展总是呈现阶段性特征,应对无形财产权发展阶段性的不完美给予包容和理解。

10.3.4 数据权的知识产权属性

1)经营性利益是无形财产权客体的重要组成

知识产品是概括无形财产权客体的集合概念。无形财产权客体即知识产品,包括创造性成果、经营性标记和经营性资信。经营性标记和经营性资信产生于工商业经营领域。经营性标记一般指在工业、农业、商业等产业领域中能够标示产品来源和厂家特定人格的区别标记,包括商标、商号、产地名称等在内的工业标记。经营性资信泛指工商企业在经营活动中所具有的经营资格、经营优势以及在社会上所获得的商业信誉,包括特许专营资格、特许交易资格、信用以及商誉等。但经营性资信的财产价值尚未完全被人们所认识,相关立法保护付之阙如。[①]

狭义的知识产权客体是指人类智力劳动的成果,随着工商业的发展,地理标记、商标等工业标记也逐步纳入知识产权的客体范畴,目前的知识产权客体包括智力成果和经营标记两种。如前文所述,知识产权体系向着无形财产权体系发展,基于知识产权客体包容性的发展,部分普遍的、成熟的经营性利益作为企业的一种无形财产利益已经得到知识产权法的立法保护,而部分个别的、处于发展中的经营性利益得到的关注较少,或尚处在赋权争议之中,各个国家对其的保护态度也各有不同。

---

① 吴汉东:《无形财产权基本问题研究》,中国人民大学出版社,2020,第59—60页。

2）数据具有显著的经营性利益

随着互联网科技的发展，数据日益成为信息行业中的基础资源。虽然数据表现为无形资源，但数据主体可借助技术手段控制和使用数据。数据主体通过对数据价值的开发和应用可以获得相应的经济利益。《"十四五"国家信息化规划》指出，数据要素已成为数字经济时代影响全球竞争的关键战略性资源，应以开发利用为抓手激活数据要素价值，这表明数据已具备了实质性的价值和使用价值。

通过大数据技术，将处于粗放状态的数据元素采集、整合、提炼，将原本单一且价值有限的数据元素集合为数据，成倍地增加数据的使用价值，极大地提升了经济生活、社会生活的活动效能。企业投入物力、人力、财力并在长期经营积累的基础上获得高质量数据，优质的数据内容可以建立或维护企业所处市场的优势地位，在此背景下，直接将他人的市场成果据为己有以获得经济利益属于不劳而获、坐享其成的行为，如不通过法律予以禁止将会严重挫伤数据采集者、开发者的创造积极性，进而影响社会公众享受数据红利的福祉。

民事基本法概括性强，能够最大限度地包容各类无形财产，民事特别法较为灵活，可以成熟一个，制定一个[①]。在通信技术快速发展的当下，数据于市场主体具有显著的经营性利益，具有成为无形财产权客体的利益内容。无形财产权对经营性利益的保护与数据权利的保护不谋而合。在数据成为第五大生产要素并为市场主体所广泛运用的背景下，数据已成为普遍的、成熟的经营性利益，应当考虑将其作为无形财产权的客体给予法律保护。鉴于前文所述现有知识产权体系和无形财产权体系的关系，可在知识产权体系下增加经营性利益客体"数据"。[②] 数据权属于广义知识产权中的一种，与专利权、商标权、著作权等并列设置。

10.4 数据权的特征及其制度的法律原则

10.4.1 数据权的特征

10.4.1.1 数据权的自然特征

数据权作为一类知识产权，其最本质的特征是客体的非物质性。数据权的客体"数据"无法被任何主体有形地控制或占有，其存在、利用、处分形态与有形

---

① 吴汉东：《无形财产权基本问题研究》，中国人民大学出版社，2020，第152页。
② 以下若无特殊说明，均从广义知识产权体系下来讨论数据权构建。

财产权客体存在差异。数据的非竞争性、非排他性、非消耗性是数据非物质性的三个派生特征。

非竞争性是指数据利用主体数量的增加和使用方式的改变都不会减损数据的效用,即任何人对数据进行利用不影响其他人使用同一份数据;非排他性是指数据可以在同一时空被多个数据主体共同处理与分析,也可以被同一主体反复利用,即不排除多人同时使用同一份数据;非消耗性是指不会发生消灭数据的事实处分或有形交付的法律处分。

10.4.1.2 数据权的法律特征

对应传统所有权所具有的独占性、普遍性和存续性特征,数据权作为知识产权的类型之一,具有特定的专有性、地域性和时间性。[①]

1)特定的专有性

数据权特定的专有性对应传统所有权的独占性,体现在数据为权利人所专有,没有法律规定或权利人的许可,任何人不得使用权利人的数据;对同一份数据,不允许有两个以上同一属性的数据权并存。但是传统所有权的独占性是绝对的,即所有人对物的权利不受时间、空间的限制,也不需要他人的积极协助;而数据权的专有性是相对的,数据权人对数据的专有性受到权能方面的限制,且在时间、地域、空间上也有范围限制。

2)地域性

数据权的地域性对应传统所有权的普遍性。数据权的空间效力是有限的,具有严格的领土性,仅在本国范围内发生法律效力。传统所有权的保护没有地域性限制,根据"涉外物权平权原则",有形财产根据占有而适用权利推定,从而使有形财产权在域外得到保护,即传统所有权的法律保护具有地域上的普遍性。而数据权是法律拟制的权利,也是一国公共政策的产物,需要通过法律的强制规定才能存在,数据权的范围和内容取决于本国的法律规定。当各国法律规定不同且无国际条约、双边或多边协定的特别规定时,数据权的效力只限于本国而不能在他国自动获得保护。当前国际数据赋权保护尚未达成共识,要在国际范围内推动数据权的跨境保护,需要统筹国内和国际的数据权利立法工作。

3)时间性

数据权的时间性对应传统所有权的永续性。数据权的时间效力是有限的,

[①] 无形财产权体系并未得到学界公认,其体系的成熟性还有待发展和完善,知识产权作为无形财产权的典型代表和最初形态的权利类型,其法律特征在一定程度上可以反映无形财产权的法律特征。

仅在法律规定的有效期内受到保护,一旦超过法定保护期限,数据权自行消灭进入公共领域。传统所有权法律保护则不受时间限制,只要客体物没有消失,其权利就能永续得到法律保护。

本质上,数据的非物质性特征转化为法律特征后即表现为数据权客体的非物质性,该特征才是知识产权体系下所有权利类型的共同法律特征。

10.4.2 数据权制度的法律原则

10.4.2.1 平衡原则

平衡原则是知识产权制度的基本原则,知识产权制度的目的既要注重保护知识产品创造者的合法利益,又要注重促进科学、技术、文化的广泛传播,以协调知识产权专有性和知识产品社会性之间的矛盾。[①] 数据法律制度的构建也应遵循平衡原则,平衡性具体体现在三个方面。

1) 追求法律规制的法益平衡

追求法律规制的法益平衡,即追求充分利用数据和防止滥用数据之间的平衡。一方面,数据赋权可以为数据有序流转和利用提供权利基础;另一方面,数据权赋予数据权人对数据一定时期的专有权,但数据权主体对数据权的行使不应超越合法边界,或虽然行使权利未超过边界,但不应破坏、违反市场竞争秩序,更不能损害公共利益。

2) 追求公平和效率的平衡

追求公平和效率的平衡,即追求充分保障数据安全和降低交易成本之间的平衡。一方面,对数据保护应以数据安全为前提条件,对于含有个人敏感信息或关涉国家安全信息的数据应规定严格的匿名化程序和追责措施,保护数据安全;另一方面,将数据权赋予能够以最大效率执行数据权利的主体,可以充分促进数据的流通和利用,降低其他数据利用者的搜索成本和告知成本。[②]

3) 追求私益和公益的平衡

追求私益和公益的平衡,即追求私人数据财产权保护和促进数据共享共用的平衡。利益平衡是知识产权制度最重要的理论基础。一方面,通过数据赋权激励数据生产各参与方从数据生产投入中获得经济利益;另一方面,通过数据赋权激活数据要素潜能,促进数据有效利用、有序流通,推动数字经济发展,赋

---

① 吴汉东:《无形财产权基本问题研究》,中国人民大学出版社,2020,第50页。
② 武长海:《数据法学》,法律出版社,2022,第147页。

能产业创新发展和数字转型。

10.4.2.2 平等原则

在民事法律关系中,平等原则表述为"民事主体在民事活动中的法律地位一律平等"。数据权法律制度是调整民事主体在民事活动中享有数据权利、承担数据义务的法律制度,平等原则在数据权法律制度中同样具有重要的意义。

因为数据权法律制度属于知识产权制度范畴,在平等原则上既有与有形财产权制度相同的方面,也有区别于有形财产权制度的独特体现。首先,数据权制度中的"平等"体现在民事主体平等地参与数据生产创造过程,每个主体取得数据权的机会是均等的。其次,数据权制度中的"平等"体现在多利益主体的权利义务协调上,对数据生产各参与方享有数据权益的合理分配。对比所有权下的单一权利主体与数据权下的多元权利主体,数据权作为一个权利束承载着数据生产各参与方的价值贡献,就数据采集、开发、应用各环节而言,数据采集者、数据加工者、数据开发者就自己对数据增值贡献所获得的数据权益应合理分配。

10.5 数据权与其他知识产权的关系

10.5.1 数据权与著作权

著作权属于传统知识产权类型,数据权属于新型知识产权类型。两者的区别主要体现在:第一,保护对象不同。数据权的客体是数据,保护数字化形式存在、能够产生增值信息以优化目标决策的数据元素集合及其处理结果。数据的表达形式是一种二进制的机器语言。著作权的保护客体是作品,保护文学、艺术和科学领域内具有独创性并能以一定形式表现的智力成果。作品的表达形式是以文字、语言、色彩、旋律、科学符号等元素呈现的人类表达。第二,保护条件不同。数据权和著作权的保护条件均需要具有一定程度的创造性,但其在创造性上具有不同的要求内容。著作权的创造性要求为"独创性",即作品必须是作者独立构思和创作完成的。数据权的创造性要求为"信息增值",即数据必须对原有数据元素存在状态、存在数量、存在秩序、存在关系进行了改变,使数据产生超越原有数据元素载有原始信息以外的新的增值信息。两者的相同之处体现在权利的取得方式上,均为自动取得。

虽然数据权和著作权在保护对象、保护条件上具有区别,但其保护范围在某些情形下也存在交叉。例如,如果数据元素承载的信息本身就是作品,那么该作品受著作权保护,作品数据元素的集合受数据权保护;又如,对原始数据处理分析形成的衍生数据可能以数据报告的形式存在,对于具有原创性的数据分析报告可以作为一件文字作品受到著作权的保护。

10.5.2　数据权与专利权

在保护对象上,专利权保护技术领域具有新颖性、创造性和实用性的技术方案。专利权的创造性要求发明具有技术先进性或非显而易见性。我国 2017 年 4 月 1 日起实施的《专利审查指南》将专利保护范围扩展至含有技术特征的商业模式、商业方法。数据产品是一种对外服务的技术形态,即将原始数据或衍生数据与大数据、算法等技术手段结合形成的应用型平台或软件,用于向不特定多数主体提供数据分析的商业服务。因此,当数据产品表现为一种含有技术特征的数据统计、分析的商业模式或商业方法时,数据产品可以同时获得专利权的保护。2024 年 12 月,国家知识产权局发布的《人工智能相关发明专利申请指引(试行)》规定,如果一项涉及人工智能算法或模型的专利申请的权利要求仅涉及抽象数学理论或数学算法,不包含任何技术特征,则属于智力活动的规则和方法,不能被授予专利权;如果一项权利要求对其限定的全部内容既包含智力活动的规则和方法的内容,又包含技术特征,该技术特征并非仅体现在主题名称中,则该权利要求就整体而言并不是一种智力活动的规则和方法。这就意味着,纯粹的数据算法或模型本身属于专利权除外客体,不能受专利法保护,但是包含技术特征的数据算法或模型可以受专利法保护。

10.5.3　数据权与商标权

商标是商品或服务的提供者为了将自己的商品或服务与他人提供的同种或类似商品或服务区别而使用的标记。数据均以数字化形式存在,不具有显著特征,即不具有成为商标保护客体的条件。但是对于开发形成的数据产品,数据权人可以通过申请注册商标,为数据产品提供商标专用权的保护。数据产品经营者通过数据产品为消费者提供良好的数据分析服务,既可以提高商业信誉、积攒商标价值,也可以为消费者提供数据服务的质量保障。

10.5.4 数据权与商业秘密权

商业秘密是指不为公众所知悉、具有商业价值并经权利人采取相应保密措施的技术信息、经营信息等商业信息。商业秘密保护的重要条件是秘密性即非公开性。而数据的价值在于流通利用,数据要素重利用的特征决定其具有公开性特征。

《数据二十条》在总体要求中指出,加快构建数据基础制度,充分实现数据要素价值,促进全体人民共享数字经济发展红利。数据的公开性既有利于降低数据利用者的搜索成本和告知成本,提高数据流通和交易效率;也有利于满足普通网络用户对数据合理访问、浏览、使用的个人需求,帮助用户更好地实施网络行为,改善用户的网络体验。因此,数据的"公开性"与商业秘密的"秘密性"存在矛盾,数据难以同时获得商业秘密和数据权的双重保护,但根据数据公开状态的转变,数据拥有主体可以在不同时期分别主张商业秘密权和数据权。若数据处于非公开状态,则通过商业秘密保护足矣,其本身就不符合数据权法律制度促进数据流通利用的目标;若通过商业秘密保护的数据被公开,则该数据又可以落入数据权的保护范围,获得数据权的保护。

第 11 章 数据权的客体

数据权的客体研究主要围绕数据法律概念的理解、数据权客体的特征、数据权客体的构成要件、数据权的除外客体、数据权客体的分类以及非电子数据、模拟数据的数字化六大问题展开。

11.1 数据法律概念的理解

在日常生产生活中,各行各业都有各自的数据分类和细分的数据名称。但法律意义上的数据与日常生产生活中的数据含义有所不同,它是指以数字化形式存在、能够产生增值信息以优化目标决策的数据元素集合及其处理结果。对于"数据"法律概念,可以从以下五个方面来理解。

1) 以数字化形式存在

首先,数据元素必须以数字化的形式存在。从原始社会开始,人类就采用"结绳记事"的方法摆脱时空限制记录事实、进行信息传播,人们能够从贝珠带上的珠串和图形中解读记录信息,一条绳子上的颜色、粗细、材质、绳结的大小和数量就形成了一个数据元素。随着技术发展,信息的记录手段不断变化,既可以文字手段记录信息形成一个数据元素,也可以模拟技术、数字技术为手段记录信息形成一个数据元素。

数据成为生产要素是决定建立数据法律制度保障的经济基础,数字信息技术的发展提高了数据的生产力,各类社交平台、线上金融平台、消费平台、政务商务平台等日渐发展壮大,人们在网上的消费、社交、支付行为等留下的网络痕迹形成了海量的数据元素,使数据发展为生产要素成为可能,大数据技术的应用提高了数据的处理效率,让这一可能成为现实。

因此,法律意义上要保护的"数据"是能够被大数据技术所处理的数据,即要求数据是以 0101 表示的二进制的方式记录的数字化数据。以波形等非数字形式表示的模拟数据和其他各种非电子手段记录形成的非电子数据不是数据权法律意义上的数据。

2) 数据元素能够被解释出具体含义

数据元素是对信息以数字化形式的记录结果,因此数据元素应该能够被解释出具体的含义或者信息。如果数据元素是对无任何含义的信息(例如 34isnojsiDIn adde)以数字化形式记录的结果,那么该数据元素无法被人类解读出具体的含义和信息,于人类来说是无效的数据元素。由无效数据元素组成的数据无法通过大数据技术提取到用以优化目标决策的目标信息,也就无法产生经济效益或社会效益。因此,无含义的数据元素组成的数据不是数据权法律所保护的数据。

3) 占据存储介质的物理空间并为人类所感知

数据是无体无形物,其以数字化形式存在并需要占据存储介质的物理空间,否则数据无法被机器读取和利用。但二进制的表示方法是机器语言,无法被人类直接识别和利用,因此通过大数据技术提取的目标信息须能够通过 I/O 设备呈现,进而被人类认识和理解。如果数据只能被机器理解,人类就无法感知数据的存在,也无法获取和利用数据中所被记录的信息。

4) 能够为现有算力所处理的数据

计算是人类认知世界的模式之一,从个人电脑到大型数据中心,从智能手机到可穿戴设备,计算能力正在改变人类认识世界的方式、拓宽人类的信息获取渠道,加快人类信息的获取速度。所谓计算能力即"算力",逐渐成为智能化、数字化时代下的核心竞争力。[①]

目前,算力已被广泛应用在军工、航天、智能驾驶、云计算、元宇宙、智慧城市、健康码、区块链等领域,电脑和移动设备无时无刻不在生产海量数据,对算力的需求日益提高。用于 AI 测试的全球的算力需求每 3.5 个月就会翻一倍,远远超过了当前算力的增长速度。在摩尔定律、Dennard 缩放比例定律相继失效

---

① 《"算力"是什么?算力不够怎么办?》(2022 年 5 月 19 日),https://zhuanlan.zhihu.com/p/516824459,访问日期:2023 年 4 月 13 日。

的情形下，CPU 性能提升速度大幅放缓，算力的缺口也越来越大。① 大数据技术通过数据分析揭示数据中隐藏的规律和关系帮助人们做出更明智的决策。当算力不足以处理数据时，受限于技术水平，即便是高质量数据也无法被人们所利用进而参与生产生活。因此，只有能够被现有算力所处理的数据才能成为数据权法律保护的数据。

5) 海量数据元素之间具有相关性

如果每一个数据元素都有意义，但是数据元素所涉及领域、内容等各不相关，那么数据元素之间的相关性无法通过大数据技术得到挖掘和建立，也就无法服务于人们的决策过程。如一份数据包括的数据元素分别为 A 的年龄信息、B 的身高信息、C 的家族信息、D 的学籍信息、E 的消费信息等，该类数据下的各数据元素内容是混合、不同质或残缺不全的，数据元素所承载的信息在内容、类型、对象上毫不相干，通过大数据技术无法提取到任何有用的目标信息以助于优化决策。该类描述不同领域、不同对象的单一数据元素组成的零散数据无法建立数据元素之间的信息关联性，因而也不是数据权法律的保护对象。

11.2 数据权客体的特征

1) 非物质性

知识产品的非物质性是指其无外在形体，即不具有一定的形态（如固体、液体、气态等），不占有一定的空间，但具有内在的价值和使用价值。② 数据是信息的记录结果，大量无体无形的信息通过数字化形式的二进制代码被记录并形成记录结果——数据，无体无形的数据借助有体有形的介质载体被存储和传播。由此可见，数据是不具有形态的无体无形物，其借助有形载体被存储和利用是无形财产的普遍特性，否则无形财产无法被客观利用，因此，数据载体的物质性不影响数据本身的非物质性特征。

2) 客观性

客观性是指有主必有客，客体是主体的对称，虽然无形财产本身不存在一定的物质形态、不占有一定的物理空间，但是无形财产要成为权利客体时，要求

---

① 《"算力"是什么？算力不够怎么办？》（2022 年 5 月 19 日），https://zhuanlan.zhihu.com/p/516824459，访问日期：2023 年 4 月 13 日。

② 吴汉东：《无形财产权基本问题研究》，中国人民大学出版社，2020，第 61 页。

通过一定的客观形式表现出来，以使无形财产能够被无形财产创造者以外的人所了解和认识。[1] 数据是以数字化形式对信息的记录结果，其为无体无形物。数据要成为权利客体，则需要借助适合的物理载体来使其固定化。数据以数字化形式存在并存储在一定的介质上，如 U 盘、硬盘等。虽然数据在存储介质中不可见，但是通过技术读取，存储介质中的数据能够为数据主体以外的人所了解和认识。因此，数据具有成为无形财产权保护客体的客观性。

3) 价值性

价值性是指客体应能为主体所利用，具有价值和使用价值。无形财产虽然不具有物质形态，但应能满足人们的精神需要，提供一定的社会效益，或能投入生产领域转化为有形物质产品，满足人民物质生活的需要。因此，无形财产的价值性是其成为权利客体的基本要求。[2] 数据虽然是无形无体物，但是其不能脱离物质载体而存在，人们可以通过技术手段读取、控制和利用数据。数据是一种新的生产要素，是数字经济的核心要素，已然成为国民经济社会发展不可或缺的基础性战略资源。我国自 2020 年以来，有 16 家数据交易所先后被批复，截至 2022 年 3 月，全国由地方政府发起、主导或批复的数据交易所已有 39 家（未包括港澳台）。

从经济效益和社会效益角度来看，数据的价值性体现在以下四点：第一，数据可以帮助企业预测行业发展，提前布局和规划商业方案；第二，数据可以帮助企业了解用户需求，根据用户喜好推荐和定制产品；第三，数据可以提供信息反馈，帮助企业不断创新产品、优化服务，提高用户体验；第四，通过各类数据分析，精准规避和防范风险，包括对自然地理数据的分析预测，规避自然灾害。

由此可见，数据作为生活要素，已充分参与生产分配的各个环节中，具有价值和使用价值。数据被投入生产领域后，既能提高经济效率，推动经济数字化转型，又能借助技术手段优化和便利人们生活，经济效益和社会效益显著。因此，数据具有成为无形财产权保护客体的价值性。

4) 稀缺性

无形财产的客体应为人类所能控制和利用的资源，资源的有限性和供给不足，是无形财产成为权利客体的经济动因。[3] 虽然无形财产具有非消耗性特征，但是无形财产的稀缺性并非体现在无形财产数量的多少，更在于无形财产被创造的机会具有稀缺性。

---

[1] 吴汉东：《无形财产权基本问题研究》，中国人民大学出版社，2020，第 139—141 页。
[2] 同上。
[3] 同上。

数据的稀缺性可以体现在两方面：一是数据生产的长期性、复杂性和高成本化。数据的生产创造过程需要个人或社会的大量投入，包括物力、人力、财力、智力等投入形式，海量数据元素的形成需要大量的信息被数字化形式记录并输入。如大众点评的评论数据，需要技术平台、存储设备、网络条件的物质基础，也需要企业长期的用户积累、数据元素采集的持续性劳动、数据更新和维护等高成本的技术投入和更新。二是数据创造者数量的稀缺性，相较以物质产品为劳动对象而言，数据的生产过程对创造者的技术、资金、经验、技能等具有更高的要求，此类数据创造主体的稀缺性是导致无形财产有限性和供给不足的重要原因。因此，要对数据赋予权利以激励创造者不断生产和进步，从而增加数据的社会供给，实现私益和公益的双赢同时也是无形财产权制度的重要宗旨。[①]

5）创造性

知识产品是民事主体创造性活动的结果，所谓创造性是指有所创新、有所突破，因为知识产品的种类多样，其创造性的要求有高低之分，但是所有的知识产品均需要符合最低的创造性标准，即不是现有知识产品的简单重复。[②]

网络空间中的海量数据元素是零散的、无序的、游离的，数据是在巨量原始网络数据元素的基础上通过一定的算法（技术投入）形成的，或原始数据元素集合经过深度分析过滤、提炼整合（智力投入）、匿名化脱敏处理后形成的预测型、指数型、统计型数据。由此可见，数据并非自然状态而存在的，是经过人类一定的劳动投入而创造出的产物。数据不是对现有数据元素的简单重复，而是进行了改变数据元素的存在状态（集中）、存在数量（筛选）、存在秩序（分类）、存在价值（潜在相关性）等创造性行为的结果，经过多环节技术处理的数据与公共领域分散的数据形态截然不同。因此，数据权的客体"数据"具有创造性特征。

11.3 数据权客体的构成要件

根据数据的法律定义，可将数据权客体的构成要件分解为四个：一是质量要件，即要求数据有用；二是数量要件，即要求数据够用；三是形式要件，即要求数据可用；四是实质要件，即要求数据好用。

[①] 吴汉东：《无形财产权基本问题研究》，中国人民大学出版社，2020，第141页。
[②] 同上书，第61页。

11.3.1 质量要件：数据元素之间具有相关性

数据权客体的质量要件要求组成数据的各数据元素之间具有某种内在联系,此为数据具有潜在价值的必然要求。

1) 单个数据元素具有能被人类解读的含义

数据是由一定体量的数据元素组成的,如果每个数据元素都是诸如"34isnojsiDIn adde"这类无意义字符,或者其他无法为人类所理解和认知的表达,则其不具有成为数据组成元素的特征。无意义的数据元素组合而成的数据无法被大数据技术处理分析以得到人类所需的增值信息,因此要求组成数据的单个数据元素应具有能被人类解读的含义。当然,在组成数据的海量数据元素中,如果仅有少量无意义的数据元素且不会对数据质量造成实质性影响的,则不影响数据满足成为权利客体的质量要件。

2) 各个数据元素之间具有相关性

当每个数据元素都具有能够被人类所解读的含义时,还需要组成数据的各个数据元素之间存在某种潜在的关联性。对不同领域、不同对象的不同维度进行客观事实描述而形成的单一数据元素组成的数据具有异质性和零散性,各数据元素之间不具有可被大数据技术所分析和发现的潜在规律和信息联系。如,A 在甲购物平台上一件衣服的购买记录,B 在乙商铺的一条支付记录,C 的身高体重记录,D 在丙学校的班级排名记录等,不同对象在不同领域、不同维度的数据元素集合只是形式上的集合,而非数据元素原始信息内容上的集合。因此,基于该数据无法建立原始信息内容上的关联性,也就无法产生有效的增值信息。从优化经营策略、完善销售布局、便利人们生活等角度来看,该类数据质量较低,既不具有产生经济效益的潜在价值,也不具有产生社会效益的潜在价值。

11.3.2 数量要件：数据元素集合具有规模性

1) 单个数据元素不是数据权保护对象

根据单个数据元素的原始信息价值,可以将单个数据元素分为价值密度低的数据元素和价值密度高的数据元素。对于价值密度低的单个数据元素来说,其所记录的信息能够产生的经济效益和社会效益微乎其微。如 A 在甲购物平台上的一件衣服的购买记录,B 在乙商铺的一条支付记录,其所能被解读的信息就是该数据元素本身的含义,对于 A 和 B 来说,该数据元素记录了他们的消费行为,对于商家来说,该数据元素记录了他们的交易行为,除此之外无法产生更多的经济价值和社会价值。因此,单个彼此孤立的数据元素价值密度极低,不足以成为数据保护的对象。

对于价值密度高的单个数据元素,一个数据元素所承载的信息内容本身就具有利用价值。[①] 如商业秘密、一首歌词、一篇文章作为一个数据元素时,该数据元素本身就具有财产性利益,且能够在现有知识产权法律制度下得到保护,因此,其也不是数据权所要保护的对象。

2) 数据权客体是具有一定数量规模的数据元素集合

如上文所述,价值密度高的单一数据元素原本就能从现有知识产权法律制度中得到保护,其不是数据权所要保护的对象;价值密度低的单一数据元素不值得法律保护,其也不是数据权所要保护的对象。有学者指出,达到实质规模数量是数据客体要件,要求数据包含海量数据元素数目,具有反映宏观市场现象的能力。[②] 数据权所要保护的数据对其所集合的数据元素应具有量的要求,需通过数据元素量的规模化实现信息增值,即数据权客体是具有一定数量规模的数据元素集合。

对于"一定数量规模"的衡量,要看数据元素的集合是否通过各数据元素所含有原始信息的量的积累产生了新的信息内容,即"一定数量规模"要求数据元素量的积累引起由其组成的该份数据所包含信息价值的质变,能够在所有数据元素记载的原始信息之外产生新信息(增值信息)。

11.3.3 形式要件:数据具有现实的可利用性

1) 数据能被现有算力水平处理

一定数量规模的数据元素集合需要在现有算力能够处理的范围内。自计算机诞生起,数字化数据就不断产生,但是大量的数据元素并不能被充分处理和利用,因为算力无法达到。如果数据虽满足质量要件和数量要件,但受限于现有的技术水平而无法被处理,那么该类数据不具有被现实利用的条件,不能成为数据权所保护的对象。类似地,在专利法领域,曾经有多人就"永动机"的设计方案申请发明专利,但是其违背了能量守恒这一基本的自然规律,不具有成

[①] 叶雅珍、朱扬勇:《数据资产》,人民邮电出版社,2021,第 8 页。
[②] 冯晓青:《大数据时代企业数据的财产权保护与制度构建》,《当代法学》2022 年第 6 期,第 116 页。

为现实的可能,因此其不能够被授予专利权。①

2) 数据以数字化形式存在且能为机器读取

数据需要以数字化形式存在才能够被机器读取,进而才能被大数据技术所处理、分析和应用。如果数据以非电子数据或模拟数据的形式存在,那么其不具有可读取性,人类就无法借助大数据手段分析和利用数据。因此,非数字化形式存在的数据不能成为数据权的客体。

3) 数据的获取和利用需符合法律规定

《个人信息保护法》和《数据安全法》均对数据元素的获取、利用、处理等做出了限制和规范。对于符合数量要件、质量要件和实质要件的数据,若其关涉国家安全和个人隐私,则会被法律所禁止获取、处理或利用,即便其具有巨大的经济价值和社会价值也不能够被允许访问和使用。因此,只有符合法律规定能够被民事主体获取和利用的数据才能够成为数据权的保护客体。

11.3.4 实质要件:数据具有用以优化目标决策的目的性

数字化形式、增值信息、数据元素的集合等限定都是为优化目标决策这一目的而服务的。换言之,质量要件、数量要件、形式要件等都是为实质要件而准备的。"能够用以优化目标决策"是数据成为权利客体的核心要件,该要件不要求数据已经完成目标决策的优化,仅要求数据具有潜在的优化目标决策的信息价值,即用于优化目标决策的数据元素之间的隐藏规律和各类相关关系可以是潜在而未明知的。

大数据技术通过挖掘数据元素之间的隐藏规律和各种相关关系,辅助人们提高决策科学性和优化决策效果。成为数据产权制度下的数据需要具有潜在的优化目标决策的价值,从而使人们有可能将数据处理分析的结论运用到商业布局、社会资源配置等方面,实现数据的经济效益和社会效益。

此外,所谓"目标决策"不是绝对的,既不是唯一目标决策,也不是所有目标决策,该目标决策基于不同数据利用主体的需求,决策内容是相对的。比如,某购物平台上关于服装购买的记录数据,对于不同的数据利用者来说具有不同的决策目标,如女装商家想要从中获取女装的热门款式以优化店铺内各类服装款式配置,男装商家想要从中获取男装消费者的服装消费水平区间以布局自己进

---

① 王迁:《知识产权法教程(第8版)》,法律出版社,2024,第360—361页。

入男装赛道的市场定价。由此可见,同一份数据由于数据利用者不同的决策目的,可从中提取到数据元素之间潜藏的不同目标信息。同样地,若女鞋商家想要优化店铺鞋子的款式搭配,其需要的目标信息是该购物平台上关于女鞋的热门款式,但显然从服装购买记录的数据中无法获取这一目标信息,这并不影响该服装购买记录的数据具有优化女装款式配置决策的价值。因此,"能够用以优化目标决策"可以是针对不同的目标决策,且不需要满足所有的目标决策。

11.4 数据权的除外客体

数据权的除外客体,即不受数据权保护的对象。数据权保护数据元素集合及其处理结果,但并非所有数据元素集合及其处理结果均能得到数据权的保护。数据权只保护其中符合数字化形式、能够用以优化目标决策的低价值密度的特定数据元素集合及其处理结果。而其他非数字化的数据或高价值密度的数据元素及其集合交由著作权、商业秘密、专利、合同等相关法律制度加以保护。不受数据权保护的客体包括以下几种。

1)非数字化数据

数据权客体的形式条件要求数据以数字化形式存在以能为机器读取和处理。非数字化数据不符合成为数据权客体的形式条件,因此其不能成为数据权客体。

2)乱码数据

乱码数据是指计算机系统无法显示正确的字符,而显示其他无法使人类正常阅读并获知意义的字符。数据的质量条件要求单个数据元素具有能被人类所解读的含义,这些无意义的字串符号组成的数据元素乃至乱码数据不符合成为数据客体的质量条件,因此不能成为数据权客体。

3)零散数据

所谓零散数据是指对不同领域、不同对象的不同维度进行客观事实描述而形成的单一数据元素组成的数据,其具有异质性和零散性,各数据要素之间不具有可被大数据技术分析和发现的潜在规律和信息联系。数据权客体的质量条件要求组成数据的各数据元素之间存在某种相关关系,此为数据的潜在价值所在。零散数据不具有被提取任何目标信息的可能性,因此其不能成为数据权客体。

4）法律禁止获取和利用的数据

数据的形式条件要求数据的获取和利用须符合现有法律规定,关涉国家安全和个人隐私的数据被法律禁止获取、处理或利用,因此即便此类数据具有较大的经济价值也不能被允许访问、利用和流通,也就无法通过大数据技术处理获得目标信息以优化决策。因此,法律禁止获取和利用的数据不能成为数据权客体。

5）超出现有算力处理能力的数据

无形财产权的客体条件要求数据具有价值性,数据的形式条件要求数据能够被现有算力所处理和利用。若数据超出现有算力处理能力,则其不具有被实际利用的可能性,无法产生社会效益,也无法投入生产领域转化为经济效益。因此,超出现有算力处理能力的数据虽然具有巨大的潜在价值,但是因为其潜在价值不具有实现可能性,而不能成为数据权客体。

11.5 数据权客体的分类

11.5.1 数据权客体的分类标准

数据权客体的分类具有重要意义。首先,它限定了可以受数据权保护的数据类型。现实中每时每刻都在产生着类型各异的海量数据,但并非所有数据都具有成为数据权保护客体的条件。数据权应遵循数据类型法定原则,即只有落入法定数据类型中的数据才能成为数据权保护的客体。其次,不同的数据权人可能享有的权利内容不同。数据的生产过程包含了大量的数字技术劳动,不仅包括单个数据元素提供者的数字劳动,还包含对数据进行采集、存储、清洗、加工、应用等生产劳动。[①] 在数据生产、加工、应用等不同环节中,主体的数据行为不同,对数据的生产投入不同,产生的数据产物不同,数据主体对不同数据产物有不同的利用要求,因此其享有的数据权内容可能有所不同。

数据权客体可按照主体、来源、结构、行业等不同标准进行分类。目前主要的分类标准有以下三种:一是以数据来源为标准,将数据分为基础数据和衍生数据;二是以数据主体为标准,将数据分为个人数据、企业数据、公共数据;三是

[①] 王伟玲:《中国数据产权制度构建研究》,《经济纵横》2024年第1期,第80页。

以数据流转和价值增值为标准,将数据分为原始数据、数据集合和数据产品。①但在构建数据产权制度的背景下,目前的数据分类标准缺少法律内涵。从数据权客体特征来考虑,数据是民事主体创造性活动的结果。所有受数据权保护的数据均应符合最低创造性标准,即经过多环节的技术处理创造出与公共领域分散的数据元素形态截然不同的数据。这种创造性行为包括改变数据元素的存在状态(汇集)、改变数据元素的存在数量(筛选)、改变数据元素的存在秩序(分类)、改变数据元素的存在价值(分析)等。上述不同的数据行为对数据的价值增益有所区别。据此,结合上文界定的数据法律概念,可按数据行为各环节的"信息价值增值程度"作为数据权客体的分类标准。

11.5.2 以数据行为环节确定数据权客体类型

数据生产可分为数据元素产生、数据采集、数据开发、数据应用四个数据行为环节。为了明确各数据行为环节的"信息价值增值程度"不同,将对应行为主体在各环节的数据行为、生产投入、增值贡献及相应产物进行梳理和对比,详见表 11-1。

表 11-1 数据行为各环节情况对比

数据生产环节	数据生产内容	行为主体	数据行为	生产投入	信息增值贡献	数据产物
数据元素产生	一条个体信息以数字化形式记录,形成一个数据元素	自然人、法人、非法人组织等	上网、经营等	网络等各类活动	使原始个体信息得以记录	数据元素
数据采集	将零散、游离的数据元素汇集成数据元素集合,即一份数据集	数据采集者	汇集性处理	技术、人力	原始信息→产生潜在增值信息(产生隐含价值-隐含信息)	原始数据
数据开发	对数据进行筛选、分析、挖掘	数据开发者	分析性处理	技术、人力、智力劳动	潜在增值信息→目标信息(发现价值-提取信息)	(狭义)衍生数据
数据应用	对数据开发结果进行创造性应用	数据应用者	应用型处理	技术、人力、智力劳动	目标信息→辅助优化目标决策(应用价值-应用信息)	数据产品(广义衍生数据)

---

① 冯晓青:《数据产权法律构造论》,《政法论丛》2024 年第 1 期,第 122—124 页。

1) 数据元素产生环节：数据元素

在数据元素产生环节，数据生产的主要内容是用户将个体信息以数字化形式记录形成一个数据元素，用户通过各种数字活动产生大量数据元素，该劳动投入的贡献是使一个数据元素记录了原始的个体信息内容。[①]数据元素是数据的自然状态，零散、无序，游离于数字空间之中。一方面，该类数据[②]产物因数据利用价值极低而无法纳入数据权的保护范围；另一方面，数据元素记录的原始个体信息内容本身可以依据相应法律受到保护，例如，涉及个人信息的内容可以依据《个人信息保护法》对其加以保护，涉及作品的信息内容可以依据《著作权法》对其加以保护，涉及商业秘密的信息内容可以从《反不正当竞争法》中寻求保护。

2) 数据采集环节：原始数据

在数据采集环节，数据采集者将零散的、游离的海量数据元素汇集成数据元素集合，即形成一份数据。数据采集者对数据元素的汇集性处理行为投入了大量的技术成本，该劳动投入的贡献是使一份数据基于数据元素所承载的海量原始信息可以产生潜在增值信息。数据采集环节的数据产物是原始数据，原始数据是可以获得数据权保护的初始客体类型，其保护的财产利益为汇集性处理数据产生的潜在增值信息，即数据具有随时可以提取目标信息用于优化决策的潜在价值。

3) 数据开发环节：衍生数据

在数据开发环节，数据开发者根据决策需要对数据进行数量筛选、内容筛选以及内容类型化等处理，借助大数据技术对数据进行分析性处理，形成服务于决策需要的衍生数据（如指数型、统计型、预测型等数据）。[③]该劳动投入的贡献是开发原始数据的潜在价值，从中提取出服务决策所需的具体目标信息。对衍生数据保护的财产利益为衍生数据中已经发现和释放的信息价值。

4) 数据应用环节：数据产品

在数据的应用环节，数据应用者将数据与相应算法结合，形成面向不特定多数用户稳定调取数据分析结果的应用型数据产品，如淘宝公司的数据产品

---

① 个体信息包括个人信息或企业信息等个体用户信息。
② 此处的"数据"是指由一个数据元素组成的数据。根据数学的集合概念，集合中最少0个元素（空集），最多为无穷个元素。因此，数据作为数据元素的集合，其可以仅包含一个数据元素。根据数据的定义理解，即由一个数据元素组成的数据。本书若无特别指出，数据均指非空、非单个数据元素的集合。
③ 衍生数据包括狭义衍生数据和广义衍生数据，本文若无特指，衍生数据指狭义衍生数据。

"生意参谋"。[①] 数据产品本质上也是一种广义的衍生数据,其系通过对原始数据或狭义衍生数据进一步技术加工处理,以应用软件或应用平台等形式对外向不特定用户提供服务的一种技术形态。其应用性的处理行为给数据产品使用者提供了简单易操作的数据分析服务,使用户能够根据决策需要选择数据分析范围、数据分析对象等筛选条件,从而获得决策所需的目标信息。该数据产品保护的财产利益为其能够给数据产品主体带来商业利润的普适性的市场应用价值。

狭义衍生数据与数据产品"信息价值增值程度"的不同体现在两个方面。

第一,服务对象范围不同。狭义衍生数据的市场服务面较窄、服务对象具有特定性,数据利用者加工原始数据产生的一份衍生数据往往以自用为主或供某几个主体使用。数据产品的市场服务面较宽,数据利用者为不特定多数主体,一份衍生数据可以反复被提供给不同的调用主体,数据服务具有普适性、一般性。

第二,数据利用者投入劳动不同,获得的权利内容不同。狭义衍生数据利用者往往需要投入技术成本等以获得衍生数据,或者通过委托他人进行技术分析以获得衍生数据,其对数据的信息增值做出了贡献,可以享有衍生数据的权利。而数据产品的利用者,仅通过数据产品主体已设置好的程序和操作进行数据分析结果的调取,其仅享有阅读、下载的权利,并未对数据信息价值增值做出实质性贡献,因此其不能享有对数据产品的权利。

综上,数据是通过一定的技术手段对数据元素进行汇集,使其从零散到集中而形成的数据元素集合(原始数据),或通过一定的技术手段对汇集的数据元素集合进行筛选、分析、挖掘而形成的数据处理结果(狭义的衍生数据),或将数据元素集合与相应算法结合形成稳定的不特定主体皆可用的数据产品(广义的衍生数据)。其中,数据元素不是数据权的保护客体,原始数据、衍生数据、数据产品是数据权客体的三种类型。

11.5.3 不同类型数据权客体的定义

1) 原始数据

原始数据是指以数字化形式存在、能够随时提取潜在信息用于优化目标决策的数据元素集合。

[①] 参见杭州铁路运输法院民事判决书,(2017)浙 8601 民初 4034 号。

2) 衍生数据

衍生数据是指以数字化形式存在能够释放信息价值用于优化目标决策的原始数据的处理结果。

3) 数据产品

数据产品是指以数字化形式存在能够重复服务于不特定主体根据设定操作调用优化目标决策所需信息的原始数据或衍生数据的处理结果。

11.6 非电子数据、模拟数据的数字化

1) 非电子数据、模拟数据的保护问题

如上文所述,数据权的保护对象是数字化数据,即要求数据以数字化形式存在。对此,存在的一个问题是:因为赋权对象为数字数据,如果模拟数据或非电子数据的拥有人没有将数据转化为数字数据,则其对模拟数据和非电子数据无法享有数据权。若他人盗用模拟数据和非电子数据,将其转化为数字数据,原数据拥有人对数据没有权利基础,则他人是否就不侵权并且可以成为数字数据的权利人?模拟数据和非电子数据是否也需要保护?如何保护?

2) 非电子数据、模拟数据获得数据权保护的前置条件

数字化时代,为促进数据价值的发掘利用,必然通过数据的数字化方式实现,而对于非数字化的数据,即使数据量足够庞大,也无法直接进入计算机系统内成为大数据技术的处理对象。因此,只有数字化数据才能成为数据权保护客体,该种限制规定有利于刺激数据主体主动将其采集或处理的数据进行数字化的转变,进而能够促进数据的流转。数字化是非电子数据、模拟数据获得数据权保护的前置条件。

数据的分析必须基于数据的数字化,没有转换成数字化的数据无法接受算法分析等数据价值挖掘的技术处理。因此,非数字化数据不符合数据权保护的目的,不属于数据权保护客体。

非数字化数据不是数据权的保护客体,其只具有成为数字化数据的可能性,但如果企业尚未将模拟数据等其他数据转换成数字数据,那么其无法对非数字化数据享有数据权,即数据权的客体应明确规定为数字数据。

数字化数据可以分为两类:一是一手数字数据,即信息的第一次记录由以0101表示的二进制形式完成的记录结果;二是二手数字数据,即将信息以文字、

波形等记录手段完成的第一次记录结果通过数字化转化为以0101表示的二进制方式完成的记录结果。数据权保护客体为数字化数据,因此非电子数据或模拟数据拥有人想要获得数据权,则应积极进行数据形式的转化。数字化是非电子数据、模拟数据获得数据权保护的前置条件。

当然,模拟数据和非电子数据一般为企业独自拥有,如果符合商业秘密的秘密性、保密性和价值性要件,则可以受商业秘密保护。

第 12 章 数据权主体和权利归属

数据权主体和权利归属研究主要围绕数据权认定的起点、数据权主体的认定、数据权主体的分类以及数据权的归属四方面展开。

12.1 数据权主体认定的起点

在现有研究和实践中,将信息与数据概念混淆或替代使用的情形屡见不鲜,语义出发点的分歧直接导致数据权利保护对象剥离的困难,进而使数据权利主体的认定起点难达共识。最典型表现就是将"信息释放主体"等同于"数据产生主体",以及将"个人数据(信息)权利"包含于"数据权利"中。因此,有必要对上述误区进行分析澄清。

1)人类与信息、数据的关系

自然界中所有的存在都可以"释放"出海量的信息,但是在人类出现以前,海量的自然信息像时间一般无体无形地存在于这个客观世界之中,并无任何可以被固定的方式,即不存在任何数据相关的概念。随着人类的诞生并通过不同手段固定自然界的信息之后,数据作为信息记录结果的抽象概念而出现。

信息由人工或被人工支配的龟壳、竹简、纸张、电话电报、计算机等方式所记录或固定,由此形成的信息记录结果为一个个零散的数据元素。随着计算机处理速度飞速增长,人类逐渐发现,在经由计算机对海量数据元素进行读取、采集并根据人类的指令对数据进行计算处理后,能够从海量数据元素中获取到正常脑力无法获得的宝贵信息。从数据中获取的超出原有数据元素所载有信息以外的新信息(增值信息)正是数据权所保护"数据"的价值所在。

由此可见,从信息到数据,人类的记录手段及生产投入是其转换的关键。数据(元素)是人类对自然界中广泛存在的信息的一种记录结果,任何人在合适的情况下都可以对其想获取或传播的信息以文字或符号等手段进行记录从而生成一个个数据元素,经过与有形载体的固定和结合,可以被长时间保存并传播。

2) 信息释放主体与数据产生主体的区分

"信息的释放主体"与"数据(元素)产生主体"有着本质区别。首先,从信息的释放源看,自然界和人类都可以是"信息的释放主体"。自然界中的一切物质和现象都可以释放出一定的信息,如,太阳当空照,我们可以解读出今天天气是一个大晴天的信息。人类社会的各种活动轨迹和个人身份及特征也能释放出一定的信息,如,通过生理特征判断性别信息、通过肤色外貌判断人种类别信息。严格意义上,未经人类记录并固定的信息并非是数据,此时只可能是"信息释放主体"而非"数据产生主体"。

其次,将"信息释放主体"作为数据权主体存在法理障碍。民事权利主体应具有民事权利能力,按照"信息释放主体"的主体认定标准,自然界对所释放的信息享有的权利应赋予大自然中的万物(不包括人类),显然自然界中的万物不具有行使数据权利和承担数据义务的能力。

再次,数据元素的产生是使数据开始产生价值的起点,数据元素的产生主体才具有成为数据权主体的可能性。如上文所述,人类的记录手段及生产投入实现了信息到数据的转换。因此,数据权主体的认定应抛开"信息释放主体"的认知干扰,以数据元素产生为界分,结合人类数据生产行为进行主体判断。

3) 个人信息主体与数据权主体的区分

如上文所述,信息经过人类记录形成一个个数据元素,人类利用大数据技术对海量的数据元素进行采集、加工、应用等形成了原始数据、衍生数据、数据产品等。单个数据元素虽然是数据开始产生价值的起点,但是单个数据元素价值微薄,不足以成为数据要素背景下数据权所保护的客体。"个人数据"是个人信息的变体,其实质就是个人信息,可以通过个人信息保护法进行保护,与数据权保护客体在价值性上具有显著区别。因此,要区分个人信息主体和数据权主体,即个人信息的释放主体并非数据权的主体,原始数据、衍生数据、数据产品的生产者才是数据权的主体。

12.2 数据权主体的定义与认定

数据权主体又称数据权人,即享有数据权利并承担数据义务的人,包括自然人、法人和非法人组织。

根据法经济学理论中的"霍布斯定理",法律权利在主体间的分配应遵循"建立法律以使私人协议失败造成的损害达到最小"的原则,也即数据权的分配应当符合效率原则,私法上的权利应赋予能够最大效率执行数据权的主体。[①] 合理地认定数据权主体可以合理赋予相应阶段的数据贡献者一定权利,激励数据生产主体对数据开发、应用的积极性,进而激活数据要素潜能、释放数据价值,做优做强做大数字经济,增强经济发展新动能,构筑国家竞争新优势。

明确数据权主体的意义在于:一方面,数据权主体同时也是数字经济市场的重要参与主体,明确数据权主体是进行数据流通交易、构建数据要素市场的重要基础。明确数据权属是数据自由流通、有序交易的前提条件,但只有对相应数据享有权利的主体才能以许可、转让等方式合法行使数据权利。另一方面,在出现数据相关利益纠纷的情形下需要适格主体提起诉讼以解决纠纷,从而维护数据经济的市场秩序。依照民事诉讼法律的相关规定,能够提起诉讼的适格主体需要与诉讼案件有法律上的权利义务关系,对争议数据享有权利是案件当事人提出诉讼请求的权利基础。

1) 数据权人的定义

在数据元素采集、数据开发、数据应用等过程中,各数据生产参与方的劳动贡献存在差异,因此并非"只要参与,即可获权"。应当明确数据权主体认定标准,以确定对数据价值作出实质性贡献的参与者。

依据数据定义,数据权保护的并非单个数据元素,而是满足一定条件的数据元素集合。从数据元素到原始数据、衍生数据、数据产品涉及数据元素采集、数据开发、数据应用等不同的数据生产环节。各数据生产环节离不开数据采集者、数据开发者、数据应用者等众多劳动主体的参与和实质性投入。根据各数据生产主体的数据生产行为及生产投入,以其对数据信息增值作出贡献为核心标准确定适格数据权主体。

---

① 武长海:《数据法学》,法律出版社,2022,第147页。

综上,数据权人可定义为:在数据元素采集、数据开发、数据应用等环节,对数据信息增值作出实质性投入的自然人、法人和非法人组织。

2) 数据权人的认定

数据权人只能是法律规定的民事主体,即自然人、法人和非法人组织。

数据的价值来源广泛且复杂,如,网络用户上网行为对数据价值也有贡献,但若将上网行为也视为一种值得保护的数据生产劳动,则由海量数据元素组成数据就可能会有成千上万甚至亿级以上的数据权主体。数据生产环节涉及众多参与主体,如信息的释放者、信息的固定者、数据的采集者、算法的开发者、数据的分析者等等,成为数据权主体需要满足"实质性投入"要件,即数据权人对其采集的原始数据或开发的衍生数据应当作出了实质性投入。所谓实质性投入是指对数据信息增值起到实质性作用的数据生产行为。

区别于仅承担辅助性工作,实质性投入应直接导致数据信息价值的增加,即能产生增值新信息的可能性增加。

数据采集者通过编辑算法、提供感知设备等方式或使原本零散的数据元素聚合,或使原本非数字化的信息数字化从而形成计算机可读的数据(元素),其中,算法编辑或感知设备提供即为原始数据采集付出的实质性投入,换言之,该行为直接导致了数据被采集的后果。相较于零散的数据元素或非数字化信息,聚合后的数据元素集合(数据)的潜在信息价值大大增加。同样地,为进一步激发数据价值,对数据进行清洁、筛选、对比、挖掘、建模分析、可视化等处理,以获得更多有助于目标决策的信息内容,数据开发行为和数据应用行为所付出的技术成本、人力成本、智力成本也为"实质性投入"。

对于原始数据,数据的信息增值体现在使一份数据基于数据元素所承载的海量原始信息可以产生潜在增值信息。相应的数据生产行为是对数据元素的汇集性处理,即将零散的、游离的海量数据元素汇集成数据元素集合(原始数据)。对原始数据生产投入大量技术、人力、智力的主体即原始数据的权利主体,也称数据采集者。

对于衍生数据,数据的信息增值体现在开发原始数据中的潜在价值,从原始数据中提取到服务决策所需的目标信息。相应的数据生产行为是根据决策需要对数据进行数量筛选、内容筛选以及内容类型化等操作,并借助大数据技术对数据进行分析性处理形成服务于决策需要的指数型、统计型、预测型等数据(衍生数据)。对于衍生数据生产投入大量的技术、人力、智力的主体即衍生数据的权利主体,也称数据开发者。

对于数据产品,数据的信息增值体现在以应用软件或应用平台等形式对外向不特定用户提供服务,使用户能够根据决策需要选择数据分析范围、数据分析对象等筛选条件,从而获得决策所需的目标信息。相应的数据生产行为是将数据与相应算法结合,形成面向不特定多数用户稳定调取数据分析结果的应用型软件或应用平台(数据产品)。对于数据产品生产投入大量技术、人力、智力的主体即数据产品的权利主体,也称数据应用者。

以大众点评中的用户评论为例:用户评论数据由每个用户的评论即一个个评论的数据元素组成,每个评论的数据元素是用户对自己脑海中的评论信息进行网络空间的输入或固定而产生,此时平台用户的上网行为对于数据信息价值的增值微薄。每一个用户产生的数据元素仅承载着原始信息,无法产生超出原始信息之外的新信息,用户的上网行为不能视为数据价值增值的实质性投入,平台用户不能成为用户评论数据的权利主体。但是,当大众点评平台通过网络技术对海量的评论数据元素进行汇集处理,使海量的评论数据元素进入到大众点评平台的服务器或者其他数据存储工具中形成一份评论数据,该评论数据能够解读出对某店铺的整体评价信息(增值信息),那么大众点评平台便依法对该部分评论数据享有权利,该平台即为数据权人。

12.3 数据权主体的分类

12.3.1 数据权原始主体

数据权原始主体,是指直接基于数据元素采集、数据开发、数据应用行为取得数据权的主体,即原始取得数据权的主体。数据权的原始取得,是指数据权第一次产生或者不以其他权利人的数据权为基础而直接取得的方式。数据权的原始主体包括数据元素的原始采集主体(数据采集者)、数据的原始开发主体(数据开发者)、数据的原始应用主体(数据应用者)。

1)原始采集主体

原始采集主体,是指将数字化形式存在的零散的、游离的数据元素汇集成可用以优化目标决策的数据元素集合的自然人、法人和非法人组织。

数据元素的采集过程是数据处理中最基础的阶段。数据采集者的汇集性行为(包括数据筛选、数据脱敏、数据清洗等)是数据潜在价值产生的基础,为进一步开发、应用数据提供了前提条件。对海量数据元素的采集需要投入大量人力、财力、物力,但数据采集成果被复制、传播利用却轻而易举。若放任此类复制、利用数据的行为,将会削弱数据采集者的主观能动性,降低其数据生产的意愿。因此,赋予原始采集者以数据权可减少数据采集者的后顾之忧,使其为数据采集而投入的成本能够通过行使数据权利获得正当的经济收益得以回收。

2) 原始开发主体

原始开发主体,是指对原始数据进行分析性处理,形成服务于决策需要的指数型、统计型、预测型等数据的自然人、法人和非法人组织。

数据元素的采集阶段相当于石油原油的采集,而真正将石油变成汽油、柴油、塑料、化纤等产物的则是在原油采集之后对原油的开发阶段。数据开发是将数据潜在价值转变为现实价值的过程。对原始数据开发后得到的数据产物即衍生数据能够直接用以优化目标决策。数据开发者因对数据的分析性处理行为提升了数据价值,应当基于其分析行为享有对于衍生数据的原始权利。

3) 原始应用主体

原始应用主体,是指将原始数据或衍生数据与相应算法结合,使其形成面向不特定多数用户稳定调取数据分析结果的应用型数据产品的自然人、法人和非法人组织[①]。

12.3.2　数据权继受主体

数据权继受主体,是指通过受让、继承、受赠或其他方式从其他数据权人继受取得全部或部分数据权的主体,即继受取得数据权的主体。

理论上,对于有形财产而言,根据一物一权主义原则,同一有形财产上不能同时存在两个以上性质相同且彼此独立的物权。[②] 而在知识产权领域,基于客体的非物质性特征,同一知识财产之上可以同时拥有若干权利主体。

首先,对享有人身权和财产权双重属性的知识财产而言,只能继受取得无形财产的财产权部分而无法继受取得人身权部分,同一知识财产的人身权和财产权则分属于不同的主体。其次,知识产权往往具有多个权项,不同的继受主体可以就同一知识财产分别享有知识产权中的某个或某几个权项,从而使同一

---

① 如上文所述,数据产品也是一种广义的衍生数据,因此对于数据应用者和数据开发者在一定程度上具有主体相似性,鉴于上文对原始开发主体已做了举例阐述,原始应用主体部分不再赘述。
② 王利明:《民商法研究(第三辑)》,法律出版社,1999,第 191—192 页。

知识财产的各权项为不同主体所享有。最后，知识产权具有地域性特征，因此知识产权人在不同地域向不同的对象转让同一知识产权，可以在不同地域就同一知识财产产生若干相同的知识产权，各继受主体彼此独立地对同一知识财产享有同一性质的权利。①

就数据权而言，除了原始取得方式，数据权还可以通过受让、继承、受赠或其他方式从原始数据权人处继受取得。数据权属于财产性权利，因此当然可以同普通财产权利那样通过转让、继承或遗赠等方式取得。如果数据权人是法人或非法人组织，当法人或者非法人组织变更、终止之后，数据权由承受其权利、义务的法人或者非法人组织享有。如果自然人死亡后既无人继承又无人受遗赠，或法人、非法人组织变更、终止后无其他单位承受其权利、义务的，数据权归国家所有。

综上，继受主体依据法律规定或合同约定享有完整且完全或完整但不完全的数据权。

12.3.3　外国主体的特殊情形

对外国主体资格的承认，知识产权制度主要采取的是有条件的国民待遇原则。外国人符合法定的条件，可以与本国国民享有同等的权利，且在权利范围和内容上不加限制。②

国民待遇原则主要包括两方面内容：一是对于无形财产权的保护，国际公约的成员必须在法律上给予其他成员国的国民以本国国民所享有的同样的待遇；二是对于非成员国国民，符合一定的条件时应享有与该成员国国民相同的待遇。国民待遇原则打破了知识产权在地域性效力上的限制，使得某一公约成员国的国民不仅可以在本国享有知识产权，而且可以在其他成员国享有相应的权利。③

国民待遇原则的意义不仅在于可以使本国国民在国外的数据得到保护，而且有利于促进其他国家的数据跨境流动到本国，助力本国数据经济的繁荣和发展。

但由于目前国际上就数据保护尚未达成共识，更无相关国际条约。目前，各国尤其关注涉及数据主权、敏感数据跨境传输等问题。当外国主体在中国境

---

① 吴汉东：《无形财产权基本问题研究》，中国人民大学出版社，2020，第56页。
② 同上书，第57页。
③ 同上书，第58页。

内实施数据采集行为时,应当要求该主体进行主体及数据采集内容的双重登记,以保护中国的信息安全以及中国国家的数据主权。

12.4 数据权的归属

12.4.1 数据权归属的实质性投入标准

数据权的归属,应以实质性投入为标准,即数据权归属于对数据采集、开发、应用作出实质性投入的主体。由于数据采集、开发、应用涉及多元主体,数据权的归属应平衡各方利益。

数据权主体身份的取得是基于其对数据信息增值部分的实质性投入。该实质性投入具体表现为对数据元素的采集和对数据的开发应用。数据元素的采集是指数据主体依据目标决策需要,采取一定途径生成具有能够分析出新信息可能的数据元素集合的过程。数据的开发应用是指数据主体根据其自身需求,使用相应算法或其他数据分析方法,对其合法采集或持有的数据进行价值开发和应用的行为。

数据价值一般体现为使数据产生超出所有数据元素原始信息以外的新信息。数据信息增值表现为数据产生隐含或潜在的新信息(潜在价值)、数据潜在的信息被开发提取(价值开发)、数据潜在的信息被具体应用(价值实现)。

数据权的归属,需要准确确定对数据信息增值部分的实质性投入主体,尊重其对数据信息增值部分的贡献,赋予该主体相应的数据权利。

数据所涉主体呈多样化,包括但不限于用户与企业、公民与政府、私有主体与社会公众等。不同主体之间存在各种需要平衡的权益,也即数据权在赋予数据采集者、数据开发者、数据应用者等主体时需要权衡各数据主体之间的利益,不能顾此失彼,造成权利冲突。

12.4.2 合作数据的数据权归属

1)合作数据的定义及构成要件

合作数据是指两个或两个以上的自然人、法人或非法人组织基于共同数据生产行为而形成的数据。合作数据的构成要件包括:

（1）共同的数据生产行为。合作数据重在数据的生产者共同完成了数据生产行为，该数据生产行为应满足实质性投入的要求，即要求数据生产合作者应在数据元素的采集或数据开发、数据应用的过程中作出了提升数据信息价值的实质性贡献，若仅仅提供了辅助性工作，则无法被认为是使数据产生增值信息的实质性生产行为。

（2）共同的数据生产意图。合作数据的认定处理需满足共同的数据生产行为的客观要件，还需满足具有共同的数据生产意图的主观要件。在合作数据的形成中，不存在无主观合作意愿而行客观合作之事的情形。如果合作者之间不存在合作生产数据的主观意愿，则无法形成合作数据。

2）合作数据的权利归属

在合作数据生产过程中能够对各方的实质性投入或数据产物进行分离的合作数据，数据合作者对各自部分的数据分别享有相应的数据权，但在行使数据权时不得侵犯合作数据整体的数据权。需要注意的是，合作数据可分离的每一部分数据均需要满足数据权的要件。

当合作数据的实质性投入与数据产物不可分离时，首先应当考虑的是合作者之间的协商，只要双方达成合意，数据权作为一项财产性权利，可以依照双方的意志进行权利转移；而对于无法协商一致的，合作数据的数据权归合作者共有，任何一方没有正当理由不得阻止他方行使除转让、许可他人专有使用、出质以外的其他权利，但是所得收益应当合理分配给所有数据合作者。

12.4.3　不存在"职务数据"

自然人为完成单位的工作任务进行数据元素采集、数据开发而形成的各类数据是否构成"职务数据"？自然人在为单位工作的过程中确实付出了劳动，但该部分劳动的对价已经由单位提供的酬金所包括。同时，数据权不具有人格属性，为采集或处理数据所投入的抽象劳动与具体个人可以剥离，因此不同于著作权法中关于职务作品的规定，单位职工对履行职务过程中采集或处理的数据不应享有数据权；也不同于专利法中关于职务发明创造的规定，单位职工对履行职务过程中采集或处理的数据也不应享有署名权和获得奖酬权。

第 13 章 数据权的取得和保护期限

数据权的取得和保护期限研究主要包括数据权的取得方式、数据自愿登记、数据权保护期限以及数据权的终止。

13.1 数据权的自动取得

知识产权的取得方式,包括以专利权、商标权为代表的申请审查授权取得,和以著作权为代表的自动取得。

基于数据的特殊属性,数据权的取得应采用自动取得。数据权自动取得的原因包括以下两点。

第一,数据元素的采集具有动态性。在多数情况下,数据元素采集是一个持续动态的过程,数据采集者对海量数据元素的汇集性处理也是不间断的,因此一份数据所包含的数据元素是不断更新、动态变化的。如果采用申请授权取得方式,那么数据权主体就要根据数据内容的变化进行连续的申请,显然不能适配数据的动态性,也会不合理地增加数据权人的负担。

第二,数据具有数量上的庞大性。据统计,世界上 90% 的数据是在过去两年中产生的,每天生成的数据量是英国国家图书馆存储数据量的 2 500 倍。[①] 由于现实中数据量的庞大,对于具体的数据内容,如果存在申请者或为投机取巧或为防御策略,将海量数据进行简单修改后重复申请,产生的冗余数据将不可

---

① James Nurton, "Data: The Fuel Transforming the Global Economy," March 10, 2022, accessed March 27, 2025, https://www.wipo.int/wipo_magazine_digital/en/2022/article_0002.html.

估量,也会给登记机构的数据存储带来难以承受的负担,进而造成社会资源的极大浪费。

因此,针对数据的特殊属性采用自动取得制度,数据主体产生符合数据权客体条件的数据,满足实质性投入要件,在不侵害他人权利的情况下,数据权自动产生并受法律的保护。同时,设立数据自愿登记制度,数据登记具有公示对抗和初步证据的效力。

13.2 数据自愿登记

1) 数据登记的作用

数据登记是一种公示制度,为数据要素市场体系提供基础性保障,是信息化发展进入新阶段的必然要求,更是支撑数据要素确权、流通、分配、治理各环节工作有效开展的基础。数据登记具有以下重要作用:[1]

一是界定保护产权,即在确权环节,通过登记界定数据资源和产品的基本信息和权利归属;二是促进高效流通,即在流通环节,通过为数据资源和产品提供交易存证,促进市场供需撮合,降低数据利用者的搜索成本和告知成本,加速数据价值的实现;三是变革要素分配,即在分配环节,通过登记提供数据资产凭证,作为数据资产评估乃至入表的前提;四是维护市场秩序,即在治理环节,依托登记制度健全数据市场准入体系和管理规则,为解决数据权益纠纷提供保障;五是支撑行业管理,依托登记体系有序开展数据要素统计和会计核算等工作,摸清行业家底,将登记凭证作为数据要素型企业认定的依据,支撑行业扶持政策。

需要明确的是,数据登记采取的是自愿登记制度。数据权仍是在行为人完成数据生产行为之时自动产生,登记并非数据权产生的条件。

2) 数据登记的条件

(1) 属于数据权客体。数据权客体,即"数据",是以数字化形式存在、能够产生增值信息以优化目标决策的数据元素集合及其处理结果。能够被登记的数据应具有非物质性、客观性、价值性、稀缺性和创造性的特征,并且满足"有用、够用、可用、好用"的条件。

---

[1] 郭明军、童楠楠:《探索数据产权登记新方式,加快构建全国一体化数据要素登记体系》(2022年12月21日),https://www.ndrc.gov.cn/xxgk/jd/jd/202212/t20221220_1343700.html,访问日期:2023年4月20日。

（2）不侵犯他人合法权益。数据权的保护应当以不侵犯他人合法权益为边界，不得与《个人信息保护法》《数据安全法》《电子商务法》《反不正当竞争法》《反垄断法》等法律法规的规定相冲突。尤其对于非匿名的未脱敏数据，应当严格按照相关规定规范处理个人信息，对其个人信息处理活动负责，并采取必要措施保障所处理的个人信息的安全。

（3）不侵犯公共利益。数据权人行使数据权利，不得侵犯公共利益。在数据权利的行使中应当尤其注重数据跨境保护，严格遵守《网络安全法》《数据安全法》《数据出境安全评估办法》等规定，确保数据出境合规。

（4）其他不予登记的情形：

① 涉及国家安全的；

② 侵害社会公共利益、商业秘密、公民个人信息或隐私的；

③ 侵害他人知识产权的；

④ 非法获取或实质性使用他人数据的；

⑤ 权属不清晰或存在争议的；

⑥ 重复申请登记或者登记申请主动撤回后无正当理由再次提出登记申请的；

⑦ 申请人隐瞒事实或者弄虚作假的；

⑧ 其他不符合登记条件的。

3）数据登记审查——形式审查为主，实质审查为辅

从目前数据确权的政策性文件来看，数据登记制度本身就是为了推进数据要素市场化配置的"先手棋"，确保市场主体能够根据登记信息快速作出交易决策，降低交易成本，提高整体效率。而对于市场主体自身的需求来说，则是希望通过登记信息了解数据权利基本情况，避免交易对手没有真正的财产权导致目的落空。因此，在对审查标准进行价值取舍时，同样需要兼顾效率和交易安全。

数据登记的审查标准可以形式审查为主，以实质审查为辅；细化登记机构的形式审查内容，要求申请人逐项提供申请材料，包括提交第三方机构出具的真实性和合法性的审核材料；同时保留登记机构发现数据资源、数据产品的合规性存疑时要求进一步提供说明材料的权利；以合理的审查标准，实现数据来源可确认、使用范围可界定、安全风险可防范。具体审查标准见表13-1。[①]

[①] 刘晨璐：《数据产权登记 | 数据产权登记的公信力与审查标准》（2023年3月30日），https://mp.weixin.qq.com/s/AkbAEDx0jSIUPpAxkuf9Zg，访问日期：2023年4月20日。

表 13-1　数据登记的审查标准

审查范围	申请材料	审查标准	审查要点
数据权的真实性和完整性	申请登记的数据提前取得区块链等可信技术存证或公证的材料	形式审查	(1) 提供数据存证和公证的机构,应当符合国家法律法规规定,完善数据安全制度,建立健全高效的技术防护和运行管理体系,并已将相关系统与登记平台对接。 (2) 数据存证或公证平台是否对存证编号、存证途径、采用的哈希算法、哈希值进行说明,并对真实性和完整性出具报告
数据来源的合法性和可确认性	说明数据获取方式和数据来源	形式审查为主,实质审查为辅。登记机构发现合规性存疑时要求进一步提供说明材料的权利	(1) 是否说明数据获取方式(如自有数据、自主采集数据、采购数据或被授权使用的数据)。 (2) 是否对数据来源进行说明(如个人数据、企业数据和公共数据)。 (3) 涉及个人数据的,有否提交依法采集、持有和使用的证明材料。 (4) 涉及企业数据的,是否说明内部数据采集和外部数据采集的方法;是否提供相关利益方的合法授权,是否采取合理手段核实第三方数据的来源的合法性。 (5) 涉及公共数据的,是否提供合法获取的证明材料,包括公共数据开放利用协议或授权运营协议等。 (6) 是否承诺不含非法获取的信息。 (7) 是否提供第三方服务机构出具的合规性审查意见
数据处理的合规性	数据处理过程说明,算法模型构建的简要说明	形式审查为主,实质审查为辅。登记机构发现合规性存疑时要求进一步提供说明材料的权利	(1) 是否说明数据处理过程和算法模型构建等情况。 (2) 对数据是否进行必要的匿名化、去标识化,对处理情况进行说明,确保不可通过可逆模型或算法还原出原始数据。 (3) 对数据处理的目标和将来的利用方式是否符合法律法规的要求。对特定类型数据(如出行数据/人口数据/交通数据等)处理所产生的统计数据、衍生数据有可能属于重要数据和核心数据范畴,需要遵循有关数据安全管理的相关规定。 (4) 承诺采用的处理手段合法合规。 (5) 是否提供第三方服务机构出具的合规性审查意见
其他重要信息的载明	数据权名称、所属行业、应用场景、更新频次、数据规模、数据结构的描述、数据样例(从已存证或公证的数据中选取若干条数据,作为登记审核的样例数据)	形式审查	是否完整提供申请信息

4）申请数据登记应当提交的材料

① 数据知识产权登记申请表；

② 数据内容的简介和概述；

③ 数据已投入商业利用的，提交含有数据商业利用的情况；

④ 数据权利归属承诺书；

⑤ 数据不涉及国家秘密、不侵害个人信息和商业秘密承诺书；

⑥ 数据公开的意向选择；

⑦ 数据挂牌交易意向选择；

⑧ 办理数据权备案登记需要提交的其他材料。

5）登记机关撤销登记的情形

① 登记人不是数据权人的；

② 转让或许可合同违反法律法规强制性规定的；

③ 登记数据权的保护期届满的；

④ 许可使用的期限超过数据权保护期的；

⑤ 登记数据权存在权属争议的；

⑥ 转让或许可合同无效或被撤销的；

⑦ 根据司法机关、仲裁机关或行政管理机关作出的影响数据权效力的生效判决或行政处罚决定书应当撤销的；

⑧ 申请人提供虚假文件或者以其他手段骗取数据权人登记的；

⑨ 其他应当撤销的。

6）数据登记的效力

数据权遵循自动取得原则，但是数据权的自动取得与权利公示并非相互排斥。数据登记并非取得数据权的前提条件，数据登记是享有数据权的初步证据。数据登记的效力具体表现在以下三个方面：

（1）数据登记明确数据权人和数据权归属。数据的生产环节多样、参与主体复杂，数据登记可以帮助确定数据权人，明确数据权归属，从而减少因数据权属不明产生的法律纠纷。

（2）数据登记是数据权利的初步证据。数据登记证书记载事项可以作为拥有数据权利的初步证据。数据权自动产生原则为数据权人取得数据权提供了便利，但也正因为没有登记，数据权人在行使数据权和寻求权利救济时，举证存在困难。如果进行了数据登记，由数据登记平台对数据权归属进行审查并对相关事项进行详细记录，经过证明的登记事项具有客观性，从而大大提高证据效力。

（3）数据登记是数据流通交易的前提。一方面，经过登记的数据可以在数据交易平台被快速检索和查询，降低了数据交易者的搜索成本和告知成本，有利于数据价值的充分实现；另一方面，数据登记内容可以作为数据权人拥有数据权的证明，从而降低数据交易风险，提高数据交易的安全性和效率。数据利用者在交易数据时，会对数据权人的身份及数据来源进行审核或要求其提供证明，这将给数据权人带来重复的证明成本。当数据权人向数据利用者提供由数据登记平台颁发的数据登记证书时，有助于数据利用者消除交易顾虑，促进数据的流转和利用。

13.3 数据权的保护期限与终止

1）数据权的保护期限

数据本身的财产价值会随着可替代数据的增多而贬值，具有强时效性，因此数据权的保护期限过长并没有实际意义。相反，较短的保护期能够更好地平衡数据开发者利益和社会利益。但在考虑防止保护期过长导致数据垄断的情形下，也需要防止保护时间过短导致数据开发者成本难以回收，打击行业积极性。鉴于此，可以设定数据自"首次投入商业使用之日"起15年为数据权保护期，[①]并且当原始数据接受了新的数据元素投入并发生重大变化时，数据中新投入数据要素的部分保护期限重新计算，[②]数据中原有数据元素经过法定期限后进入公有领域。但若仅为与原有数据的简单结合，原有数据的保护期不重新计算。

同时有观点认为，为数据财产权设置法定存续期限可能导致权利人陷入"囚徒困境"，在权利期限届满之前删除相关数据，无法实现数据资源共享的制度目的。[③] 对于"囚徒困境"的顾虑，可以通过在一定程度上限制关键数据的登记及删除行为进行规制。例如，涉及公共利益的重要数据必须进行登记，并按要求保留一定期间不得删除。

2）数据权的终止

数据权终止，是指数据权法律效力的消灭。数据权终止后，该数据即成为

---

① 龙卫球：《再论企业数据保护的财产权化路径》，《东方法学》2018年第3期，第50—63页。
② 马忠法、胡玲：《论数据使用保护的国际知识产权制度》，《电子知识产权》2021年第1期，第14—26页。
③ 钱子瑜：《数据财产权存续期限的设置问题》，《知识产权》2022年第11期，第94—109页。

社会公共财富,任何单位和个人都可以无偿使用。数据权可因下列某种情形失效:

① 数据权人以书面声明放弃数据权;

② 数据权期满,数据权即行终止;

③ 数据被删除且通过现有技术无法恢复。

第 14 章　数据权的内容与限制

数据权的内容与限制研究主要围绕数据权的权利属性、数据权的权利内容、数据权的权利限制等内容展开。

14.1　数据权的权利属性

14.1.1　数据权不具有人格属性

从注册各类账号留下的个人信息到穿戴设备记录下的日常活动轨迹,海量个人信息无时无刻不被记录存储,因此存在观点认为个人是数据的生产者,数据因包含个人信息而具有人格属性。然而,在数据经济下,单条个人信息的价值聊胜于无,其仅为组成数据的单一数据元素,低价值密度的单个数据元素难以实现优化目标决策的功能,不符合数据要素的价值特征。因此,尽管数据元素中可能涉及个人相关信息,但能够产生经济价值的数据仍是大量数据元素的集合(数据),在这种情形下,个体信息被抽象成了一种趋势或集体性特质,剥离了个体人格属性,融入数据整体之中,成为集体特性的一部分。

诚然,在初始数据元素集合中不可避免地存在能够与个人一一对应的非匿名化信息,此时的数据采集者依法承担相应的个人信息保护义务,采取必要措施防止个人信息被不当泄露。根据数据权客体的构成要件,数据元素集合应满足《个人信息保护法》对载有个人信息的数据元素获取、利用、处理等行为的限制和规范要求,否则采集的数据会被法律禁止获取、处理和利用。简言之,成为数据权客体的数据已通过个人信息的脱敏处理,不再具有人格属性的内容。

14.1.2 数据权是有限制的财产性权利

作为生产要素的数据,对经济社会的发展起着重要作用。大量的经济预测、商业布局和规划,都依赖大数据技术对数据价值信息的分析和挖掘。满足"有用、够用、可用、好用"四个实质要件的数据元素集合必然需要人力、物力、财力的投入,数据元素的采集、开发、应用是数据价值实现的重要环节,也是数据财产化的过程。数据已然成为企业重要的经营资源,具有显而易见的财产利益,数据主体对数据所享有的数据权属性理应当为财产权。

但是数据权并非完整的所有权,也非绝对的控制权。从来源上看,数据不会凭空产生,其形成于数据采集者对数据元素的汇集性行为。因为具有公共属性的信息不应为私人所垄断,当数据元素是基于对公共信息的记录产生时,数据的形成离不开公共领域群体性的信息贡献,数据权主体之所以对采集的数据享有专有权利,是法律对其数据采集、开发、应用行为中大量劳动投入的肯定和激励,作为对价,来自公共领域的数据权利需要促进和平衡公共利益,因此,数据权只能是一个有限权利。从价值实现要求来看,数据的价值在于流通和利用,数据被使用得越多,其创造的价值越多,而绝对控制权与共享流动存在必然矛盾的情形下,数据权应当平衡个体私益与集体公益,也即确认数据权为有限制的财产性权利。

14.1.3 数据权是专有权利

专有权利(exclusive right)保护的是权利人的"排他权",区别于权利人的"专用权",任何人只要未经许可进入法定的专有权范围(实质是法律规定的权利人可以控制他人实施的行为[①]),就构成侵权行为(infringement),无须考虑行为人的主观过错或实际损失;而权利人自身的使用权是专有权利自然内含的属性,一般依据法律有无禁止性规定来判断其权利边界,即法无禁止即可为。

数据权的内容是数据权人就数据客体享有的专有权利的总和。如前所述,专有权利用于控制特定行为,也即专有权利意味着控制对数据加以利用的特定

[①] 王迁:《知识产权法教程(第8版)》,法律出版社,2024,第8页。

行为。他人未经数据权人许可,在缺乏法定抗辩事由如"合理使用""法定许可"等情况下,若擅自实施受专有权利控制的行为,将构成对于数据权的"直接侵权"。通过明确各项专有权利的内涵,以助于判断某种数据利用的行为是否受数据专有权利的控制,以及受到何种专有权利的控制,最终为认定该行为是否构成数据权侵权提供依据。

14.2 数据权的权利内容

数据权的权利内容,也称数据权的权项,包括控制权、复制权和开发应用权。

14.2.1 控制权

控制权是指对数据进行存储和访问的权利。

1)控制行为的构成

控制权规制的"控制行为",包括将数据存储在存储介质上的存储行为和能够被自由访问的访问行为。

控制权包含"权利人自己控制"和"排除他人控制"正反两项内容。数据权人通过汇集性行为将海量数据元素集合为一份数据并将数据存储在存储介质上,同时该存储介质须处于数据权人实际控制范围内。若该份数据获取来源合法,则数据权人有持续保存数据并自由访问数据的权利。与此同时,数据权人有通过技术手段或其他方式阻止他人访问或存储该份数据的权利。

但因为数据具有非竞争性和非排他性特征,数据资源在某些情况下不可避免存在重复,因此在数据权利的排他性理解上应注意两点。

第一,数据权人仅能限制他人从己方大规模[①]采集数据,而不能限制他人从其他来源处采集内容相似乃至相同的数据。如,两个同质化的订餐软件甲 App 和乙 App,其目标受众和注册用户在很大程度上存在重合,当甲 App 经过平台用户授权,对平台用户载有个人信息的数据元素进行采集后形成一份数据 A,甲 App 主体对数据 A 享有的数据权不能对抗乙 App 同样基于平台用户授权采集

---

① 何种程度属于"大规模"需要在实务中结合具体场景分别判断。

形成的相似或相同的数据 B。

第二,数据权人仅对采集数据元素形成的原始数据享有数据权,对于授权他人开发、应用数据形成的衍生数据和数据产品没有诸如著作权授权般的延伸性控制权[1]。综上所述,原始数据独立采集方以及原始数据的开发者、应用者均可依据各自对数据价值增益的劳动投入而享有独立且完整的[2]数据权。

2) 控制行为的分类

依据方式手段的不同,"控制行为"可以分为软控制和硬控制。软控制主要是指宣示性控制,硬控制可以进一步分为载体控制(实物控制)和技术性控制。

软控制,或称宣示性控制,是指数据权人可以通过登记公示、界面弹窗、在各类数据中添加特殊标记或签名等方式,向他人表明数据权人身份,以提示数据访问权限的边界。

硬控制,是通过掌控数据存储的物理载体或通过技术性手段排除他人对特定数据的访问。"载体控制"一般针对处于未与网络连接状态的数据,例如存储在移动硬盘或本地服务器中的数据,通过纯物理措施使外界无法通过网络远程获取;"技术性控制"主要针对已经存储在接入网络设备中的数据,因该类数据存在被外部远程访问的可能性,数据权人可通过设置密钥、建立防火墙等技术手段,阻止他人对数据的访问或存储。

一般而言,控制行为主要体现在数据权人对于数据的直接控制,但不排除数据权人可以通过合同约定实现对数据受让人受让特定数据的间接控制,例如禁止受让人再次转让该特定数据等。同样地,数据权人无权对受让人基于该特定数据进一步生成的衍生数据或数据产品实施控制行为。

14.2.2 复制权

复制权是指以数字化方式将数据制作一份或者多份的权利。

1) 复制行为的构成

"复制行为"指能够导致产生一份或多份数据副本的行为,也即相对稳定和持久地将数据以数字化形式"固定"在存储介质上。构成数据权项下的"复制行为",应当满足以下两个要件:

---

[1] 对衍生数据适用"控制权用尽原则"。
[2] 数据权"完整"不意味着必然"完全",权利人所享有的数据权具体内容还需要考量其所处数据生产环节等因素。

首先，该复制行为获得的数据副本可在计算机等电子设备上再现。由于数据的非竞争性，复制行为并不规制在不同数据生产者的存储介质上同时存在完全相同的数据情形，而在于强调另一存储介质中数据的再现，也即数据副本的制作。即使是从相同的数据源获取完全的数据元素并存储的行为也不能认为是复制行为。

其次，该行为应当使数据被相对稳定和持久地"固定"在能够被计算机等电子设备所识别的存储介质上。例如，在随机存储内存（Random Access Memory，RAM）中的文件，只是计算机和数字系统之间存储的临时数据，在计算机断电后保存在随机存储内存的数据会自动消失，不构成对于数据的复制。

复制权包括"权利人自己复制"和"排除他人复制"正反两种权利。数据权人能够对于自己拥有数据权的数据进行不限次数的复制，但对经复制而产生的每份数据副本均应承担相同的责任，尤其在涉及个人信息的数据保护上，必须提供同等强度的保护措施，并就任一副本可能产生的风险承担应尽的规避义务。数据权人也有权设置技术手段阻止他人对数据的复制，或要求他人删除未经许可制作的数据副本。

鉴于数据包含了大量数据元素，"复制行为"并不要求完全一致地再现数据中全部的数据元素，他人未经授权且无正当抗辩事由的"部分复制行为"仍能构成对于数据权人复制权的侵犯。

复制权也在一定程度上体现了对特定数据的传输保护。正向来看，法无禁止即可为，数据权人在不被禁止的范围内当然具有传输数据的权利；反向来看，他人对特定数据的传输必然建立在复制的前提之上，这由数据自身的特性所决定。在大数据时代，单纯以非数字化形式存储在介质中的数据的利用价值极低。与著作权所保护的作品不同，数据的价值并不体现在数据内容的展示、阅读和观赏等方面，而在于市场流通、开发和利用。因此，虽然大部分数据存在于网络环境中，但无须设置类似"信息网络传播权"的内容规制数据的传输行为。数据复制权能够涵摄对数据传输行为的保护。

2）复制行为的分类

对于数据的复制行为主要包括对数据源文件的直接复制，以及对数据的反向爬取。

对数据源文件的直接复制，是指直接拷贝数据中的全部或部分数据元素，创建相应的数字化副本并存储。

对数据的反向爬取，是指通过爬虫技术大量获取数据（元素）的行为。由于通过爬取技术获得的数据可1∶1还原数据源文件的内容,因此也应当被视为制作数据副本的行为。

14.2.3 开发应用权

开发应用权是指对数据开发应用形成新的衍生数据或新的数据产品的权利。

14.2.3.1 开发应用行为的构成

"开发应用行为"要求附加的劳动是有价值的,即能够形成与原始数据存在实质差别的新的数据集合或数据处理结果,使数据的价值大大提高。

由于数据权并非完整的所有权,不同于物权人能够随意处置自己的所有物,在物权语境下的"加工"主要强调对于他人之物的赋值劳动,在数据领域的"开发应用权"有其单列的必要性。尽管数据权人因其采集数据元素或开发应用数据的行为使数据信息增值从而获得数据权,但在此之前,未经处理的零散的数据元素仍是客观事实的反映。这些客观存在的数据不能类比物权体系下的无主物适用"先占先得"原则,因为有体物或许是大自然的馈赠,但数据作为人造物必然有其对应的生产者,也就是说数据必然包含各类数据生产者的劳动投入,由此产生的数据权与原始数据或交叉或重合。基于数据利用价值的考量,明确数据开发应用权,能够进一步降低数据利用的后顾之忧,促进数据利用效率,扩大数据使用范围,提高数据价值。

一般而言,第三人不会因开发应用行为而获得对原始数据相应的数据权。但若其开发应用行为大大增加了数据价值,可以在经原数据权人授权许可并支付其合理报酬的情形下,对开发应用行为产生的衍生数据和数据产品拥有完整数据权。

需要注意的是,数据开发应用主体获取对个人信息脱敏处理后的数据,若未得到相关用户知情同意或侵犯用户其他合法权益的情况下,不得恢复数据中可识别的个人信息。数据使用的全过程中应当遵循"谁使用谁负责",相关数据主体应对不同数据使用场景的潜在安全和隐私风险进行评估,并应对数据交易内容采取防止匿名数据再度可识别化等措施。数据使用主体应当制定系统的数据安全分级预警和管理方案,对员工进行相关培训,并从技术上对数据进行必要的加密、分块存储以及事后销毁,构建有效的责任追究机制。[①]

[①] 汤珂、熊巧琴、李金璞、屈阳:《数据经济学》,清华大学出版社,2023,第59页。

14.2.3.2 开发应用行为的分类

1) 数据清洗和矫正

数据清洗,是指检测和去除数据集中的噪声数据和无关数据,处理遗漏数据,去除空白数据域和知识背景下的白噪声,[1]将庞大的杂乱数据精简成优质数据。对重要但有异议的数据要进行二次校正,重新采集、比对,以保证数据的准确性。需要注意的是,在数据清洗和矫正过程中,数据权人不能随意捏造数据,扭曲事实,显著降低数据可信度。

2) 数据组合和筛选

数据组合,是指将不同的数据合并形成新的数据集合。数据筛选,是指依据预设目标,把数据库或数据清单中所有不满足条件的数据记录隐藏起来,只保留显示满足条件的数据记录。

3) 数据分析和挖掘

数据分析和数据挖掘都是对数据进行深度开发进而得到增值信息的过程。

数据分析是一个检查、清理、转换和建模数据的过程,目的是发现有用的信息、告知结论和支持决策。数据分析有多个方面和方法,包括不同名称下的不同技术,并用于不同的商业、科学和社会科学领域。

数据挖掘是指通过算法从数据中搜索出潜藏在海量数据元素中的深层信息的过程,即从构成数据的海量数据元素中揭示出隐含的、先前未知的并有潜在价值信息的处理过程。数据挖掘的算法多种多样,不同的算法基于不同的数据类型和格式会呈现出数据所具备的不同特点。各类统计方法都能深入数据内部,挖掘出数据的价值,提取可行模式和详细统计信息。在挖掘算法中常采用人机交互技术,通过该技术可以引导用户对数据进行逐步的分析,使用户参与数据分析的过程,更深刻地理解数据分析的结果。[2]

4) 数据可视化和交互

数据可视化,是指以某种概要形式抽提出来的信息,包括相应信息单位的各种属性和变量。数据可视化利用图形、图像处理、计算机视觉以及用户界面,通过表达、建模以及对表面、立体、属性和动画的显示,具备显示行业数据高维、多态、多场景、动态性的特点,以简单、直接的图形方式呈现海量数据或数据分

---

[1] 黄源、蒋文豪、徐受蓉:《大数据分析:Python 爬虫、数据清洗和数据可视化》,清华大学出版社,2020,第158页。
[2] 同上书,第12页。

析结果,以此帮助用户更容易理解数据背后的规律。[①]

数据交互,此处特指人机交互(Human-Computer Interaction, HCI 或 Human-Machine Interaction, HMI)和人类数据交互(Human Data Interaction, HDI),是可视化数据的动态化呈现,使用户通过计算机或其他设备深入数据可视化图表和图形的具体细节,用交互方式改变数据或数据处理方式。

14.3　数据权权项与《数据二十条》"三权分置"的关系

《数据二十条》中第三条提出,探索数据产权结构性分置制度。建立公共数据、企业数据、个人数据的分类分级确权授权制度。根据数据来源和数据生成特征,分别界定数据生产、流通、使用过程中各参与方享有的合法权利,建立数据资源持有权、数据加工使用权、数据产品经营权等分置的产权运行机制。

首先,由该条可知,数据资源持有权、数据加工使用权、数据产品经营权是根据数据来源、数据生产使用特征来界定数据不同环节、不同主体所享有的数据权利。数据生产历经多个处理环节、多重参与主体,数据产权的结构性分置目的并非是将数据权利进行分割,而是厘清可以获得数据权利的各个数据利用环节。因此,该条所提出的数据产权"三权分置"并非数据权的权项,而是指不同数据处理主体对数据权的三种利用方式。

其次,根据"三权分置"的保护对象可知,分别包括数据资源、数据、数据产品。而数据产权作为一项财产权利,数据产权的保护客体是唯一的,即数据。《数据二十条》所列数据资源、数据、数据产品即为数据权客体在不同数据生产环节的具体形态。本书根据不同数据主体在各数据生产阶段对数据信息价值增值程度的贡献不同,将数据分为原始数据、狭义衍生数据、数据产品(广义衍生数据)。但无论数据客体类型如何,数据主体均享有相同权项内容的数据权。换言之,所谓数据资源持有权、数据加工使用权、数据产品经营权并非是对不同数据产物唯一对应的数据权权项,对数据资源仅有持有权、对数据仅有加工使用权、对数据产品仅有经营权的理解是狭隘的。结合《数据二十条》中第七条,建立健全数据要素各参与方合法权益保护制度,同样可以印证这一理解。

[①] 黄源、蒋文豪、徐受蓉:《大数据分析:Python 爬虫、数据清洗和数据可视化》,清华大学出版社,2020,第107—108页。

此外，无形财产权是一种财产利益的权利束，数据权作为一个权利束承载着数据生产各参与方的价值贡献，是具有统领性的数据专有权利，应根据数据流转、利用方式的多样性和复杂性，由一系列权项所组成。数据主体的不同、数据处理环节的不同、数据产物的不同均不影响数据权人享有数据权益，数据权人可通过对数据权具体权项——控制权、复制权、开发应用权的许可、转让实现数据权益。

综上，《数据二十条》中数据产权"三权分置"应理解为不同数据主体在不同的数据生产利用环节实施了不同的数据行为，对由此产生的数据产物（数据资源、数据、数据产品）均可以获得相应的数据权利。数据权作为一个统领性的数据专有权利，以数据流通、利用的现实需求为依据，设置控制权、复制权、开发应用权的具体权项以实现数据权人对数据的合法权益。

14.4 数据权的转让和使用许可

数据权人可以通过转让、许可使用等方式获取基于数据权的经济利益。数据权的转让、许可是数据权的行使方式，收益是行使数据权的结果。因此，数据权的权项不包括所谓的"转让权""许可权"和"收益权"。转让或许可数据权获得收益是数据权在经济上的实现形式，同时也是数据权人回收数据生产成本获得经济激励的重要方式。

中国单位或者个人向外国人、外国企业或者外国其他组织转让数据或者数据权的，应当依照有关法律、行政法规的规定办理手续。

转让数据或者数据权的，当事人应当订立书面合同。

若转让的数据为已登记数据，数据权人应当向有关部门申请变更登记。

14.5 数据权的权利限制概述

14.5.1 数据权权利限制的理论基础

14.5.1.1 财产权劳动理论

在洛克的劳动理论中，劳动能够使共有的财产归于私有，产生私人所有权。

但同时洛克进一步指出,应对个人依据劳动而获得的财产加以限制,也即人们获得财产应当遵循需求限度、充足限度、腐败限度三原则。需求限度是指,个人通过劳动合法占有财产应当以供享用为限度,避免侵犯到他邻居本应可以享用的那部分;充足限度是指,一个人通过劳动合法占有财产的同时,就必须"留有足够的同样好的东西给其他人"所共有,使他人不至于因为其占有而受到伤害;腐败限度是指,生活在这个社会当中的每一个人都可以通过劳动而取得财产权,同时,这并不影响另外一个人通过劳动也同样取得属于自身的财产。[①]

洛克关于财产权劳动理论的限度三原则延伸至数据领域也同样适用。数据权人通过实质性投入使数据价值增加从而获得相应数据权,在权利行使的过程中也需要考虑他人对数据的获得和利用空间,同时,数据权人不能限制他人采集具有同样内容的数据,或是用同样的方式方法开发及应用数据,若处理数据的方式方法受到其他专有权利如专利权保护的除外。

14.5.1.2 利益平衡理论

数据权的获得与行使需要平衡数据元素收集者、数据生产者与数据使用者之间的利益。在特定时期内,数据的容量总是有限的,在这个有限的容量内,数据的专有和公有具有此消彼长的关系:过度保护数据私益,数据的流通、利用可能受到一定阻碍,从而影响到公众共享数据经济红利;过度保护数据公益,则可能对数据权人的财产利益保护不足,无法通过经济激励使数据主体不断生产和处理数据。

在数据领域,利益平衡的破坏可能有两种表现:一是因数据权人的权利过大而损害公众接近和利用数据的权利,最终出现数据无法广泛传播或成为无源之水的严重后果;二是损害数据权人的利益,使得数据权人缺乏收集与开发数据的动力,同样使设置数据权的制度目的不能实现。为了有效保障数据权人的利益以及社会公众对数据合理需求的满足,将利益平衡理论作为数据权权利限制的理论基础具有正当性和合理性。

14.5.1.3 反公地悲剧理论

当下,不同的互联网企业都建立了属于自己的数据库,以便更加系统地采集用户数据。可以说在"互联网+"的时代,每一个独立的平台经营者都是一个独立的数据权人,但数据来源和生产主体的多元化使数据权利关系也同样变得日益复杂。若每一个在市场竞争中的数据权人都阻止他人使用数据资

[①] 洛克:《政府论两篇》,赵伯英译,陕西人民出版社,2004,第148页。

源,那么利用数据资源的障碍则会冗余,成本提高,最终限制大数据时代经济的发展。

根据"反公地悲剧理论",当数据流通受到多个主体的限制时,数据资源会因垄断而罹于枯竭。因此,若合理使用、法定许可等权利限制规则在数据权制度之中缺位,那么数据资源最终将不可避免地为数据权人所垄断。无限制地保护数据权,严格规制他人对数据的利用行为,将会不当减损公众合理获得有效信息的权利。

造成这一悲剧的原因主要包括数据的过度垄断、过高的交易成本以及数据资源整合受阻。具体表现为:第一,过度垄断会导致科学研究等活动无法顺利地进行;第二,过高的交易成本会使新企业涉足数据市场的难度增加,不利于市场为消费者提供更为多元化的服务;第三,如若企业之间各自设置数据壁垒,研究者则不得不花很长的时间与各大企业进行协商以获得研究所需要的数据并进行整合,这同样不利于科学的发展。

14.5.2 数据权权利限制的方式

数据已无处不在,数据链接着多元化的主体和复杂的权益关系,为了平衡私益和公益,应在数据财产权构建之外,设计特殊场景下的应用限制,以促进数据公共利益、保障数据经济秩序。[①] 数据的分享和流动是目前我国数字产业得以蓬勃发展的根本原因。大数据技术的应用解决了传统社会在资源配置上的信息匮乏问题,极大地提升了企业主体的数据需求,产生了巨大的信息聚集效应,辅以云计算、人工智能等技术的升级和应用,这种趋势的前进动能仍很强劲,应采取及时引导和相对容忍的态度来促其发展。当下数据规制的目的是对数据滥用或竞争失序的纠偏,而非阻止数据的分享和流动,这决定了对数据的控制应服务于数据产业的良性发展。

从知识产权的制度目的来看,数据权的确定不仅是为个体设立一项权利,更是为了通过法律手段来平衡数据主体私益与社会公益。过度的私益保护会导致数据权滥用、妨碍数据流通。因此,为平衡公共利益,数据权法应同时对数据权设置合理限制,在一定条件下应允许他人不经许可使用,甚至可以无偿使用数据。

---

① 龙卫球:《再论企业数据保护的财产权化路径》,《东方法学》2018 年第 3 期,第 50—63 页。

参考目前知识产权相关制度,对于知识产权权利限制的方式主要包括合理使用、法定许可和强制许可。

所谓强制许可制度,是指国家主管部门依照法律的规定许可申请人无须经数据权人的同意使用数据的制度,但申请人使用数据应给予数据权人合理补偿。有观点认为,由于目前先进的大数据技术均掌握在大型互联网企业手中,这类拥有海量数据的互联网企业拥有更大的发展优势,其他互联网企业无法与其形成竞争,只能通过高报酬取得数据的使用权,不利于数据的发展与创新。因此,由国家强制力干预互联网企业的数据许可使用,有利于遏制垄断,促进数据的开发共享。[1] 然而,强制许可制度一般适用于涉及重大公共利益之场景,且需要符合条件的申请人提出申请并经过有关部门审核许可后方能使用,其应用条件之苛刻难以体现数据的流通价值,并且数据的强时效性与严格审核流程难以匹配。综上,强制许可制度在数据领域的可适用空间较小。

鉴于我国目前鼓励数据流通的趋势,合理使用与法定许可的适用条件相对宽松,能产生更大的社会效益。根据法定许可制度,行为人使用数据无须经过数据权人许可,但应当支付报酬;根据合理使用制度,行为人使用数据既不需要经过数据权人许可,也不需要支付报酬。数据权的权利限制可采纳合理使用制度和法定许可制度。

14.6 数据的合理使用

14.6.1 数据合理使用的含义

数据合理使用,是指在法律规定的特殊情况下,允许他人不经数据权人的许可直接使用其已公开的数据,且无须支付报酬的制度。

为了维护我国合理使用制度的稳定性,防止数据权人的财产利益遭受不当损害,相较列举式的法律规定,对数据权合理使用制度更宜采用原则性规定,[2] 具体包括以下考量因素:使用目的和性质、被使用数据的性质,以及对数据潜在市场或价值的影响等。

---

[1] 冯敏:《互联网企业数据权的保护与限制研究》,河北经贸大学,2022。
[2] 参考了美国《著作权法》第107条关于法官在判断他人实施一种受"专有权利"控制的行为是否构成"合理使用"(fair use)时的考虑因素。

14.6.2 判断数据合理使用的考量因素

1) 使用目的和性质

（1）为个人学习、研究目的：为个人学习、研究目的可以使用数据权人已公开的数据，例如个人爬取数据权人未设置技术保护措施的数据等。若个人使用具有直接商业动机，或者将数据副本向公众散发，则不能构成"合理使用"。需要注意的是，在满足"个人学习、研究目的"复制或使用数据的同时，仍需要考虑"被使用数据的性质、对数据潜在市场或价值的影响"等因素。

（2）为国家安全目的：数据的分享和应用关乎国民的经济安全，更关乎我国的国家安全。围绕国家安全目的主张合理使用时，既要考虑在突发状况来临时数据权人应当即时与政府共享已经采集到的数据来助力关乎国家利益的行动，也要依据国家安全的需要对进行合理使用的主体进行相应的国家安全审查。

2) 被使用数据的性质

为了保障网络安全以及海外利益安全，在构建数据合理使用制度时，对于涉及敏感信息以及可能涉及国家安全内容的数据应当格外谨慎。在大规模的数据挖掘过程中，我国公民的个人信息，或者是我国的地形信息都有可能流动至境外，最终威胁我国的国家安全。因此，就被使用数据的性质而言，应当确保关乎我国公民隐私、国家安全的数据不被泄露，从源头上维护我国数据安全和网络安全。①

3) 对数据潜在市场或价值的影响

对数据的使用本身即并非为了单纯再现相同数据内容，其价值利用体现在对数据的处理分析，或能够有助于数据使用者直接依据数据分析结果作出目标决策，因此并不限制（甚至鼓励）对于数据的"转换性使用"（transformative use）②③。当数据使用者对原始数据基于不同利用目的或开发需求进行处理得到衍生数据，数据使用者对该衍生数据超出原始数据产生的增值部分拥有独立于原数据权人的数据权，不过此时可能存在对原数据权人的数据产生替代作用的情况。该替代作用应当仅限于前述合理使用目的和性质范围之内，也即合理

---

① 黄铄媛：《论我国企业数据的合理使用制度构建》，载《上海法学研究》集刊 2022 年第 13 卷——新兴权利与法治中国文集，香港大学法律学院，2022，第 37—49 页。

② "转换性使用"（transformative use）的概念首次出现在 Leval 法官的《论合理使用标准》一文中，而至 1994 年"Campbell 案"明确了该规则：美国联邦最高法院在该案中指出，转换性使用是在原作品中增加一些不同目的或特征的新内容，从而改变原作品。参见 Campbell v. Acuff-Rose Music, Inc., 510 U.S. 569-596(1994)。

③ 黄汇，尹鹏旭：《作品转换性使用的规则重构及其适用逻辑》，《社会科学研究》2021 年第 5 期，第 95—104 页。

使用对于数据权人数据权利益的减损应当在合理范围之内。

4）其他因素

合理使用不应当影响数据权人对于该部分数据的正常利用,例如不能修改或删除数据权人的数据源文件,不能造成数据权人服务器瘫痪等不利后果。

14.6.3 数据合理使用的情形

结合上述数据合理使用的考量因素,在下列情况下使用数据,可以不经数据权人许可,不向其支付报酬,但应当指明数据来源,并且不得影响该数据的正常使用,也不得不合理地损害数据权人的合法权益:

（1）为个人学习、研究目的使用数据权人已公开的数据;

（2）为学校课堂教学或者科学研究,少量复制或爬取他人已经公开的数据,供教学或者科研人员使用,但不得传播数据副本;

（3）国家机关为执行公务在合理范围内使用已经公开的数据;

（4）数据登记机构等为登记数据或展示数据需要,复制登记数据;

（5）法律、行政法规规定的其他情形。

14.7 数据的法定许可

1）数据法定许可的含义

数据法定许可是指法律明确规定实施某种原本受专有权利控制的行为无须经过数据权人许可,但应当向数据权人支付报酬。在符合法律规定条件的情况下,法律可以代替数据权人自动向行为人发放使用数据的许可。

2）数据法定许可的情形

（1）科研机构为科学研究目的。

现实生活中,数据之上承载的大量信息不仅可以进行研究,同样也能推动人工智能的发展——每日产生的海量数据承载着现代社会的生活方式与说话习惯,是人类文明的结晶,更是人工智能技术不断向前发展的原动力[①]。可以说,

---

[①] 欧盟《单一数字市场中的著作权以及相关权利修正案》第3条之中规定了有关文本与数据发掘的合理使用的例外,而第5条之中规定科研文化机构为了保护特定的文化遗产而允许对企业数据库之中的一些数据在合理的范围之内进行抓取。

机器的智能程度会随着数据的丰富而不断提高,其算力也会因为获得更多的数据而不断进化。从这个角度来看,为数据发掘设置相应的例外有利于我国人工智能技术发展的进一步推进。

需要明确的是,若是为科学研究目的主张法定许可的主体应当仅限制于科研机构,数据使用的方式仅仅是复制数据权人公开的数据。其背后的原因在于,为科学研究目的的数据使用可能涉及对数据权人的数据进行大规模复制,该行为是对数据处理者利益的极大减损,适当限制数据使用的主体有利于实现数据权人利益与公共利益之间的平衡:一方面能够满足数据权人通过自身投入获得相应利益的需要;另一方面也能顾及当今科学技术发展的需求,助力人工智能等技术的发展。

从另一个角度来看,允许科研机构对数据权人的数据进行抓取是对数据权人利益的侵犯,因此为了实现各方主体之间的平衡:首先,要给予付出劳动构建数据库的主体与构建成本相当的补偿;其次,如若科研机构违反数据发掘的目的使用数据,严重侵犯数据权人乃至国家的利益,应当就相关损失进行赔偿。

(2) 垄断性行业的公共数据共享。

目前,我国垄断性行业包括石油石化、烟草、电信、电力、武器、铁路、航空、银行八个行业。不同于受到《反垄断法》限制的市场垄断,行业垄断是政府为保护某特定行业的企业及其经济利益而实施的排斥、限制或妨碍其他行业参与竞争的主动设置,一般涉及国家安全或公民基本生活。行业垄断意味着在这些行业中的数据仅被相应垄断机构掌控,他人很难通过该垄断机构以外的渠道采集相关数据,也即这些垄断机构是相关行业数据的唯一来源(例如有且仅有供电局能够采集完整的供电数据)。

垄断机构因其垄断地位所获得的数据采集优势并不阻碍其在满足法定要件后享有数据权,但相应地,垄断机构也应当承担更多的社会责任,在数据权行使过程中受到相较于一般数据权人更多的权利限制:他人使用垄断性行业数据可以不经数据权人许可,但应当按照规定支付报酬;法律规定不许使用的不得使用。

14.8 数据权人特殊的强制公开义务

当数据权人基于数据的采集或处理分析后获得与自然灾害、经济危机、危及国家安全和社会稳定状态的预测结论时,应负有向国家相关部门主动公开其研究结果的义务。[①] 数据的核心价值体现在超出数据元素承载的原始信息以外的新的增值信息上,各行各业的数据涉及人类经济、文化、政治生活的方方面面,当数据权人对数据处理分析后得到的增值信息关系到国民经济安全、社会稳定、自然灾害预警等重要公共利益和国家利益时,此时公共利益应大于个人对数据享有的私权利,数据权人须将结论上报有关国家部门以共享数据分析结果。

[①] 龙卫球:《再论企业数据保护的财产权化路径》,《东方法学》2018年第3期,第50—63页。

第 15 章　数据权侵权及法律责任

法律赋予数据权人对数据的专有权利是基于其采集、分析、应用数据的行为对数据信息价值增值作出了实质性贡献。但"无救济就无权利",因此,对创造数据价值的数据权主体,除了从法律层面对其赋权外,还应采取适当的措施对其合法权益提供侵权的法律救济。

数据权侵权及法律责任研究围绕数据权的直接侵权、数据权的间接侵权、对技术措施的特殊保护以及数据权侵权的法律责任四个方面展开。

15.1　数据权的直接侵权

15.1.1　数据权直接侵权的概念

数据权直接侵权是指他人未经数据权人许可又无法律依据的情况下实施受数据专有权利控制的行为。如果行为人未经数据权人许可又无合理使用和法定许可等特殊实施条件,而擅自实施受数据专有权利控制的行为,则构成对数据权的直接侵权。数据权利划定了一个只有数据权人或者经过其授权的人才能享有的特定领域,其他人未经数据权人授权或法律允许而擅自闯入该领域则构成侵权。

未经数据权人许可是指他人在没有得到数据权利人的许可的情况下擅自实施受到数据权保护的行为。数据权规定的行为具有排他性,他人不得擅自使用受数据权利保护的数据。

15.1.2 数据权直接侵权的构成要件

一般民事侵权行为构成要件包括：① 侵害行为；② 损害结果；③ 因果关系；④ 侵权人的主观过错。[①] 与一般民事侵权行为构成要件相比，数据权侵权构成要件在"侵害行为、损害结果、因果关系"三要件的要求上具有一致性，但基于数据的非物质性特征，数据权侵权在主观过错要件上具有特殊性。

1) 侵害行为：实施了数据权侵权行为

具有侵害数据权的行为，即行为人未经数据权人许可，同时没有满足数据权法规定的特殊实施条件，即合理使用或法定许可的情况，而擅自使用数据权人的数据。数据权侵权行为，既没有征得数据权人同意，也不属于合理使用和法定使用的情形，这是对数据的擅自使用，因而是一种侵害数据权的行为。

数据权是一种排他权，具有很强的排他性，任何人都负有不能侵犯该项权利的不作为义务。他人在使用数据权保护的数据时必须遵守数据权法及其他法律有关规定，如果行为人违反了法律的规定，损害了特定权利主体的利益，其行为即被认定为具有违法性。至于不受我国数据权法保护的数据、未能取得数据权的数据，或者是已进入公有领域的数据，其他人在使用时不涉及侵权问题。

2) 损害结果：数据权人受到财产损害

损害既是侵权责任成立的要件又是侵权损害赔偿的必备要件，没有损害就没有赔偿。从广义理解，损害是指行为人的行为对受害者造成的不利益状态，既包括财产损失又包括非财产损害。但从数据权的权利内容来看，与著作权人身权和财产权双重属性不同，数据权为单纯的财产性权利，对数据权侵权的损害后果应为权利人的财产损失，此种损害所引发的法律责任为损害赔偿。[②]

数据侵权行为所带来的损害后果为数据权人对该数据享有的专有权利受到侵害，在一定程度上使数据权人丧失了使用该数据获取收益的可能性，影响数据权人的财产利益。

3) 因果关系：侵害行为与损害结果之间具有因果关系

因果关系是指行为人的侵权行为与数据利益受损之间的因果关系。数据权

[①] 杨立新：《侵权责任法（第三版）》，法律出版社，2018，第65—88页。
[②] 王利明：《侵权责任法研究·上卷（第二版）》，中国人民大学出版社，2016，第308—309页。

法下,行为人对他人享有合法权益的数据负有不侵犯其数据权的不作为义务,当行为人不履行不作为义务侵犯他人数据权,数据权人所受损失因该侵权行为而产生时,行为人的侵权行为与数据权人所受损失之间具有因果关系。

4）侵权人的主观过错：非侵权责任构成要件

与一般民事侵权不同,包括数据权在内的知识产权侵权的英文表达为"infringement",一般民事侵权的英文表达为"tort"。在英美法系及受英美法系影响的TRIPs协议中,infringement的构成无须主观过错,赔偿责任的承担需要主观过错。[①] 即行为人是否具有主观过错并非构成直接侵权的必要条件,而只影响损害赔偿数额或救济方法。

所谓过错,是指侵权人实施侵权行为及对该行为预期后果所持有的心理状态,包括故意和过失两种形式。故意实施侵犯数据权的行为是指,行为人明知该行为会对数据权的权利人造成损害,却仍然选择实施该侵权行为。过失实施侵犯数据权的行为是指,行为人未尽到应尽的注意义务而实施了损害数据权人合法权益的侵权行为。

区分是否具有过错,在确定侵权人的法律责任时有一定的意义,判定数据权侵权责任时,需要区分适用过错责任的情形,主观上有过错的要承担赔偿责任。一般说来,故意侵犯他人数据权所应承担的法律责任重于过失侵犯他人数据权所应承担的法律责任,因为故意侵权具有较强的主观恶意,这种数据侵权行为需要受到更为严厉的惩罚来进行规制和震慑。主观上没有过错的行为人则只需要停止侵权行为,而不需要承担赔偿责任。

15.1.3　数据权直接侵权行为的类型

直接侵权的行为都落入了数据专有权利的控制范围。直接侵权行为的类型包括以下七种。

1）未经数据权人许可,访问、存储其通过技术手段保护的数据

数据权人的数据具有商业价值,根据数据利用方式的不同,数据权人可以选择允许他人有偿或无偿、全部或部分访问、存储其数据。当允许他人有偿访问、存储数据是数据权人回收数据投入的盈利方式时,数据权人对数据设置有条件的访问、存储的技术措施,他人未经数据权人的许可,以破坏技术措施等手

---

① 王迁:《知识产权法教程(第8版)》,法律出版社,2024,第16页。

段访问数据,则侵犯了数据权人的控制权。

2) 未经数据权人许可,删除数据权人的数据

数据权人对数据元素的采集投入了大量的人力、物力、财力,数据采集者对于其合法采集的数据具有存储、访问、利用等权利。行为人将数据权人的数据删除,相当于使数据权人的无形财产灭失,数据权人对数据信息价值增值的劳动投入付诸东流。因此,删除数据权人数据的行为侵犯了数据权人的控制权。

3) 未经数据权人许可,篡改数据权人的数据

数据权人采集的数据可能具有服务于一定决策目标的目的,当行为人批量篡改数据权人的数据,使原本能够从数据中解读出的信息无法被解读或错误解读,数据的信息价值大打折扣,甚至可能失去利用价值。比如,数据权人采集的各店铺的点评数据,行为人将店铺与点评数据打乱对应顺序,使店铺与点评数据之间失去联系,则点评数据对店铺口碑的分析价值荡然无存。篡改数据权人数据的行为侵犯了数据权人的控制权。

4) 使用他人数据应支付报酬而未支付

数据权是权利人的一项财产性权利,数据权人具有许可或授权他人使用数据而获得报酬的权利。当行为人没有法律依据使用他人数据应支付报酬而未支付报酬时,损害了数据权人本应获得的财产利益。

5) 未经数据权人许可,复制其数据制作数据副本

数据权人对数据享有复制权,他人未经许可不得复制、爬取数据权人的数据。数据的价值在于流通和利用,复制是数据流通和利用的前提条件。行为人将数据复制为一份或多份的行为,侵犯了数据权人的复制权。

6) 未经数据权人许可,开发、应用其数据

数据权人对数据享有开发应用权,他人未经许可不得开发、应用数据权人的数据。行为人未经许可开发应用数据权人的数据,侵犯了数据权人的开发应用权。

7) 其他侵犯数据权的行为

随着计算机技术的发展及大数据技术的更新迭代,数据的利用方式和侵权形式可能无法穷尽列举。关于数据侵权行为的兜底规定,一方面可以给数据权人提供更为全面的法律保护;另一方面使数据权法在面对新型的数据侵权行为时不至于陷入司法适用困境中,从而避免侵权人逃避应承担的法律责任。

15.2 数据权的间接侵权

15.2.1 数据权间接侵权的概念

数据权间接侵权是指教唆或引诱他人实施侵犯数据权的行为,或在知晓他人实施数据权侵权行为时,为其侵权行为提供实质性帮助的行为。

间接侵权是相对于直接侵权而言的,即使行为人并未直接实施受数据权规制的行为,如果其行为与他人的直接侵权行为之间存在特定关系而被认定为侵权行为。这类行为被认定为侵权行为,并非因为其直接侵犯了数据权,而是与直接侵权有联系,因此被称为"间接侵权"。特定关系,是指该行为人与直接实施数据侵权的行为人之间存在某种特殊的联系。直接侵权行为经常需要第三人的帮助、参与和支持,第三人的行为通常包括教唆、引诱他人进行直接侵权,或者明知他人的行为构成直接侵权,但仍然给予实质性帮助的联系,即为实施数据直接侵权的行为人与间接实施侵权的行为人之间的特定关系。

15.2.2 数据权间接侵权的构成要件

1)侵害行为:实施对数据直接侵权起到促进作用的行为

行为人虽然未实施对数据的直接侵权行为,但是其通过教唆行为、引诱行为或帮助行为对他人实施直接侵权行为起到了积极的助推作用。

2)损害结果:数据权人受到财产损害

单独的间接侵权行为无法直接作用于数据权人的数据。间接侵权行为需要与直接侵权行为相结合从而对数据权人数据利益造成损害。即行为人的间接侵权行为通过作用于他人实施的直接侵权行为对数据权人的数据权益造成损害。

3)因果关系:间接侵权行为与损害结果之间具有因果关系

间接侵权行为虽未直接作用于数据之上,但若无间接侵权行为人的教唆、引诱或帮助,也就不会对数据权人的数据利益造成损害或者损害的扩大。

4)主观过错:需要具有主观过错

基于数据权的绝对权性质,除有法律特殊规定外,主观过错并不是构成对数据直接侵权的必要条件,而是影响数据侵权赔偿责任承担的要件。但因构成间接侵权的行为并不受到数据专有权利的直接控制,将间接侵权认定为对数据权的侵犯是基于教唆、引诱、帮助行为的可责性考量,而扩大了数据权的保护范围。因此,对数据间接侵权的认定需要以行为人的主观过错为构成要件,只有当行为人具有主观过错的情况下,实施了教唆、引诱、帮助等间接侵权行为时才成立间接侵权。如果他人没有主观上的过错,只是中立地为直接侵权人提供了便利,则不能认定其为间接侵权。

15.2.3 数据权间接侵权行为的类型

1)教唆、引诱他人对数据实施直接侵权

教唆他人对数据实施直接侵权,是指对他人进行开导、说服,或通过刺激、利诱、怂恿等方法使他人从事数据侵权行为。引诱他人对数据实施直接侵权,是指以金钱、物质或者其他利益好处让他人对数据实施直接侵权行为,或者以向他人进行鼓动等方法,勾引、诱使、拉拢本无数据侵权意愿的人对数据实施直接侵权行为。

2)为他人实施数据直接侵权行为提供实质性帮助

明知道他人的行为构成对数据的直接侵权,但仍然选择为其数据侵权行为提供实质性帮助的第三人可以被判定为间接侵权,需要承担连带赔偿责任。实质性帮助,是指给予他人以真实的、对于数据侵权行为的成功有直接联系的帮助,如提供数据侵权的技术工具或者技术指导方法,以便使他人易于实施侵权行为。对他人实施数据侵权提供帮助的时间既可以在行为人实施数据侵权行为前,也可以在实施数据侵权的过程中。

15.3 数据技术措施及其特殊保护

15.3.1 数据技术措施的概念

数据技术措施,是指用于防止、限制未经数据权人许可复制、传输、加工、运行数据等或者通过信息网络向公众提供数据的有效技术、装置或者部件。

技术措施是一种积极的事前预防措施,其从根本上切断了未经许可复制、传输、加工、应用数据的行为。在保护效果上较数据被侵权后寻求法律救济的方式更为直接有效。数据未确权时,企业一直通过其他规制力量对数据资源及数据流动实现有效管控,比如封闭管理的数据中心、对数据进行技术加密、用数据换服务商业模式、员工保密条款以及 robots 协议等机制来控制数据获取。[①] 但是有学者指出技术措施保护模式存在不稳定性,技术被破解的风险一直隐存,可能使数据采集者和数据获取者陷入技术对抗的恶性循环。[②] 企业不断升级技术来提高数据管理能力,如此一来不仅加大了企业成本,且不可避免地会存在某些技术漏洞。[③] 换言之,对数据实施保护的技术措施和破解技术措施的工具几乎相伴而生,对数据保护技术措施的破解行为使数据权人对数据失去控制权,数据极易被复制和利用,从而给数据权人造成严重的经济损失。当技术破解行家通过出卖技术破解的软件或硬件进行牟利时,更多人可以通过破坏数据权人的技术措施利用数据,从而对数据权人的数据权利造成更加广泛的侵害。因此,在数字经济时代,如果不对数据权人的技术措施给予法律保护,就无法实现对数据权人合法权益的有效保护。

15.3.2 数据技术措施的法律保护

为保护数据,数据权人可以采取合理的技术措施。未经数据权人许可,任何组织或者个人不得故意避开或者破坏技术措施,不得以避开或者破坏技术措施为目的制造、进口或者向公众提供有关装置或者部件,不得故意为他人避开或者破坏技术措施提供技术服务。但是,法律、行政法规规定可以避开的情形除外。他人使用设备或其他技术强行破除技术措施获取数据,并将数据进行复制、传输、使用等,对数据权人造成了严重损害,在判定侵权责任时应加大处罚力度。

下列情形可以避开技术措施,但不得向他人提供避开技术措施的技术、装置或者部件,不得侵犯权利人依法享有的其他权利:

(1) 为学校课堂教学或者科学研究,提供少量已经公开的数据,供教学或者科研人员使用,而该数据无法通过正常途径获取;

(2) 国家机关依照行政、监察、司法程序执行公务;

---

① 戴昕:《数据界权的关系进路》,《中外法学》2021 年第 6 期,第 1561—1580 页。
② 崔国斌:《大数据有限排他权的基础理论》,《法学研究》2019 年第 5 期,第 3—24 页。
③ 徐实:《企业数据保护的知识产权路径及其突破》,《东方法学》2018 年第 5 期,第 55—62 页。

（3）中央国家安全领导机构基于数据安全审查对数据进行访问、调取、复制等。

15.4 侵犯数据权的法律责任

侵犯数据权的行为人应当依法承担法律责任。通常情况下，侵权人应当承担停止侵权、赔偿损失等民事责任。如果侵权人的数据侵权行为同时损害了公共利益、危害国家安全，还可能承担行政责任，严重危害公共利益和国家安全的侵权行为还可能导致刑事责任。

15.4.1 民事责任

15.4.1.1 数据权侵权的主要救济措施

针对数据权的侵权行为，法律对侵权人施加的民事责任应当达到三个基本目标：一是使侵权人停止数据侵权行为，防止数据权人所受损害进一步扩大；二是对数据权人已遭受的损害给予充分的补偿；三是防止侵权人今后继续从事数据侵权行为。[①] 据此，数据权侵权的主要救济措施包括以下两种：

1）停止侵害

与其他知识产权侵权类似，数据侵权行为也是持续性侵权，因此，停止侵害是侵权人的主要责任形式。数据侵权诉讼提起时，侵权人的数据侵权行为仍在持续中，法院应判决侵权人承担停止侵害的民事责任，纠正其侵权行为，阻止数据权人所受损害的进一步扩大。

2）赔偿损失

数据权人对数据享有的专有权利是一项财产权利，不包含人身权的相关内容。纯粹侵犯财产权的行为只会给数据权人带来经济上的损失，因此，对数据权人所受侵权损害的救济主要通过经济赔偿实现补偿。

15.4.1.2 数据权侵权的损害赔偿

侵权人的主观过错并非构成数据权直接侵权的必要条件，但是其承担赔偿损失这一民事责任的前提条件。因为数据具有非物质性特征，数据权人对数据

---

① 王迁：《知识产权法教程（第8版）》，法律出版社，2024，第25页。

的占有是主观拟制的占有,而非客观实际的占有状态,因此对其他从事数据生产活动的人来说,难以把握数据权利的边界,可能是主观无意识地实施了数据侵权行为。对于没有过错的侵权人,其在客观上也可能会给数据权人带来经济损害,但是这种主观无过错的侵权行为缺少道德上的可责备性,规定侵权人承担全部的赔偿责任有违公平原则。不过需要指出的是,若无过错的侵权人从数据侵权行为中获得利润,其仍应承担将该部分利润返还给数据权人的责任。一方面,无过错的侵权人从侵权行为中获利缺少法律依据,另一方面受到损失的数据权人得不到相应的补偿,这与民法公平原则、知识产权法利益平衡原则不相协调。

参照知识产权侵权损害赔偿数额的确定,数据权侵权损害赔偿数额的确定方法同样包括以下几种:

1) 按照数据权人的实际损失计算

数据权人的实际损失为数据权人因侵权行为所遭受的利润损失,可以表示为数据副本售出减少量或侵权数据副本市场销售量与数据权人售出该数据副本单位利润的乘积计算,数据副本售出减少量难以确定的,可以按照侵权数据副本市场销售量来确定。当数据是商业运营的核心竞争资源时,除了考虑上述损失外,在具体数据侵权案件中,还可以考虑侵权行为对数据利用价值的降低、数据采集的难度、数据采集的成本等因素来综合认定实际损失。

2) 按照侵权人的违法所得计算

侵权人的违法所得计算方式以侵权人因侵权行为获得的利益作为损害赔偿数额;这种损失的计算以侵权人未再向第三人披露数据、转让数据和不为其他公众所知为前提。对于非法将商业数据出卖给他人的,以其非法出卖数据所获收入为损害赔偿额;违法使用商业数据进行生产经营活动的,以侵权人因此获得或增加的利润为损害赔偿数额。

3) 按照数据权人收取的数据许可使用费的合理倍数计算

侵犯数据权的赔偿数额按照数据权人因被侵权所受到的实际损失或者侵权人因侵权所获得的利益难以确定的,参照该数据使用许可使用费的合理倍数确定。具体可以参照数据元素的采集渠道是否具有唯一性、数据的质量、数据是否为该行业核心竞争资源、侵权行为是否导致数据权人与他人签订的许可协议无法履行或难以正常履行等因素认定合理倍数。

4) 适用法定赔偿金

数据权人的实际损失、侵权人的侵权获利和数据使用许可使用费均难以确定的,人民法院可根据侵权行为的性质和情节等因素,确定给予 500 万元以下的赔偿。赔偿数额还应当包括数据权人为制止侵权行为所支付的合理开支。

除上述民事责任外,为了预防侵权人日后继续从事数据侵权行为,在侵权行为被发现和制止后,若侵权人继续持有数据副本或用于实施侵权行为的技术工具等,无疑是为其日后再次实施侵权行为埋下隐患。因此,在法院审理数据侵权案件时,可对侵犯数据权的行为人没收违法所得、删除其持有的侵权数据副本以及没收其进行违法数据交易等活动的实施工具。

5)惩罚性赔偿的引入

数据作为数字经济的新"石油",成为全球市场竞争焦点,关系国家未来地位。在知识产权领域,鉴于智慧财产之于知识经济的重要性及特性,已普遍实行知识产权侵权惩罚性赔偿。基于经济社会的历史变迁、当下数字经济发展所需、资源要素重心转移趋势,以及数据权与知识产权制度的交互经验,有必要实行数据侵权惩罚性赔偿制度。对故意侵犯数据权,情节严重的,可以按照权利人实际损失、侵权人侵权获利、数据许可使用费倍数确定数额的一倍以上五倍以下确定赔偿数额。[①]

15.4.2　行政责任

行政权是公权力,而数据权是私权利,并非所有侵犯数据权的行为都值得动用行政权加以规制。但因数据权具有私益和公益的双重属性,在权利行使和救济上应考虑社会公共利益的损益。因此,当侵权人的特定侵权行为同时损害了公共利益时,侵权人除了要向数据权人承担民事责任以外,还可能要承担相应的行政责任。即由数据权行政管理部门责令停止侵权行为,并给予行政处罚。具体行政处罚包括:① 警告;② 罚款;③ 没收违法所得;④ 删除侵权数据副本;⑤ 没收安装存储侵权数据的设备;⑥ 没收主要用于制作侵权数据的设备和技术工具等;⑦ 法律法规、规章规定的其他行政处罚。

15.4.3　刑事责任

数据作为数字经济时代重要的生产要素,其与数字经济的发展密不可分。

---

① 郭少飞、李彤:《数据侵权责任认定难题及其克服——以抖音群控案为例》,《求是学刊》2022 年第 4 期,第 137—149 页。

数据流通和交易秩序的稳定对于数字经济发展、数据市场经营具有重要意义。《刑法》第三章规定了破坏社会主义市场经济秩序罪,其中第三章第七节专门规定了"侵犯知识产权罪"。

数据权虽然是一种私权,但是当某些严重侵犯数据权的行为不仅损害数据权人自身利益,还会对社会主义市场经济秩序造成干扰,进而使社会公共利益遭受严重损害,此时若不加以规制,会助长数据侵权行为。因此,为了有效打击数据严重侵权行为,可以考虑在特定条件下对侵权人施加刑事责任,增设侵犯数据权罪。如,侵权人以营利为目的严重侵犯数据权,违法所得数额较大或者有其他严重情节的,处3年以下有期徒刑或拘役,并处或单处罚金;违法所得数额巨大或有其他特别严重情节的,处3年以上7年以下有期徒刑,并处罚金。

附　录

附表 1　中国涉数据的中央政策及部门规章、文件

发　布	政　策　名　称	出　台　时　间
中共中央、国务院	《促进大数据发展行动纲要》	2015 年 8 月 31 日
	《关于构建更加完善的要素市场化配置体制机制的意见》	2020 年 3 月 30 日
	《关于构建数据基础制度更好发挥数据要素作用的意见》	2022 年 12 月 2 日
	《网络数据安全管理条例》	2024 年 9 月 24 日
	《政务信息资源共享管理暂行办法》	2016 年 9 月 5 日
	《关于新时代加快完善社会主义市场经济体制的意见》	2020 年 5 月 11 日
	《关于制定国民经济和社会发展第十四个五年规划和二〇三五年远景目标的建议》	2020 年 10 月 29 日
	《"十四五"数字经济发展规划》	2021 年 12 月 12 日
	《关于加快建设全国统一大市场的意见》	2022 年 3 月 25 日
	《数字中国建设整体布局规划》	2023 年 2 月 28 日
中共中央办公厅、国务院办公厅	《关于运用大数据加强对市场主体服务和监管的若干意见》	2015 年 6 月 24 日
	《关于促进和规范健康医疗大数据应用发展的指导意见》	2016 年 6 月 21 日
	《科学数据管理办法》	2018 年 3 月 17 日
	《关于加快公共数据资源开发利用的意见》	2024 年 9 月 21 日
	《建设高标准市场体系行动方案》	2021 年 1 月 31 日
	《要素市场化配置综合改革试点总体方案》	2021 年 12 月 21 日
	《全国一体化政务大数据体系建设指南》	2022 年 9 月 13 日

(续表)

发 布	政 策 名 称	出 台 时 间
国家发展和改革委员会	《关于对"数据基础制度观点"征集意见的公告》	2022年3月21日
	《公共数据资源登记管理暂行办法(公开征求意见稿)》	2024年10月12日
工业和信息化部	《关于工业大数据发展的指导意见》	2020年4月28日
	《工业数据分类分级指南(试行)》	2020年2月27日
	《新型数据中心发展三年行动计划(2021—2023年)》	2021年7月4日
	《关于加强车联网网络安全和数据安全工作的通知》	2021年9月15日
	《车联网网络安全和数据安全标准体系建设指南》	2022年2月25日
	《工业和信息化领域数据安全管理办法(试行)》	2022年12月8日
	《数据安全行政处罚裁量指引(试行)(征求意见稿)》	2023年11月23日
	《工业领域数据安全能力提升实施方案(2024—2026年)》	2024年2月23日
	《工业和信息化领域数据安全风险评估实施细则(试行)》	2024年5月10日
	《关于加强互联网数据中心客户数据安全保护的通知》	2025年1月13日
国家航天局	《国家民用卫星遥感数据国际合作管理暂行办法》	2022年4月11日
公安部	《互联网个人信息安全保护指南》	2019年4月10日
财政部	《企业数据资源相关会计处理暂行规定》	2023年8月1日
	《关于加强数据资产管理的指导意见》	2023年12月31日
	《关于加强行政事业单位数据资产管理的通知》	2024年2月5日
	《数据资产全过程管理试点方案》	2024年12月19日
中国资产评估协会	《数据资产评估指导意见》	2023年9月8日
自然资源部	《国土空间用途管制数据规范(试行)》	2021年7月2日
	《市级国土空间总体规划制图规范(试行)》	2021年3月29日
	《市级国土空间总体规划数据库规范(试行)》	2021年3月29日
	《自然资源三维立体时空数据库建设总体方案》	2021年2月8日
	《道路高精导航电子地图数据规范》	2023年9月27日
	《新一代地理信息公共服务平台(天地图)建设总体实施方案》	2024年2月27日
	《自然资源领域数据安全管理办法》	2024年3月22日

(续表)

发　　布	政　策　名　称	出台时间
自然资源部	《海洋数据开放共享目录（第一批，2024年6月）》	2024年6月17日
	《关于保护和永续利用自然资源扎实推进美丽中国建设的实施意见》	2024年8月5日
	《关于规范重要地理信息数据审核公布管理工作的通知》	2025年2月12日
住房和城乡建设部	《房屋建筑统一编码与基本属性数据标准》	2022年4月20日
	《城市信息模型数据加工技术标准》	2023年9月22日
	《数据中心基础设施施工及验收标准》	2024年5月8日
交通运输部	《交通运输政务数据共享管理办法》	2021年4月6日
	《关于推进公路数字化转型加快智慧公路建设发展的意见》	2023年9月9日
	《关于加快智慧港口和智慧航道建设的意见》	2023年11月24日
	《公路长大桥梁结构监测时空大数据应用指引》	2024年7月23日
商务部	《关于实施数字消费提升行动的通知》	2024年4月9日
	《数字商务三年行动计划（2024—2026年）》	2024年4月26日
文化和旅游部	《关于进一步加强政务数据有序共享工作的通知》	2022年8月4日
国家市场监督管理总局	《网络交易合规数据报送管理暂行办法》	2025年3月24日
全国信息安全标准化技术委员会/全国网络安全标准化技术委员会	《网络安全标准实践指南—移动互联网应用程序（App）收集使用个人信息自评估指南》	2020年7月22日
	《网络安全标准实践指南—移动互联网应用程序（App）个人信息保护常见问题及处置指南》	2020年9月18日
	《网络安全标准实践指南—网络数据安全风险评估实施指引》	2023年5月26日
	《网络安全标准实践指南——一键停止收集车外数据指引》	2024年12月19日
金融监督管理总局	《银行保险机构数据安全管理办法》	2024年12月27日
国家广播电视总局	《广播电视和网络视听大数据标准化白皮书（2020版）》	2020年8月25日
	《广播电视和网络视听统计数据质量管理办法》	2024年1月2日
	《广播电视和网络视听节目收视大数据统计调查制度》	2024年6月20日
国家知识产权局	《关于确定数据知识产权工作试点地方的通知》	2022年11月17日
	《关于深化数据知识产权地方试点工作的通知》	2023年12月21日

（续表）

发 布	政 策 名 称	出 台 时 间
国家医疗保障局	《加强网络安全和数据保护工作指导意见》	2021年4月6日
国家互联网信息办公室	《数据出境安全评估办法》	2022年7月7日
	《个人信息出境标准合同办法》	2023年2月22日
	《数字中国发展报告（2022年）》	2023年4月
	《个人信息保护合规审计管理办法（征求意见稿）》	2023年8月3日
	《促进和规范数据跨境流动规定》	2024年3月22日
中国气象局	《气象数据要素市场化配置机制建设工作方案（2024—2025年）》	2024年1月18日
	《"气象数据要素×"三年行动实施方案（2024—2026年）》	2024年5月21日
	《中国气象局基本气象数据开放共享目录》	2024年6月6日
国家数据局	《数字社会2024年工作要点》	2024年4月24日
	《数字中国建设2024年工作要点清单》	2024年5月21日
	《数字中国发展报告（2023年）》	2024年6月30日
	《可信数据空间发展行动计划（2024—2028年）》	2024年11月21日
	《关于征集数据基础设施建设优秀案例的通知》	2025年4月22日
中国民用航空局	《民航大数据建设发展的指导意见》	2022年10月9日
	《落实数字中国建设总体部署 加快推动智慧民航建设发展的指导意见》	2023年6月27日
	《民航数据管理办法》	2024年6月4日
	《民航数据共享管理办法》	2024年6月4日
多部门联合	《关于加快构建全国一体化大数据中心协同创新体系的指导意见》	2020年12月23日
	《"十四五"大数据产业发展规划》	2021年11月15日
	《"数据要素×"三年行动计划（2024—2026年）》	2023年12月31日
	《关于促进企业数据资源开发利用的意见》	2024年12月20日
	《关于促进数据产业高质量发展的指导意见》	2024年12月28日
	《关于完善数据流通安全治理 更好促进数据要素市场化价值化的实施方案》	2025年1月6日
	《公共数据资源授权运营实施规范（试行）》	2025年1月8日

(续表)

发布	政策名称	出台时间
多部门联合	《公共数据资源登记管理暂行办法》	2025年1月8日
	《关于建立公共数据资源授权运营价格形成机制的通知》	2025年1月16日
	《公共数据资源授权运营实施规范（试行）》（公开征求意见稿）	2025年1月20日
	《全国一体化大数据中心协同创新体系算力枢纽实施方案》	2021年5月24日
	《汽车数据安全管理若干规定（试行）》	2021年8月16日
	《关于深化汽车维修数据综合应用有关工作的通知》	2021年12月10日
	《网络安全审查办法》	2021年12月28日
	《关于促进工业经济平稳增长的若干政策》	2022年2月18日
	《关于促进数据安全产业发展的指导意见》	2023年1月3日
	《关于开展中小企业数字化转型城市试点工作》	2023年6月12日
	《数据库政府采购需求标准(2023年版)》	2023年12月16日
	《工业领域数据安全标准体系建设指南(2023版)》	2023年12月19日
	《数字经济促进共同富裕实施方案》	2023年12月23日
	《关于深入实施"东数西算"工程　加快构建全国一体化算力网的实施意见》	2023年12月25日
	《加快数字人才培育支撑数字经济发展行动方案（2024—2026年）》	2024年4月2日
	《会计师事务所数据安全管理暂行办法》	2024年4月15日
	《关于支持引导公路水路交通基础设施数字化转型升级的通知》	2024年4月29日
	《关于做好2024年中小企业数字化转型城市试点工作的通知》	2024年4月30日
	《智慧旅游创新发展行动计划》	2024年5月6日
	《数字经济2024年工作要点》	2024年5月8日
	《关于深化智慧城市发展　推进城市全域数字化转型的指导意见》	2024年5月14日
	《2024年数字乡村发展工作要点》	2024年5月16日
	《关于建立碳足迹管理体系的实施方案》	2024年5月22日
	《信息化标准建设行动计划（2024—2027年）》	2024年5月29日
	《数据中心绿色低碳发展专项行动计划》	2024年7月3日

(续表)

发　布	政　策　名　称	出 台 时 间
多部门联合	《关于节能节水、环境保护、安全生产专用设备数字化智能化改造企业所得税政策的公告》	2024年7月12日
	《关于促进数字中医药发展的若干意见》	2024年7月19日
	《物联网标准体系建设指南(2024版)》	2024年7月22日
	《市政基础设施资产管理办法(试行)》	2024年7月23日
	《加快构建新型电力系统行动方案(2024—2027年)》	2024年7月25日
	《关于推动新型信息基础设施协调发展有关事项的通知》	2024年8月19日
	《数字化绿色化协同转型发展实施指南》	2024年8月24日
	《国家数据标准体系建设指南》	2024年9月25日
	《新材料大数据中心总体建设方案》	2024年10月16日
	《推动数字金融高质量发展行动方案》	2024年11月21日
	《关于促进数据标注产业高质量发展的实施意见》	2024年12月26日
	《国家数据基础设施建设指引》	2024年12月31日

附表2　中国的数据地方性法规

地　区	法　规　名　称	发 布 时 间
北　京	《北京市数字经济促进条例》	2022年11月25日
天　津	《天津市促进大数据发展应用条例》	2018年12月14日
河　北	《河北省数字经济促进条例》	2022年5月27日
	《石家庄市数字经济促进条例》	2023年12月4日
山　西	《山西省大数据发展应用促进条例》	2020年5月15日
	《山西省政务数据管理与应用办法》	2020年11月27日
	《山西省数字经济促进条例》	2022年12月9日
	《太原市大数据发展促进条例》	2023年12月8日
内蒙古	《内蒙古自治区数字经济促进条例》	2024年5月30日
辽　宁	《辽宁省大数据发展条例》	2022年5月31日
	《沈阳市政务数据资源共享开放条例》	2020年8月14日
	《抚顺市政务数据资源共享开放条例》	2022年12月7日
	《沈阳市数字经济促进条例》	2024年4月24日

（续表）

地 区	法 规 名 称	发 布 时 间
吉 林	《吉林省大数据条例》	2023年12月1日
黑龙江	《黑龙江省促进大数据发展应用条例》	2022年5月13日
	《黑龙江省数字经济促进条例》	2024年12月19日
上 海	《上海市数据条例》	2022年11月25日
江 苏	《江苏省数字经济促进条例》	2025年1月14日
	《江苏省数据条例》	2025年1月22日
	《苏州市数据条例》	2022年12月6日
浙 江	《浙江省数字经济促进条例》	2020年12月24日
	《浙江省公共数据条例》	2022年1月21日
	《杭州市数据流通交易促进条例》	2024年12月23日
安 徽	《安徽省大数据发展条例》	2021年3月29日
福 建	《福建省大数据发展条例》	2021年12月15日
	《厦门经济特区数据条例》	2022年12月27日
江 西	《江西省数据应用条例》	2023年11月30日
	《南昌市数字经济促进条例》	2022年12月7日
山 东	《山东省大数据发展促进条例》	2021年9月30日
	《烟台市数字经济促进条例》	2024年11月21日
	《济南市数字经济促进条例》	2024年11月21日
河 南	《河南省数字经济促进条例》	2021年12月28日
湖 北	《湖北省数据条例》	2025年7月31日
广 东	《广东省数字经济促进条例》	2021年7月30日
	《深圳经济特区数据条例》	2021年7月6日
	《广州市数字经济促进条例》	2022年4月6日
	《深圳经济特区数字经济产业促进条例》	2022年9月5日
	《汕头经济特区数字经济促进条例》	2023年8月14日
	《广州市数据条例》	2025年1月22日

(续表)

地区	法规名称	发布时间
广西	《广西壮族自治区大数据发展条例》	2022年11月25日
海南	《海南省大数据开发应用条例》	2019年9月27日
海南	《海南自由贸易港国际数据中心发展规定》	2024年11月29日
重庆	《重庆市数据条例》	2022年3月30日
四川	《四川省数据条例》	2022年12月2日
四川	《成都市数据条例》	2024年6月4日
贵州	《贵州省大数据发展应用促进条例》	2016年1月15日
贵州	《贵州省大数据安全保障条例》	2019年8月1日
贵州	《贵州省政府数据共享开放条例》	2020年9月25日
贵州	《贵州省数据流通交易促进条例》	2024年7月31日
贵州	《贵阳市大数据安全管理条例》	2021年6月7日
贵州	《贵阳市健康医疗大数据应用发展条例》	2021年6月7日
贵州	《贵阳市政府数据共享开放条例》	2021年6月7日
陕西	《陕西省大数据条例》	2022年9月29日
新疆	《新疆维吾尔自治区数据条例》	2025年3月28日

附表3 中国地方各级政府的数据地方法规、政策、文件

地区	法规政策文件名称	发布时间
北京	《北京市公共数据管理办法》	2021年1月28日
北京	《北京市教育数据资源管理办法(试行)》	2021年7月30日
北京	《中国(北京)自由贸易试验区条例》	2022年3月31日
北京	《关于更好发挥数据要素作用进一步加快发展数字经济的实施意见》(北京市)	2023年6月20日
北京	《北京市企业数据知识产权工作指引(试行)》	2023年12月1日
北京	《北京市公共数据专区授权运营管理办法(试行)》	2023年12月5日
北京	《关于北京城市副中心加快推进北京数据基础制度先行区高质量发展的实施细则》	2024年6月28日

(续表)

地 区	法规政策文件名称	发布时间
天 津	《天津市数据安全管理办法(暂行)》	2019年6月26日
	《中国(天津)自由贸易试验区企业数据分类分级标准规范》	2024年2月5日
河 北	《河北省数字经济发展规划(2020—2025年)》	2020年4月19日
	《河北省政务数据共享应用管理办法》	2022年11月3日
	《河北省政务数据共享应用考核评价暂行办法》	2023年6月6日
	《关于做好公共数据资源授权运营价格形成机制贯彻落实工作的通知》(河北省)	2025年3月10日
	《沧州市大数据资源管理办法》	2020年8月27日
	《石家庄市公共数据管理规定(试行)》	2024年6月12日
	《石家庄市公共数据运营管理办法(试行)》	2024年6月12日
	《张家口市公共数据资源授权运营管理办法(试行)》	2025年3月31日
山 西	《山西省政务数据资产管理试行办法》	2019年11月28日
	《山西省大数据发展应用促进条例》	2020年5月15日
	《山西省政务数据资源共享管理办法》	2021年9月29日
	《山西省政务数据安全管理办法》	2023年5月22日
	《山西省数据工作管理办法》	2024年6月25日
	《山西省关于促进数据要素市场化配置改革的实施意见》	2025年1月21日
	《晋城市大数据发展规划纲要(2018—2020年)》	2018年6月25日
	《晋城市政务大数据项目建设应用管理办法》	2019年12月13日
	《阳泉市政务数据资产管理试行办法》	2020年1月22日
	《阳泉市政务数据资源共享管理办法》	2021年12月29日
	《忻州市人民政府办公室关于加强政务数据资源共享管理的实施意见》	2022年1月5日
	《朔州市政务数据资源共享开放管理办法》	2022年5月21日
	《太原市政务数据资源共享实施办法》	2023年11月1日
	《大同市政务数据资源共享管理办法》	2023年12月27日
	《晋城市政务数据资源共享管理实施细则》	2024年1月22日
	《晋城市政务数据安全管理实施细则》	2024年1月29日
	《吕梁市公共数据运营管理办法(试行)》	2024年3月31日

（续表）

地　区	法规政策文件名称	发 布 时 间
内蒙古	《内蒙古自治区科学数据管理办法》	2018年11月20日
	《内蒙古自治区公共数据管理暂行办法》	2024年6月4日
	《内蒙古自治区公共数据授权运营管理暂行办法》	2024年6月18日
	《关于构建数据基础制度更好发挥数据要素作用的实施意见》（内蒙古自治区）	2024年9月18日
	《内蒙古自治区公共数据资源登记管理暂行办法》	2024年12月30日
	《内蒙古自治区数据流通交易管理暂行办法》	2024年12月31日
	《包头市公共数据管理暂行办法》	2023年7月19日
	《包头市公共数据运营管理试点暂行办法》	2023年7月19日
	《包头市数据知识产权质押服务规范》	2023年9月26日
	《呼和浩特市公共数据管理暂行办法》	2024年9月30日
辽　宁	《辽宁省政务数据资源共享管理办法》	2019年11月26日
	《营口市政务数据资源共享开放管理办法》	2022年6月10日
	《沈阳市生态环境局推行首席数据官制度实施方案》	2022年6月23日
	《鞍山市公共数据管理办法（试行）》	2022年8月25日
吉　林	《吉林省科学数据管理办法》	2018年11月16日
	《吉林省公共数据和一网通办管理办法（试行）》	2019年1月4日
	《吉林省促进大数据发展应用条例》	2020年11月27日
	《关于建立健全政务数据共享协调机制加快推进数据有序共享的实施意见》（吉林省）	2021年12月2日
	《四平市公共数据和一网通办管理办法（试行）》	2019年2月18日
	《长春市数据交易管理办法》	2023年8月28日
	《长春市公共数据授权运营管理办法》	2023年8月28日
	《长春市数据产权登记管理办法》	2024年9月10日
黑龙江	《黑龙江省政务数据管理暂行办法》	2025年1月6日
	《哈尔滨市公共数据开放管理暂行办法》	2020年8月31日
	《哈尔滨市公共数据开放管理办法》	2022年12月15日
	《绥化市农业数据资源管理办法（试行）》	2024年6月13日
	《齐齐哈尔市公共数据授权运营管理暂行办法》	2024年11月29日
	《齐齐哈尔市公共数据管理暂行办法》	2024年11月29日

（续表）

地　区	法规政策文件名称	发 布 时 间
上　海	《上海市公共数据和一网通办管理办法》	2018年9月30日
	《上海市公共数据开放暂行办法》	2019年8月29日
	《上海教育数据管理办法（试行）》	2019年10月11日
	《上海市公共资源交易平台数据规范（试行）》	2020年11月2日
	《上海市水务局公共数据管理办法》	2022年11月18日
	《上海市公共数据开放实施细则》	2022年12月31日
	《上海市促进人工智能产业发展条例》	2022年9月22日
	《上海市数据交易场所管理实施暂行办法》	2023年3月15日
	《关于进一步加强本市数据资产管理的通知》（上海市）	2024年3月21日
	《上海市普陀区公共数据管理办法》	2020年8月7日
	《闵行区公共数据管理办法》	2020年9月23日
	《闵行区公共数据安全管理办法》	2021年2月7日
	《长宁区公共数据管理办法》	2021年4月14日
	《青浦区公共数据运营服务管理办法（试行）》	2021年6月3日
	《普陀区公共数据运营服务管理办法（试行）》	2021年11月24日
	《普陀区公共数据运营服务实施细则（试行）》	2021年11月24日
	《长宁区公共数据异议核实与处理管理办法（试行）》	2022年12月2日
	《普陀区公共数据共享实施办法（试行）》	2023年6月21日
	《中国（上海）自由贸易试验区临港新片区公共数据管理办法》	2024年2月4日
	《中国（上海）自由贸易试验区临港新片区数据跨境流动分类分级管理办法（试行）》	2024年2月8日
	《浦东新区公共数据授权运营管理若干规定（试行）》	2024年12月19日
	《浦东新区促进气象数据要素市场化发展若干规定》	2025年3月27日
江　苏	《江苏省工业大数据发展实施意见》	2020年12月25日
	《江苏省公共数据管理办法》	2021年12月18日
	《关于推进数据基础制度建设更好发挥数据要素作用的实施意见》（江苏省）	2023年12月1日
	《关于促进数据安全产业发展的实施意见》（江苏省）	2023年12月29日

(续表)

地 区	法规政策文件名称	发 布 时 间
江苏	《关于加快释放数据要素价值培育壮大数据产业的意见》(江苏省)	2024年10月23日
	《江苏省公共数据授权运营管理暂行办法》	2024年10月23日
	《关于在全省推行企业首席数据官制度的通知》(江苏省)	2021年5月28日
	《连云港市政务数据安全管理暂行办法》	2018年10月30日
	《南京市政务数据管理暂行办法》	2019年8月7日
	《无锡市公共数据管理办法》	2020年2月26日
	《无锡市公共数据共享开放风险评估办法》	2020年7月8日
	《无锡市公共数据共享工作规范》	2020年10月29日
	《关于深化实施全市公共数据资源开放工作意见的通知》(无锡市)	2021年9月22日
	《扬州市公共数据管理办法》	2021年9月30日
	《高邮市公共数据管理办法》	2021年11月5日
	《盐城市公共数据管理办法》	2022年10月18日
	《泰州市公共数据管理办法》	2023年7月19日
	《苏州市公共数据开放实施细则》	2023年9月13日
	《关于推进数据基础制度建设的实施意见》(无锡市)	2023年11月21日
	《无锡市公共数据授权运营管理办法(试行)》	2024年2月29日
	《关于落实数据基础制度推动数据要素市场化配置改革的实施意见》(扬州市)	2024年3月19日
	《关于推进数据基础制度建设更好发挥数据要素作用的实施意见》(南京市)	2024年4月23日
	《南京市公共数据授权运营管理暂行办法》	2024年4月23日
	《扬州市公共数据授权运营管理办法(试行)》	2024年6月15日
	《扬州市数据资产登记管理暂行办法》	2024年6月26日
	《扬州市数据流通交易管理暂行办法》	2024年6月26日
	《南京市公共数据授权运营实施细则(试行)》	2024年8月23日
	《徐州市公共数据授权运营管理办法(试行)》	2024年9月18日
	《关于无锡市深化"数据要素×"行动推动产业创新发展的实施意见》	2024年11月11日

（续表）

地 区	法规政策文件名称	发 布 时 间
江 苏	《关于促进数据产业高质量发展的实施意见》（苏州市）	2025 年 2 月 26 日
	《全市教育系统首席数据官制度建设实施方案》（苏州市）	2022 年 4 月 12 日
	《扬州市首席数据官制度实施方案》	2022 年 9 月 1 日
	《常州市首席数据官制度建设实施意见》	2022 年 9 月 26 日
	《全市生态环境系统首席数据官制度建设实施方案》（苏州市）	2022 年 12 月 2 日
	《无锡市数字化转型促进条例》	2023 年 6 月 8 日
	《常州市武进区政务数据资源共享管理暂行办法》	2022 年 1 月 17 日
	《沭阳县政务数据共享管理暂行办法》	2022 年 10 月 14 日
	《宿豫区首席数据官制度建设实施方案》	2022 年 11 月 30 日
	《苏州工业园区公共数据管理办法》	2023 年 2 月 21 日
	《姜堰区公共数据管理办法》	2023 年 4 月 13 日
	《姜堰区首席数据官工作实施细则》	2023 年 4 月 13 日
	《天宁区首席数据官制度建设实施意见》	2023 年 6 月 13 日
	《钟楼区首席数据官制度建设实施意见》	2023 年 7 月 17 日
	《如皋市推行首席数据官制度实施方案》	2025 年 1 月 16 日
浙 江	《浙江省公共数据开放与安全管理暂行办法》	2020 年 6 月 12 日
	《浙江省公共数据授权运营管理办法（试行）》	2023 年 8 月 1 日
	《湖州市公共数据管理办法》	2018 年 11 月 23 日
	《丽水市公共数据资源管理办法》	2020 年 1 月 19 日
	《宁波市民政领域公共数据管理办法》	2022 年 5 月 18 日
	《温州教育数据安全暂行管理办法》	2023 年 1 月 9 日
	《杭州市公共数据授权运营实施方案（试行）》	2023 年 9 月 1 日
	《温州市公共数据授权运营管理实施细则（试行）》	2023 年 9 月 21 日
	《宁波市公共数据授权运营管理实施细则（试行）》	2023 年 11 月 16 日
	《湖州市公共数据授权运营管理实施细则（试行）》	2023 年 12 月 19 日
	《丽水市公共数据授权运营管理实施细则（试行）》	2023 年 12 月 26 日
	《金华市公共数据授权运营实施细则（试行）》	2024 年 1 月 12 日

(续表)

地 区	法规政策文件名称	发 布 时 间
浙 江	《舟山市公共数据授权运营实施方案(试行)》	2024年3月20日
	《衢州市公共数据授权运营管理实施细则(试行)》	2024年6月17日
	《关于高标准建设"中国数谷"促进数据要素流通的实施意见》(杭州市)	2024年7月12日
	《宁波市"三台一链"数据交易管理办法(试行)》	2024年9月6日
	《关于加强杭州市公共数据资产管理的试行意见》	2024年12月26日
	《台州市公共数据授权运营管理实施细则(试行)》	2024年12月26日
	《中国(浙江)自由贸易试验区数据出境负面清单管理办法(试行)》	2025年3月31日
	《中国(浙江)自由贸易试验区数据出境管理清单(负面清单)(2024版)》	2025年3月31日
	《安吉县公共数据管理办法(试行)》	2019年4月15日
	《吴兴区公共数据管理办法(试行)》	2019年12月31日
	《南浔区公共数据管理办法(试行)》	2020年4月27日
	《德清县公共数据管理办法(修订)》	2020年9月30日
	《宁波市镇海区公共数据管理办法》	2020年11月23日
	《新昌县公共数据管理办法》	2021年3月30日
	《宁波市海曙区公共数据管理暂行办法》	2021年12月24日
	《云和县公共数据授权运营管理实施细则(试行)》	2024年2月6日
	《青田县公共数据授权运营管理实施细则》	2024年2月23日
	《松阳县公共数据授权运营管理实施细则(试行)》	2024年3月25日
	《缙云县公共数据授权运营管理实施细则(试行)》	2024年5月11日
	《嘉兴市南湖区公共数据授权运营实施细则(试行)》	2024年11月12日
	《萧山区关于促进数据产业高质量发展的若干政策(试行)》	2025年3月28日
安 徽	《安徽省科学数据管理实施办法》	2018年11月18日
	《安徽省政务数据资源管理办法》	2020年12月30日
	《政务数据资源共享管理办法》(宣城市)	2021年8月30日
	《淮北市政务数据资源管理实施办法(试行)》	2021年10月28日
	《关于进一步建立健全政务数据共享协调机制加快推进数据有序共享工作的通知》(滁州市)	2022年4月23日

（续表）

地区	法规政策文件名称	发布时间
安徽	《马鞍山市公共数据开放管理暂行办法》	2022年12月9日
	《滁州市公共数据资源管理暂行办法》	2022年12月29日
	《淮南市数据资源管理局政务数据分类分级规范》	2023年4月18日
	《巢湖市政务数据资源共享开放管理暂行办法》	2018年1月22日
	《巢湖市政务数据资源共享开放管理办法》	2021年5月8日
福建	《福建省政务数据管理办法》	2016年10月15日
	《福建省公共数据资源开放开发管理办法（试行）》	2022年7月20日
	《南平市政务数据管理办法》	2018年8月20日
	《信用数据政务共享和市场化应用暂行办法》（厦门市）	2018年10月20日
	《福州市政务数据汇聚共享管理暂行办法》	2019年11月15日
	《福州市政务数据资源管理办法》	2019年11月15日
	《福州市公共数据开放管理暂行办法》	2019年11月15日
	《福州市政务数据资源共享开放考核暂行办法》	2019年11月15日
	《龙岩市政务数据管理办法（试行）》	2020年10月26日
	《三明市公共数据管理办法（试行）》	2022年4月21日
	《公共数据共享开放管理暂行办法》（厦门市）	2023年12月28日
江西	《江西省地理信息数据管理办法》	2017年12月26日
	《关于加快推进全省政务数据共享工作方案的通知》（江西省）	2018年9月29日
	《江西省公共数据管理办法》	2022年1月12日
	《江西省公共数据资源登记管理实施细则》	2025年3月24日
	《吉安市政务数据共享管理暂行办法》	2018年5月23日
	《南昌市政务信息资源共享开放管理办法》	2019年11月6日
	《赣州市政务数据安全管理办法（试行）》	2022年10月16日
	《南昌市教育数据管理办法（试行）》	2023年2月21日
	《景德镇市政务数据共享管理暂行办法》	2023年12月24日

(续表)

地　区	法规政策文件名称	发 布 时 间
山　东	《山东省电子政务和政务数据管理办法》	2019年12月25日
	《山东省健康医疗大数据管理办法》	2020年8月20日
	《山东省公共数据开放办法》	2022年1月31日
	《山东省地理空间数据管理办法》	2022年12月6日
	《山东省数据开放创新应用实验室管理办法(试行)》	2023年9月11日
	《山东省促进工业领域数据安全能力提升实施方案(2024—2026年)》	2024年7月12日
	《关于加快推进数据要素市场化配置改革的实施意见》(山东省)	2024年9月26日
	《山东省公共数据开放工作细则》	2025年2月6日
	《青岛市公共数据开放管理办法》	2020年9月1日
	《济南市公共数据管理办法》	2020年9月30日
	《关于加快工业互联网和工业大数据创新发展的意见》(日照市)	2021年2月10日
	《关于进一步加强公共数据管理深化数据共享应用的实施方案》(济南市)	2021年9月18日
	《东营市公共数据管理办法》	2021年11月21日
	《日照市公共数据管理办法》	2022年9月30日
	《滨州市公共数据管理办法》	2023年1月18日
	《青岛市公共数据运营试点管理暂行办法》	2023年4月25日
	《德州市公共数据开放管理暂行办法》	2023年8月2日
	《济南市公共数据开放利用管理办法(试行)》	2023年9月12日
	《济南市公共数据授权运营办法》	2023年10月26日
	《青岛市公共数据管理办法》	2023年12月18日
	《济南市推动数据要素市场化配置改革加快数字经济发展行动方案(2024—2025年)》	2024年7月15日
	《济南市数据资产入表数据要素券发放活动实施细则》	2024年8月12日
	《济南市公共数据开放利用管理办法》	2024年9月4日
	《淄博市公共数据管理办法》	2024年9月17日
	《威海市公共数据授权运营管理办法》	2024年10月30日
	《烟台市公共数据授权运营管理暂行办法》	2024年11月13日

(续表)

地 区	法规政策文件名称	发 布 时 间
河 南	《河南省政务数据安全管理暂行办法》	2022 年 4 月 21 日
	《河南省网络安全条例》	2022 年 11 月 26 日
	《河南省公共数据资源授权运营实施办法（试行）》	2025 年 2 月 28 日
	《关于促进数据产业高质量发展的实施意见》（河南省）	2025 年 3 月 21 日
	《郑州市政府信息资源共享管理办法》	2020 年 1 月 17 日
	《鹤壁市政务数据管理办法（试行）》	2021 年 12 月 13 日
	《信阳市政务数据资源共享开放管理办法》	2021 年 12 月 27 日
	《南阳市政务数据共享管理暂行办法》	2021 年 12 月 29 日
	《郑州市政务数据安全管理实施细则》	2023 年 3 月 2 日
	《郑州市数据流通交易管理办法（试行）》	2024 年 3 月 29 日
	《郑州市数据元件开发应用管理规定（试行）》	2024 年 3 月 29 日
	《郑州市数据金库管理办法（试行）》	2024 年 3 月 29 日
	《郑州关于推进数据产品登记工作的指导意见》	2024 年 3 月 29 日
	《郑州市公共数据运营服务评价指标体系（2024 年版）（试行）》	2024 年 3 月 29 日
	《郑州市公共数据开放管理办法（试行）》	2024 年 3 月 29 日
	《郑州市数据资产评估指引》	2024 年 3 月 29 日
湖 北	《湖北省科学数据管理实施细则》	2018 年 11 月 1 日
	《湖北省政务数据资源应用与管理办法》	2021 年 1 月 25 日
	《湖北省数字经济促进办法》	2024 年 11 月 30 日
	《武汉市公共数据资源管理办法》	2021 年 9 月 27 日
	《襄阳市政务数据资源管理办法》	2022 年 9 月 10 日
	《荆州市公共数据管理暂行办法》	2024 年 12 月 1 日
湖 南	《湖南省工业和信息化领域网络安全和数据安全管理支撑服务工作管理办法（试行）》	2024 年 4 月 24 日
	《湖南省数字经济促进条例》	2024 年 5 月 30 日
	《长沙市政务数据资源管理暂行办法》	2019 年 11 月 20 日
	《株洲市政务数据资源共享开放管理办法（试行）》	2020 年 12 月 14 日

(续表)

地　区	法规政策文件名称	发 布 时 间
湖　南	《衡阳市政务数据共享开放管理办法》	2021年12月20日
	《长沙市政务数据资源管理办法》	2021年12月23日
	《永州市政务大数据管理办法》	2022年7月18日
	《常德市公共数据管理办法》	2022年8月24日
	《长沙市政务数据开放服务管理暂行规范》	2022年9月30日
	《长沙市数据官制度建设实施意见》	2023年9月7日
广　东	《广东省政务数据资源共享管理办法(试行)》	2018年11月29日
	《广东省数据要素市场化配置改革行动方案》	2021年7月5日
	《广东省公共数据管理办法》	2021年10月18日
	《广东省公共数据开放暂行办法》	2022年11月30日
	《广东省公共资源交易监督管理暂行办法》	2023年1月6日
	《广东省首席数据官制度试点工作方案》	2021年4月23日
	《佛山市政务数据资源管理办法(试行)》	2020年2月23日
	《中山市政务数据管理办法》	2020年5月15日
	《东莞市政务数据资源共享管理办法(试行)》	2020年8月24日
	《湛江市贯彻落实广东省数据要素市场化配置改革实施意见》	2021年10月23日
	《广州市教育数据资源管理办法(试行)》	2022年7月29日
	《东莞市公共数据管理办法》	2023年1月16日
	《深圳市数据交易管理暂行办法》	2023年2月21日
	《广州市公共数据开放管理办法》	2023年4月11日
	《深圳市数据产权登记管理暂行办法》	2023年6月15日
	《江门市公共数据共享和开放利用管理办法》	2023年7月6日
	《梅州市公共数据管理办法(试行)》	2023年7月24日
	《深圳市卫生健康数据管理办法》	2023年11月16日
	《关于更好发挥数据要素作用推动广州高质量发展的实施意见》	2023年11月28日
	《惠州市公共数据管理实施细则》	2023年12月1日
	《关于加强企业数据资源相关会计处理的通知》(深圳市)	2024年6月11日

(续表)

地 区	法规政策文件名称	发 布 时 间
广 东	《关于更好发挥数据要素作用推动广州高质量发展的实施意见》	2024年6月24日
	《清远市公共数据管理办法》	2024年9月24日
	《广州市公共数据授权运营管理暂行办法》	2024年12月6日
	《珠海市首席数据官制度试点实施方案》	2021年5月27日
	《广州市推行首席数据官制度试点实施方案》	2021年7月20日
	《深圳市首席数据官制度试点实施方案》	2021年8月3日
	《深圳经济特区人工智能产业促进条例》	2022年9月5日
	《关于进一步做好惠州市企业首席数据官示范建设工作的通知》	2023年10月26日
	《顺德区政务数据资源共享与开放管理办法》	2021年3月5日
	《福田区公共数据授权运营暂行管理办法》	2024年1月19日
	《广州南沙新区(自贸片区)促进网络安全和数据服务产业高质量发展扶持办法》	2024年9月24日
	《深圳市南山区公共数据授权运营管理暂行办法》	2025年1月22日
	《番禺区推行首席数据官制度试点实施方案》	2021年10月12日
	《肇庆市端州区首席数据官制度试点实施方案》	2022年3月18日
	《肇庆市鼎湖区首席数据官制度试点实施方案》	2022年5月11日
广 西	《广西科学数据管理实施办法》	2018年12月24日
	《广西政务数据资源管理与应用改革实施方案》	2020年2月14日
	《广西政务数据安全管理办法》	2020年8月19日
	《广西公共数据开放管理办法》	2020年8月19日
	《关于推动经济社会数据治理与应用的指导意见》	2020年11月30日
	《关于建立健全政务数据共享协调机制加快推进数据有序共享的实施意见》	2022年1月28日
	《广西数据要素市场化发展管理暂行办法》	2023年11月7日
	《广西数据交易管理暂行办法》	2024年1月23日
	《贵港市智慧城市政务数据资源管理办法(试行)》	2019年4月16日
	《南宁市公共数据开放管理办法》	2020年12月23日

(续表)

地　区	法规政策文件名称	发　布　时　间
广　西	《南宁市政务数据安全管理办法(修订)》	2024年1月11日
	《柳州市公共数据授权运营实施方案》	2024年9月13日
	《平南县政务数据资源管理办法(试行)》	2020年7月30日
海　南	《海南省科学数据管理实施细则》	2019年4月10日
	《海南省大数据管理局管理暂行办法》	2019年5月21日
	《海南省大数据开发应用条例》	2019年9月27日
	《海南省数据产品超市数据产品确权登记实施细则(暂行)》	2023年12月4日
	《海南自由贸易港数字经济促进条例》	2024年11月29日
	《海南省部门数据共享制度》	2025年3月5日
	《海口市智慧城市促进条例》	2021年12月23日
重　庆	《重庆市政务数据资源管理暂行办法》	2019年7月31日
	《重庆市卫生健康行业健康医疗数据资源管理办法》	2019年12月18日
	《重庆市公共数据资源登记管理实施办法(试行)》	2025年4月8日
	《重庆市公共数据资源授权运营管理实施办法(试行)》	2025年4月8日
四　川	《四川省科学数据管理实施细则》	2019年12月26日
	《关于推进数据要素市场化配置综合改革的实施方案》(四川省)	2024年1月2日
	《成都市公共数据管理应用规定》	2018年6月6日
	《成都市公共数据运营服务管理办法》	2020年10月26日
	《德阳市政务数据资源管理暂行办法》	2021年5月27日
	《德阳市公共数据开放管理暂行办法》	2021年7月19日
	《阿坝州政务数据资源管理暂行办法》	2021年10月11日
	《雅安市支持大数据产业发展激励政策》	2022年5月23日
	《德阳市数据要素管理暂行办法》	2022年9月1日
	《德阳市数据要素市场管理暂行办法》	2022年9月1日
	《德阳市数据要素安全管理暂行办法》	2022年9月1日
	《遂宁市政务数据资源共享管理实施细则(暂行)》	2022年10月23日

(续表)

地区	法规政策文件名称	发布时间
四川	《成都市促进大数据产业发展专项政策实施细则(修订)》	2023年7月25日
	《遂宁市公共数据运营管理办法(试行)》	2023年12月26日
	《遂宁市首席数据官制度建设实施方案》	2024年12月31日
	《阿坝州公共数据管理办法(试行)》	2024年12月31日
贵州	《贵州省数据流通交易管理办法(试行)》	2022年12月23日
	《贵州省政务数据资源管理办法》	2023年6月8日
	《贵州省数据要素市场化配置改革实施方案》	2023年7月27日
	《贵州省数据要素登记服务管理办法(试行)》	2023年11月15日
	《贵州省公共数据授权运营管理办法(试行)》	2025年1月7日
	《黔南州政府数据共享开放管理办法(试行)》	2019年1月11日
	《贵阳市政府数据共享开放实施办法》	2021年7月23日
	《安顺市公共数据资源授权开发利用试点实施方案》	2021年11月27日
	《遵义市政府数据资源体系建设管理暂行规范》	2021年12月30日
	《遵义市政府数据资源开发利用管理办法(试行)》	2022年12月12日
	《贵阳市政府数据共享开放考核暂行办法》	2022年12月19日
	《贵阳市政府数据资源管理办法》	2022年12月19日
云南	《云南省科学数据管理实施细则》	2018年9月28日
	《云南省公共数据管理办法(试行)》	2023年12月10日
	《昆明市科学数据管理实施办法》	2019年1月17日
	《大理州数据安全管理办法》	2023年9月26日
	《大理州数据要素管理办法》	2023年9月26日
	《大理州数据要素市场运行管理办法》	2023年9月26日
	《大理州数据资产评估管理办法》	2023年10月17日
	《大理州数据资产登记管理办法》	2023年10月17日
西藏	《西藏自治区公共数据管理办法(试行)》	2024年11月15日
	《拉萨市政务数据资源共享管理暂行办法》	2020年3月26日

(续表)

地 区	法规政策文件名称	发 布 时 间
陕 西	《陕西省政务信息资源共享管理办法》	2017年8月16日
	《陕西省科学数据管理实施细则》	2018年8月2日
	《陕西省民政数据资源管理暂行办法》	2018年12月4日
	《陕西省教育数据管理办法》	2021年2月23日
	《西安市政务数据资源共享管理办法》	2018年11月8日
	《西安市政务数据开放管理办法(试行)》	2022年12月30日
甘 肃	《甘肃省科学数据管理实施细则》	2018年8月29日
	《关于促进数据要素市场发展的实施意见》(甘肃省)	2023年3月2日
	《甘肃省"数据要素×"三年行动实施方案(2024—2026年)》	2024年3月15日
	《关于加快完善数据产权体系的意见》(甘肃省)	2025年1月17日
	《关于完善数据流通安全治理更好促进数据要素市场化价值化的意见》(甘肃省)	2025年3月17日
	《嘉峪关市科学数据管理实施细则》	2019年3月8日
	《陇南市政府数据资源共享管理办法》	2020年9月3日
	《兰州市公共数据授权运营管理暂行办法》	2024年8月6日
青 海	《西宁市政务数据安全管理办法(试行)》	2024年7月8日
宁 夏	《宁夏回族自治区政务数据资源共享管理办法》	2018年9月4日
	《宁夏回族自治区科学数据管理实施细则》	2021年4月12日
	《宁夏回族自治区党委、宁夏回族自治区人民政府关于促进数据要素市场发展的实施意见》	2024年5月18日
	《银川市城市数据共享开放管理办法》	2018年3月2日
	《银川市政务数据共享开放实施细则(试行)》	2020年4月22日
	《银川市政务数据安全管理办法(试行)》	2023年10月13日
	《银川市公共数据授权运营试点实施方案(2024—2025年)(试行)》	2024年1月13日
	《中卫市支持建设大数据产业中心市的若干政策(试行)》	2024年6月27日
新 疆	《新疆维吾尔自治区公共数据管理办法(试行)》	2023年2月17日
	《自治州全面推行"首席数据官"和"数据专员"制度实施方案》(博尔塔拉蒙古自治州)	2024年12月17日

附表4 中国17个地方数据知识产权登记办法

地 区	文 件 名 称	发 布 时 间
上 海	《上海市数据产品知识产权登记存证暂行办法》	2024年11月8日
河 南	《河南省数据知识产权登记办法(试行)》	2024年10月21日
四 川	《四川省数据知识产权登记办法(试行)》	2024年10月8日
贵 州	《贵州省数据知识产权登记管理办法(试行)》	2024年9月6日
湖 北	《湖北省数据知识产权登记管理办法(试行)》	2024年8月26日
湖 南	《湖南省数据知识产权登记管理办法(试行)》	2024年8月22日
河 北	《河北省数据知识产权登记办法(试行)》	2024年8月20日
山 西	《数据知识产权登记管理办法(试行)》	2024年6月28日
陕 西	《陕西省数据知识产权登记管理办法(试行)》	2024年5月15日
安 徽	《安徽省数据知识产权登记办法(试行)》	2024年4月24日
海 南	《海南省数据知识产权登记管理办法(试行)》	2024年3月27日
江 苏	《江苏省数据知识产权登记管理办法(试行)》	2024年1月10日
天 津	《天津市数据知识产权登记办法(试行)》	2024年1月8日
山 东	《山东省数据知识产权登记管理规则(试行)》	2023年11月6日
广 东	《广东省数据知识产权登记服务指引(试行)》	2023年9月14日
北 京	《北京市数据知识产权登记管理办法(试行)》	2023年5月30日
浙 江	《浙江省数据知识产权登记办法(试行)》	2023年5月26日